AÑO 2023: TU HORÓSCOPO PERSONAL

Joseph Polansky

Año 2023:
Tu horóscopo personal

Previsiones mes a mes
para cada signo

Traducción de Núria Martí

Kepler

Argentina – Chile – Colombia – España
Estados Unidos – México – Perú – Uruguay

Título original: *Your Personal Horoscope 2023*
Editor original: Aquarium, An Imprint of HarperCollins*Publishers*
Traducción: Núria Martí

ISBN: 978-84-16344-71-0
E-ISBN: 978-84-19251-20-6
Depósito Legal: B-4.752-2022

Fotocomposición: Ediciones Urano, S.A.U.
Impreso por Romanyà-Valls, S.A. – Verdaguer, 1 – 08786 Capellades (Barcelona)

Impreso en España – *Printed in Spain*

Índice

Introducción

He escrito este libro para todas aquellas personas que deseen sacar provecho de los beneficios de la astrología y aprender algo más sobre cómo influye en nuestra vida cotidiana esta ciencia tan vasta, compleja e increíblemente profunda. Espero que después de haberlo leído, comprendas algunas de las posibilidades que ofrece la astrología y sientas ganas de explorar más este fascinante mundo.

Te considero, lector o lectora, mi cliente personal. Por el estudio de tu horóscopo solar me doy cuenta de lo que ocurre en tu vida, de tus sentimientos y aspiraciones, y de los retos con que te enfrentas. Después analizo todos estos temas lo mejor posible. Piensa que lo único que te puede ayudar más que este libro es tener tu propio astrólogo particular.

Escribo como hablaría a un cliente. Así pues, la sección correspondiente a cada signo incluye los rasgos generales, las principales tendencias para el 2023 y unas completas previsiones mes a mes. He hecho todo lo posible por expresarme de un modo sencillo y práctico, y he añadido un glosario de los términos que pueden resultarte desconocidos. Los rasgos generales de cada signo te servirán para comprender tu naturaleza y la de las personas que te rodean. Este conocimiento te ayudará a tener menos prejuicios y a ser más tolerante contigo y con los demás. La primera ley del Universo es que todos debemos ser fieles a nosotros mismos; así pues, las secciones sobre los rasgos generales de cada signo están destinadas a fomentar la autoaceptación y el amor por uno mismo, sin los cuales es muy difícil, por no decir imposible, aceptar y amar a los demás.

Si este libro te sirve para aceptarte más y conocerte mejor, entonces quiere decir que ha cumplido su finalidad. Pero la astrología tiene otras aplicaciones prácticas en la vida cotidiana: nos explica hacia dónde va nuestra vida y la de las personas que nos rodean. Al leer este libro comprenderás que, si bien las corrientes cósmicas no nos obligan, sí nos impulsan en ciertas direcciones. Las secciones «Horóscopo para el año 2023» y «Previsiones mes a mes» están destinadas a orientarte a través de los movimientos e influencias de los planetas, para que te resulte más fácil dirigir tu vida en la dirección deseada y sacar el mejor partido del año que te aguarda. Estas previsiones abarcan orientaciones concretas en los aspectos que más nos interesan a todos: salud, amor, vida familiar, profesión, situación económica y progreso personal. Si en un mes determinado adviertes que un compañero de trabajo, un hijo o tu pareja está más irritable o quisquilloso que de costumbre, verás el porqué cuando leas sus correspondientes previsiones para ese mes. Eso te servirá para ser una persona más tolerante y comprensiva.

Una de las partes más útiles de este libro es la sección sobre los mejores días y los menos favorables que aparece al comienzo de cada previsión mensual. Esa sección te servirá para hacer tus planes y remontar con provecho la corriente cósmica. Si programas tus actividades para los mejores días, es decir, aquellos en que tendrás más fuerza y magnetismo, conseguirás más con menos esfuerzo y aumentarán con creces tus posibilidades de éxito. De igual modo, en los días menos favorables es mejor que evites las reuniones importantes y que no tomes decisiones de peso, ya que en esos días los planetas primordiales de tu horóscopo estarán retrógrados (es decir, retrocediendo en el zodiaco).

En la sección «Principales tendencias» se indican las épocas en que tu vitalidad estará fuerte o débil, o cuando tus relaciones con los compañeros de trabajo o los seres queridos requerirán un esfuerzo mayor por tu parte. En la introducción de los rasgos generales de cada signo, se indican cuáles son sus piedras, colores y aromas, sus necesidades y virtudes y otros elementos importantes. Se puede aumentar la energía y mejorar la creatividad y la sensación general de bienestar de modo creativo, por ejemplo usando los aromas, colores y piedras del propio signo, decorando la casa con esos colores, e incluso visualizándolos alrededor de uno antes de dormirse.

Es mi sincero deseo que *Año 2023: Tu horóscopo personal* mejore tu calidad de vida, te haga las cosas más fáciles, te ilumine el camino, destierre las oscuridades y te sirva para tomar más conciencia de tu conexión con el Universo. Bien entendida y usada con juicio, la astrología es una guía para conocernos a nosotros mismos y comprender mejor a las personas que nos rodean y las circunstancias y situaciones de nuestra vida. Pero ten presente que lo que hagas con ese conocimiento, es decir, el resultado final, depende exclusivamente de ti.

Glosario de términos astrológicos

Ascendente

Tenemos la experiencia del día y la noche debido a que cada 24 horas la Tierra hace una rotación completa sobre su eje. Por ello nos parece que el Sol, la Luna y los planetas salen y se ponen. El zodiaco es un cinturón fijo que rodea la Tierra (imaginario pero muy real en un sentido espiritual). Como la Tierra gira, el observador tiene la impresión de que las constelaciones que dan nombre a los signos del zodiaco aparecen y desaparecen en el horizonte. Durante un periodo de 24 horas, cada signo del zodiaco pasará por el horizonte en un momento u otro. El signo que está en el horizonte en un momento dado se llama ascendente o signo ascendente. El ascendente es el signo que indica la imagen de la persona, cómo es su cuerpo y el concepto que tiene de sí misma: su yo personal, por oposición al yo espiritual, que está indicado por su signo solar.

Aspectos

Los aspectos son las relaciones angulares entre los planetas, el modo como se estimulan o se afectan los unos a los otros. Si dos planetas forman un aspecto (conexión) armonioso, tienden a estimularse de un modo positivo y útil. Si forman un aspecto difícil, se influyen mutuamente de un modo tenso, lo cual provoca alteraciones en la influencia normal de esos planetas.

Casas

Hay doce signos del zodiaco y doce casas o áreas de experiencia. Los doce signos son los tipos de personalidad y las diferentes maneras que tiene de expresarse un determinado planeta. Las casas indican en qué ámbito de la vida tiene lugar esa expresión (véase la lista de más abajo). Una casa puede adquirir fuerza e importancia, y convertirse en una casa poderosa, de distintas maneras: si contiene al Sol, la Luna o el regente de la carta astral, si contiene a más de un planeta, o si el regente de la casa está recibiendo un estímulo excepcional de otros planetas.

Primera casa: cuerpo e imagen personal.
Segunda casa: dinero y posesiones.
Tercera casa: comunicación.
Cuarta casa: hogar, familia y vida doméstica.
Quinta casa: diversión, creatividad, especulaciones y aventuras amorosas.
Sexta casa: salud y trabajo.
Séptima casa: amor, romance, matrimonio y asociaciones.
Octava casa: eliminación, transformación y dinero de otras personas.
Novena casa: viajes, educación, religión y filosofía.
Décima casa: profesión.
Undécima casa: amigos, actividades en grupo y deseos más queridos.
Duodécima casa: sabiduría espiritual y caridad.

Fases de la Luna

Pasada la luna llena, parece como si este satélite (visto desde la Tierra) se encogiera, disminuyendo poco a poco de tamaño hasta volverse prácticamente invisible a simple vista, en el momento de la luna nueva. A este periodo se lo llama fase *menguante* o Luna menguante.

Pasada la luna nueva, nuestro satélite (visto desde la Tierra) va creciendo paulatinamente hasta llegar a su tamaño máximo en el momento de la luna llena. A este periodo se lo llama fase *creciente* o luna creciente.

Fuera de límites

Los planetas se mueven por nuestro zodiaco en diversos ángulos en relación al ecuador celeste (si se prolonga el ecuador terrestre hacia el Universo se obtiene el ecuador celeste). El Sol, que es la influencia más dominante y poderosa del sistema solar, es la unidad de medida que se usa en astrología. El Sol nunca se aparta más de aproximadamente 23 grados al norte o al sur del ecuador celeste. Cuando el Sol llega a su máxima distancia al sur del ecuador celeste, es el solsticio de invierno (declinación o descenso) en el hemisferio norte y de verano (elevación o ascenso) en el hemisferio sur; cuando llega a su máxima distancia al norte del ecuador celeste, es el solsticio de verano en el hemisferio norte y de invierno en el hemisferio sur. Si en cualquier momento un planeta sobrepasa esta frontera solar, como sucede de vez en cuando, se dice que está «fuera de límites», es decir, que se ha introducido en territorio ajeno, más allá de los límites marcados por el Sol, que es el regente del sistema solar. En esta situación el planeta adquiere más importancia y su poder aumenta, convirtiéndose en una influencia importante para las previsiones.

Karma

El karma es la ley de causa y efecto que rige todos los fenómenos. La situación en la que nos encontramos se debe al karma, a nuestros actos del pasado. El Universo es un instrumento tan equilibrado que cualquier acto desequilibrado pone inmediatamente en marcha las fuerzas correctoras: el karma.

Modos astrológicos

Según su modo, los doce signos del zodiaco se dividen en tres grupos: *cardinales, fijos* y *mutables.*

El modo *cardinal* es activo e iniciador. Los signos cardinales (Aries, Cáncer, Libra y Capricornio) son buenos para poner en marcha nuevos proyectos.

El modo *fijo* es estable, constante y resistente. Los signos fijos (Tauro, Leo, Escorpio y Acuario) son buenos para continuar las cosas iniciadas.

El modo *mutable* es adaptable, variable y con tendencia a buscar el equilibrio. Los signos mutables (Géminis, Virgo, Sagitario y Piscis) son creativos, aunque no siempre prácticos.

Movimiento directo

Cuando los planetas se mueven hacia delante por el zodiaco, como hacen normalmente, se dice que están «directos».

Movimiento retrógrado

Los planetas se mueven alrededor del Sol a diferentes velocidades. Mercurio y Venus lo hacen mucho más rápido que la Tierra, mientras que Marte, Júpiter, Saturno, Urano, Neptuno y Plutón lo hacen más lentamente. Así, hay periodos durante los cuales desde la Tierra da la impresión de que los planetas retrocedieran. En realidad siempre avanzan, pero desde nuestro punto de vista terrestre parece que fueran hacia atrás por el zodiaco durante cierto tiempo. A esto se lo llama movimiento retrógrado, que tiende a debilitar la influencia normal de los planetas.

Natal

En astrología se usa esta palabra para distinguir las posiciones planetarias que se dieron en el momento del nacimiento (natales) de las posiciones por tránsito (actuales). Por ejemplo, la expresión Sol natal hace alusión a la posición del Sol en el momento del nacimiento de una persona; Sol en tránsito se refiere a la posición actual del Sol en cualquier momento dado, que generalmente no coincide con la del Sol natal.

Planetas lentos

A los planetas que tardan mucho tiempo en pasar por un signo se los llama planetas lentos. Son los siguientes: Júpiter (que permanece alrededor de un año en cada signo), Saturno (dos años y medio), Urano (siete años), Neptuno (catorce años) y Plutón (entre doce y treinta años). Estos planetas indican las tendencias que habrá durante un periodo largo de tiempo en un determinado ámbito de la vida, y son importantes, por lo tanto, en las previsiones a largo plazo. Dado que estos planetas permanecen tanto tiempo en un signo, hay periodos durante el año en que contactan con los planetas rápidos, y estos activan aún más una determinada casa, aumentando su importancia.

Planetas rápidos

Son los planetas que cambian rápidamente de posición: la Luna (que solo permanece dos días y medio en cada signo), Mercurio (entre veinte y treinta días), el Sol (treinta días), Venus (alrededor de un mes) y Marte (aproximadamente dos meses). Dado que estos planetas pasan tan rápidamente por un signo, sus efectos suelen ser breves. En un horóscopo indican las tendencias inmediatas y cotidianas.

Tránsitos

Con esta palabra se designan los movimientos de los planetas en cualquier momento dado. En astrología se usa la palabra «tránsito» para distinguir un planeta natal de su movimiento actual en los cielos. Por ejemplo, si en el momento de tu nacimiento Saturno estaba en Cáncer en la casa ocho, pero ahora está pasando por la casa tres, se dice que está «en tránsito» por la casa tres. Los tránsitos son una de las principales herramientas con que se trabaja en la previsión de tendencias.

Aries

♈

El Carnero

Nacidos entre el 21 de marzo y el 20 de abril

Rasgos generales

ARIES DE UN VISTAZO

Elemento: Fuego

Planeta regente: Marte
Planeta de la profesión: Saturno
Planeta del amor: Venus
Planeta del dinero: Venus
Planeta del hogar y la vida familiar: la Luna
Planeta de la riqueza y la buena suerte: Júpiter

Colores: Carmín, rojo, escarlata
Colores que favorecen el amor, el romance y la armonía social: Verde, verde jade
Color que favorece la capacidad de ganar dinero: Verde

Piedra: Amatista

Metales: Hierro, acero

Aroma: Madreselva

Modo: Cardinal (= actividad)

Cualidad más necesaria para el equilibrio: Cautela

Virtudes más fuertes: Abundante energía física, valor, sinceridad, independencia, confianza en uno mismo

Necesidad más profunda: Acción

Lo que hay que evitar: Prisa, impetuosidad, exceso de agresividad, temeridad

Signos globalmente más compatibles: Leo, Sagitario

Signos globalmente más incompatibles: Cáncer, Libra, Capricornio

Signo que ofrece más apoyo laboral: Capricornio

Signo que ofrece más apoyo emocional: Cáncer

Signo que ofrece más apoyo económico: Tauro

Mejor signo para el matrimonio y/o las asociaciones: Libra

Signo que más apoya en proyectos creativos: Leo

Mejor signo para pasárselo bien: Leo

Signos que más apoyan espiritualmente: Sagitario, Piscis

Mejor día de la semana: Martes

La personalidad Aries

Aries es el activista por excelencia del zodiaco. Su necesidad de acción es casi una adicción, y probablemente con esta dura palabra la describirían las personas que no comprenden realmente la personalidad ariana. En realidad, la «acción» es la esencia de la psicología de los Aries, y cuanto más directa, contundente y precisa, mejor. Si se piensa bien en ello, este es el carácter ideal para el guerrero, el pionero, el atleta o el directivo.

A los Aries les gusta que se hagan las cosas, y suele ocurrir que en su entusiasmo y celo pierden de vista las consecuencias para ellos mismos y los demás. Sí, ciertamente se esfuerzan por ser diplomáticos y actuar con tacto, pero les resulta difícil. Cuando lo hacen tienen la impresión de no ser sinceros, de actuar con falsedad. Les cuesta incluso comprender la actitud del diplomático, del creador de consenso, de los ejecutivos; todas estas personas se pasan la vida en interminables reuniones, conversaciones y negociaciones, todo lo cual parece una gran pérdida de tiempo cuando hay tanto trabajo por hacer, tantos logros reales por alcanzar. Si se le explica, la persona Aries es capaz de comprender que las conversaciones y negociaciones y la armonía social conducen en último término a acciones mejores y más eficaces. Lo interesante es que un Aries rara vez es una persona de mala voluntad o malévola, ni siquiera cuando está librando una guerra. Los Aries luchan sin sentir odio por sus contrincantes. Para ellos todo es una amistosa diversión, una gran aventura, un juego.

Ante un problema, muchas personas se dicen: «Bueno, veamos de qué se trata; analicemos la situación». Pero un Aries no; un Aries piensa: «Hay que hacer algo; manos a la obra». Evidentemente ninguna de estas dos reacciones es la respuesta adecuada siempre. A veces es necesario actuar, otras veces, pensar. Sin embargo, los Aries tienden a inclinarse hacia el lado de la acción, aunque se equivoquen.

Acción y pensamiento son dos principios totalmente diferentes. La actividad física es el uso de la fuerza bruta. El pensamiento y la reflexión nos exigen no usar la fuerza, estar quietos. No es conveniente que el atleta se detenga a analizar su próximo movimiento, ya que ello solo reducirá la rapidez de su reacción. El atleta debe actuar instintiva e instantáneamente. Así es como tienden a comportarse en la vida las personas Aries. Son rápidas e instintivas para tomar decisiones, que tienden a traducirse en acciones casi de inmediato. Cuando la intuición es fina y aguda, sus actos son poderosos y eficaces. Cuando les falla la intuición, pueden ser desastrosos.

Pero no vayamos a creer que esto asusta a los Aries. Así como un buen guerrero sabe que en el curso de la batalla es posible que reciba unas cuantas heridas, la persona Aries comprende, en algún profundo rincón de su interior, que siendo fiel a sí misma es posible que incurra en uno o dos desastres. Todo forma parte del juego. Los Aries se sienten lo suficientemente fuertes para capear cualquier tormenta.

Muchos nativos de Aries son intelectuales; pueden ser pensadores profundos y creativos. Pero incluso en este dominio tienden a ser pioneros y francos, sin pelos en la lengua. Este tipo de Aries suele elevar (o sublimar) sus deseos de combate físico con combates intelectuales y mentales. Y ciertamente resulta muy convincente.

En general, los Aries tienen una fe en sí mismos de la que deberíamos aprender los demás. Esta fe básica y sólida les permite superar las situaciones más tumultuosas de la vida. Su valor y su confianza en sí mismos hacen de ellos líderes naturales. Su liderazgo funciona más en el sentido de dar ejemplo que de controlar realmente a los demás.

Situación económica

Los Aries suelen destacar en el campo de la construcción y como agentes de la propiedad inmobiliaria. Para ellos el dinero es menos importante de por sí que otras cosas, como por ejemplo la acción, la aventura, el deporte, etc. Sienten la necesidad de apoyar a sus socios y colaboradores y de gozar de su aprecio y buena opinión. El dinero en cuanto medio para obtener placer es otra importante motivación. Aries funciona mejor teniendo su propio negocio, o como directivo o jefe de departamento en una gran empresa. Cuantas menos órdenes reciba de un superior, mucho mejor. También trabaja más a gusto al aire libre que detrás de un escritorio.

Los Aries son muy trabajadores y poseen muchísimo aguante; pueden ganar grandes sumas de dinero gracias a la fuerza de su pura energía física.

Venus es su planeta del dinero, lo cual significa que necesitan cultivar más las habilidades sociales para convertir en realidad todo su potencial adquisitivo. Limitarse a hacer el trabajo, que es en lo que destacan los Aries, no es suficiente para tener éxito económico. Para conseguirlo necesitan la colaboración de los demás: sus clientes y colaboradores han de sentirse cómodos y a gusto. Para tener éxito, es necesario tratar debidamente a muchas personas. Cuando los Aries desarrollan estas capacidades, o contratan a alguien que se encargue de esa parte del trabajo, su potencial de éxito económico es ilimitado.

Profesión e imagen pública

Se podría pensar que una personalidad pionera va a romper con las convenciones sociales y políticas de la sociedad, pero este no es el caso de los nacidos en Aries. Son pioneros dentro de los marcos convencionales, en el sentido de que prefieren iniciar sus propias empresas o actividades en el seno de una industria ya establecida que trabajar para otra persona.

En el horóscopo solar de los Aries, Capricornio está en la cúspide de la casa diez, la de la profesión, y por lo tanto Saturno es el planeta que rige su vida laboral y sus aspiraciones profesionales. Esto nos dice algunas cosas interesantes acerca del carácter ariano. En primer lugar nos dice que para que los Aries conviertan en realidad todo su potencial profesional es necesario que cultiven algunas cualidades que son algo ajenas a su naturaleza básica. Deben ser mejores administradores y organizadores. Han de ser capaces de manejar mejor los detalles y de adoptar una perspectiva a largo plazo de sus proyectos y de su profesión en general. Nadie puede derrotar a un Aries cuando se trata de objetivos a corto plazo, pero una carrera profesional es un objetivo a largo plazo, que se construye a lo largo del tiempo. No se puede abordar con prisas ni «a lo loco».

A algunos nativos de Aries les cuesta mucho perseverar en un proyecto hasta el final. Dado que se aburren con rapidez y están continuamente tras nuevas aventuras, prefieren pasarle a otra persona el proyecto que ellos han iniciado para emprender algo nuevo. Los Aries que aprendan a postergar la búsqueda de algo nuevo hasta haber terminado lo viejo, conseguirán un gran éxito en su trabajo y en su vida profesional.

En general, a las personas Aries les gusta que la sociedad las juzgue por sus propios méritos, por sus verdaderos logros. Una reputación basada en exageraciones o propaganda les parece falsa.

Amor y relaciones

Tanto para el matrimonio como para otro tipo de asociaciones, a los Aries les gustan las personas pasivas, amables, discretas y diplomáticas, que tengan las habilidades y cualidades sociales de las que ellos suelen carecer. Nuestra pareja y nuestros socios siempre representan una parte oculta de nosotros mismos, un yo que no podemos expresar personalmente.

Hombre o mujer, la persona Aries suele abordar agresivamente lo que le gusta. Su tendencia es lanzarse a relaciones y matrimonios. Esto es particularmente así si además del Sol tiene a Venus en su signo. Cuando a Aries le gusta alguien, le costará muchísimo aceptar un no y multiplicará los esfuerzos para vencer su resistencia.

Si bien la persona Aries puede ser exasperante en las relaciones, sobre todo cuando su pareja no la comprende, jamás será cruel ni rencorosa de un modo consciente y premeditado. Simplemente es tan independiente y está tan segura de sí misma que le resulta casi imposible comprender el punto de vista o la posición de otra persona. A eso se debe que Aries necesite tener de pareja o socio a alguien que tenga muy buena disposición social.

En el lado positivo, los Aries son sinceros, personas en quienes uno se puede apoyar y con quienes siempre se sabe qué terreno se pisa. Lo que les falta de diplomacia lo compensan con integridad.

Hogar y vida familiar

Desde luego, el Aries es quien manda en casa, es el Jefe. Si es hombre, tenderá a delegar los asuntos domésticos en su mujer. Si es mujer, querrá ser ella quien lleve la batuta. Tanto los hombres como las mujeres Aries suelen manejar bien los asuntos domésticos, les gustan las familias numerosas y creen en la santidad e importancia de la familia. Un Aries es un buen miembro de la familia, aunque no le gusta especialmente estar en casa y prefiere vagabundear un poco.

Para ser de naturaleza tan combativa y voluntariosa, los Aries saben ser sorprendentemente dulces, amables e incluso vulnerables con su pareja y sus hijos. En la cúspide de su cuarta casa solar, la del hogar y la familia, está el signo de Cáncer, regido por la Luna. Si en su carta natal la Luna está bien aspectada, es decir, bajo influencias favorables, la persona Aries será afectuosa con su familia y deseará tener una vida familiar que la apoye y la nutra afectivamente. Tanto a la mujer como al hombre Aries le gusta llegar a casa después de un arduo día en el campo de batalla de la vida y encontrar los brazos comprensivos de su pareja, y el amor y el apoyo incondicionales de su familia. Los Aries piensan que fuera, en el mundo, ya hay suficiente «guerra», en la cual les gusta participar, pero cuando llegan a casa, prefieren la comodidad y el cariño.

Horóscopo para el año 2023*

Principales tendencias

2023 será un año movido tanto para el mundo como para ti. Tres planetas lentos cambiarán de signo este año, un aspecto muy inusual. Plutón abandonará temporalmente tu undécima casa, la de la profesión. Este año planeará entre dos casas y el próximo también. Saturno abandonará Acuario, donde lleva alojado más de dos años, e ingresará en Piscis el 8 de marzo. Júpiter, que ahora se encuentra en tu signo, ingresará en tu casa del dinero el 17 de mayo. Las fichas del tablero de ajedrez cósmico han cambiado de posición.

Te espera un año próspero. Júpiter se alojará en tu signo hasta el 17 de mayo y después ingresará en tu casa del dinero. Mientras la ocupe, propiciará un alto nivel de vida. Viajarás más en esta época. Y lo más importante es que llevarás un nivel de vida más alto de lo habitual.

El ingreso de Saturno en tu duodécima casa de la espiritualidad el 8 de marzo muestra un cambio importante en la profesión. El trabajo al que te dedicas se volverá más idealista. Colaborarás más en actividades benéficas y altruistas. Necesitas sentir que tu profesión —tu vida laboral— es importante para el planeta. Es una temporada para ser más disciplinado en tu vida y en tus prácticas espirituales.

Marte, el regente de tu horóscopo, un planeta sumamente importante para ti, estará «fuera de límites» mucho tiempo, del 1 de enero al 4 de mayo. Este aspecto muestra que estás fuera de tu órbita normal, «fuera de tu terreno habitual», y te mueves más allá de tus espacios usuales.

Este año tu vida amorosa no será intensa. Al encontrarse todos los planetas lentos en la mitad oriental de tu carta astral, la del yo, ahora estás centrado en «ti». Los planetas rápidos revitalizarán tu vida social más tarde, pero no llegará a predominar este año. Volveremos sobre este tema más adelante.

---

* Las previsiones de este libro se basan en el Horóscopo Solar y todos los signos que derivan de él; tu Signo Solar se convierte en el Ascendente, y las casas se numeran a partir de él. Tu horóscopo personal, el trazado concretamente para ti (según la fecha, hora y lugar exactos de tu nacimiento) podría modificar lo que decimos aquí. Joseph Polansky

El ingreso de Plutón en tu undécima casa, del 24 de marzo al 12 de junio, anuncia simplemente lo que vendrá. Pero afectará a tus amistades y no necesariamente a tus relaciones amorosas. Tus amistades fueron puestas a prueba durante los dos últimos años, y pronto te volverá a ocurrir con mucha más contundencia durante más tiempo, a lo largo de 20 a 25 años. Tu círculo social cambiará por completo en los próximos años.

Tus intereses más destacados este año serán el cuerpo y la imagen (hasta el 17 de mayo), la economía y la profesión (hasta el 24 de marzo, y a partir del 12 de junio). Las amistades, los grupos y las actividades grupales (hasta el 8 de marzo, y del 24 de marzo al 12 de junio). Y la espiritualidad.

Este año lo que más te gratificará será el cuerpo y la imagen (hasta el 17 de mayo, y a partir del 18 de julio). Y la economía (a partir del 17 de mayo).

Salud

Ten en cuenta que se trata de una perspectiva astrológica de la salud, no de una perspectiva médica. En el pasado, no había ninguna diferencia, ambas eran idénticas, pero en la actualidad podrían diferir mucho. Para obtener un punto de vista médico, consulta a tu médico de cabecera o a un profesional de la salud).

Tu salud será buena este año. Los planetas lentos forman aspectos armoniosos en tu carta astral o no te crean ningún problema. Aunque los planetas rápidos puedan causarte algún que otro achaque y un bajón anormal del nivel de energía, solo será un estado pasajero y no la tendencia del año.

Por buena que sea tu salud, siempre puedes mejorarla. Presta más atención a las siguientes zonas vulnerables de tu carta astral.

La cabeza y la cara. Estas zonas siempre son importantes para los Aries. Los masajes regulares en el rostro y el cuero cabelludo además de fortalecer estas partes, te irán de maravilla para todo el cuerpo, ya que en estas zonas hay meridianos que se extienden por el resto del cuerpo. La terapia craneosacral también te sentará bien. Asegúrate de que las placas del cráneo estén alineadas.

La musculatura. Esta parte siempre es importante para los Aries. No es necesario ser un Arnold Schwarzenegger, basta con tener un buen tono muscular, así la columna y el esqueleto se mantienen alineados. También es un factor en el equilibrio físico. De modo que hacer ejercicio con regularidad es excelente, de acuerdo con tu edad y etapa en la vida.

Las suprarrenales. También son siempre importantes para los Aries. Te irá bien trabajar los puntos reflejos de esta zona. Aunque lo importante es evitar sobre todo la ira y el miedo, las dos emociones que sobrecargan estas glándulas.

Los pulmones, los brazos, los hombros, el intestino delgado y el sistema respiratorio. Estas partes del cuerpo también son importantes para los Aries. Mercurio, el regente de estas zonas, es tu planeta de la salud. Los masajes regulares en los brazos y hombros son siempre excelentes, te ayudarán a liberar la tensión acumulada en los hombros. Te sentará bien trabajar los puntos reflejos de estas zonas.

Júpiter ocupará tu signo hasta el 17 de mayo. Aunque normalmente sea un tránsito favorable, tiene algún inconveniente. Presta atención a tu peso. (Es el resultado natural de llevar una buena vida). Las mujeres en edad de concebir serán inusualmente fértiles en esta temporada. Pueden quedarse embarazadas con gran facilidad.

Mercurio, tu planeta de la salud, es de movimiento rápido. Solo la Luna lo supera en velocidad. Como nuestros lectores saben, se manifestarán muchas tendencias pasajeras relacionadas con la salud que dependerán de dónde se encuentre Mercurio y de los aspectos que reciba. En las previsiones mes a mes hablaré de estas tendencias con más detalle.

La retrogradación de Mercurio será más larga de lo usual este año. Normalmente, es retrógrado tres veces al año, pero en esta ocasión lo será tres y media. Del 1 al 17 de enero, del 21 de abril al 14 de mayo, del 23 de agosto al 14 de septiembre, y del 13 de diciembre hasta finales de año. No son momentos buenos para someterte a pruebas ni tratamientos médicos, ya que las probabilidades de error aumentan considerablemente debido a este aspecto planetario. Evítalos si es posible en estas fechas.

Hogar y vida familiar

Tu cuarta casa del hogar y de la familia no destacará este año. No será una casa poderosa. Tu situación doméstica tenderá a ser la misma. Por lo visto estás satisfecho con la situación actual de tu hogar y tu familia y no necesitas hacer ningún cambio importante. Al cabo de unos años la situación cambiará, pero por ahora es así.

Un progenitor o figura parental se volverá más espiritual este año, y al parecer se implicará en tu vida espiritual. Es como si las relaciones kármicas entre ambos se hubieran revelado este año y también en los siguientes. (A veces, uno recurre al alcohol o a las drogas en lugar de recurrir a la espiritualidad, pero esta conducta también viene de los anhelos espirituales, del deseo de trascender este mundo).

La Luna, tu planeta de la familia, es el más raudo de todos. Cada mes transita por toda tu carta astral, en cambio incluso los planetas más rápidos tardan un año en hacerlo. De ahí que se den tendencias pasajeras relacionadas con el hogar y la familia que dependerán de dónde se encuentre la Luna y de los aspectos que reciba. En las previsiones mes a mes hablaré de estas tendencias con más detalle.

Los fenómenos lunares son breves. La Luna estimulará de nuevo en ocho ocasiones, en un determinado mes, puntos de eclipses, por lo que generará trastornos emocionales o problemas en el hogar. En un mes en concreto, formará en ocho momentos aspectos desfavorables con Saturno y Urano, dos planetas lentos. Estos aspectos causarán agitación y enardecimiento pasional, sobre todo en un progenitor o figura parental. Pero las tendencias del año son las que he descrito.

Si planeas hacer reformas o reparaciones importantes en tu hogar, del 26 de marzo al 21 de mayo es un buen momento. Si piensas decorar de nuevo tu casa para embellecerla, del 7 de mayo al 5 de junio, y del 21 de junio al 23 de julio son buenas fechas. Esta última serie de días también es propicia para adquirir objetos de arte para el hogar.

Es posible que un progenitor o figura parental cambie de domicilio este año. La mudanza irá bien. Si no se muda, las reformas que hará en su hogar serán como si hubiera cambiado de vivienda. Quizá adquiera una segunda residencia o tenga acceso a otra casa. Si la figura parental está en edad de concebir, podría darse un embarazo. La situación doméstica de tus hermanos o figuras fraternas será la misma este año. Lo más probable es que no se muden a otro lugar. Lo mismo les ocurre a tus hijos o figuras filiales. Aunque probablemente se planteen mudarse, podrían hacerlo más adelante. Es poco probable que tus nietos, en el caso de que los tengas, se muden a otra parte. Les conviene ocuparse de sus problemas emocionales en esta temporada.

Profesión y situación económica

Como he señalado, te espera un año próspero. Júpiter en tu signo te trae un nivel alto de vida. Ahora vives «como si» fueras rico. El cosmos te provee. Y lo más importante es que el 17 de mayo Júpiter ingresará en tu casa del dinero y prosperarás de manera evidente. Tu patrimonio se revalorizará. Te esperan buenas oportunidades financieras quizá en el extranjero o a través de extranjeros. Tus ingresos aumentarán.

Urano lleva ya en tu casa del dinero muchos años. Este aspecto ha favorecido tu vida económica. Pero también ha generado excitación y sorpresas. Esta coyuntura propicia ingresos altísimos o bajísimos. Se da una gran inestabilidad. Ahora que Júpiter viaja cerca de Urano (el tránsito será más exacto el próximo año), tus ingresos tenderán a ser abundantes, inesperadamente elevados. La inestabilidad juega a tu favor. Es el paraíso para los Aries. Les encanta el dinero fácil. Las fortunas rápidas. Urano en tu casa del dinero favorece la tecnología puntera, el mundo digital y las compañías implicadas en inventos nuevos e innovaciones. También propicia las empresas emergentes. Si eres un inversor estas son las buenas compañías en las que apostar (antes de invertir dinero, infórmate bien). Pero aunque no inviertas en compañías cuya actividad está relacionada con internet, tus habilidades tecnológicas son importantes para tu economía, sea cual sea tu profesión.

Júpiter en tu casa del dinero favorece las compañías extranjeras, los viajes de negocios y las líneas aéreas. Además, como Júpiter rige tu novena casa, es probable que se trate de un negocio relacionado con los viajes este año.

Venus es tu planeta de la economía. Como nuestros lectores saben, es un planeta rápido. De ahí que se den tantas tendencias económicas de corta duración que dependerán de dónde se encuentre Venus y de los aspectos que reciba. En las previsiones mes a mes hablaré de estas tendencias con más detalle. Este año Venus realizará uno de sus inusuales movimientos retrógrados (se da cada dos años) del 23 de julio al 3 de septiembre. En estas fechas evita las adquisiciones, las inversiones o las decisiones importantes. Es una época para aclararte en el aspecto económico y resolver dudas.

Como el eclipse solar del 20 de abril caerá justo en el límite —la cúspide— de tu primera y segunda casas, las afectará a ambas. Te traerá cambios en tus suposiciones y estrategias financieras. Te preparará a su manera para la prosperidad que te espera.

En lo que respecta a tu profesión, tu décima casa es todavía poderosa, aunque no tanto como en los años anteriores. Plutón ingresará en ella y la abandonará el próximo año. Los últimos 20 o 25 años ha trasformado totalmente tu profesión y el sentido de tu misión en la vida. Pero este ciclo ya toca a su fin. Ahora ya deberías haber alcanzado el trabajo y la vida de tus sueños. Y lo más importante es que tu planeta de la profesión cambiará de signo este año. Ingresará en Piscis, tu duodécima casa de la espiritualidad, el 8 de marzo, y la ocupará durante los próximos dos años y medio. Como ya he señalado, ahora eres más idealista sobre tu profesión. Muchos Aries desearán dedicarse a una profesión de carácter espiritual. Otros, aunque opten por una profesión mundana, colaborarán en obras benéficas y en organizaciones sin fines lucrativos. Esta clase de actividad no solo te llena, sino que además impulsa tu profesión. Si eres el responsable de una empresa, serás más permisivo y flexible en tus decisiones de gestión. Menos estricto y exigente.

Amor y vida social

Como ya he señalado, no será un año demasiado intenso en el aspecto amoroso y social. Tu séptima casa no es poderosa. Se volverá más potente a finales de año, pero solo por breves periodos. De modo que si estás casado, seguirás con tu pareja. Y si estás soltero, la situación será la misma. Es un año para afinar tu imagen, y tus intereses y metas personales. Ahora estás volcado en ti.

Si no tienes pareja, gozarás de aventuras amorosas, aunque no es probable que contraigas matrimonio. Venus, tu planeta del amor, se alojará durante más tiempo de lo habitual en Leo, tu quinta casa. Normalmente, Venus ocupa un signo o una casa durante un mes aproximadamente. Pero este año se alojará en Leo cuatro meses, o un poco más de tiempo para ser exactos (es un tránsito cuatro veces más largo de lo usual). Este aspecto muestra algunas aventuras amorosas, pero no acabarán en matrimonio. Las relaciones serán más bien un juego y una diversión para ti, un entretenimiento. Y no hay nada malo en ello. Simplemente es bueno saberlo.

Venus, como ya he señalado, es un planeta rápido. De ahí que se den muchas tendencias pasajeras relacionadas con el amor que dependerán de dónde se encuentre Venus y de los aspectos que reciba. En las previsiones mes a mes hablaré de estas tendencias con más detalle.

La vida social de tus padres o figuras parentales no cambiará este año. Al igual que la de tus hermanos o figuras fraternas. Si no tienen pareja, surgirán oportunidades para encontrar el amor en internet o mientras salen con los amigos o participan en grupos o actividades grupales. Tus hermanos o figuras fraternas serán mucho más enamoradizos este año. La vida amorosa de tus hijos o figuras filiales será mucho más fácil este año que en el anterior. Al abandonar Saturno la séptima casa de su carta astral, las cosas mejorarán. Venus en su signo del 5 de junio al 9 de octubre los hace ser más románticos y desear más mantener una relación. La vida amorosa de tus nietos, en el caso de que los tengas, no cambiará. Si están casados, seguirán con la relación. Y si no tienen pareja, la situación será la misma.

Progreso personal

Hace ya muchos años que la espiritualidad es importante para ti. Neptuno, tu planeta de la espiritualidad, lleva muchos años alojado en tu duodécima casa de la espiritualidad y la ocupará muchos más. El ingreso el año anterior de Júpiter en tu duodécima casa, expandió tu espiritualidad más. El año pasado realizaste muchos descubrimientos espirituales. Pero ahora se dará un aspecto planetario nuevo. El austero Saturno ocupará tu duodécima casa a partir del 8 de marzo. En los últimos años tu espiritualidad ha sido muy libre, pero en esta temporada no lo será tanto. Ha llegado la hora de reprimir tu ardor un poco. De centrarte en lo esencial de tu práctica espiritual y de olvidarte de trivialidades del tipo «¿Los círculos de los campos de labranza son obra de los alienígenas?» «¿Existen los alienígenas?» «¿Estaban casados Jesús y María Magdalena?» Aunque sean preguntas interesantes, te distraen de lo esencial, de tu práctica. Ralph Waldo Emerson llamó a este tipo de preguntas «las paperas del alma».

Saturno en tu duodécima casa refleja la necesidad de una práctica estable y disciplinada. Elige un camino y síguelo con rigor. La práctica espiritual debe producir resultados prácticos y tangibles, y esto se consigue con una disciplina diaria.

Como Saturno es tu planeta de la profesión, muestra un cambio laboral: elegirás otro trabajo de índole espiritual importante para ti. No desearás un trabajo para ganar dinero y triunfar en la vida, sino que deberá ser transcendente espiritualmente. Beneficiar al planeta como un todo. Llevas anhelándolo muchos años, pero ahora lo deseas más que nunca. Como he señalado, algunos Aries optarán por una profesión de carácter espiritual, y otros por un cargo en una institución benéfica o en una organización sin fines lucrativos. O quizá elijan un trabajo mundano y participen en su tiempo libre en obras benéficas y proyectos altruistas.

Saturno en tu duodécima casa propicia también los senderos místicos tradicionales, los que han sobrevivido al paso del tiempo. Serás más conservador en tu espiritualidad en esta temporada.

Pero este aspecto planetario también puede interpretarse de otro modo. Tu práctica espiritual, tu crecimiento espiritual, será tu profesión, tu verdadera misión en la vida, este año y durante varios más.

Plutón empieza ahora a ingresar en tu undécima casa (planeará entre la décima y undécima los dos próximos años), y este aspecto muestra que influirá en tus amistades. Tus viejos amigos desaparecerán. Algunos vivirán experiencias cercanas a la muerte y, en ciertos casos, podrían morir físicamente en los próximos veinte años. Tu círculo social se está transformando. El cosmos está engendrando la vida social de tus sueños, tu ideal de amistades. Aunque no ocurrirá de un día para otro, el proceso durará años. La situación no será agradable de momento, pero los resultados valdrán la pena.

Previsiones mes a mes

Enero

Mejores días en general: 8, 9, 16, 17, 25, 26
Días menos favorables en general: 3, 4, 10, 11, 23, 24, 30, 31
Mejores días para el amor: 2, 3, 4, 12, 13, 21, 22, 30, 31
Mejores días para el dinero: 2, 3, 8, 12, 13, 16, 18, 19, 21, 22, 23
Mejores días para la profesión: 4, 10, 11, 12, 13, 22, 31

Te espera un mes feliz, Aries. Disfrútalo. Júpiter en tu signo te trae una buena vida: viajes al extranjero, buena comida, buen vino y una gran abundancia de placeres sensoriales. Hay un gran optimismo en tu vida. Pero te conviene ser más cuidadoso con tu salud, en especial con el peso. Aunque no tendrás ningún problema serio, solo serán achaques pasajeros debidos a los aspectos desfavorables de los planetas rápidos. Notarás una mejoría a partir del 21. Como Mercurio será retrógrado hasta el 17, evita las pruebas o los tratamientos médicos si es posible. Posponlos hasta el 18.

El ritmo de la vida aumentará. El mes arranca con un treinta por ciento de planetas retrógrados, y a finales de enero todos serán directos. Los acontecimientos sucederán más deprisa, como a ti te gusta.

El noventa por ciento, y en ocasiones el cien por cien, de los planetas se encuentran en la independiente mitad oriental de tu carta astral. En este mes, y a lo largo del año, te volcarás «en ti». Ahora gozas de una gran independencia personal, pero será aún mayor en los próximos meses. Como Marte será directo a partir del 12, verás con más claridad tus objetivos personales. Será un buen mes para llevar a cabo los cambios necesarios para ser feliz.

Aunque tu vida amorosa no sea intensa en estos días, si no tienes pareja, surgirán oportunidades amorosas mientras sales con los amigos, o participas en grupos o en organizaciones profesionales y comerciales. Los amigos harán de Cupido en tu vida o quizá una persona de tu círculo de amistades se sienta atraída por ti. También puedes encontrar el amor en las redes sociales y en las actividades en internet.

Tu situación económica es buena. Tu experiencia tecnológica es por lo visto importante. Si eres un inversor, las inversiones en tecnología puntera y en el mundo digital son una buena idea. Ahora gastas más tecnología puntera, pero también te reporta beneficios. Como Urano será directo el 22, te convendrá hacer tus adquisiciones de tecnología puntera a partir del 23.

Marte, el regente de tu horóscopo, estará «fuera de límites» todo el mes (y seguirá así hasta el 4 de mayo). Ahora te mueves «fuera de tu territorio», de tu órbita usual, y al parecer esto te encanta.

Febrero

Mejores días en general: 4, 5, 6, 14, 15, 22, 23
Días menos favorables en general: 2, 3, 9, 10, 16, 17
Mejores días para el amor: 2, 3, 9, 10, 12, 13, 22
Mejores días para el dinero: 2, 3, 4, 5, 12, 13, 14, 15, 22, 23, 24, 25
Mejores días para la profesión: 1, 10, 16, 17, 19, 28

Todos los planetas son ahora directos y la vida se mueve con rapidez. Los objetivos, sean personales o a escala mundial, se alcanzan deprisa.

Venus, tu planeta del amor y de la economía, tendrá su solsticio del 21 al 24. Se detendrá en el firmamento en su movimiento latitudinal y luego cambiará de sentido. Y esto es lo que también te ocurrirá en la parcela del amor y de la economía. Se dará una pausa, —un estancamiento— y luego cambiará de rumbo. No te alarmes. Será un cambio saludable.

Tu undécima casa de los amigos será poderosa hasta el 18. Febrero será un mes social. Participarás en grupos y en actividades grupales y virtuales. Como esta casa es benéfica, será un mes feliz. Aprovecha este momento para aumentar tus conocimientos de tecnología puntera, ciencia, astronomía y astrología.

La vida social de tus hijos o figuras filiales será activa este mes. Si tienen la edad adecuada, es posible que les salga una pareja. Tu vida amorosa será espiritual e idealista hasta el 21. El amor y las oportunidades amorosas surgirán en espacios espirituales, como estudios de yoga, clases o conferencias de meditación, charlas espirituales o sesiones de oración. Y también en actos benéficos. Tu cónyuge, pareja o amante actual estará hipersensible este mes (hasta el 21). Se sentirá dolido con facilidad y será sensible a los tonos de voz y al lenguaje corporal. Ahora no soporta ver sufrir a nadie, sean personas o incluso animales. Sé más dulce con la persona amada. La hipersensibilidad desaparecerá a partir del 22.

Tu intuición económica será muy aguda este mes, sobre todo del 14 al 16. Es una buena temporada para el «dinero milagroso» que te llega de formas sorprendentes. (Pero en realidad, te pertenece espiritualmente por derecho propio). Tu prosperidad aumentará a partir del 22, cuando Venus empiece a viajar con Júpiter, una señal clásica de un aumento de ingresos. La especulación financiera será favorable en esta temporada. Gozarás de días buenos para ganar dinero. El amor surgirá a partir del 22, y si no tienes pareja, tendrás encuentros amorosos placenteros. El amor dará contigo. No tendrás que hacer nada en especial para encontrarlo.

Tu salud es excelente. Pero siempre puedes mejorarla con las propuestas planteadas en las previsiones de este año.

Marzo

Mejores días en general: 4, 5, 13, 14, 21, 22, 31
Días menos favorables en general: 1, 2, 8, 9, 10, 15, 16, 28, 29, 30
Mejores días para el amor: 4, 5, 8, 9, 10, 11, 12, 24, 25

Mejores días para el dinero: 4, 5, 11, 12, 13, 14, 21, 22, 24, 25, 31
Mejores días para la profesión: 11, 15, 16, 19, 28

Te espera un mes movido y feliz. Notas los vientos de cambio y sabes que será un cambio duradero. Aunque no sepas exactamente en qué aspecto de tu vida se producirá, te das cuenta de que a partir de ahora las cosas van a ser distintas.

Saturno ingresará en tu duodécima casa el 8. Cuando el Sol visite tu signo el 20, empezará una de tus temporadas más placenteras del año. Plutón realizará un ingreso importante en tu undécima casa el 24. Es el momento del año en que más independiente eres. Todos los planetas son directos. Haz a toda costa los cambios necesarios para ser feliz. Eres tú a quien debes complacer más que a nadie. Respeta siempre a los demás, pero ahora no es el momento de ser complaciente.

Tu duodécima casa de la espiritualidad es poderosa desde el 18 de febrero. Y el 8 lo será incluso más aún. Marzo es un mes espiritual. Si te dedicas a las artes creativas, en estos días estarás muy inspirado. Tendrás percepciones y revelaciones espirituales. Vivirás experiencias sobrenaturales. Tu vida onírica es ahora más activa.

Cuando el Sol ingrese en tu signo el 20, empezará una de tus temporadas más placenteras del año. Y será mucho más potente —y deliciosa— que las de los doce últimos años. Un gran número de planetas benéficos se dan cita en tu signo. Ahora gozas de viajes, creatividad, placeres sensoriales, una gran autoestima y confianza en ti. Estás satisfecho. Tienes amor y dinero. El amor y el dinero te buscan. Tendrás ganancias inesperadas y oportunidades sin necesidad de buscarlas. (Más tarde, te costarán más esfuerzo). Las mujeres en edad de concebir han sido inusualmente fértiles desde principios de año, y este mes a partir del 21, lo serán incluso más aún. Llevas un alto nivel de vida y el cosmos tiene su forma de apoyarlo, aunque no tengas el dinero necesario en el banco.

Marte lleva «fuera de límites» desde principios de año, pero este mes incluso lo estará más aún. Y a ti te ocurre lo mismo, ahora te mueves por un territorio ajeno a tu órbita usual. Si cumples años en marzo, a partir del 20 será un gran momento para iniciar proyectos y lanzar productos nuevos al mercado.

Abril

Mejores días en general: 1, 9, 10, 18, 27, 28, 29
Días menos favorables en general: 5, 6, 12, 13, 20, 25, 26
Mejores días para el amor: 3, 4, 5, 6, 14, 22, 23
Mejores días para el dinero: 1, 3, 4, 10, 14, 19, 21, 22, 23, 28, 29
Mejores días para la profesión: 7, 12, 13, 16, 25

Te espera un mes feliz y próspero. Ni siquiera lo enturbiará el eclipse solar que ocurrirá en tu signo el 20. Al contrario, añadirá una cierta excitación y dramatismo al mes.

Como vivirás uno de tus momentos más placenteros del año hasta el 20, sigue disfrutando de los placeres de los sentidos y ponte en forma tal como deseas. Cuando el Sol ingrese en tu casa del dinero el 20, empezará una de tus mejores temporadas económicas. Tus ganancias serán buenas y te centrarás en las finanzas.

Marte, el regente de tu horóscopo, lleva «fuera de límites» desde principios de año y este mes seguirá así. Pero a partir del 19, Venus también estará «fuera de límites». De modo que te moverás fuera de tu terreno en el aspecto personal, económico y amoroso. Y disfrutarás haciéndolo. Te moverás fuera de tu órbita usual a nivel personal, y también en el ámbito de las amistades, las personas que te atraen y la gente implicada en tus finanzas.

El eclipse solar del 20 afectará a todos los Aries hasta cierto punto, pero lo notarán sobre todo los nacidos en los últimos días del signo, del 18 al 20 de marzo. Si te encuentras en este grupo, tómatelo todo con calma y reduce tus actividades. Como el eclipse ocurrirá en la cúspide de tu primera y segunda casas, las afectará a ambas. Por lo que desearás redefinirte. Cambiarás de imagen y también tu forma de presentarte al mundo. Esto durará varios meses. Es posible que haya además cambios económicos. Estos cambios serán el preludio —la puesta en escena— para la prosperidad que vivirás en mayo. Los eclipses solares afectan a los hijos o a las figuras filiales, ya que el planeta eclipsado rige tu quinta casa de los hijos. Procura mantenerlos fuera de peligro lo máximo posible durante el periodo del eclipse. Y como el eclipse afectará a Plutón, también le traerá circunstancias económicas adversas a tu cónyuge, pareja o amante actual. Deberá hacer cambios importantes. Este aspecto muestra encuentros psicológicos con la muerte, como experiencias cercanas a la muerte, intervenciones quirúrgicas, o sueños relacionados con la muerte. En general, no es una muerte física.

Mayo

Mejores días en general: 7, 8, 15, 16, 25, 26
Días menos favorables en general: 2, 3, 9, 10, 15, 16, 22, 23, 30, 31
Mejores días para el amor: 2, 3, 9, 10, 17, 18, 19, 30, 31
Mejores días para el dinero: 2, 3, 8, 9, 10, 16, 17, 18, 19, 24, 25
Mejores días para la profesión: 5, 9, 10, 13, 22

Te espera un mes feliz y próspero a pesar del eclipse lunar del 5. Atraviesas una de tus mejores temporadas económicas del año. Será mucho mejor que las de muchos años anteriores, puesto que Júpiter, el planeta de la riqueza y la abundancia, también ingresará en tu casa del dinero el 17. Para muchos Aries, —depende de tu edad— será la mejor temporada económica de toda su vida. Gozarás de una gran prosperidad el resto del año.

Como el eclipse lunar del 5 se dará en tu octava casa, tu cónyuge, pareja o amante actual se enfrentará a circunstancias económicas adversas, como le ocurrió el mes anterior. Deberá hacer cambios importantes, corregir el rumbo de sus finanzas. También quizá tengas, como en el mes pasado, encuentros psicológicos con la muerte. No será un castigo, sino una vivencia muy instructiva para reflexionar más a fondo sobre la muerte. Y para que te tomes más en serio la vida. Que es frágil y puede acabar en cualquier instante. Céntrate en la labor que se supone que realizarás en esta encarnación. Los eclipses lunares afectan al hogar y la familia, y este no es una excepción.

Pueden surgir adversidades en tu hogar y en la vida de los tuyos. Tu vida onírica será hiperactiva, pero no le des demasiada importancia. A menudo, será necesario hacer reparaciones en el hogar. Como el eclipse afectará indirectamente a Urano, tu planeta de los amigos y de la tecnología puntera, los ordenadores, los equipos de tecnología puntera y los aparatos electrónicos también pueden fallar. Tus amigos quizá se enfrenten a adversidades en su vida (al alojarse ahora Plutón en tu undécima casa de los amigos, aumentan las adversidades).

Marte, hasta ahora «fuera de límites», volverá a su órbita el 4. Y tú también regresarás a nivel personal a tu órbita normal. Pero Venus, que empezó a estar «fuera de límites» en abril, lo estará más aún este mes, mucho más de lo habitual. En tu vida económica, te moverás por lo tanto por territorios inexplorados y desconocidos. Quizá seas más atrevido de lo normal. Al igual que en el amor. Si estás soltero, intentarás conocer a alguien fuera de tu esfera habitual. Y en tu vida social también te ocurrirá lo mismo.

Junio

Mejores días en general: 3, 4, 11, 12, 21, 22
Días menos favorables en general: 5, 6, 18, 19, 20, 26, 27
Mejores días para el amor: 2, 11, 21, 22, 26, 27
Mejores días para el dinero: 2, 5, 6, 11, 14, 15, 21, 22, 23, 24
Mejores días para la profesión: 1, 5, 6, 9, 18, 28

La actividad retrógrada aumentará este mes, pero no será importante. El mes arranca solo con un planeta retrógrado y acabará con tres. Todavía te encuentras en una etapa muy próspera, pero como el Sol se aloja ahora en tu tercera casa, estás menos pendiente de esta esfera de tu vida que el mes anterior.

Venus se alojará en tu cuarta casa hasta el 5. Este aspecto indica que en lo que respecta a la economía, gastarás más en tu hogar y tu familia, pero también serán una fuente de ingresos para ti. Ahora los tuyos y tus contactos familiares son importantes económicamente. Como Venus ingresará en tu quinta casa el 6 y la ocupará el resto del mes, serás más temerario de lo habitual. La fiebre especulativa se apoderará de ti. Las especulaciones no solo tienen que ver con los casinos o la lotería, sino también con las adquisiciones o inversiones. Pero será una temporada para la riqueza fácil, para el dinero ganado de formas agradables que gastas en cosas placenteras. Ahora disfrutas de tu riqueza. Júpiter en tu casa del dinero muestra que las inversiones en el extranjero o con extranjeros juegan un papel importante en tu economía. Ten cuidado con gastar en exceso el 10 y 11.

Como Venus es también tu planeta del amor, sus tránsitos afectan a tu vida amorosa. Dedicarás más tiempo al hogar y a los tuyos hasta el 6. Las oportunidades amorosas te llegarán del entorno doméstico y a través de la familia o de los contactos familiares. Venus ingresará en tu quinta casa el 5. Las relaciones amorosas serán un juego y una diversión para ti, otra forma de entretenimiento, en esta temporada. No te las tomarás demasiado en serio. (Venus ocupará esta casa los próximos cuatro meses). Tendrás aventuras amorosas, pero no es probable que contraigas matrimonio.

Presta más atención a tu salud a partir del 21, aunque no tendrás ningún problema serio. Solo será algún que otro achaque pasajero debido a los aspectos desfavorables de los planetas rápidos. Durarán poco. Te conviene descansar cuando te sientas cansado.

Céntrate en tus intereses intelectuales hasta el 20. Es una buena época para los estudiantes. Tus facultades intelectuales son ahora mayores de lo habitual. Aprenderás con más facilidad si te diviertes haciéndolo. Ver un vídeo o una película sobre lo que estudias será mejor que leer libros sobre el tema.

Conduce con más precaución el 4 y 5.

Julio

Mejores días en general: 1, 2, 9, 10, 18, 19, 20, 28, 29
Días menos favorables en general: 3, 4, 16, 17, 23, 24, 30, 31
Mejores días para el amor: 2, 10, 19, 20, 23, 24, 29
Mejores días para el dinero: 2, 3, 4, 10, 11, 12, 19, 20, 21, 22, 29, 30, 31
Mejores días para la profesión: 3, 4, 7, 16, 26, 30, 31

El mes anterior el poder planetario se encontraba sobre todo en la mitad inferior de tu carta astral, en el hemisferio nocturno. Y este mes también. Te conviene pues dedicarte a tu familia en lugar de estar volcado en tu profesión. Como Saturno y Plutón, los dos planetas relacionados con tu profesión, son retrógrados, es mejor centrarte en tu familia.

Pero tu bienestar emocional es ahora incluso más importante que tu familia. Es un momento excelente para las terapias psicológicas tradicionales, para hacer descubrimientos sobre tus sentimientos y tus reacciones emocionales. Aunque no sigas una terapia en concreto, el cosmos realizará esta función por ti, si se lo permites. Aflorarán en tu mente antiguos recuerdos del pasado (más a menudo de lo habitual) para que los reinterpretes con tu estado mental actual. Y tu vida emocional mejorará enormemente por ello. Será una especie de sanación cósmica. Descubrirás que ahora te sientes más nostálgico. Tu historia personal y la historia en general te interesarán. Te atraerá el pasado. Si sigues un camino espiritual, sentirás un mayor interés por tus reencarnaciones anteriores y quizá recuerdes algunas.

Cuando el Sol ingrese en tu quinta casa el 22, empezará una de tus temporadas más placenteras del año. Es el momento de disfrutar de la vida y hacer las actividades que más te gusten. Tu creatividad también será extraordinaria.

Tu salud y energía volverán a la normalidad a partir del 23.

Venus realizará una inusual retrogradación el 23. Solo ocurre cada dos años. Durará hasta el 4 de septiembre. Haz balance de tu vida amorosa y de tu economía en esta temporada. Recopila más datos e información. Aclárate en tus objetivos. Evita tomar decisiones amorosas o económicas importantes hasta el 4 de septiembre.

La actividad retrograda volverá a aumentar este mes. El cuarenta por ciento de los planetas serán retrógrados a partir del 24, un porcentaje considerable. Pero aún no será el más elevado del año. Los dos próximos meses llegará al máximo.

Te esperan adversidades amorosas y económicas el 1 y 2. Conduce con más precaución el 22 y 23.

Agosto

Mejores días en general: 5, 6, 14, 15, 16, 24, 25
Días menos favorables en general: 12, 13, 19, 20, 21, 26, 27
Mejores días para el amor: 5, 6, 14, 15, 19, 20, 21, 24, 25
Mejores días para el dinero: 5, 6, 7, 8, 14, 15, 17, 18, 24, 25, 26, 27
Mejores días para la profesión: 3, 12, 22, 26, 27, 30

La actividad retrógrada aumentará incluso más aún este mes. El cincuenta por ciento de los planetas serán retrógrados del 23 al 29. Y el 29, lo serán el sesenta por ciento, el mayor porcentaje del año. Ten paciencia, Aries. Un montón de paciencia. Aunque no puedas controlar los retrasos que surjan, los reducirás al ser más perfecto en todo cuanto realices. Maneja los detalles de la vida a la perfección.

Te encuentras en una de tus temporadas más placenteras del año, y como ahora no ocurre gran cosa en el mundo, disfruta al menos de la vida. El Sol, tu planeta de la diversión, nunca es retrógrado.

El ritmo de la economía y de tu vida amorosa es más lento de lo habitual. No tomes decisiones importantes en esta época. Compra alimentos y productos básicos, pero deja las adquisiciones importantes para más adelante. El venturoso aspecto que Marte formará con Júpiter el 1, te deparará buenas ganancias o una gran oportunidad económica.

Los aspectos favorables de Marte con Urano el 15 y 16, te traerán armonía con los amigos e invitaciones sociales. Los ordenadores y la tecnología puntera se te darán muy bien en estos días.

Marte, el regente de tu horóscopo, tendrá su solsticio del 27 de agosto al 2 de septiembre. Se detendrá en el firmamento en su movimiento latitudinal y luego cambiará de sentido. De modo que se producirá una pausa en tus asuntos personales y después un cambio de rumbo el próximo mes.

Es posible que surjan algunos asuntos amorosos y económicos el 8 y 9. Ten cuidado con gastar demasiado el 21 y 22.

Cuando el Sol ingrese en tu sexta casa el 23, estarás preparado para tomarte la vida más en serio. Es un buen tránsito si buscas trabajo, aunque te conviene estudiar más a fondo las ofertas laborales. Es una buena época para ocuparte de las tareas engorrosas con numerosos pasos que has pospuesto. Tu salud es buena y ahora te cuidas.

Septiembre

Mejores días en general: 2, 3, 11, 12, 21, 22, 29, 30
Días menos favorables en general: 8, 9, 10, 16, 17, 23, 24
Mejores días para el amor: 2, 3, 11, 12, 16, 17, 21, 22, 30
Mejores días para el dinero: 2, 3, 4, 5, 11, 12, 14, 15, 21, 22, 23, 24, 30
Mejores días para la profesión: 8, 18, 23, 24, 27

Venus será directo el 4 y te traerá claridad tanto en el ámbito amoroso como económico. El aspecto auspicioso que el Sol formará con Júpiter el 7 y 8, propiciará un aumento de ingresos y oportunidades financieras. Aunque al ser Júpiter retrógrado, podría producirse una demora en la respuesta. Ten cuidado con gastar demasiado el 16 y 17. Quizá tengas gastos inesperados el 28 y 29, pero los podrás cubrir. También pueden surgir asuntos amorosos en estas fechas.

El sesenta por ciento de los planetas serán retrógrados hasta el 15, el máximo porcentaje del año. A partir del 16, lo serán el cincuenta por ciento, todavía un número notable. El secreto para superar este aspecto planetario es tener muchísima paciencia, como el mes anterior.

Si bien la mitad occidental de tu carta astral dista mucho de ser la predominante, ahora se encuentra en su momento más potente del año, sobre todo a partir del 23. De modo que cultivarás más tus encantos sociales, aunque sigas centrado en ti. Los demás serán más importantes que de costumbre. Marte, el regente de tu horóscopo, ocupará tu séptima casa del amor este mes. El Sol ingresará en ella el 23. Vivirás una de tus mejores temporadas amorosas y sociales del año en estas fechas. Contactarás con los demás. Asumirás un papel más activo en tu vida social. Y llegarán las oportunidades.

Como Marte se aloja en tu séptima casa del amor, ahora estás menos centrado en ti de lo habitual. Procuras poner a los demás en primer lugar y hacer todo lo posible por ellos, pero esto no quiere decir que lo consigas.

Tu salud será buena este mes, pero a partir del 24 tal vez sufras algún que otro achaque pasajero debido a los aspectos desfavorables de los planetas rápidos, aunque no será nada serio.

Como Mercurio será retrógrado hasta el 15, no es un buen momento para las pruebas o los tratamientos médicos, ya que podrían fallar. Si es posible, evítalos en estas fechas. Y si no es posible posponerlos y los resultados no son buenos, pide una segunda opinión y solicita incluso una segunda prueba médica.

La luna nueva del 15 en tu sexta casa te traerá oportunidades laborales si las deseas. Pero lo primordial es que aclarará las cuestiones relacionadas con la salud y trabajo con el paso de las semanas, hasta la próxima luna nueva.

Octubre

Mejores días en general: 8, 9, 15, 16, 17, 26, 27
Días menos favorables en general: 6, 7, 13, 14, 20, 21
Mejores días para el amor: 9, 10, 11, 20, 21, 28, 29
Mejores días para el dinero: 1, 2, 11, 12, 20, 21
Mejores días para la profesión: 6, 15, 20, 21, 24

Te encuentras en una de tus mejores temporadas amorosas y sociales del año y durará hasta el 23. En octubre tu vida social será mucho más activa que en cualquier otro mes del año. Pero compaginar tus intereses personales con los de los demás será todo un reto para ti. Lo estás intentando, pero no es fácil.

El principal titular este mes es los dos eclipses que ocurrirán. Habrá un eclipse solar el 14 y un eclipse lunar el 28.

Como el eclipse solar del 14 te afectará con más fuerza, tómatelo todo con calma y reduce tus actividades. El cosmos te indicará a su propia manera cuándo será el eclipse, ya que sus efectos se notan una semana antes de que ocurra, pero si eres muy sensible incluso los notarás dos semanas antes. Sé más precavido estos días. El eclipse tendrá lugar en tu séptima casa del amor y pondrá a prueba tu relación actual. Las buenas relaciones superarán la crisis, pero las que cojean —las defectuosas— se romperán. Habrá adversidades en la vida de tus amigos y contrariedades con tu pareja actual.

La crisis en una relación suele ser causada por este aspecto planetario. Los eclipses solares afectan a tus hijos o figuras filiales de tu vida y este no es una excepción. Les conviene mantenerse fuera de peligro y evitar actividades arriesgadas. Tus hijos tendrán problemas en su centro docente o quizá cambie su plan de estudios. En ocasiones, incluso cambiarán de centro de estudios. También les conviene conducir con más precaución.

El eclipse lunar del 28 ocurrirá en tu casa del dinero. Indica que es primordial corregir el rumbo de tus finanzas. Los acontecimientos del eclipse te mostrarán los fallos de tus suposiciones y estrategias financieras, y los cambios que deberás llevar a cabo. Los eclipses lunares afectan a la familia y, en especial, a un progenitor o figura parental. Se producen sucesos que te cambian la vida. Tu vida onírica será hiperactiva, pero no le des demasiada importancia. Si sueñas con escenas horrendas, es bueno desprenderte de esta energía con la práctica de «advertirlo y dejarlo ir», o con otras propuestas terapéuticas, y liberarte de la emoción negativa del ambiente con el que has soñado. A menudo, será necesario hacer reparaciones en el hogar.

Como te encuentras aún en una temporada próspera, seguramente los cambios económicos serán positivos.

Noviembre

Mejores días en general: 4, 5, 6, 14, 15, 23, 24
Días menos favorables en general: 2, 3, 9, 10, 11, 16, 17, 29, 30
Mejores días para el amor: 8, 9, 10, 11, 18, 19, 27, 28
Mejores días para el dinero: 7, 8, 9, 16, 18, 19, 25, 26, 27, 28
Mejores días para la profesión: 2, 12, 16, 17, 29

El poder planetario se encuentra ahora en la mitad superior de tu carta astral, el hemisferio diurno. Es el momento de dedicarte a tu vida exterior; es decir, a tu profesión y tus objetivos mundanos. El sesenta por ciento y, en ocasiones, el setenta por ciento de los planetas, están por encima del horizonte, un porcentaje importante.

Así que deja a un lado las cuestiones familiares y beneficia a los tuyos triunfando en tu trabajo.

Tu salud es mucho mejor que el mes pasado. Al estar ahora lleno de energía, tus horizontes también se ensanchan. Lo que antes te parecía imposible, ahora te parece más factible. Mercurio, tu planeta de la salud, estará «fuera de límites» a partir del 16. De modo que te moverás fuera de tu órbita habitual en el ámbito de la salud y quizá del trabajo. Tal vez estás explorando terapias alternativas. O quizá tus responsabilidades laborales te obligan a moverte fuera de tu terreno habitual.

Venus ingresará en tu séptima casa el 8 y la ocupará el resto del mes. Es un aspecto auspicioso para el amor, muestra que si no tienes pareja te atraerá alguien. Aunque compaginar tus deseos con los de la persona amada será lo que más te costará.

Como Venus es tu planeta de la economía, este tránsito muestra que tus contactos sociales son ahora importantes en tus finanzas. Es el aspecto planetario de alguien que socializa con los que negocia, y que le gusta hacer negocios con las personas con las que socializa; es decir, con amigos.

El solsticio de Venus ocurrirá del 9 al 13. Se detendrá en el firmamento en su movimiento latitudinal y luego cambiará de sentido. Lo mismo te ocurrirá con el amor y la economía, se dará una pausa y después un cambio de dirección. Será una pausa saludable. No se puede cambiar de rumbo en seco. Es necesario detenerse primero.

Como tu octava casa será poderosa en noviembre, sobre todo hasta el 22, es un buen mes para los proyectos relacionados con la transformación personal, para engendrar a quien deseas ser. No lo lograrás de la noche a la mañana, pero progresarás en ello.

Diciembre

Mejores días en general: 2, 3, 11, 12, 20, 21, 29, 30
Días menos favorables en general: 7, 8, 14, 15, 27, 28
Mejores días para el amor: 7, 8, 9, 18, 19, 28, 30
Mejores días para el dinero: 4, 9, 14, 18, 19, 22, 23, 28, 30, 31
Mejores días para la profesión: 9, 14, 15, 18, 26, 27

El hemisferio diurno de tu carta astral es incluso más poderoso que el mes anterior. Y cuando el Sol ingrese en tu décima casa de la profesión el 22, empezará una de tus mejores temporadas profesionales del año. Será sumamente exitosa. Hay mucho poder apoyándote. El setenta por ciento de los planetas, y en ocasiones el ochenta por ciento, se encuentran ahora por encima del horizonte de tu carta astral, un porcentaje enorme. Sigue volcado en tu profesión y en tu misión en esta vida. Olvídate de los asuntos familiares por un tiempo. (Aunque la luna llena del 27 te haga desear momentáneamente dedicarte a tu hogar y tu familia, céntrate en tu profesión).

Tu salud es buena, pero préstale más atención a partir del 23. Aunque no te espera nada serio, solo será algún que otro achaque pasajero debido a los aspectos desfavorables de los planetas rápidos. Procura no cansarte demasiado, al no tener tanta energía como de costumbre podrías ser vulnerable a todo tipo de dolencias.

Mercurio, tu planeta de la salud, estará «fuera de límites» hasta el 14. Repasa por lo tanto la información de noviembre.

Este mes Marte, el regente de tu horóscopo, estará «fuera de límites» a partir del 22. A principios de año también lo estuvo. Por lo que te moverás fuera de tu órbita usual. Tus deseos te llevarán fuera de tu ambiente. Los demás también te verán de este modo.

Como Venus ocupará tu octava casa del 5 al 30, será una temporada erótica. Si no tienes pareja, este aspecto muestra que el magnetismo sexual será lo que más te atraerá en una relación. En lo que respecta a la economía, es un buen momento para reducir gastos y desprenderte de los objetos que ya no te sirvan. Expándete recortando; es decir, deshazte de lo que ya no necesites o uses. Despeja el camino. Véndelo o dónalo a una organización de beneficencia. Cancela las cuentas bancarias superfluas. Observa en qué malgastas el dinero y elimina los gastos innecesarios. Es un buen momento para la planificación tributaria y los planes de seguros. Y también para la planificación patrimonial.

Tauro

♉

El Toro

Nacidos entre el 21 de abril y el 20 de mayo

Rasgos generales

TAURO DE UN VISTAZO

Elemento: Tierra

Planeta regente: Venus
Planeta de la profesión: Urano
Planeta del amor: Plutón
Planeta del dinero: Mercurio
Planeta de la salud: Venus
Planeta de la suerte: Saturno

Colores: Tonos ocres, verde, naranja, amarillo
Colores que favorecen el amor, el romance y la armonía social: Rojo violáceo, violeta
Colores que favorecen la capacidad de ganar dinero: Amarillo, amarillo anaranjado

Piedras: Coral, esmeralda

Metal: Cobre

Aromas: Almendra amarga, rosa, vainilla, violeta

Modo: Fijo (= estabilidad)

Cualidad más necesaria para el equilibrio: Flexibilidad

Virtudes más fuertes: Resistencia, lealtad, paciencia, estabilidad, propensión a la armonía

Necesidades más profundas: Comodidad, tranquilidad material, riqueza

Lo que hay que evitar: Rigidez, tozudez, tendencia a ser excesivamente posesivo y materialista

Signos globalmente más compatibles: Virgo, Capricornio
Signos globalmente más incompatibles: Leo, Escorpio, Acuario
Signo que ofrece más apoyo laboral: Acuario
Signo que ofrece más apoyo emocional: Leo
Signo que ofrece más apoyo económico: Géminis
Mejor signo para el matrimonio y/o las asociaciones: Escorpio
Signo que más apoya en proyectos creativos: Virgo
Mejor signo para pasárselo bien: Virgo
Signos que más apoyan espiritualmente: Aries, Capricornio
Mejor día de la semana: Viernes

La personalidad Tauro

Tauro es el más terrenal de todos los signos de tierra. Si comprendemos que la tierra es algo más que un elemento físico, que es también una actitud psicológica, comprenderemos mejor la personalidad Tauro.

Los Tauro tienen toda la capacidad para la acción que poseen los Aries. Pero no les satisface la acción por sí misma. Sus actos han de ser productivos, prácticos y generadores de riqueza. Si no logran ver el valor práctico de una actividad, no se molestarán en emprenderla.

El punto fuerte de los Tauro está en su capacidad para hacer realidad sus ideas y las de otras personas. Por lo general no brillan por su inventiva, pero sí saben perfeccionar el invento de otra persona, hacerlo más práctico y útil. Lo mismo puede decirse respecto a todo tipo de proyectos. A los Tauro no les entusiasma particularmente iniciar proyectos, pero una vez metidos en uno, trabajan en él hasta concluirlo. No dejan nada sin terminar, y a no ser que se interponga un acto divino, harán lo imposible por acabar la tarea.

Muchas personas los encuentran demasiado obstinados, conservadores, fijos e inamovibles. Esto es comprensible, porque a los

Tauro les desagrada el cambio, ya sea en su entorno o en su rutina. ¡Incluso les desagrada cambiar de opinión! Por otra parte, esa es su virtud. No es bueno que el eje de una rueda oscile. Ha de estar fijo, estable e inamovible. Los Tauro son el eje de la rueda de la sociedad y de los cielos. Sin su estabilidad y su supuesta obstinación, las ruedas del mundo se torcerían, sobre todo las del comercio.

A los Tauro les encanta la rutina. Si es buena, una rutina tiene muchas virtudes. Es un modo fijado e idealmente perfecto de cuidar de las cosas. Cuando uno se permite la espontaneidad puede cometer errores, y los errores producen incomodidad, desagrado e inquietud, cosas que para los Tauro son casi inaceptables. Estropear su comodidad y su seguridad es una manera segura de irritarlos y enfadarlos.

Mientras a los Aries les gusta la velocidad, a los Tauro les gusta la lentitud. Son lentos para pensar, pero no cometamos el error de creer que les falta inteligencia. Por el contrario, son muy inteligentes, pero les gusta rumiar las ideas, meditarlas y sopesarlas. Sólo después de la debida deliberación aceptan una idea o toman una decisión. Los Tauro son lentos para enfadarse, pero cuando lo hacen, ¡cuidado!

Situación económica

Los Tauro son muy conscientes del dinero. Para ellos la riqueza es más importante que para muchos otros signos; significa comodidad, seguridad y estabilidad. Mientras algunos signos del zodiaco se sienten ricos si tienen ideas, talento o habilidades, los Tauro sólo sienten su riqueza si pueden verla y tocarla. Su modo de pensar es: «¿De qué sirve un talento si no se consiguen con él casa, muebles, coche y piscina?»

Por todos estos motivos, los Tauro destacan en los campos de la propiedad inmobiliaria y la agricultura. Por lo general, acaban poseyendo un terreno. Les encanta sentir su conexión con la tierra. La riqueza material comenzó con la agricultura, labrando la tierra. Poseer un trozo de tierra fue la primera forma de riqueza de la humanidad; Tauro aún siente esa conexión primordial.

En esta búsqueda de la riqueza, los Tauro desarrollan sus capacidades intelectuales y de comunicación. Como necesitan comerciar con otras personas, se ven también obligados a desarrollar cierta flexibilidad. En su búsqueda de la riqueza, aprenden el valor práctico del intelecto y llegan a admirarlo. Si no fuera por esa búsqueda de la riqueza, tal vez no intentarían alcanzar un intelecto superior.

Algunos Tauro nacen «con buena estrella» y normalmente, cuando juegan o especulan, ganan. Esta suerte se debe a otros factores presentes en su horóscopo personal y no forma parte de su naturaleza esencial. Por naturaleza los Tauro no son jugadores. Son personas muy trabajadoras y les gusta ganarse lo que tienen. Su conservadurismo innato hace que detesten los riesgos innecesarios en el campo económico y en otros aspectos de su vida.

Profesión e imagen pública

Al ser esencialmente terrenales, sencillos y sin complicaciones, los Tauro tienden a admirar a las personas originales, poco convencionales e inventivas. Les gusta tener jefes creativos y originales, ya que ellos se conforman con perfeccionar las ideas luminosas de sus superiores. Admiran a las personas que tienen una conciencia social o política más amplia y piensan que algún día (cuando tengan toda la comodidad y seguridad que necesitan) les gustará dedicarse a esos importantes asuntos.

En cuanto a los negocios, los Tauro suelen ser muy perspicaces, y eso los hace muy valiosos para la empresa que los contrata. Jamás son perezosos, y disfrutan trabajando y obteniendo buenos resultados. No les gusta arriesgarse innecesariamente y se desenvuelven bien en puestos de autoridad, lo cual los hace buenos gerentes y supervisores. Sus cualidades de mando están reforzadas por sus dotes naturales para la organización y la atención a los detalles, por su paciencia y por su minuciosidad. Como he dicho antes, debido a su conexión con la tierra, también pueden realizar un buen trabajo en agricultura y granjas.

En general, los Tauro prefieren el dinero y la capacidad para ganarlo que el aprecio y el prestigio públicos. Elegirán un puesto que les aporte más ingresos aunque tenga menos prestigio, antes que otro que tenga mucho prestigio pero les proporcione menos ingresos. Son muchos los signos que no piensan de este modo, pero Tauro sí, sobre todo si en su carta natal no hay nada que modifique este aspecto. Los Tauro sólo buscarán la gloria y el prestigio si están seguros de que estas cosas van a tener un efecto directo e inmediato en su billetero.

Amor y relaciones

En el amor, a los Tauro les gusta tener y mantener. Son de los que se casan. Les gusta el compromiso y que las condiciones de la relación estén definidas con mucha claridad. Más importante aún, les gusta ser fieles a una sola persona y esperan que esa persona corresponda a su fidelidad. Cuando esto no ocurre, el mundo entero se les viene abajo. Cuando está enamorada, la persona Tauro es leal, pero también muy posesiva. Es capaz de terribles ataques de celos si siente que su amor ha sido traicionado.

En una relación, los Tauro se sienten satisfechos con cosas sencillas. Si tienes una relación romántica con una persona Tauro, no hay ninguna necesidad de que te desvivas por colmarla de atenciones ni por galantearla constantemente. Proporciónale suficiente amor y comida y un techo cómodo, y será muy feliz de quedarse en casa y disfrutar de tu compañía. Te será leal de por vida. Hazla sentirse cómoda y, sobre todo, segura en la relación, y rara vez tendrás problemas con ella.

En el amor, los Tauro a veces cometen el error de tratar de dominar y controlar a su pareja, lo cual puede ser motivo de mucho sufrimiento para ambos. El razonamiento subyacente a sus actos es básicamente simple. Tienen una especie de sentido de propiedad sobre su pareja y desean hacer cambios que aumenten la comodidad y la seguridad generales de ambos. Esta actitud está bien cuando se trata de cosas inanimadas y materiales, pero puede ser muy peligrosa cuando se aplica a personas, de modo que los Tauro deben tener mucho cuidado y estar alertas para no cometer ese error.

Hogar y vida familiar

La casa y la familia son de importancia vital para los Tauro. Les gustan los niños. También les gusta tener una casa cómoda y tal vez elegante, algo de que alardear. Tienden a comprar muebles sólidos y pesados, generalmente de la mejor calidad. Esto se debe a que les gusta sentir la solidez a su alrededor. Su casa no es sólo su hogar, sino también su lugar de creatividad y recreo. La casa de los Tauro tiende a ser verdaderamente su castillo. Si pudieran elegir, preferirían vivir en el campo antes que en la ciudad.

En su hogar, un Tauro es como un terrateniente, el amo de la casa señorial. A los nativos de este signo les encanta atender a sus visitas con prodigalidad, hacer que los demás se sientan seguros en su casa y tan satisfechos en ella como ellos mismos. Si una persona Tauro te invita a cenar a su casa, ten la seguridad de que recibirás la mejor comida y la mejor atención. Prepárate para un recorrido por la casa, a la que Tauro trata como un castillo, y a ver a tu amigo o amiga manifestar muchísimo orgullo y satisfacción por sus posesiones.

Los Tauro disfrutan con sus hijos, pero normalmente son estrictos con ellos, debido a que, como hacen con la mayoría de las cosas en su vida, tienden a tratarlos como si fueran sus posesiones. El lado positivo de esto es que sus hijos estarán muy bien cuidados y educados. Tendrán todas las cosas materiales que necesiten para crecer y educarse bien. El lado negativo es que los Tauro pueden ser demasiado represivos con sus hijos. Si alguno de ellos se atreve a alterar la rutina diaria que a su padre o madre Tauro le gusta seguir, tendrá problemas.

Horóscopo para el año 2023*

Principales tendencias

Llevas ya varios años triunfando en tu profesión y aunque este año también sea auspicioso en este sentido, no estarás tan pendiente de tu trabajo. Ahora ya no te esfuerzas tanto. Tus esfuerzos del pasado han dado fruto. Saturno abandonará tu décima casa de la profesión el 8 de marzo. Plutón flirteará brevemente con ella del 24 de marzo al 12 de junio. Tu simpatía y encanto social son ahora importantes para tu profesión. Volveremos sobre este tema más adelante.

El ingreso de Plutón, tu planeta del amor, en tu décima casa también es positivo para tu vida amorosa. Plutón se encontrará prácticamente en la cúspide de tu carta astral durante muchos años. Este aspecto muestra que te centrarás en el amor y que este

* Las previsiones de este libro se basan en el Horóscopo Solar y en todos los signos derivados del mismo: tu signo solar se convierte en el Ascendente, y las casas se numeran a partir de él. Tu horóscopo personal, el trazado concretamente para ti (según la fecha, hora y lugar exactos de tu nacimiento) podría modificar lo que se indica aquí. Joseph Polansky.

interés tuyo tenderá a alcanzar sus objetivos. Volveremos sobre este tema más adelante.

Júpiter se alojará en tu duodécima casa de la espiritualidad hasta el 17 de mayo, será una etapa espiritual muy poderosa. Harás progresos importantes. Te darás cuenta de que unos maravillosos seres espirituales velan por ti y te guían. Volveremos sobre este tema más adelante.

Júpiter ingresará en tu signo el 17 de mayo y lo ocupará el resto del año. Es un tránsito favorable. Te trae buena vida. Muchos Tauro viajarán más. Llevarán un nivel de vida más alto de lo habitual (y el cosmos tiene sus maneras de proporcionárselo). Tu libido aumentará y tu atractivo sexual será más potente.

Urano lleva ya alojado en tu signo muchos años. Este aspecto te ha traído éxito profesional, pero también muchos cambios repentinos de diversa índole. No te gusta en absoluto que te rompan la rutina, pero es lo que ahora te pasa y el mensaje espiritual que este aspecto te ofrece, como hace tantos años que te ocurre, es aprender a aceptar los cambios y convertirlos en tus amigos. A todos los Tauro les sucede, pero los nacidos en los últimos días del signo, del 6 al 21 de mayo, son los que más lo notan.

El ingreso de Saturno en tu undécima casa de los amigos muestra una disminución de tus amistades. Ahora antepones la calidad a la cantidad. Probablemente socializarás menos, pero tus relaciones serán de mejor calidad.

Tus intereses más importantes este año serán la religión, la filosofía, los estudios superiores y los viajes al extranjero (del 1 de enero al 24 de marzo, y del 12 de junio hasta finales de año). La profesión, los amigos, los grupos, las actividades grupales y el mundo digital. La espiritualidad (del 1 de enero al 17 de mayo). El cuerpo, la imagen y el aspecto personal (a partir del 17 de mayo).

Este año lo que más te gratificará será la espiritualidad (del 1 de enero al 17 de mayo, y a partir del 19 de julio). El cuerpo, la imagen y el aspecto personal (todo el año).

Salud

(Ten en cuenta que se trata de una perspectiva astrológica de la salud, no de una perspectiva médica. En el pasado, no había ninguna diferencia, ambas eran idénticas, pero en la actualidad podrían diferir mucho. Para obtener un punto de vista médico, consulta a tu médico de cabecera o a un profesional de la salud).

Cuando Saturno deje de formar su aspecto desfavorable el 8 de marzo, tu salud mejorará enormemente. Plutón formará un aspecto desfavorable del 24 de marzo al 12 de junio, pero solo lo notarás si has nacido los primeros días de tu signo, del 20 al 22 de abril. Para la mayoría de Tauro su salud será buena. Aunque haya épocas del año en que tu salud y energía flojeen un poco, se deberá solo a los aspectos desfavorables de los planetas rápidos y no será la tendencia del año. Cuando estos aspectos desaparezcan, recuperarás tu buena salud y energía.

Por buena que sea tu salud, siempre puedes mejorarla. Presta más atención a las siguientes zonas vulnerables de tu carta astral.

El cuello y la garganta. Te conviene trabajar los puntos reflejos de estas partes del cuerpo. Como tu signo las rige, siempre son importantes para los Tauro. Los masajes regulares en el cuello te vendrán de perlas para eliminar la tensión acumulada en esta zona. La terapia craneosacral y la quiropráctica también son excelentes para el cuello.

Los riñones y las caderas. Te conviene trabajar los puntos reflejos de estas partes del cuerpo. Los masajes regulares en las caderas te irán de maravilla. Además de ser buenos para los riñones y las caderas, fortalecen la zona lumbar.

El corazón. Este órgano solo será importante del 5 de junio al 8 de octubre. Te conviene trabajar los puntos reflejos de esta parte del cuerpo. Lo más importante para el corazón es evitar las preocupaciones y la ansiedad, las dos emociones que lo estresan. Despréndete de las preocupaciones y cultiva la fe. La meditación te será de gran ayuda en este sentido. Los masajes torácicos también son beneficiosos para el corazón.

El estómago y los senos. Estas zonas también serán importantes del 5 de junio al 8 de octubre. Te conviene trabajar los puntos reflejos de estas partes del cuerpo. La dieta es importante en esta temporada.

Como Venus es tu planeta de la salud y además rige tu horóscopo, hay un componente de vanidad en ella. Tu estado de salud se refleja en tu aspecto. Por eso gozar de buena salud es más importante para tu aspecto que aplicarte un montón de cremas y potingues. Si notas que tienes un tono vital bajo, cómprate una nueva prenda de ropa o un accesorio. O ve a la peluquería. Haz algo para mejorar tu aspecto. Te sentirás mejor.

Al alojarse Júpiter en tu signo, las mujeres en edad de concebir serán más fértiles este año. Además, como este planeta rige tu octava casa, algunos Tauro contemplarán hacerse alguna cirugía estética.

Júpiter en tu signo favorece que ganes peso. Pero al ser el regente de tu octava casa, también propicia la delgadez. Interpreto este aspecto como alguien que se hincha a comer y luego hace dieta, y así una y otra vez.

Venus, tu planeta de la salud, es de movimiento rápido. A lo largo del año transitará por toda tu carta astral. De ahí que se den muchas tendencias pasajeras relacionadas con la salud que dependerán de dónde se encuentre Venus y de los aspectos que reciba. En las previsiones mes a mes hablaré de estas tendencias con más detalle.

Venus se alojará en Leo, tu cuarta casa, más de cuatro meses. Por lo que el corazón, la dieta y la armonía emocional serán importantes para ti del 5 de junio al 9 de octubre.

Hogar y vida familiar

Tu cuarta casa del hogar y de la familia no destacará este año, no será una casa poderosa. De modo que, como nuestros lectores saben, tu situación seguirá igual en este aspecto de tu vida. Este año se parecerá mucho a la del anterior. Muestra que estás satisfecho con la situación y que no necesitas hacer cambios importantes en este sentido.

Como el Sol es tu planeta de la familia, los dos eclipses solares de este año —uno ocurrirá el 20 de abril y el otro el 14 de octubre— muestran trastornos pasajeros en el hogar. En ocasiones, será necesario hacer reparaciones en él. Tal vez los miembros de tu familia se enfrenten a adversidades. Pero no es probable que se produzca una mudanza.

El breve ingreso de Plutón en tu décima casa, del 24 de marzo al 12 de junio, indica que algún progenitor o figura parental sufrirá contrariedades. Quizá tengan que ver con una intervención quirúrgica o una experiencia cercana a la muerte.

Venus, el regente de tu horóscopo y tu planeta de la salud, se alojará una temporada mucho más larga de lo habitual (cuatro veces más de tiempo) en tu cuarta casa este año, del 5 de junio al 9 de octubre. Este aspecto muestra que te implicarás más con tu familia y hogar. Quizá ahora pases más tiempo en casa. O puede que te dediques a embellecer tu hogar, a decorarlo de nuevo, o a comprar objetos atractivos para que sea más acogedor. Quizá seas una persona que trabaja desde su hogar y que procura además convertirlo en un espacio más saludable. Cuando se da este aspecto planetario, uno suele adquirir equipos para hacer ejercicio en casa o mantenerse saludable. O decide eliminar los materiales tóxicos de su hogar, como el amianto, el plomo o el moho, para que sea un lugar más saludable. Es una temporada excelente para la sanación emocional. Si sigues una terapia tradicional, harás grandes progresos al estar centrado en ella.

Si planeas hacer reformas importantes, del 21 de mayo al 11 de julio es un buen momento. Si piensas embellecer tu hogar, del 5 de junio al 9 de octubre son buenas fechas. Al igual que para comprar objetos de arte con elementos de decoración.

Es posible que un progenitor o figura parental efectúe una mudanza o haga reformas este año. En ocasiones, puede adquirir una segunda vivienda o tener acceso a otra casa. Los resultados serán buenos. La situación doméstica y familiar de tus hermanos o figuras fraternas será la misma este año. Tus hijos o figuras filiales se enfrentan ahora a pruebas sociales. Si están casados, atraviesan una crisis matrimonial. Es posible que se muden a otro lugar más adelante, después del 17 de mayo. Es probable que tus nietos, en el caso de que los tengas, se trasladen a otra parte. La mudanza será venturosa. También podrían haberse mudado el año pasado.

Profesión y situación económica

Te espera un año muy próspero, y el que viene también lo será. Júpiter ingresará en tu signo el 17 de mayo y lo ocupará el resto del año. Este planeta te trae una buena vida, placeres diversos y sensoriales. Llevarás un nivel de vida más alto de lo habitual, dispongas o no del dinero para mantenerlo. El cosmos tenderá a proporcionártelo.

Júpiter es el planeta de la economía de tu cónyuge, pareja o amante actual, o de quien desempeñe este papel en tu vida. Ahora esta persona está prosperando y es muy generosa contigo. Es una temporada excelente para atraer inversores del extranjero para tus proyectos si tienes buenas ideas. Y también para saldar deudas o pedir préstamos, depende de lo que necesites. Ahora puedes disponer fácilmente de capital del extranjero.

Mercurio, tu planeta de la economía, es uno de los más raudos. Solo la Luna lo supera en velocidad. Transita por todo tu horóscopo cada año. De modo que se darán muchas tendencias pasajeras relacionadas con tu economía que dependerán de dónde se encuentre Mercurio y de los aspectos que reciba. En las previsiones mes a mes hablaré de estas tendencias con más detalle.

En lo que se refiere a tu profesión, Saturno se alojó en tu décima casa el año anterior. Tuviste éxito, pero te lo ganaste a pulso con tu duro trabajo y tus méritos. Tus jefes fueron más exigentes contigo, aunque creyeran hacerlo por tu bien. Pero este año no será necesario esforzarte tanto. Tu arduo trabajo de los dos últimos años ha empezado a dar frutos. Este año triunfarás en tu profesión, y el que viene será mejor todavía.

Urano, tu planeta de la profesión, lleva ya muchos años en tu signo. Tienes el aspecto de una persona exitosa. Y los demás te ven así. Vistes con elegancia. Al unirse Júpiter a Urano, tu éxito se expandirá y aumentará. Júpiter y tu planeta de la profesión viajan juntos en tu signo. Aunque el aspecto no sea exacto este año, ya notas su influencia. Es posible que te asciendan y suban de categoría en el trabajo. Gozarás de un mayor estatus profesional y social. Ahora tus jefes, y tus padres o figuras parentales; es decir, las personas poderosas de tu vida, te adoran. Te surgirán oportunidades profesionales lucrativas, darán contigo sin necesidad de buscarlas.

La breve incursión de Plutón en tu décima casa indica que te conviene promover tu carrera socialmente asistiendo a las fiestas y reuniones adecuadas, y organizando este tipo de eventos. Como ya he señalado, tu simpatía es ahora tan importante como tus habilidades profesionales.

Amor y vida social

Tu vida amorosa experimenta cambios importantes, aunque este año solo notarás los inicios. En los próximos serán mucho más contundentes. Plutón, tu planeta del amor, está cambiando de signo. Este año el cambio será breve, pero el próximo durará más, y en 2025 el tránsito se habrá completado y Plutón se alojará en Acuario.

Como Plutón llevaba ya muchos años en el signo de Capricornio (de 20 a 25 años), has sido conservador y cauteloso en el amor. Tardabas más en enamorarte. Necesitabas poner constantemente a prueba a tu pareja para comprobar si te amaba de verdad. Ser cauteloso en el amor es positivo. Pero en algunos casos, lo fuiste por miedo, y esto no es bueno.

Tu planeta del amor en Acuario muestra una actitud más experimentadora en el amor. Ahora estás listo para probar experiencias novedosas, para descubrir a personas y relaciones nuevas. Has decidido deshacerte de los manuales sobre el amor y las relaciones, de todos los libros de «cómo», para comprobar por ti mismo lo que te funciona. Esta transición no ocurrirá de un día para otro, será más bien un proceso.

Plutón en tu décima casa —este año la ocupará brevemente, pero el próximo se quedará más tiempo—, muestra que el amor es ahora primordial para ti, y además tiendes a triunfar en este sentido. Tu vida amorosa es más espontánea, menos limitada de lo que lo ha sido durante muchos años. También indica una atracción por el poder y el prestigio. Es lo que te fascina en una relación. Ahora te atraen las personas que te pueden ayudar en tu carrera y las que tienen que ver con tu profesión.

En los próximos años tu vida social estará incluso más relacionada con tu profesión que ahora.

Mientras tanto, te surgirán oportunidades amorosas en universidades o celebraciones religiosas. La compatibilidad filosófica es aún muy importante para ti en una relación. Pero más adelante, y por poco tiempo este año, la compatibilidad profesional y las aspiraciones mundanas tendrán incluso más peso. La armonía en tu relación será vital para ti.

Del 24 de marzo al 10 de junio, si te dedicas a tu profesión, las oportunidades amorosas te buscarán a ti.

Progreso personal

Este año será extremadamente espiritual para ti. Por un lado, Júpiter transitará por tu duodécima casa de la espiritualidad hasta el 17 de mayo. Por el otro, la presencia del nodo lunar norte en esta casa el 19 de julio, muestra grandes logros en esta esfera de tu vida.

Si aún no sigues un camino espiritual, deberías iniciar uno. Y si ya lo sigues, harás excelentes progresos en él. El crecimiento espiritual te colmará y experimentarás todos los fenómenos que produce. Vivirás sincronicidades (coincidencias importantes). Tus percepciones extrasensoriales latentes se agudizarán. Te volverás más idealista y generoso. Aumentarás tus donaciones benéficas y participarás más en proyectos altruistas. Tu vida onírica se volverá más activa y esclarecedora, más importante. El Mundo Invisible se te revelará, te hará saber que está a tu alrededor, activo y a tu disposición. Tienes recursos de los que no eres consciente.

El tránsito de Júpiter por tu duodécima casa favorece las facetas místicas de tu religión. Cada religión tiene su lado místico, aunque pocas personas lo exploran. Bajo las reglas, las regulaciones y «lo que se debe y no debe hacer», se encuentran la revelación mística y la experiencia de sus fundadores.

Júpiter en tu duodécima casa de la espiritualidad no tiene que ver con descartar la religión, sino con profundizarla. Con comprenderla.

Como Júpiter es el regente de tu octava casa, el espíritu te enseñará sobre la muerte y te revelará su significado real. Adquirirás una perspectiva espiritual de la muerte.

Pero este aspecto planetario también indica otras cosas. El progreso espiritual se da cuando se eliminan los obstáculos que lo entorpecen, al limpiar la mente y las emociones de los patrones que no dejan fluir al Poder Divino. Al disipar las dudas, los miedos y las creencias que frenan el crecimiento espiritual desaparecen. Se ha dicho que cuando el miedo, la ansiedad, el odio y la ira desaparecen, solo queda lo Divino en la conciencia.

Marte, tu planeta de la espiritualidad, se mueve con bastante rapidez. A lo largo del año transita por siete signos y casas de tu carta astral. De ahí que se den muchas tendencias pasajeras relacionadas con la vida espiritual que dependerán de dónde se encuentre Marte y de los aspectos que reciba.

Como Marte es tu planeta de la espiritualidad, te gusta actuar movido por tus ideales y tus conocimientos espirituales. No te basta con que sean algo abstracto, sino que tiendes al activismo y en algunos casos a la militancia. El activismo es positivo. Las ideas se deben poner en práctica. Pero la militancia viene del deseo de forzar la situación y suele ir en contra del objetivo.

Previsiones mes a mes

Enero

Mejores días en general: 1, 2, 10, 11, 18, 19, 28, 29
Días menos favorables en general: 6, 7, 12, 13, 25, 26
Mejores días para el amor: 2, 3, 6, 7, 11, 12, 13, 19, 20, 21, 22, 29

Mejores días para el dinero: 1, 2, 8, 10, 11, 16, 18, 19, 21, 22, 23, 28, 29

Mejores días para la profesión: 1, 2, 10, 11, 12, 13, 18, 19, 28, 29

Inicias el año con buena salud, pero te conviene prestarle más atención a partir del 21. Lo primordial es descansar lo suficiente, porque si te cansas demasiado serás vulnerable a toda clase de dolencias. Fortalece tu salud con masajes en la espalda y la columna vertebral hasta el 3, y con masajes en los tobillos y las pantorrillas después de esta fecha. Las terapias experimentales serán muy eficaces del 3 al 27. Los masajes en los pies te sentarán de maravilla a partir del 28. Las terapias espirituales también serán efectivas en estos días.

Júpiter, un planeta lento, tendrá su solsticio durante casi todo el mes, del 1 al 27. Se detendrá en el firmamento en su movimiento latitudinal —será casi como un estancamiento— y luego cambiará de sentido. Este aspecto afectará la economía de tu cónyuge, pareja o amante actual. Se dará una larga pausa en esta faceta de su vida y después un cambio de rumbo. Esta coyuntura puede afectar también a los inversores del extranjero si te dedicas a operaciones financieras. Un solsticio tan largo resulta intimidante, pero al final todo saldrá bien.

Te espera un mes poderoso en el ámbito profesional. Venus, el regente de tu horóscopo, un planeta muy importante en tu carta astral, se alojará en tu décima casa del 3 al 27. Este aspecto muestra éxito. Elevación. Ahora te reconocen no solo por tus logros personales, sino por quien eres. Tu aspecto personal y tu porte son un factor primordial en tu profesión. Cuando el Sol ingrese en tu décima casa el 20, empezará una de tus mejores temporadas profesionales del año. Tu familia te apoyará en tu carrera. No habrá ningún conflicto entre tu familia y tu profesión en estas fechas. Tu éxito será un proyecto familiar.

Tu situación económica será más complicada este mes debido a la retrogradación de Mercurio, tu planeta de la economía, que durará hasta el 17. Tómatelo todo con calma. Obtén la información necesaria. Evita los movimientos evidentes a menos que no tengas alternativa. Marte en tu casa del dinero también será retrógrado hasta el 12, lo cual reafirma esta interpretación astrológica.

Marte en tu casa del dinero te hace ser más especulador y temerario de lo habitual, pero evita este proceder hasta el 17. Como

Marte es tu planeta de la espiritualidad, tu intuición financiera será buena en estos días. Pero te conviene comprobarla hasta el 12.

Febrero

Mejores días en general: 7, 8, 16, 17, 24, 25
Días menos favorables en general: 4, 5, 6, 12, 13, 18, 19
Mejores días para el amor: 2, 3, 8, 12, 13, 17, 22, 25
Mejores días para el dinero: 1, 4, 5, 8, 11, 14, 15, 18, 19, 22, 23, 27, 28
Mejores días para la profesión: 7, 8, 16, 17, 18, 19, 24, 25

Presta atención a tu salud hasta el 18, después de esta fecha notarás una mejoría espectacular en tu salud y en tu nivel de energía. Mientras tanto, fortalece tu salud con masajes en los pies hasta el 21, y con masajes en el cuero cabelludo, el rostro y la cabeza a partir del 22. Esta clase de masajes no solo refuerzan estas zonas, sino todo el cuerpo. Las técnicas espirituales de sanación serán muy eficaces el mes entero.

Tu economía también ha mejorado enormemente comparada con la del mes anterior. Como tu planeta de la economía es ahora directo, tus finanzas también avanzan. Hay más claridad en esta parcela de tu vida. Al viajar con Plutón, tu planeta del amor, el 10 y 11, tus contactos sociales o la persona amada te ayudarán económicamente. Cuando Mercurio ingrese en la posición más «exaltada» de Acuario el 11, se volverá sumamente poderoso. Tus ingresos aumentarán. Tu criterio financiero será excelente. Mercurio se alojará el resto del mes en tu décima casa de la profesión. Este aspecto se puede interpretar de varias formas. Tu economía será tu mayor prioridad este mes, casi la misión de tu vida. Tu buena reputación profesional aumentará tus ingresos y te traerá oportunidades lucrativas. Gozarás de aumentos salariales. Tus jefes, padres o figuras parentales; es decir, las figuras de autoridad de tu vida, verán tus objetivos económicos con buenos ojos. Los aspectos favorables que Mercurio formará con Marte del 21 al 23, te traerán una buena intuición financiera. Es posible que te enfrentes a algún problema económico del 20 al 21. Te convendrá hacer algunos cambios en este sentido.

El solsticio de Venus del 21 al 24 creará una pausa en tu vida que tendrá que ver con tus deseos y quizá con tu trabajo. Y después se producirá un cambio de dirección.

Marte, tu planeta de la espiritualidad, ya lleva «fuera de límites» desde principios de año. Este mes incluso lo estará más todavía. Por lo que te moverás fuera de tu órbita usual en tu vida espiritual y quizá en tus actividades benéficas.

Cuando el Sol ingrese en tu undécima casa el 18, empezará una intensa etapa social en tu vida. Pero tendrá más que ver con las amistades y la participación en grupos que con las relaciones amorosas. Serán relaciones platónicas.

Marzo

Mejores días en general: 6, 7, 15, 16, 24, 25
Días menos favorables en general: 4, 5, 11, 12, 17, 18, 31
Mejores días para el amor: 4, 5, 7, 11, 12, 16, 24, 25, 26
Mejores días para el dinero: 4, 5, 11, 12, 13, 14, 21, 22, 26, 27, 31
Mejores días para la profesión: 6, 7, 15, 16, 17, 18, 24, 25

Prepárate para una plétora de cambios este mes. Plutón realizará una incursión en Acuario el 24 de marzo y empezará a lo largo de los años a transformar totalmente tu profesión y tu vida laboral. Esta incursión no es sino un anuncio de lo que vendrá. Saturno abandonará tu décima casa de la profesión el 8 y se alojará los próximos dos años y medio en tu undécima casa. Probablemente tus jefes sean menos exigentes. Has superado las pruebas.

El año anterior tuviste que ganarte el éxito con tus grandes méritos al superarte a ti mismo y traspasar en algunos casos tus propios límites. Tu vida social es ahora la que impulsa tu carrera. Tu simpatía es tan importante como tus habilidades profesionales en esta temporada.

El ingreso de Plutón, tu planeta del amor, en Acuario muestra cambios en tu situación amorosa. Te volverás más experimentador y menos conservador en esta parcela de tu vida. Te atraerán las personas poderosas y prestigiosas. Si te vuelcas en tu profesión, el amor dará contigo sin necesidad de buscarlo.

Tu undécima casa de los amigos es poderosa este mes. Será un mes social, pero girará más en torno de las amistades que del amor. Cuando el Sol ingrese en tu duodécima casa el 20, iniciarás una intensa temporada espiritual. Será más poderosa que de costumbre, pues el Sol se unirá con Júpiter en esta casa. Gran parte del progreso espiritual, así como las revelaciones, las iluminaciones y las experiencias cumbre, ocurrirán en estos días.

Tu economía es buena. Mercurio se alojará en el espiritual Piscis del 3 al 19, y el resto del mes en tu duodécima casa de la espiritualidad. Marte, tu planeta de la espiritualidad, ocupará tu casa del dinero hasta el 25. Todos los caminos te llevarán al espíritu en estas fechas, en especial en el aspecto económico. Tu intuición financiera será muy aguda. La información económica te llegará por medio de sueños y presentimientos, y también a través de videntes, tarotistas, astrólogos y espiritistas. Al oír la observación casual de un desconocido o al fijarte sin más en el titular de un periódico, tendrás una intuición. De repente, lo entenderás y sabrás que se trata de un mensaje. Tu intuición será muy fina el 17 y 18. Los días 27 y 28 serán excelentes para la economía.

Tu salud ha mejorado enormemente este mes. Venus viajará con Júpiter el 1 y 2, y allí donde había problemas, habrá buenas noticias. Te espera una oportunidad laboral estupenda el 30 y 31.

Abril

Mejores días en general: 2, 3, 4, 12, 13, 30
Días menos favorables en general: 1, 7, 8, 14, 15, 20, 27, 28, 29
Mejores días para el amor: 3, 4, 5, 7, 8, 13, 14, 21, 22, 23
Mejores días para el dinero: 1, 10, 12, 13, 19, 21, 22, 23, 24, 28, 29, 30
Mejores días para la profesión: 3, 4, 12, 13, 14, 15, 21, 30

Pese al eclipse solar que caerá en el límite de tu signo, te espera un mes feliz. El eclipse solo afectará con fuerza a algunos Tauro, los nacidos en los primeros días del signo, del 20 al 22 de abril. Si te encuentras en este grupo, tómatelo todo con calma y reduce tus actividades en el periodo del eclipse. Tendrá lugar el 20, pero tal vez notes los efectos una semana antes y varios días después. Las personas muy sensibles lo notan incluso las dos semanas previas al eclipse.

Al ocurrir justo en la cúspide de tu duodécima y primera casas, las afectará a ambas. Habrá por lo tanto cambios espirituales. Surgirán trastornos en una organización espiritual o de beneficencia en la que participas. Las figuras de gurús de tu vida lidiarán con situaciones adversas. Los efectos del eclipse en tu primera casa muestran el deseo de redefinirte; es decir, de cambiar tu imagen y el concepto que tienes de ti. A lo largo de los próximos meses cambiarás de vestuario, peinado y aspecto. Una redefinición interna siempre genera cambios externos.

Plutón, tu planeta del amor, también acusará los efectos de una forma muy directa. Surgirán adversidades amorosas. Vivirás una crisis en tu matrimonio o en tu relación sentimental. En ocasiones, saldrán a la luz los «trapos sucios» en la relación, los resentimientos reprimidos durante mucho tiempo. Pero a veces la crisis se deberá a algún problema personal en la vida de tu pareja y no tendrá nada que ver con un fallo en la relación. Las buenas relaciones capearán la tormenta, pero las que se tambalean tal vez se rompan.

Como el Sol es tu planeta de la familia, los eclipses solares afectan al hogar y la familia, sobre todo a un progenitor o figura parental. Surgirán adversidades en su vida. A menudo, será necesario hacer reparaciones en el hogar. El eclipse sacará a la luz estropicios ocultos, lo que te permitirá corregirlos.

Tu salud es, en principio, buena. A partir del 20 empezará una de tus temporadas más placenteras del año. Tu economía será más complicada a partir del 22 debido a la retrogradación de Mercurio. Has vivido esta experiencia tres y, en ocasiones, cuatro veces al año, y a estas alturas ya sabes manejarla.

Mayo

Mejores días en general: 1, 9, 10, 17, 18, 19, 27, 28
Días menos favorables en general: 5, 6, 11, 12, 25, 26
Mejores días para el amor: 1, 2, 3, 6, 9, 10, 11, 17, 18, 19, 20, 29
Mejores días para el dinero: 1, 8, 9, 10, 16, 17, 18, 19, 20, 21, 24, 25, 27, 28
Mejores días para la profesión: 1, 9, 10, 11, 12, 17, 18, 19, 27, 28

Te espera otro mes feliz, Tauro, a pesar del eclipse lunar del 5. Los buenos acontecimientos superarán con creces las dificultades de mayo.

Todavía te encuentras en una de tus temporadas más placenteras del año y durará hasta el 21. El benevolente Júpiter ingresará en tu signo el 17 y lo ocupará el resto del año. De modo que gozarás de la buena vida, de placeres sensoriales y de más viajes. El Sol ingresará en tu casa del dinero el 21 y comenzará una de tus mejores temporadas económicas del año. Cuando Mercurio se vuelva directo el 15, tus ingresos aumentarán incluso antes del 21. Mercurio en tu signo te deparará ganancias inesperadas y oportunidades financieras. El dinero te buscará a ti.

El eclipse lunar del 5 caerá en tu séptima casa y pondrá a prueba de nuevo tu relación amorosa. Hay muchos asuntos por resolver. Tus amistades serán puestas a prueba y es posible que surjan problemas en la vida de tus amigos. Como la Luna rige tu tercera casa, este eclipse afectará con contundencia a tus hermanos o figuras fraternas, y a los vecinos. Lidiarán con adversidades. En tu barrio habrá trastornos y problemas. Los estudiantes, en especial los de primaria y secundaria, se enfrentarán a trastornos en la escuela, modificaciones en los planes de estudios y, en ocasiones, quizá incluso cambien de centro docente. Los coches y los equipos de comunicación pueden fallar. A menudo será necesario repararlos o reemplazarlos.

Este eclipse rozará a Urano, tu planeta de la profesión. Por suerte, no le dará de lleno, pero tal vez surjan problemas en tu profesión y en la vida de tus jefes, padres o figuras parentales, y también en tu sector profesional. Las reglas del juego han cambiado.

Venus, el regente de tu horóscopo, empezó a estar «fuera de límites» el 19 de abril. Y como este mes incluso lo estará más todavía, ahora te mueves muy lejos de tu terreno, de tu órbita habitual, en lo que respecta a ti, el trabajo y las cuestiones de tu salud.

La luna nueva del 19 será un día feliz, el mejor de cualquier mes. Este aspecto se dará en tu signo y te traerá energía extra, un mayor atractivo físico y tu libido aumentará.

Junio

Mejores días en general: 5, 6, 14, 15, 23, 24, 25
Días menos favorables en general: 1, 2, 7, 8, 16, 21, 22, 28, 29
Mejores días para el amor: 1, 2, 6, 7, 11, 15, 21, 22, 25, 28, 29
Mejores días para el dinero: , 6, 14, 15, 16, 17, 23, 24, 26, 27
Mejores días para la profesión: 6, 7, 8, 4, 25

Los principales titulares del mes son el placer personal y la economía. Te espera un mes feliz. En los últimos años has vivido muchos cambios —algunos dramáticos—, pero ahora con Júpiter en tu signo los cambios serán buenos. Gozarás de placeres personales, buena comida, buen vino, viajes y los que te deparan los cinco sentidos. Pero presta atención a tu peso, es el precio que se paga por una buena vida. Tal vez te plantees hacerte una cirugía estética. Ahora quieres mejorar tu aspecto.

Te encuentras en una de tus épocas más placenteras del año desde el 21 de mayo y durará hasta el 21 junio. Cuentas con el gran apoyo de tu familia. Los tuyos y tus contactos familiares te son sumamente útiles en las finanzas. Ahora brillas en el mundo financiero. Serás una estrella de las finanzas este mes. El ingreso de Mercurio en tu casa del dinero —su propio signo y casa—, el 11, propicia los ingresos por lo potente que es el planeta en su propia casa. La luna nueva en tu casa del dinero el 18 también aumentará tus ingresos. Pero lo importante es que aclarará tu vida económica en las próximas semanas, hasta la siguiente luna nueva. Recibirás toda la información financiera necesaria para tomar buenas decisiones de forma natural y normal. Tus preguntas serán respondidas.

Cuando el Sol ingrese en tu tercera casa el 21, habrás alcanzado tus metas económicas, al menos las inmediatas, y entonces te dedicarás a tus intereses intelectuales. Leerás más, asistirás a clases o seminarios, y aumentarás tus conocimientos. Es un tránsito excelente para los estudiantes, ya que sus facultades mentales estarán muy agudizadas y el aprendizaje les resultará mucho más fácil. Si te dedicas a las ventas o al marketing, tu mayor competencia profesional en estas fechas disparará tu rendimiento.

Tu salud es buena. El único planeta lento problemático para ti (solo para los nacidos en los primeros días del signo) dejará de formar su aspecto desfavorable el 12. Venus, tu planeta de la salud, se alojará en Leo a partir del 5. De modo que si quieres fortalecer tu salud, presta más atención a tu corazón. Una buena salud emocional será importante a partir del 5 y durante muchos meses más.

Plutón, tu planeta del amor, se volvió retrógrado el 1 de mayo y lo será muchos meses más. Este aspecto no arruina el amor, pero hace que todo acontezca más despacio. Tu confianza social habitual no está en su mejor momento. Todavía te conviene ser cauteloso en el amor.

Julio

Mejores días en general: 3, 4, 11, 12, 21, 22, 30, 31
Días menos favorables en general: 5, 6, 18, 19, 20, 26, 27
Mejores días para el amor: 2, 4, 10, 12, 19, 20, 22, 26, 27, 29, 31
Mejores días para el dinero: 3, 4, 8, 11, 12, 13, 14, 15, 18, 19, 21, 22, 30, 31
Mejores días para la profesión: 4, 5, 6, 11, 12, 22, 31

La actividad retrógrada aumentará este mes un treinta por ciento al inicio de julio, y un cuarenta por ciento a partir del 24. Y lo primordial es que como Venus, el regente de tu horóscopo, será retrógrado a partir del 23, este aspecto te afectará personalmente. (Ten en cuenta que aún no es el porcentaje máximo del año).

Te conviene estudiar más a fondo tus metas personales. Tendrás la sensación muy arraigada de ir «a la deriva» en la vida. La buena noticia es que la retrogradación no afectará a tu economía. Mercurio avanza ahora raudamente por el firmamento. Progresas con rapidez en las finanzas y gozas de una gran confianza en ti. Como Mercurio se alojará en tu tercera casa hasta el 11, gastarás más en manuales y libros relacionados con tu profesión... Pero estos gastos también te reportarán beneficios. Las compras, el comercio, la venta al por menor, las relaciones públicas y la publicidad te traerán beneficios. Mercurio se alojará en Leo, tu cuarta casa, del 11 al 29. Gastarás en tu hogar y tu familia, pero estos entornos también serán una fuente de ingresos para ti. Probablemente serás más especulador y temerario en estas fechas. Tu familia y tus contactos familiares son importantes para tu economía. Mercurio ingresará en tu quinta casa el 29. En estas fechas seguirás especulando con tus finanzas, pero serás más precavido. Gastarás en tus hijos. Pero también pueden aumentar tus ingresos, depende de su edad.

Presta más atención a tu salud a partir del 23. Lo esencial es mantener un alto nivel de energía. Si estás cansado, descansa. Puedes fortalecer tu salud con las propuestas planteadas en las previsiones de este año y también por medio de una buena salud emocional. Evita la depresión y los estados negativos a toda costa.

Es una temporada excelente para la salud emocional. Tu cuarta casa será muy poderosa todo el mes, en especial a partir del 24. Si sigues una terapia, progresarás a pasos agigantados en ella. Y aunque no sigas una terapia tradicional, la sanación te llegará a través del cosmos. Aflorarán en tu mente recuerdos antiguos para que los analices con tu estado mental actual. Y esto te aportará sanación y la resolución de los problemas.

Este año tu profesión es poderosa e importante para ti, pero ahora te conviene dedicarte más a tu hogar y tu familia.

Agosto

Mejores días en general: 7, 8, 17, 18, 26, 27
Días menos favorables en general: 1, 2, 14, 15, 16, 22, 23, 29
Mejores días para el amor: 5, 6, 8, 14, 15, 18, 22, 23, 24, 25, 27, 28
Mejores días para el dinero: 7, 8, 10, 11, 17, 18, 26, 27
Mejores días para la profesión: 1, 2, 8, 18, 27, 29

Presta atención a tu salud hasta el 23, después de esta fecha notarás una mejoría espectacular. Los aspectos desfavorables de los planetas rápidos no te causarán ningún problema importante, solo algún que otro achaque pasajero. Fortalece tu salud descansando más y ten en cuenta las propuestas planteadas en las previsiones de este año. Como tu planeta de la salud es retrógrado, no te conviene realizar pruebas o tratamientos médicos de momento, sobre todo si es posible posponerlos. Espera a que Venus vuelva a ser directo el próximo mes.

Urano realizará su inusual parada; es decir, «acampará» en tu signo este mes. Los nacidos del 13 al 15 de mayo son los que más notarán los efectos. Este aspecto generará cambios drásticos y perturbadores. Pero también te ofrecerá oportunidades laborales. Te conviene estudiarlas más a fondo.

La actividad retrógrada aumentará más aún este mes, y a finales de agosto, a partir del 29, el sesenta por ciento de planetas serán retrógrados, el máximo porcentaje del año. La elevada retrogradación planetaria afectará a tu economía de agosto. Como Mercurio se volverá retrógrado el 23, procura cerrar antes de esta fecha los movimientos financieros importantes; es decir, las inversiones o las adquisiciones de envergadura. Aunque te apetezca dedicarte a la especulación este mes, evítalo a partir del 23.

Tu cuarta casa será poderosa hasta el 23. Así que olvídate de tu profesión por un tiempo, y dedícate a tu familia y a tu bienestar emocional. Como Urano será retrógrado el 29, lo notarás incluso antes de que ocurra, los asuntos profesionales tardarán un tiempo en resolverse. Mientras tanto céntrate en tu familia.

Con la luna nueva el 16 en tu cuarta casa, tu hogar y tu familia se volverán más importantes aún para ti. Además, los asuntos familiares y emocionales se despejarán en las próximas semanas. Recibirás toda la información necesaria sobre estas cuestiones de forma natural.

Tu planeta del amor todavía es retrógrado, pero recibirá buenos aspectos este mes, sobre todo a partir del 24. Tu vida amorosa mejorará, y aunque no sea tan buena como debería, y en el futuro tampoco lo será durante un tiempo, al menos habrá mejorado.

Septiembre

Mejores días en general: 4, 5, 13, 14, 15, 23, 24
Días menos favorables en general: 11, 12, 18, 19, 25, 26
Mejores días para el amor: 2, 3, 5, 11, 12, 15, 18, 19, 21, 22, 24, 30
Mejores días para el dinero: 4, 5, 6, 7, 13, 14, 15, 23, 24
Mejores días para la profesión: 5, 14, 15, 24, 25, 26

La actividad retrógrada se mantendrá en el sesenta por ciento, el máximo porcentaje del año, hasta el 16. Después se reducirá al cincuenta por ciento, un porcentaje aún muy elevado. Ahora te conviene ser paciente. Solo el tiempo y nada más lo normalizará todo. La buena noticia para ti es que hay mucha tierra en tu horóscopo este mes. Y te sentirás muy a gusto con este aspecto, ya que es tu elemento natal. La tierra es paciente.

Tu salud es buena. No hay ningún planeta importante formando una alineación desfavorable en tu carta astral. Solo la Luna la formará, pero será por poco tiempo. Apenas te afectará. Como Venus, tu planeta de la salud, se volverá directo el 4, y Mercurio el 15, a partir del 16 será un buen momento para las pruebas o los tratamientos médicos.

El movimiento directo de Mercurio mejorará tu criterio financiero y aclarará tu mentalidad económica. Es bueno para las finanzas. Mercurio se alojará en tu quinta casa el mes entero. Este aspecto indica una actitud más especuladora en las finanzas (aunque no es desenfrenada). Muestra que gastarás en tus hijos o figuras filiales de tu vida, y quizá te aporten también ganancias. Y lo importante es que indica dinero fácil. Dinero ganado de formas amenas que gastas en cosas agradables. Este mes te encuentras aún en una de tus temporadas más placenteras del año, empezó el 23 de agosto. Y como ahora hay tantos planetas retrógrados y no ocurre gran cosa en el mundo, al menos disfruta de la vida.

Te surgirán oportunidades amorosas, pero como tu planeta del amor es aún retrógrado, ve despacio. Deja que el amor progrese a su ritmo. Evita tomar decisiones amorosas importantes en esta temporada.

Júpiter se detendrá en tu signo (en el grado 16 de Tauro) y acampará en este punto. Los nacidos del 6 al 9 de mayo son los que más lo notarán. Es un aspecto muy positivo. Podrías recibir una herencia, figurar en un testamento o ser nombrado administrador de una propiedad. Para algunos Tauro este aspecto también puede implicar una cirugía estética o una conexión con un inversor. Dispondrás de un buen acceso al dinero del extranjero en estas fechas.

La luna nueva del 15 en tu quinta casa presagia un día ameno y además una buena jornada para las finanzas.

Octubre

Mejores días en general: 1, 2, 11, 12, 20, 21
Días menos favorables en general: 8, 9, 15, 16, 17, 22, 23, 28, 29
Mejores días para el amor: 2, 9, 10, 11, 12, 15, 16, 17, 20, 21, 28, 29
Mejores días para el dinero: 1, 2, 3, 4, 11, 12, 20, 21, 24, 28, 29
Mejores días para la profesión: 2, 12, 21, 22, 23, 29

La actividad retrógrada es todavía importante, aunque está disminuyendo. El cincuenta por ciento de los planetas serán retrógrados hasta el 11. A partir del 12, lo serán el cuarenta por ciento.

Mercurio, tu planeta de la economía, tendrá su solsticio el 7 y 8. Se detendrá en el firmamento y cambiará de sentido. A tu vida económica también le ocurrirá lo mismo.

El principal titular este mes son los dos eclipses. El primero, un eclipse solar, ocurrirá el 14. Y el segundo, un eclipse lunar, el 28. El eclipse lunar será más potente que el eclipse solar. Aunque no te hará ningún daño reducir también tus actividades en el periodo del eclipse solar.

Como el eclipse solar del 14 se dará en tu sexta casa, tal vez cambies de trabajo en tu compañía actual o en otra. Si te ocupas de las contrataciones en tu empresa, es posible que haya cambios de personal en los próximos meses. Este aspecto también muestra cambios importantes en tu programa de salud, y ahora que Venus es directo, es seguro llevarlos a cabo. Este eclipse, como todos los eclipses solares, afectará al hogar y la familia, y generará problemas en este entorno. A menudo será necesario hacer reparaciones en el hogar, ya que el eclipse sacará a la luz los estropicios ocultos.

Como el eclipse lunar del 28 caerá en tu signo, será poderoso. Todos los Tauro lo notarán hasta cierto punto, pero sobre todo los nacidos del 24 al 26 de abril. Sentirás el deseo de redefinirte. En los próximos meses cambiarás el concepto que tienes de ti y la imagen que deseas mostrar a los demás. Por lo que cambiarás de ropa, peinado y aspecto. Si no has seguido una dieta saludable, el eclipse puede obligarte a depurar tu organismo, pero no se tratará de una enfermedad, aunque los síntomas sean los mismos. Los eclipses lunares afectan a tus hermanos o figuras fraternas de tu vida, y a los vecinos. Se enfrentarán a problemas personales. Es posible que haya trastornos en tu vecindario. Los coches y los equipos de comunicación pueden fallar, y en ocasiones será necesario repararlos o reemplazarlos. Te conviene conducir con más precaución en este periodo.

Noviembre

Mejores días en general: 7, 8, 16, 17, 25, 26
Días menos favorables en general: 4, 5, 6, 12, 13, 18, 19
Mejores días para el amor: 8, 9, 12, 13, 17, 18, 19, 26, 27, 28
Mejores días para el dinero: 1, 2, 3, 7, 16, 23, 24, 25, 27, 28
Mejores días para la profesión: 8, 17, 18, 19, 26

La actividad retrógrada disminuirá este mes. El treinta por ciento de los planetas serán retrógrados a partir del 5. Es una reducción del cincuenta por ciento comparado con el porcentaje de agosto y septiembre. Los acontecimientos comenzarán a despegar tanto en el ámbito personal como en el mundo que te rodea.

Plutón, tu planeta del amor, empezó a ser directo el 11 de octubre. El Sol ingresó en tu séptima casa del amor el 23 de octubre y la ocupará hasta el 22 de este mes. Ahora el amor es el titular principal. Eres activo en esta parcela de tu vida, y si no tienes pareja te surgirán muchas oportunidades amorosas. Ahora tu confianza social y tu criterio son buenos. Como Marte se alojará casi el mes entero en tu séptima casa, hasta el 29, evita las luchas de poder en el amor. Tu pareja, o la persona con quien salgas, será más beligerante y discutidora en esta temporada. Ten paciencia con ella. A los miembros de tu familia les gustará hacer de Cupido en tu vida. El amor será dichoso también el próximo mes. Tu mayor reto será compaginar tus intereses con los de los demás, sobre todo con la persona amada. Este año estás muy centrado en «ti». Los demás también son importantes, pero todavía no estás preparado para ponerlos en primer lugar.

Presta mayor atención a tu salud. Notarás una mejoría espectacular a partir del 23. Mientras tanto, descansa y relájate más. Fortalece tu salud con los masajes en el bajo vientre hasta el 8, y con los masajes en las caderas a partir del 9. La buena noticia es que ahora tu salud es importante para ti y te cuidas.

Mercurio, tu planeta de la economía, estará «fuera de límites» a partir del 16. De modo que en tu vida económica te moverás fuera de tu órbita normal. Tus hijos o figuras filiales también se moverán fuera de su terreno.

Tu octava casa se volverá poderosísima a partir del 22. Es un buen momento para la pérdida de peso y las dietas depurativas. También es una buena época para limpiar la mente y las emociones de patrones negativos, y para desprenderte de los objetos que ya no necesites o uses. (Los Tauro son proclives a acumularlos). Despeja el camino de lo irrelevante, y haz espacio para lo nuevo y lo mejor que desea entrar en tu vida.

Cobra consciencia del momento presente en el plano físico el 10 y 11.

Diciembre

Mejores días en general: 4, 5, 6, 14, 15, 22, 23, 31
Días menos favorables en general: 2, 3, 9, 10, 16, 17, 29, 30
Mejores días para el amor: 5, 6, 9, 10, 15, 18, 19, 23, 28, 30
Mejores días para el dinero: 4, 14, 22, 24, 25, 30, 31
Mejores días para la profesión: 5, 6, 15, 16, 17, 23

Tu salud es buena y lo será más aún a partir del 23. Una buena salud social es tan importante como una buena salud física en estos días. Venus ingresará en tu séptima casa del amor el 5 y la ocupará hasta el 30. Intentarás poner a los demás en primer lugar —será una tentativa sincera—, pero te costará, porque tu primera casa es aún más poderosa que la séptima. Pero los demás advertirán tu empeño.

Como Venus se alojará en Escorpio casi el mes entero, es un buen momento para adelgazar y seguir una dieta depurativa. Perder peso será un reto para ti, pues Júpiter sigue en tu signo, pero progresarás en este sentido.

Mercurio se comportará de manera extraña este mes. Primero estará «fuera de límites» hasta el 14. Como el mes anterior, te moverás por lo tanto fuera de tu órbita normal en las cuestiones financieras. Y después se volverá retrógrado el 13. De modo que te moverás de nuevo en tu órbita habitual en el plano de las finanzas, pero tendrás dudas. Evita, como siempre, tomar decisiones económicas de peso, o hacer adquisiciones o inversiones importantes a partir del 14. El 6 y 7 serán días muy venturosos económicamente por los aspectos favorables que Mercurio formará con Júpiter. Te conviene verificar tu intuición financiera el 26 y 27.

Como tu octava casa será poderosa hasta el 22, dedícate a la transformación personal y a engendrar a quien deseas ser. No lo lograrás este mes —son proyectos a largo plazo—, pero progresarás en ello.

Con la luna nueva el 12 también en tu octava casa, estas actividades te irán mejor incluso en este día. Y lo primordial es que en las próximas semanas este aspecto planetario despejará muchas cuestiones relacionadas con propiedades, herencias, impuestos y seguros. Toda la información necesaria te llegará de forma natural y normal.

Será un buen mes para las finanzas de tu cónyuge, pareja o amante actual hasta el 22, pero puede haber una demora en las respuestas o contratiempos.

Marte, tu planeta de la espiritualidad, estuvo «fuera de límites» más de cuatro meses a principios de año. Ahora volverá a estarlo a partir del 22. Así que en las cuestiones espirituales te moverás fuera de tu órbita normal. Y en tus actividades benéficas probablemente te ocurra lo mismo.

Géminis

♊

Los gemelos

Nacidos entre el 21 de mayo y el 20 de junio

Rasgos generales

GÉMINIS DE UN VISTAZO

Elemento: Aire

Planeta regente: Mercurio
Planeta de la profesión: Neptuno
Planeta de la salud: Plutón
Planeta del amor: Júpiter
Planeta del dinero: la Luna

Colores: Azul, amarillo, amarillo anaranjado
Colores que favorecen el amor, el romance y la armonía social: Azul celeste
Colores que favorecen la capacidad de ganar dinero: Gris, plateado

Piedras: Ágata, aguamarina

Metal: Mercurio

Aromas: Lavanda, lila, lirio de los valles, benjuí

Modo: Mutable (= flexibilidad)

Cualidad más necesaria para el equilibrio: Pensamiento profundo en lugar de superficial

Virtudes más fuertes: Gran capacidad de comunicación, rapidez y agilidad de pensamiento, capacidad de aprender rápidamente

Necesidad más profunda: Comunicación

Lo que hay que evitar: Murmuración, herir con palabras mordaces, superficialidad, usar las palabras para confundir o malinformar

Signos globalmente más compatibles: Libra, Acuario

Signos globalmente más incompatibles: Virgo, Sagitario, Piscis

Signo que ofrece más apoyo laboral: Piscis

Signo que ofrece más apoyo emocional: Virgo

Signo que ofrece más apoyo económico: Cáncer

Mejor signo para el matrimonio y/o las asociaciones: Sagitario

Signo que más apoya en proyectos creativos: Libra

Mejor signo para pasárselo bien: Libra

Signos que más apoyan espiritualmente: Tauro, Acuario

Mejor día de la semana: Miércoles

La personalidad Géminis

Géminis es para la sociedad lo que el sistema nervioso es para el cuerpo. El sistema nervioso no introduce ninguna información nueva, pero es un transmisor vital de impulsos desde los sentidos al cerebro y viceversa. No juzga ni pesa esos impulsos; esta función se la deja al cerebro o a los instintos. El sistema nervioso sólo lleva información, y lo hace a la perfección.

Esta analogía nos proporciona una indicación del papel de los Géminis en la sociedad. Son los comunicadores y transmisores de información. Que la información sea verdadera o falsa les tiene sin cuidado; se limitan a transmitir lo que ven, oyen o leen. Enseñan lo que dice el libro de texto o lo que los directores les dicen que digan. Así pues, son tan capaces de propagar los rumores más infames como de transmitir verdad y luz. A veces no tienen muchos escrúpulos a la hora de comunicar algo, y pueden hacer un gran bien o muchísimo daño con su poder. Por eso este signo es el de los Gemelos. Tiene una naturaleza doble.

Su don para transmitir un mensaje, para comunicarse con tanta facilidad, hace que los Géminis sean ideales para la enseñanza, la literatura, los medios de comunicación y el comercio. A esto contribuye el hecho de que Mercurio, su planeta regente, también rige estas actividades.

Los Géminis tienen el don de la palabra, y ¡menudo don es ese! Pueden hablar de cualquier cosa, en cualquier parte y en cualquier momento. No hay nada que les resulte más agradable que una buena conversación, sobre todo si además pueden aprender algo nuevo. Les encanta aprender y enseñar. Privar a un Géminis de conversación, o de libros y revistas, es un castigo cruel e insólito para él.

Los nativos de Géminis son casi siempre excelentes alumnos y se les da bien la erudición. Generalmente tienen la mente llena de todo tipo de información: trivialidades, anécdotas, historias, noticias, rarezas, hechos y estadísticas. Así pues, pueden conseguir cualquier puesto intelectual que les interese tener. Son asombrosos para el debate y, si se meten en política, son buenos oradores.

Los Géminis tienen tal facilidad de palabra y de convicción que aunque no sepan de qué están hablando, pueden hacer creer a su interlocutor que sí lo saben. Siempre deslumbran con su brillantez.

Situación económica

A los Géminis suele interesarles más la riqueza del aprendizaje y de las ideas que la riqueza material. Como ya he dicho, destacan en profesiones como la literatura, la enseñanza, el comercio y el periodismo, y no todas esas profesiones están muy bien pagadas. Sacrificar las necesidades intelectuales por el dinero es algo impensable para los Géminis. Se esfuerzan por combinar las dos cosas.

En su segunda casa solar, la del dinero, tienen a Cáncer en la cúspide, lo cual indica que pueden obtener ingresos extras, de un modo armonioso y natural, invirtiendo en propiedades inmobiliarias, restaurantes y hoteles. Dadas sus aptitudes verbales, les encanta regatear y negociar en cualquier situación, pero especialmente cuando se trata de dinero.

La Luna rige la segunda casa solar de los Géminis. Es el astro que avanza más rápido en el zodiaco; pasa por todos los signos y casas cada 28 días. Ningún otro cuerpo celeste iguala la velocidad de la Luna ni su capacidad de cambiar rápidamente. Un análisis de la Luna, y de los fenómenos lunares en general, describe muy bien las actitudes geminianas respecto al dinero. Los Géminis son versátiles y flexibles en los asuntos económicos. Pueden ganar dinero de muchas maneras. Sus actitudes y necesidades en este sentido parecen variar diariamente. Sus estados de ánimo respecto al dinero son cambiantes. A veces les entusiasma muchísimo, otras apenas les importa.

Para los Géminis, los objetivos financieros y el dinero suelen ser solamente medios para mantener a su familia y tienen muy poco sentido en otros aspectos.

La Luna, que es el planeta del dinero en la carta solar de los Géminis, tiene otro mensaje económico para los nativos de este signo: para poder realizar plenamente sus capacidades en este ámbito, han de desarrollar más su comprensión del aspecto emocional de la vida. Es necesario que combinen su asombrosa capacidad lógica con una comprensión de la psicología humana. Los sentimientos tienen su propia lógica; los Géminis necesitan aprenderla y aplicarla a sus asuntos económicos.

Profesión e imagen pública

Los Géminis saben que se les ha concedido el don de la comunicación por un motivo, y que este es un poder que puede producir mucho bien o un daño increíble. Ansían poner este poder al servicio de las verdades más elevadas y trascendentales. Este es su primer objetivo: comunicar las verdades eternas y demostrarlas lógicamente. Admiran a las personas que son capaces de trascender el intelecto, a los poetas, pintores, artistas, músicos y místicos. Es posible que sientan una especie de reverencia sublime ante las historias de santos y mártires religiosos. Uno de los logros más elevados para los Géminis es enseñar la verdad, ya sea científica, histórica o espiritual. Aquellas personas que consiguen trascender el intelecto son los superiores naturales de los Géminis, y estos lo saben.

En su casa diez solar, la de la profesión, los Géminis tienen el signo de Piscis. Neptuno, el planeta de la espiritualidad y el altruismo, es su planeta de la profesión. Si desean hacer realidad su más elevado potencial profesional, los Géminis han de desarrollar su lado trascendental, espiritual y altruista. Es necesario que comprendan la perspectiva cósmica más amplia, el vasto fluir de la evolución humana, de dónde venimos y hacia dónde vamos.

Sólo entonces sus poderes intelectuales ocuparán su verdadera posición y Géminis podrá convertirse en el «mensajero de los dioses». Es necesario que cultive la facilidad para la «inspiración», que no se origina «en» el intelecto, sino que se manifiesta «a través» de él. Esto enriquecerá y dará más poder a su mente.

Amor y relaciones

Los Géminis también introducen su don de la palabra y su locuacidad en el amor y la vida social. Una buena conversación o una contienda verbal es un interesante preludio para el romance. Su único problema en el amor es que su intelecto es demasiado frío y desapasionado para inspirar pasión en otra persona. A veces las emociones los perturban, y su pareja suele quejarse de eso. Si estás enamorado o enamorada de una persona Géminis, debes comprender a qué se debe esto. Los nativos de este signo evitan las pasiones intensas porque estas obstaculizan su capacidad de pensar y comunicarse. Si adviertes frialdad en su actitud, comprende que esa es su naturaleza.

Sin embargo, los Géminis deben comprender también que una cosa es hablar del amor y otra amar realmente, sentir el amor e irradiarlo. Hablar elocuentemente del amor no conduce a ninguna parte. Es necesario que lo sientan y actúen en consecuencia. El amor no es algo del intelecto, sino del corazón. Si quieres saber qué siente sobre el amor una persona Géminis, en lugar de escuchar lo que dice, observa lo que hace. Los Géminis son muy generosos con aquellos a quienes aman.

A los Géminis les gusta que su pareja sea refinada y educada, y que haya visto mucho mundo. Si es más rica que ellos, tanto mejor. Si estás enamorado o enamorada de una persona Géminis, será mejor que además sepas escuchar.

La relación ideal para los Géminis es una relación mental. Evidentemente disfrutan de los aspectos físicos y emocionales, pero si no hay comunión intelectual, sufrirán.

Hogar y vida familiar

En su casa, los nativos de Géminis pueden ser excepcionalmente ordenados y meticulosos. Tienden a desear que sus hijos y su pareja vivan de acuerdo a sus normas y criterios idealistas, y si estos no se cumplen, se quejan y critican. No obstante, se convive bien con ellos y les gusta servir a su familia de maneras prácticas y útiles.

El hogar de los Géminis es acogedor y agradable. Les gusta invitar a él a la gente y son excelentes anfitriones. También son buenos haciendo reparaciones y mejoras en su casa, estimulados por su necesidad de mantenerse activos y ocupados en algo que les agrada hacer. Tienen muchas aficiones e intereses que los mantienen ocupados cuando están solos. La persona Géminis comprende a sus hijos y se lleva bien con ellos, sobre todo porque ella misma se mantiene joven. Dado que es una excelente comunicadora, sabe la manera de explicar las cosas a los niños y de ese modo se gana su amor y su respeto. Los Géminis también alientan a sus hijos a ser creativos y conversadores, tal como son ellos.

Horóscopo para el año 2023*

Principales tendencias

Las piezas del tablero de ajedrez cósmico vuelven a cambiar de casillas este año. Muchos Géminis ya notan los próximos cambios. Tres planetas importantes —lentos— cambiarán de signo este año, un aspecto sumamente inusual. Significa que se producirán muchos cambios en el mundo y a nivel personal.

El flirteo de Plutón con el signo de Acuario este año —su primer cambio en 20-30 años— será venturoso para ti. Mejorará tu salud y energía. Y, poco a poco, a medida que pasen los años, transformará completamente tus creencias religiosas y teológicas. Tu visión del mundo está a punto de transformarse. Por eso vivirás tu vida de distinta manera.

El ingreso de Saturno en tu décima casa de la profesión el 8 de marzo, afectará a tu salud y energía. Hablaré de este tema más adelante, pero lo importante es que tu carrera también acusará sus

* Las previsiones de este libro se basan en el Horóscopo Solar y en todos los signos derivados del mismo: tu signo solar se convierte en el Ascendente, y las casas se numeran a partir de él. Tu horóscopo personal, el trazado concretamente para ti (según la fecha, hora y lugar exactos de tu nacimiento) podría modificar lo que se indica aquí. Joseph Polansky.

efectos. Tendrás que ganarte el éxito profesional a pulso. Tu carrera lleva expandiéndose dos años. Has subido de categoría en tu trabajo. Pero ahora deberás granjearte el éxito con tu propio esfuerzo.

Júpiter, tu planeta del amor, se alojará en tu undécima casa hasta el 17 de mayo. Te espera un año social y romántico. La línea entre la amistad y el amor se desdibuja. Una cosa se fundirá con la otra. Aumentarán tus conocimientos en astrología, astronomía, ciencia y tecnología puntera. Llegarán a tu vida amigos nuevos e importantes.

El ingreso de Júpiter en tu duodécima casa de la espiritualidad el 17 de mayo indica que te espera un año muy espiritual. Es un año para progresar espiritualmente. Volveremos sobre este tema más adelante.

Tus intereses principales este año serán el ocultismo, la reinvención personal y el sexo (del 1 de enero al 24 de marzo, y a partir del 12 de junio). La religión, la teología, los estudios superiores y los viajes al extranjero (del 24 de marzo al 12 de junio). La profesión, los amigos, los grupos y las actividades grupales (del 1 de enero al 17 de mayo). Y la espiritualidad (a partir del 17 de mayo).

Este año lo que más te gratificará serán las amistades, las actividades grupales, la participación en organizaciones y las actividades en internet (del 1 de enero al 17 de mayo, y a partir del 18 de julio). Y la espiritualidad.

Salud

(Ten en cuenta que se trata de una perspectiva astrológica de la salud, no de una médica. En el pasado, no había ninguna diferencia, ambas eran idénticas, pero en la actualidad podrían diferir mucho. Para obtener un punto de vista médico, consulta a tu médico de cabecera o a un profesional de la salud).

Tu salud será bastante buena este año, aunque con algunas salvedades. El ingreso de Saturno en Piscis el 8 de marzo, tras abandonar Acuario, es desfavorable para ti. Como este aspecto durará dos años y medio, tu energía será más baja de lo usual. No será nada serio, ya que los otros planetas lentos forman aspectos favorables en tu carta astral o no te crean problemas. Pero no te alarmes si no rindes tanto como antes al correr o ir en bicicleta. Tampoco te fuerces para rendir más.

El otro cambio será el desplazamiento de Plutón de Capricornio para ingresar en Acuario, del 24 de marzo al 12 de junio. Es el inicio de un gran cambio para Plutón. El próximo año también planeará entre Capricornio y Acuario y, al final, ingresará en Acuario en 2025. Y lo ocupará al menos veinte años o quizá más tiempo. Como Plutón es tu planeta de la salud, este aspecto tiene importantes ramificaciones para tu salud y las terapias que te funcionan.

Empezarás a cambiar por lo tanto tu programa de salud.

Por buena que sea tu salud, siempre puedes mejorarla. Presta más atención a las siguientes zonas vulnerables de tu carta astral.

Los pulmones, los brazos, los hombros y el sistema respiratorio. Estas zonas son siempre importantes para los Géminis. Te sentará bien trabajar los puntos reflejos de estas zonas. Los masajes regulares en los brazos y hombros son saludables y además te permiten eliminar la tensión acumulada en los hombros.

El colon, la vejiga y los órganos sexuales. Estas partes del cuerpo son siempre importantes para los Géminis, puesto que Plutón es tu planeta de la salud. Te sentará bien trabajar los puntos reflejos de estas zonas. Practicar sexo seguro y mantener una actividad sexual moderada es también muy importante para ti.

El corazón. Este órgano solo será importante a partir del 9 de marzo y también durante los dos próximos años y medio. Te sentará bien trabajar los puntos reflejos del corazón. Lo esencial para este órgano es evitar las preocupaciones y la ansiedad, las dos emociones que lo estresan. Cultiva la fe y despréndete de las preocupaciones.

Los tobillos y las pantorrillas. Estas zonas serán importantes del 24 de marzo al 12 de junio. Como en los próximos años, sobre todo a partir de 2025, también lo serán durante mucho tiempo, incluye en tu programa de salud los masajes regulares en los tobillos y las pantorrillas. Si haces ejercicio protégete los tobillos con una mayor sujeción. Unos tobillos débiles pueden desalinear la columna vertebral y causar por este motivo todo tipo de problemas adicionales.

La columna, las rodillas, la dentadura, los huesos y la alineación esquelética en general. Estas zonas han sido importantes durante muchos años y lo serán aún del 1 de enero al 24 de marzo, y a partir del 12 de junio. Poco a poco, en los próximos años, en especial a partir de 2025, dejarán de tener relevancia. Te sentará bien trabajar los puntos reflejos de estas partes del cuerpo. Mientras tanto, sigue con los masajes en la espalda y las rodillas. Visitar con regularidad a un quiropráctico o un osteópata es una buena idea, ya que las vértebras deben estar bien alineadas.

El ingreso de Plutón en Acuario te hará ser más experimentador en los temas de salud. En los últimos veinte años has sido muy conservador. Te has guiado «por los libros» y has tendido a recurrir a la medicina convencional. (Aún serás conservador de manera intermitente durante los dos próximos años). Pero ahora te fascinan las terapias nuevas. Estás más abierto a la medicina alternativa. Aunque recurras a la medicina convencional, te atraen las nuevas tecnologías punteras. Y lo más importante es que estás a punto de realizar lo que todo el mundo debería hacer: descubrir lo que a ti te funciona. Te desprenderás de los manuales y aprenderás a base de probar, equivocarte y experimentar.

Hogar y vida familiar

Tu cuarta casa del hogar y de la familia no destacará este año, no es una casa poderosa. Tu décima casa de la profesión es mucho más potente. Por lo que tu situación doméstica será la misma. Tu hogar y tu vida doméstica seguirán más o menos igual. Por lo visto estás satisfecho con la situación y no es necesario hacer cambios importantes.

El hogar, la familia y tu bienestar emocional siempre son importantes para ti. Mercurio, el regente de tu horóscopo, es además tu planeta de la familia. Un ámbito muy querido por ti. Pero este año no te volcarás tanto como de costumbre en estas parcelas de tu vida. Seguramente dedicarás más tiempo a tu profesión que a tu hogar. Y deberías hacerlo.

Un progenitor o figura parental es ahora menos estricto, más flexible y espiritual. Es posible que tenga que someterse a una intervención quirúrgica o que tenga experiencias cercanas a la muerte. Sin embargo, te apoya en tu profesión y quizá participe activamente en ella.

Muchas tendencias pasajeras afectarán a la familia. Mercurio, tu planeta de la familia, es de movimiento rápido, como nuestros lectores saben. A lo largo del año transitará por todos los signos y casas de tu carta astral. De ahí que se den muchas tendencias que dependerán de dónde se encuentre Mercurio y de los aspectos que reciba. En las previsiones mes a mes hablaré de estas tendencias con más detalle.

Marte ocupará tu cuarta casa del 11 de julio al 28 de agosto. Este aspecto genera enardecimiento pasional en el círculo familiar y quizá conflictos. Haz todo lo posible para minimizarlos. Es también un buen momento para las reformas o las reparaciones importantes en el hogar. Del 9 de octubre al 8 de noviembre son buenas fechas para decorar de nuevo tu hogar, embellecerlo o adquirir objetos de arte.

Tus hermanos o figuras fraternas atravesarán una crisis en sus matrimonios en los próximos años. Pero su vida amorosa será muy dichosa este año, en especial a partir del 18 de mayo. Quizá se planteen mudarse a otro lugar, pero es más probable que ocurra en los próximos años que ahora. Tus padres o figuras parentales tal vez se muden a otra parte a partir del 18 de mayo, pero también podría ocurrir el año que viene. Tus hijos o figuras filiales también se lo están planteando. Pero será una mudanza complicada con muchos retrasos. Si están casados, vivirán una crisis en su relación. Si están solteros y tienen la edad adecuada, no les conviene contraer matrimonio. Su vida social podría ser más feliz. Tus nietos, en el caso de que los tengas, han efectuado muchas mudanzas últimamente. Quizá vuelvan a hacerlo a partir del 18. Por lo visto, será una mudanza satisfactoria.

Profesión y situación económica

Si bien es un año poderoso para tu profesión, la economía será menos importante en tu vida. Tu casa del dinero no destaca, no es una casa potente. Este aspecto se puede interpretar como algo positivo. Ahora estás satisfecho con la situación y no es necesario hacer cambios drásticos, ni tampoco estar demasiado pendiente de tus finanzas. Pero si surgen problemas, podrían deberse a haber descuidado esta esfera de tu vida. En este caso, préstale más atención.

En tu economía vivirás temporadas mejores y otras peores. Se deberá a los tránsitos de los planetas rápidos. Cuando formen aspectos favorables, tus ingresos aumentarán y el dinero te llegará con mucha más facilidad. Cuando sean desfavorables, te traerán más problemas.

Como la Luna, tu planeta de la economía, es el más raudo de todos, transita por tu carta astral en un mes, en cambio otros planetas rápidos como el Sol, Mercurio y Venus tardan un año en hacerlo, se darán muchas tendencias económicas pasajeras que dependerán de dónde se encuentre la Luna y de los aspectos que reciba. En las previsiones mes a mes hablaré de estas tendencias con más detalle.

En general, se puede afirmar que los días de luna nueva y de luna llena siempre son buenos para la economía. La fase creciente de la luna; es decir, de luna nueva a luna llena, es mejor para la economía que la fase menguante de luna llena a luna nueva. Cuando la luna crece tienes más entusiasmo y energía en tu vida económica. En las previsiones mes a mes hablaré de este tema con más detalle.

Cuando la luna crece, lo ideal es gastar en cosas que aumenten tus ingresos. Es un buen momento para adquirir una vivienda o hacer una inversión. Cuando la luna mengua, es un buen momento para saldar deudas o vender objetos, ya que te desprendes de ellos. En luna menguante es el momento ideal para vender una casa o recibir las ganancias de una inversión.

Vivirás una temporada económica excelente del 21 de junio al 23 de julio. Al estar volcado en esta parcela de tu vida, triunfarás al noventa por ciento. Será una de tus mejores épocas del año en este sentido.

El verdadero titular de este año es tu profesión. Saturno ingresará en tu décima casa de la profesión el 8 de marzo y la ocupará dos años y medio. Se unirá a Neptuno en esta casa. Neptuno lleva ya muchos años ocupándola. Saturno y Neptuno son dos energías opuestas. Saturno es realista y práctico, en cambio Neptuno es de otro mundo. A Saturno le gusta el orden, la forma adecuada y la buena gestión. A Neptuno le gusta la intuición sin trabas. Por eso en las cuestiones profesionales tendrás dos mentalidades. Por un lado, serás idealista como Neptuno, y por el otro, realista y terrenal como Saturno. Y de algún modo deberás armonizar estas dos partes tuyas. Será el principal reto en tu profesión. ¿Optarás por un absoluto idealismo e ignorarás el mundo, o adoptarás un enfoque más terrenal? Probablemente apliques un poco de cada una de estas dos partes. Tus proyectos idealistas, tanto si se trata de obras benéficas, iniciativas altruistas o actividades espirituales, requerirán más orden y organización. Y tus actividades mundanas requerirán la chispa de un cierto idealismo. Quizá mientras desempeñas tu profesión mundana participes en tu tiempo libre con organizaciones de beneficencia o entidades sin fines de lucro.

Saturno en tu décima casa muestra que deberás ganarte el éxito a pulso con tus grandes méritos. El año pasado gozaste de muchos descansos agradables en tu trabajo, pero ahora tienes que demostrar lo que vales. Tu profesión es muy exigente en estos días y si trabajas afanosamente te espera un gran éxito que será muy duradero. Este tipo de esfuerzo se suele manifestar como lo harían unos jefes sumamente exigentes que te llevan al límite e incluso te empujan a traspasarlo. Mi consejo astrológico es darles incluso más de lo que te piden.

Amor y vida social

Tu vida amorosa será muy interesante este año. Como el anterior, Júpiter, tu planeta del amor, se alojará unos cinco meses en el signo de Aries, y cerca de siete en Tauro. Esta coyuntura muestra cambios en las actitudes y necesidades amorosas. No son fijas ni invariables.

Júpiter ocupará Aries, tu undécima casa, hasta el 17 de mayo. Tu planeta del amor en Aries indica agresividad en el amor. Ahora muestras tus sentimientos al instante. Te has vuelto una persona enamoradiza que tiende a iniciar una relación con rapidez, tal vez demasiado deprisa. No tienes miedo en el amor (es la finalidad de este tránsito). Pero esta actitud tan precipitada te llevará a cometer errores. Te hará sufrir. Pero te levantarás, te sacudirás el polvo y saltarás de nuevo al ruedo. Júpiter en tu undécima casa es positivo para el amor. Muestra que tus deseos y esperanzas más profundos se harán realidad. La undécima casa es benéfica. Serás feliz en el amor en estas fechas. Pero cuando Júpiter ingrese en tu duodécima casa —el signo de Tauro— el 17 de mayo, tu actitud amorosa cambiará. Serás más conservador en el amor. Irás mucho más despacio antes de salir con alguien, quizá por las lecciones aprendidas en los cinco meses anteriores. El componente espiritual será muy importante para ti en una relación. Tu pareja deberá ser compatible espiritualmente contigo. No es necesario que estéis de acuerdo en todo, pero al menos esperas que os apoyéis en la práctica y el sendero espirituales. Ahora te atraen personas espirituales, como yoguis, espiritistas, videntes, tarotistas, músicos, bailarines y poetas. En los cinco meses anteriores las oportunidades amorosas te surgieron en internet, a través de los amigos o al participar en grupos, pero ahora te surgirán en espacios espirituales, como estudios de yoga, conferencias o seminarios espirituales, grupos de oración, recitales poéticos o actos benéficos.

Cuando Júpiter viaje cerca de Urano este año, aunque el aspecto no será exacto hasta el próximo, notarás su influencia y hará que tu vida amorosa sea muy emocionante. El amor surgirá en cualquier momento o lugar. Cuando menos te lo esperes. Pero también será más inestable. El problema es la durabilidad de estas relaciones. La inestabilidad es el precio que uno paga por la emoción. No te conviene casarte este año. (Pero el que viene podría ocurrir). Disfruta del amor por lo que es y evita de momento el matrimonio.

Progreso personal

La espiritualidad lleva ya muchos años siendo importante para ti. Urano hace mucho tiempo que se aloja en tu duodécima casa. Por eso has sido experimentador en este sentido. Has sido metafóricamente hablando como un antiguo *sanyassin* —un santo peregrino— vagando por el mundo en busca de sabiduría que se ha dedicado a visitar a un hombre santo tras otro. El eterno buscador. Has pasado de unas enseñanzas a otras, de un libro a otro, de un maestro a otro. Aunque no hayas vagado por el mundo en el sentido literal, lo has hecho mentalmente. Es una etapa importante de tu proceso espiritual. Pero no durará para siempre. Lo más probable es que este año te decantes por las enseñanzas y las prácticas que más te convengan.

Júpiter ingresará en tu duodécima casa el 17 de mayo y la ocupará el resto del año. Hay dos acontecimientos interesantes en tu vida espiritual que se refuerzan mutuamente. Urano es el regente de tu novena casa de la religión, y Júpiter el regente genérico de la religión. Esta coyuntura indica la necesidad de profundizar —explorar— el lado místico de la religión que profesas. Lo que ahora ansías no es explorar tradiciones foráneas, aunque probablemente ya lo hayas hecho, sino comprender la esencia de tu propia religión. En el pasado la rechazaste por no haberla profundizado. Pero bajo las reglas y regulaciones —las formas exteriores— se encuentra el oro de la verdad. Es lo que debes descubrir.

Además, como Júpiter es tu planeta del amor, al alojarse en tu duodécima casa muestra que el camino del amor te lleva más cerca de lo Divino. Ahora cuando estás enamorado te sientes más «conectado». Lo experimentarás este año. Pero aún hay más. Descubrirás que lo Divino está muy interesado en tu vida amorosa. Te guiará en el amor, estés casado o sin pareja. Te puede ocurrir en sueños o visiones, o por medio de videntes, médiums, astrólogos o espiritistas. Tienes un destino y lo Divino desea favorecerlo.

Posees los aspectos planetarios de quien entrega su vida amorosa a lo Divino. De quien se desprende de esta carga y deja que lo Divino se ocupe de todo. Este proceder resuelve los problemas amorosos en un instante si la entrega es sincera y sale del corazón y no solo de los labios. Es más, en muchos casos, aunque no en todos, lo Divino te conduce al Amor Supremo: el amor divino. El amor entre humanos siempre está lleno de limitaciones. Algunas personas aman más que otras. Pero aun así, no es un amor perfecto. Solo la fuerza de lo Divino te ama perfectamente. Cuando contactas con esta fuerza, sientes que se han colmado todas tus necesidades en el amor, tengas o no pareja. Esto ya no importa. Siempre te sientes como si estuvieras en una luna de miel.

Previsiones mes a mes

Enero

Mejores días en general: 3, 4, 12, 13, 21, 22, 30, 31
Días menos favorables en general: 1, 2, 8, 9, 14, 15, 28, 29
Mejores días para el amor: 2, 3, 8, 9, 12, 13, 16, 21, 22, 23
Mejores días para el dinero: 2, 8, 10, 11, 16, 20, 21, 23, 24, 30, 31
Mejores días para la profesión: 7, 14, 15, 24

Te espera un mes feliz con algunas dificultades que harán que enero te resulte más emocionante. Tu salud y energía son buenas. Solo Neptuno, un planeta lento, forma un aspecto desfavorable en tu carta astral. Los planetas rápidos están en armonía o no te crean ningún problema. Tu salud será incluso más buena a partir del 21.

Mercurio, el regente de tu horóscopo y un planeta muy importante en tu carta astral, será retrógrado hasta el 17. Así que tus deseos serán confusos y variables en estos días. Reflexiona más sobre ello. Lo mismo te ocurrirá con los asuntos domésticos y familiares.

Júpiter, tu planeta del amor, se aloja ahora en el signo de Aries y en tu undécima casa de los amigos. Este aspecto sugiere que este mes (y varios más) girará en torno a los amigos por encima de las relaciones amorosas. Ahora te atraen las relaciones entre iguales.

La amistad con tu pareja es tan importante como ser amantes. Si no tienes pareja, surgirán oportunidades amorosas cuando estés con los amigos o participes en grupos y actividades grupales. En el mundo de internet también puedes encontrar pareja. Tu planeta del amor en Aries indica la tendencia a los «flechazos». Sabes al instante quién está hecho para ti. Vas a por esa persona con agresividad. Inicias una relación amorosa con excesiva rapidez. Tiras tus precauciones por la borda.

Pero aún hay más. Tu planeta del amor tendrá su solsticio este mes. Como es un planeta lento, el solsticio durará del 1 al 27 de enero, casi el mes entero. Júpiter se detendrá en el firmamento en su movimiento latitudinal y a finales de mes cambiará de sentido. De modo que tu vida amorosa se detendrá y luego cambiará de rumbo.

Los aspectos favorables que Mercurio formará con Urano del 29 al 31 pueden depararte un viaje al extranjero o buena suerte en un asunto jurídico. También son venturosos para los estudiantes universitarios.

Tu situación económica será la misma este mes. Mejorará en la fase de la luna creciente, del 11 al 25.

Febrero

Mejores días en general: 1, 9, 10, 18, 19, 27, 28
Días menos favorables en general: 7, 8, 14, 15, 20, 21
Mejores días para el amor: 2, 3, 4, 5, 12, 13, 14, 15, 22, 23
Mejores días para el dinero: 1, 2, 3, 4, 5, 9, 10, 14, 15, 20, 22, 23
Mejores días para la profesión: 3, 13, 20, 21

Marte lleva ya en tu signo desde principios de año. Este aspecto tiene sus ventajas y sus desventajas. La parte positiva es que ahora tienes más energía, más valor y el ánimo de «puedo hacerlo». Lo ejecutas todo con rapidez. La parte negativa es tu tendencia a ser combativo, discutidor y dado a hacer las cosas con prisa. Esta actitud puede provocar conflictos e incluso accidentes. Sé sobre todo consciente de ello.

Presta mayor atención a tu salud a partir del 18. Aunque no tendrás ningún problema serio, solo será algún que otro achaque pasajero debido a los aspectos desfavorables de los planetas rápidos. Descansar más y fortalecer tu salud con las propuestas planteadas en las previsiones de este año será beneficioso para ti.

Tu profesión es poderosa este mes. Neptuno lleva ya muchos años en tu décima casa. Venus también la ocupa desde el 27 de enero. Y el Sol ingresará en ella el 18. Tu décima casa es la más potente de tu carta astral este mes. Por lo que te volcarás en tu profesión y triunfarás en esta parcela de tu vida. De momento, deja a un lado las cuestiones domésticas y familiares. Tus habilidades sociales y comunicativas impulsarán tu carrera profesional.

La luna nueva del 20 en tu décima casa la realzará. Será una jornada profesional excelente. En general, los días de luna nueva son muy buenos para tu economía. Pero la jornada del 20 no lo será tanto. Quizá has asumido una responsabilidad económica adicional. La buena noticia es que tu cónyuge, pareja o amante actual y tú cooperáis económicamente. El día de luna nueva también será una jornada auspiciosa para su economía. Y lo más importante es que los problemas y dilemas profesionales se despejarán con el paso de las semanas hasta la próxima luna nueva.

Tu vida amorosa es feliz y excitante. Venus empezará a viajar con tu planeta del amor a partir del 22. Si no tienes pareja, continúa participando en grupos, actividades grupales, organizaciones y en el mundo de internet.

Tu situación económica será la misma que el mes anterior. Tu casa del dinero está vacía. Pero del 1 al 5 y del 20 al 28 serán los mejores días para tus finanzas.

Marzo

Mejores días en general: 8, 9, 10, 17, 18, 26, 27
Días menos favorables en general: 6, 7, 13, 14, 19, 20
Mejores días para el amor: 4, 5, 11, 12, 13, 14, 21, 22, 24, 25, 31
Mejores días para el dinero: 1, 2, 4, 5, 12, 13, 14, 20, 21, 22, 28, 29, 30, 31
Mejores días para la profesión: 2, 12, 19, 20, 29, 30

El panorama de tu vida, y el del mundo en general, variará por completo este mes al cambiar dos planetas muy lentos de signo. Plutón, tu planeta de la salud, ingresará en Acuario, tu octava casa, el 24. Y Saturno realizará un ingreso importante en tu décima casa el 8. A partir de ese momento presta mayor atención a tu salud durante los dos años y medio siguientes.

El ingreso de Plutón en Acuario muestra la importancia de los tobillos y las pantorrillas para tu salud. También revela una actitud más experimentadora en este campo. Ahora tiendes más a probar terapias alternativas. De momento, es una tendencia pasajera, pero en los próximos años se volverá más marcada.

Tu profesión es todavía el principal titular este mes. Al transitar Mercurio por la cúspide de tu carta astral del 3 al 19, triunfarás en estas fechas. Cuando Mercurio viaje con el Sol y Neptuno, tu planeta de la profesión, el 17 y 18, serán días excelentes para tu carrera. Pero como Saturno se aloja ahora en tu décima casa, deberás ganarte el éxito a pulso con tus grandes méritos.

Venus viajará con tu planeta del amor el 1 y 2, una señal clásica de amor y relaciones amorosas. Surgirán, como en los últimos meses, en el mundo de internet, las redes sociales, los amigos, los grupos y las organizaciones. Pueden brotar en muchos lugares. Una de tus amistades quizá desee tener algo más que amistad contigo. Un amigo puede presentarte a alguien. A lo mejor surge un idilio mientras practicas una actividad en grupo. Podría ocurrirte en muchas otras partes.

Aunque tu profesión sea poderosa, tu situación económica seguirá siendo la misma. Pero esto es positivo, significa que estás satisfecho con la situación y no necesitas hacer cambios importantes o prestarle demasiada atención. Las fechas más potentes para tu economía son del 1 al 7, y a partir del 21 hasta finales de mes. Se darán durante la fase de la luna creciente. Del 7 al 21 es un buen momento para saldar deudas con el dinero sobrante o recortar gastos.

Cuando el Sol ingrese en tu undécima casa el 20, te dedicarás a tu vida social: a las amistades, los grupos y las organizaciones. Aumentarán tus conocimientos en tecnología puntera, ciencia, astronomía y astrología. Muchas personas con estos aspectos planetarios deciden pedirle a un astrólogo que les trace la carta astral.

Abril

Mejores días en general: 5, 6, 14, 15, 22, 23, 24
Días menos favorables en general: 2, 3, 4, 9, 10, 16, 17, 30
Mejores días para el amor: 1, 3, 4, 9, 10, 14, 19, 22, 23, 28, 29
Mejores días para el dinero: 1, 10, 19, 25, 26, 28, 29, 30
Mejores días para la profesión: 8, 16, 17, 26

Aunque Saturno forme un aspecto desfavorable en tu carta astral, los otros planetas te apoyan o no te crean ningún problema. Tu salud será bastante buena. Los nacidos en los primeros días del signo de Géminis, del 21 al 25 de mayo, son los que más notarán el tránsito de Saturno. Todos lo acusarán hasta cierto punto, pero con menos intensidad que los Géminis que he citado.

Como el eclipse solar del 20 caerá justo en el límite —la cúspide— de tu undécima y duodécima casas, las afectará a ambas. Así que surgirán adversidades en la vida de tus amigos. Tus amistades serán puestas a prueba. Los ordenadores y los equipos de tecnología puntera pueden fallar, y en ocasiones será necesario repararlos o reemplazarlos. He advertido que cuando se dan estos aspectos planetarios las empresas de informática alteran sin querer la configuración de los ordenadores al actualizar los programas. Asegúrate de hacer copias de seguridad de los archivos importantes y de que tus programas antipirateo y antivirus estén actualizados.

El eclipse solar en tu duodécima casa indica cambios espirituales importantes. Pueden manifestarse de muchas formas. Por un lado, podrían tener que ver con tu práctica, tus maestros, tus enseñanzas y con otros aspectos similares. Y por el otro, podrían estar relacionados con tus actitudes hacia la espiritualidad. Es posible que surjan trastornos en las organizaciones de beneficencia o altruistas en las que participas. Las figuras de gurús de tu vida quizá se enfrenten a situaciones adversas.

Al regir el Sol tu tercera casa, los eclipses solares afectan a los aspectos con los que está relacionado. De modo que los estudiantes, sobre todo los de primaria y secundaria, pueden enfrentarse a problemas en el centro docente, a cambios en los planes de estudio y, en algunos casos, pueden llegar a cambiar de escuela. Los coches y los equipos de comunicación pueden fallar, y a veces será necesario repararlos o reemplazarlos. Te conviene conducir con más precaución en el periodo del eclipse.

Tus hermanos o figuras fraternas, y los vecinos, también acusarán los efectos del eclipse. Afrontarán adversidades en su vida, y a menudo se producirán trastornos en tu vecindario.

El ingreso de Marte en tu casa del dinero el 26 de marzo —la ocupará durante un mes—, muestra que los amigos y los contactos sociales serán importantes para tu economía en estas fechas. Tiendes a ser impulsivo en el amor, lo has sido desde principios de año, pero también lo serás en las finanzas en esos días. Quizá te arriesgues demasiado en tu vida económica.

Mayo

Mejores días en general: 2, 3, 11, 12, 20, 21, 30, 31
Días menos favorables en general: 1, 7, 8, 13, 14, 27, 28
Mejores días para el amor: 2, 3, 7, 8, 9, 10, 16, 17, 18, 19, 24, 25
Mejores días para el dinero: 1, 8, 9, 10, 16, 17, 18, 19, 22, 23, 24, 25, 30, 31
Mejores días para la profesión: 6, 13, 14, 23, 24

Este mes hay dos titulares reveladores. Júpiter, tu planeta del amor, realizará un tránsito importante de Aries a Tauro, abandonará tu undécima casa para ingresar en la duodécima. Tendrá lugar el 17 de mayo. Este tránsito producirá cambios duraderos en tu vida amorosa. Tus necesidades amorosas cambiarán. Te atraerán distintas clases de personas en esta temporada.

El eclipse lunar del 5 en tu sexta casa de la salud y el trabajo, generará cambios laborales. Podrían ocurrir en tu empresa actual o en otra nueva. Si te ocupas de las contrataciones en tu empresa, es posible que haya cambios de personal y problemas en la vida de tus empleados. Tu programa de salud también experimentará grandes cambios. Se darán a lo largo de los próximos meses.

Los eclipses lunares generan cambios económicos, normalmente al provocar algún problema o suceso inesperado. En general, los vivirás dos veces al año. Te conviene corregir tus suposiciones y estrategias financieras en este periodo. Los acontecimientos del eclipse te mostrarán los fallos en estos aspectos de tu economía para que los corrijas.

Como la Luna rige la familia (genéricamente), surgirán complicaciones en la vida de los tuyos. En ocasiones, será necesario hacer reparaciones en el hogar.

El ingreso de Júpiter en tu duodécima casa el 17, muestra una atracción por las personas espirituales. Entre las que se cuentan idealistas, músicos, poetas, videntes, espiritistas y sacerdotes La compatibilidad espiritual se volverá muy importante en el amor en esta temporada. Tendrás una gran intuición en los asuntos amorosos.

Pese a la turbulencia financiera derivada del eclipse, este mes será próspero, ya que tu casa del dinero es ahora prominente. Marte se alojará en esta casa hasta el 21, y Venus ingresará en ella el 8. Todavía te apasiona especular y correr riesgos en las finanzas.

Junio

Mejores días en general: 7, 8, 16, 17, 26, 27
Días menos favorables en general: 3, 4, 9, 10, 23, 24, 25
Mejores días para el amor: 2, 3, 4, 5, 6, 11, 14, 15, 21, 22, 23, 24
Mejores días para el dinero: 5, 6, 7, 8, 14, 15, 17, 18, 19, 20, 23, 24, 28
Mejores días para la profesión: 2, 9, 10, 19, 20, 29, 30

Te espera un mes feliz y próspero, Géminis. Disfrútalo. El Sol lleva ya en tu signo desde el 21 de mayo y lo ocupará hasta el 21 de junio. Este aspecto siempre es el mejor momento del año. El Sol le da a tu imagen luz y el aura de una estrella. Tu autoestima y confianza están por las nubes. Tus grandes talentos intelectuales son incluso mayores todavía. Tu salud será buena. Ahora estás pletórico de energía. Si deseas fortalecer tu salud, presta más atención a los tobillos y las pantorrillas (dales masajes) hasta el 12, y luego retoma los masajes en la columna vertebral y en las rodillas.

La luna nueva del 18 será muy venturosa para ti al caer en tu propio signo. Te traerá ganancias inesperadas y oportunidades financieras. Y lo más importante es que despejará las cuestiones relacionados con tu aspecto y tu imagen personal en el transcurso de las semanas, hasta la próxima luna nueva. A partir del 21, cuando el Sol ingrese en tu casa del dinero y la ocupe el resto del mes, tu prosperidad aumentará. Ahora te encuentras en una de tus mejores temporadas económicas del año. Estás volcado en tu economía. La energía financiera es potente. Cuando Mercurio ingrese en tu casa del dinero el 27, potenciará más tus finanzas.

Tu aspecto personal es importante para obtener tus ingresos. Proyectas la imagen de una persona acaudalada. Los demás te ven así. Esta imagen es propicia para sacarle buen partido a toda clase de oportunidades.

Como Marte se aloja en tu tercera casa de los intereses intelectuales y la comunicación, ahora brillas en los debates. Expresas tus opiniones con gran pasión y vehemencia. A veces, incluso con demasiada intensidad. Para pensar con lucidez es necesario tener la cabeza fría, abordar los temas con imparcialidad, pero en ocasiones te exaltas demasiado.

Tu vida amorosa, como el mes anterior, es muy espiritual, muy idealista. El mensaje de tu horóscopo es que si tu espiritualidad es correcta, el amor te llegará por sí solo sin necesidad de buscarlo.

Este mes tu vida onírica también será muy rica. Vivirás experiencias sobrenaturales y participarás más en obras benéficas. En mayo todo esto fue más intenso, pero este mes seguirá dándose con fuerza.

La luna llena del 4 en tu séptima casa propiciará una jornada auspiciosa tanto para el amor como para tu economía.

Julio

Mejores días en general: 5, 6, 13, 14, 15, 23, 24
Días menos favorables en general: 1, 2, 7, 8, 21, 22, 28, 29
Mejores días para el amor: 1, 2, 3, 4, 10, 11, 12, 19, 20, 21, 22, 29, 30, 31
Mejores días para el dinero: 3, 4, 7, 8, 11, 12, 16, 17, 21, 22, 26, 30, 31
Mejores días para la profesión: 7, 8, 17, 27

Este mes será próspero. Te encuentras aún en una de tus mejores temporadas económicas del año y durará hasta el 23. Tus talentos naturales en los ámbitos de la comunicación, las ventas, el marketing, la publicidad y las relaciones públicas aumentan tus ingresos. Muchos Géminis se dedican a estos sectores profesionales y les va de maravilla.

Presta mayor atención a tu salud a partir del 11. Marte se unirá a Saturno y Neptuno en el aspecto desfavorable que forman en tu carta astral. Como siempre, descansa lo suficiente. Fortalece tu salud con masajes en la espalda y las rodillas. Asegúrate de mantener una buena postura corporal.

El ingreso de Marte en tu cuarta casa del hogar y de la familia el 11, fomenta el enardecimiento pasional en tu hogar. Sé más paciente con los tuyos. Es un buen momento para hacer reformas importantes en tu hogar. Tus amigos, quizá sin mala intención, pueden ser un escollo en tu profesión.

Como la mitad inferior de tu carta astral, el hemisferio nocturno, se encuentra en su momento más poderoso del año, tu profesión es ahora lo que más te interesa. Pero también te conviene estar más pendiente de tu hogar y tu familia.

Alcanzadas tus metas económicas el 23, al menos las inmediatas, ahora te volcarás en lo que más te apasiona: tus intereses intelectuales y la comunicación. Los Géminis siempre son buenos estudiantes, pero en estas fechas lo serán más que nunca. Tus excelentes facultades mentales y comunicativas se agudizarán incluso más todavía este mes. Por eso aprender y enseñar te resultará más fácil en estos días.

La riqueza de las personas adineradas de tu vida aumentará a partir del 24. Viven una época financiera extraordinaria.

Tu vida amorosa será más delicada a partir del 24. Júpiter, tu planeta del amor, recibirá aspectos desfavorables. Necesitarás esforzarte más en tu relación de pareja. Casi todas las tendencias relacionadas con el amor que he citado en los últimos meses siguen vigentes. Los proyectos y las personas espirituales son importantes para ti.

La luna nueva del 17 en tu casa del dinero te traerá una jornada económica excepcional. Pero lo más importante es que aclarará —iluminará— tu situación financiera en las próximas semanas. Te llegará por sí sola toda la información necesaria para tomar una buena decisión.

Mercurio estará «fuera de límites» por un breve tiempo este mes, del 1 al 6. Este aspecto muestra que tanto los miembros de tu familia como tú os moveréis fuera de vuestro terreno habitual.

La retrogradación de Venus (son inusuales en este planeta) del 23 fomentará que tus hijos o figuras filiales vaguen sin rumbo por la vida. Les conviene aclararse sobre sus objetivos personales.

Gozarás de una experiencia profesional exitosa el 19 y 20. Cobra consciencia del momento presente en el plano físico el 22 y 23.

Agosto

Mejores días en general: 1, 2, 10, 11, 19, 20, 21, 29
Días menos favorables en general: 3, 4, 17, 18, 24, 25, 30, 31
Mejores días para el amor: 5, 6, 7, 8, 14, 15, 17, 18, 24, 25, 26, 27
Mejores días para el dinero: 5, 6, 7, 8, 12, 13, 15, 16, 17, 18, 26, 27
Mejores días para la profesión: 3, 4, 13, 23, 30, 31

Este mes serás feliz, ya que tu tercera casa de la comunicación y los intereses intelectuales todavía es poderosísima. El cosmos te empuja a hacer lo que más te gusta, aquello que mejor se te da. Absorbes la información en estos días. Es como el aire que respiras. Eres un manantial de conocimientos e incluso de curiosidades.

Cuando el Sol ingrese en tu cuarta casa de la salud el 23, presta mayor atención a este aspecto de tu vida. Asegúrate de descansar más. Fortalece tu salud con las propuestas planteadas en la previsión de este año.

Este mes, como tu cuarta casa es tan poderosa, te enfrentarás a un conflicto típico entre tu hogar y tu profesión. Desearás triunfar en tu trabajo y en tu vida doméstica, pero no es fácil compaginar estas dos facetas. Me atrevería a decir que la profesión será la que ganará.

Pero al encontrarte en la noche —en la medianoche— de tu año, te conviene trabajar en tu profesión con los métodos nocturnos; es decir, por medio de la meditación, la visualización y de sentir lo que experimentarás cuando alcances lo que te propones en tu carrera. Más adelante, ya emprenderás las acciones externas necesarias. De momento lo primordial es el trabajo interior.

Mientras te dedicas a esta labor meditativa, aflorarán en tu mente antiguos recuerdos que te mostrarán los obstáculos en tu profesión. Observar estos obstáculos sin juzgarlos te ayudará a superarlos.

Ahora eres más nostálgico. Te interesa tu pasado y la historia en general.

Tu situación económica seguirá igual este mes. Tu casa del dinero está vacía, solo la Luna la transitará el 12 y 13. Significa que estás satisfecho con la situación y no necesitas hacer cambios importantes ni prestarle más atención de la necesaria.

Tu vida amorosa también mejorará este mes, sobre todo a partir del 24. Tu encanto social es ahora mucho más cautivador. El problema en el amor eres tú, no sabes lo que quieres. Mercurio empezará a ser retrógrado el 23.

La actividad retrógrada aumentará este mes poco a poco. El cuarenta por ciento de los planetas serán retrógrados hasta el 23. Y un cincuenta por ciento lo serán del 25 al 29. Hasta llegar incluso al sesenta por ciento, el porcentaje máximo del año, a partir del 29. El ritmo de la vida y de los acontecimientos se desacelerará.

Septiembre

Mejores días en general: 6, 7, 16, 17, 25, 26
Días menos favorables en general: 13, 14, 15, 21, 22, 27, 28
Mejores días para el amor: 2, 3, 4, 5, 11, 12, 14, 15, 21, 22, 23, 24, 30
Mejores días para el dinero: 4, 5, 8, 9, 10, 13, 14, 15, 23, 24, 25
Mejores días para la profesión: 1, 9, 10, 19, 27, 28

Al igual que el mes pasado, tu reto será compaginar tu vida hogareña con tu profesión. Ambos ámbitos son importantes para ti. Tu profesión parece ahora serlo más, pero no puedes ignorar el hogar, la familia y tu bienestar emocional. Si trabajas en tu profesión con los métodos nocturnos, podrás compaginar mejor estas dos facetas de tu vida. Ahora las acciones manifiestas no son importantes. Lo esencial es trabajar en tu profesión con la mente y los sentimientos. Siente cómo será cuando consigas lo que te propones. Visualiza tus objetivos (es bueno hacerlo antes de dormir). Más adelante, ya emprenderás las acciones externas necesarias.

Ten en cuenta que una familia y una vida doméstica feliz y armoniosa —y los sentimientos armoniosos—, son los cimientos para el éxito profesional. Ahora es el momento de consolidarlos.

La luna nueva del 15 en tu cuarta casa propiciará un gran día para las finanzas y muestra que cuentas con el gran apoyo de tu familia. Se trata de un apoyo recíproco. Y lo esencial es que despejará las cuestiones familiares y emocionales en las próximas semanas. Te llegará toda la información necesaria para tomar decisiones acertadas de forma natural. Te espera un día feliz de luna nueva, aunque no será la mejor jornada para tu salud. Procura descansar y relajarte más el 15.

Presta mayor atención a tu salud hasta el 23. Asegúrate de descansar lo suficiente. Un buen nivel de energía es la mejor defensa contra las enfermedades. No importa si no puedes correr o hacer jogging tanto como antes. Respeta los límites de tu cuerpo. Recuperarás tu nivel de energía a partir del 24.

La actividad retrógrada se encontrará en su punto culminante hasta el 16, ahora el sesenta por ciento de los planetas son retrógrados. Pero como a partir del 17 la actividad retrógrada todavía será del cincuenta por ciento, un porcentaje considerable, ten paciencia. Cuando el Sol ingrese en tu quinta casa el 23, empezará una de tus temporadas más placenteras del año. Al haber tantos planetas retrógrados y no ocurrir gran cosa en el mundo, disfruta al menos de la vida. Muchos Géminis son escritores. A partir del 23 será una temporada excelente para la escritura creativa.

La Luna, tu planeta de la economía, nunca es retrógrada, de modo que tu economía seguirá avanzando. Este mes tu situación económica será la misma. Pero en la fase de la luna creciente del 15 al 28, tus ingresos aumentarán.

Octubre

Mejores días en general: 3, 4, 22, 23
Días menos favorables en general: 11, 12, 18, 19, 24, 25
Mejores días para el amor: 1, 2, 9, 10, 11, 12, 18, 19, 20, 21, 28, 29
Mejores días para el dinero: 1, 2, 3, 4, 6, 7, 11, 12, 20, 21, 24
Mejores días para la profesión: 7, 17, 24, 25

Tu salud mejorará mucho este mes y aún te encuentras en una de tus temporadas más placenteras del año. Será un mes ameno, y los dos eclipses le añadirán un poco de chispa y desafíos.

El principal titular este mes son los dos eclipses. El eclipse solar tendrá lugar el 14, y el eclipse lunar el 28. Afortunadamente, no te afectarán con intensidad, aunque no te hará ningún mal tomártelo todo con calma y reducir tus actividades. Pero si afectaran a algún punto sensible de tu carta astral, trazada según la fecha, hora y lugar exactos de tu nacimiento, podrían ser potentes.

Como el eclipse solar del 14 caerá en tu quinta casa de los hijos, los afectará. Les conviene mantenerse fuera de peligro en este periodo. Están viviendo experiencias, algunas son las típicas de su edad, como el cambio de centro docente, el ingreso en la universidad, el matrimonio... Pero aun así, son perturbadoras. Un progenitor o figura parental se enfrentará a problemas financieros y deberá hacer cambios en su economía en estas fechas. Si te dedicas a las artes creativas, tu creatividad cambiará, adoptará un nuevo enfoque. Los coches y los equipos de comunicación pueden fallar, y con frecuencia será necesario repararlos o reemplazarlos. Tus hermanos o figuras fraternas, y tus vecinos, también afrontarán adversidades que a menudo les cambiarán la vida. Te conviene conducir con más precaución en este periodo.

El eclipse lunar del 28 caerá en tu duodécima casa de la espiritualidad. Habrá cambios importantes en esta parcela de tu vida relacionados con la práctica, las enseñanzas y a veces el maestro. Cambiará tu forma de abordar tu vida espiritual. Surgirán trastornos en las organizaciones de beneficencia o espirituales en las que participas. Tus figuras de gurús vivirán situaciones adversas. Como la Luna es tu planeta de la economía, te conviene corregir tus suposiciones y estrategias financieras. Tus amigos también están haciendo cambios importantes en su economía.

Plutón volverá a ser directo a partir del 11, de modo que las pruebas y los tratamientos médicos serán más seguros a partir de esta fecha.

Noviembre

Mejores días en general: 1, 9, 10, 11, 18, 19, 27, 28
Días menos favorables en general: 7, 8, 14, 15, 21, 22
Mejores días para el amor: 7, 8, 9, 14, 15, 16, 18, 19, 25, 27, 28
Mejores días para el dinero: 2, 3, 7, 12, 13, 16, 23, 25, 29, 30
Mejores días para la profesión: 3, 13, 21, 22, 30

Aunque sea el momento más poderoso del año de la mitad occidental de tu carta astral, la de la vida social, esta parte no predominará demasiado, salvo del 8 al 19. Son días para poner a los demás primero —lo estás intentando—, y para alcanzar tus metas mediante la avenencia en lugar de la imposición. Tu carisma, encanto y don de gentes son ahora más importantes que tu iniciativa y tus habilidades personales. Si dejas que los demás hagan las cosas a su manera, siempre que no sean destructivos, todo lo bueno te llegará de forma natural y normal.

El amor será complicado este mes. Por un lado, empezará una de tus mejores temporadas amorosas y sociales el 22. Tu séptima casa del amor será poderosísima. Por el otro, Júpiter, tu planeta del amor, será retrógrado. Si no tienes pareja, te surgirán oportunidades amorosas, irás a más citas y fiestas, pero ocurrirán contratiempos y demoras en esta esfera de tu vida. Tu criterio social no es tan bueno como de costumbre. Disfruta de las oportunidades que surjan, pero no te precipites en nada.

Tu salud se volverá más delicada a partir del 24, no te esfuerces hasta el punto de agotarte. Mantén un buen nivel de energía. Fortalece tu salud con las propuestas planteadas en las previsiones de este año.

Tu sexta casa será potente hasta el 23. Si buscas trabajo, te surgirán oportunidades laborales. Si te ocupas de las contrataciones en tu empresa, recibirás solicitudes de trabajadores excelentes.

Tu situación económica será buena este mes. La Luna, tu planeta de la economía, visitará tu casa del dinero en dos ocasiones en noviembre, normalmente solo lo hace una vez. Será como una inyección financiera. Los mejores días para tu economía serán del 12 al 27, en la fase de la luna creciente. En estas fechas destina el dinero sobrante a tus ahorros o inversiones, o a ambas cosas; es decir, a lo que desees aumentar. Y del 1 al 12, y del 28 al 30, usa el dinero extra para saldar deudas; o sea, para lo que desees reducir.

Mercurio, el regente de tu horóscopo, estará «fuera de límites» a partir del 16. Este aspecto muestra que te moverás fuera de tu órbita natural, sobre todo en lo que respecta al amor. Los miembros de tu familia también se moverán fuera de la suya.

Diciembre

Mejores días en general: 7, 8, 16, 17, 24, 25
Días menos favorables en general: 4, 5, 6, 11, 12, 18, 19, 31
Mejores días para el amor: 4, 9, 11, 12, 14, 18, 19, 22, 28, 30, 31
Mejores días para el dinero: 2, 3, 4, 11, 12, 14, 21, 22, 27, 28, 29, 31
Mejores días para la profesión: 10, 18, 19, 28

Como Mercurio seguirá «fuera de límites» hasta el 14, los miembros de tu familia y tú os moveréis fuera de vuestra órbita normal. Ahora estás empujando los límites de tu órbita. Los ensanchas.

Presta atención a tu salud este mes, aunque mejorará a partir del 23. Repasa las previsiones del mes anterior.

Tu profesión es ahora más activa y se darán cambios importantes en esta esfera de tu vida. Saturno y Neptuno son los dos planetas vinculados con tu profesión. Saturno empezó a ser directo el 4 de noviembre. Y Neptuno lo será el 6 de diciembre. De modo que las demoras y los atascos relacionados con tu profesión ya empiezan a desaparecer. Además, el poder planetario se encuentra en la mitad superior de tu carta astral, TODOS los planetas la ocuparán a partir del 30. Solo la Luna se alojará en el hemisferio nocturno. Ha llegado el momento de volcarte en tu trabajo. Será un año exitoso profesionalmente, pero te lo estás ganando a pulso.

Aún te encuentras en una de tus mejores temporadas sociales del año, y durará hasta el 22. Y Júpiter, tu planeta del amor, empezará a ser directo el 31. Tu vida amorosa todavía es complicada, pero está a punto de arreglarse. El problema es en parte que tu pareja y tú no estáis seguros de nada. (Mercurio será retrógrado a partir del 13). Pero os aclararéis con el paso del tiempo. La luna nueva del 12 en tu séptima casa despejará tu situación amorosa en las próximas semanas.

Tu situación económica será la misma este mes. Tu casa del dinero está vacía, solo la Luna la transitará el 27 y 28. Cuando la luna llena se presente en tu casa del dinero el 27, será un día magnífico para las finanzas. Los aspectos favorables que Mercurio formará con Júpiter el 6, 7, 17 y 18, propiciarán días excelentes para el amor y el dinero (ten en cuenta las complicaciones amorosas de las que he hablado).

El ingreso del Sol en tu octava casa el 22 mejorará la economía de tu cónyuge, pareja o amante actual. Es un buen momento para la pérdida de peso y las dietas depurativas. Y también para desprenderte de lo superfluo en tu vida.

Cáncer

♋

El Cangrejo

Nacidos entre el 21 de junio y el 20 de julio

Rasgos generales

CÁNCER DE UN VISTAZO

Elemento: Agua

Planeta regente: Luna
Planeta de la profesión: Marte
Planeta de la salud: Júpiter
Planeta del amor: Saturno
Planeta del dinero: el Sol
Planeta de la diversión y los juegos: Plutón
Planeta del hogar y la vida familiar: Venus

Colores: Azul, castaño rojizo, plateado
Colores que favorecen el amor, el romance y la armonía social: Negro, azul índigo
Colores que favorecen la capacidad de ganar dinero: Dorado, naranja

Piedras: Feldespato, perla

Metal: Plata

Aromas: Jazmín, sándalo

Modo: Cardinal (= actividad)

Cualidad más necesaria para el equilibrio: Control del estado de ánimo

Virtudes más fuertes: Sensibilidad emocional, tenacidad, deseo de dar cariño

Necesidad más profunda: Hogar y vida familiar armoniosos

Lo que hay que evitar: Sensibilidad exagerada, estados de humor negativos

Signos globalmente más compatibles: Escorpio, Piscis

Signos globalmente más incompatibles: Aries, Libra, Capricornio

Signo que ofrece más apoyo laboral: Aries

Signo que ofrece más apoyo emocional: Libra

Signo que ofrece más apoyo económico: Leo

Mejor signo para el matrimonio y/o las asociaciones: Capricornio

Signo que más apoya en proyectos creativos: Escorpio

Mejor signo para pasárselo bien: Escorpio

Signos que más apoyan espiritualmente: Géminis, Piscis

Mejor día de la semana: Lunes

La personalidad Cáncer

En el signo de Cáncer los cielos han desarrollado el lado sentimental de las cosas. Esto es lo que es un verdadero Cáncer: sentimientos. Así como Aries tiende a pecar por exceso de acción, Tauro por exceso de inacción y Géminis por exceso de pensamiento, Cáncer tiende a pecar por exceso de sentimiento.

Los Cáncer suelen desconfiar de la lógica, y tal vez con razón. Para ellos no es suficiente que un argumento o proyecto sea lógico, han de «sentirlo» correcto también. Si no lo sienten correcto lo rechazarán o les causará irritación. La frase «sigue los dictados de tu corazón» podría haber sido acuñada por un Cáncer, porque describe con exactitud la actitud canceriana ante la vida.

Sentir es un método más directo e inmediato que pensar. Pensar es un método indirecto. Pensar en algo jamás toca esa cosa.

Sentir es una facultad que conecta directamente con la cosa o tema en cuestión. Realmente la tocamos y experimentamos. El sentimiento es casi otro sentido que poseemos los seres humanos, un sentido psíquico. Dado que las realidades con que nos topamos durante la vida a menudo son dolorosas e incluso destructivas, no es de extrañar que Cáncer elija erigirse barreras de defensa, meterse dentro de su caparazón, para proteger su naturaleza vulnerable y sensible. Para los Cáncer se trata sólo de sentido común.

Si se encuentran en presencia de personas desconocidas o en un ambiente desfavorable, se encierran en su caparazón y se sienten protegidos. Los demás suelen quejarse de ello, pero debemos poner en tela de juicio sus motivos. ¿Por qué les molesta ese caparazón? ¿Se debe tal vez a que desearían pinchar y se sienten frustrados al no poder hacerlo? Si sus intenciones son honestas y tienen paciencia, no han de temer nada. La persona Cáncer saldrá de su caparazón y los aceptará como parte de su círculo de familiares y amigos.

Los procesos del pensamiento generalmente son analíticos y separadores. Para pensar con claridad hemos de hacer distinciones, separaciones, comparaciones y cosas por el estilo. Pero el sentimiento es unificador e integrador. Para pensar con claridad acerca de algo hay que distanciarse de aquello en que se piensa. Pero para sentir algo hay que acercarse. Una vez que un Cáncer ha aceptado a alguien como amigo, va a perseverar. Tendrías que ser muy mala persona para perder su amistad. Un amigo Cáncer jamás te abandonará, hagas lo que hagas. Siempre intentará mantener cierto tipo de conexión, incluso en las circunstancias más extremas.

Situación económica

Los nativos de Cáncer tienen una profunda percepción de lo que sienten los demás acerca de las cosas, y del porqué de esos sentimientos. Esta facultad es una enorme ventaja en el trabajo y en el mundo de los negocios. Evidentemente, es indispensable para formar un hogar y establecer una familia, pero también tiene su utilidad en los negocios. Los cancerianos suelen conseguir grandes beneficios en negocios de tipo familiar. Incluso en el caso de que no trabajen en una empresa familiar, la van a tratar como si lo fuera. Si un Cáncer trabaja para otra persona, entonces su jefe o jefa se convertirá en la figura parental y sus compañeros de trabajo en sus hermanas y hermanos. Si la persona Cáncer es el jefe o la jefa, entonces considerará a todos los empleados sus hijos. A los cancerianos les gusta la sensación de ser los proveedores de los demás. Disfrutan sabiendo que otras personas reciben su sustento gracias a lo que ellos hacen. Esta es otra forma de proporcionar cariño y cuidados.

Leo está en la cúspide de la segunda casa solar, la del dinero, de Cáncer, de modo que estas personas suelen tener suerte en la especulación, sobre todo en viviendas, hoteles y restaurantes. Los balnearios y las salas de fiesta son también negocios lucrativos para los nativos de Cáncer. Las propiedades junto al mar los atraen. Si bien básicamente son personas convencionales, a veces les gusta ganarse la vida de una forma que tenga un encanto especial.

El Sol, que es el planeta del dinero en la carta solar de los Cáncer, les trae un importante mensaje en materia económica: necesitan tener menos cambios de humor; no pueden permitir que su estado de ánimo, que un día es bueno y al siguiente malo, interfiera en su vida laboral o en sus negocios. Necesitan desarrollar su autoestima y un sentimiento de valía personal si quieren hacer realidad su enorme potencial financiero.

Profesión e imagen pública

Aries rige la cúspide de la casa diez, la de la profesión, en la carta solar de los Cáncer, lo cual indica que estos nativos anhelan poner en marcha su propia empresa, ser más activos en la vida pública y política y más independientes. Las responsabilidades familiares y el temor a herir los sentimientos de otras personas, o de hacerse daño a sí mismos, los inhibe en la consecución de estos objetivos. Sin embargo, eso es lo que desean y ansían hacer.

A los Cáncer les gusta que sus jefes y dirigentes actúen con libertad y sean voluntariosos. Pueden trabajar bajo las órdenes de un superior que actúe así. Sus líderes han de ser guerreros que los defiendan.

Cuando el nativo de Cáncer está en un puesto de jefe o superior se comporta en gran medida como un «señor de la guerra». Evidentemente sus guerras no son egocéntricas, sino en defensa de aquellos que están a su cargo. Si carece de ese instinto luchador, de esa independencia y ese espíritu pionero, tendrá muchísimas dificultades para conseguir sus más elevados objetivos profesionales. Encontrará impedimentos en sus intentos de dirigir a otras personas.

Debido a su instinto maternal, a los Cáncer les gusta trabajar con niños y son excelentes educadores y maestros.

Amor y relaciones

Igual que a los Tauro, a los Cáncer les gustan las relaciones serias y comprometidas, y funcionan mejor cuando la relación está claramente definida y cada uno conoce su papel en ella. Cuando se casan, normalmente lo hacen para toda la vida. Son muy leales a su ser amado. Pero hay un profundo secretillo que a la mayoría de nativos de Cáncer les cuesta reconocer: para ellos casarse o vivir en pareja es en realidad un deber. Lo hacen porque no conocen otra manera de crear la familia que desean. La unión es simplemente un camino, un medio para un fin, en lugar de ser un fin en sí mismo. Para ellos el fin último es la familia.

Si estás enamorado o enamorada de una persona Cáncer debes andar con pies de plomo para no herir sus sentimientos. Te va a llevar un buen tiempo comprender su profunda sensibilidad. La más pequeña negatividad le duele. Un tono de voz, un gesto de irritación, una mirada o una expresión puede causarle mucho sufrimiento. Advierte el más ligero gesto y responde a él. Puede ser muy difícil acostumbrarse a esto, pero persevera junto a tu amor. Una persona Cáncer puede ser una excelente pareja una vez que se aprende a tratarla. No reaccionará tanto a lo que digas como a lo que sientas.

Hogar y vida familiar

Aquí es donde realmente destacan los Cáncer. El ambiente hogareño y la familia que crean son sus obras de arte personales. Se esfuerzan por hacer cosas bellas que los sobrevivan. Con mucha frecuencia lo consiguen.

Los Cáncer se sienten muy unidos a su familia, sus parientes y, sobre todo, a su madre. Estos lazos duran a lo largo de toda su vida y maduran a medida que envejecen. Son muy indulgentes con aquellos familiares que triunfan, y están apegados a las reliquias de familia y los recuerdos familiares. También aman a sus hijos y les dan todo lo que necesitan y desean. Debido a su naturaleza cariñosa, son muy buenos padres, sobre todo la mujer Cáncer, que es la madre por excelencia del zodiaco.

Como progenitor, la actitud de Cáncer se refleja en esta frase: «Es mi hijo, haya hecho bien o mal». Su amor es incondicional. Haga lo que haga un miembro de su familia, finalmente Cáncer lo perdonará, porque «después de todo eres de la familia». La preservación de la institución familiar, de la tradición de la familia, es uno de los principales motivos para vivir de los Cáncer. Sobre esto tienen mucho que enseñarnos a los demás.

Con esta fuerte inclinación a la vida de familia, la casa de los Cáncer está siempre limpia y ordenada, y es cómoda. Les gustan los muebles de estilo antiguo, pero también les gusta disponer de todas las comodidades modernas. Les encanta invitar a familiares y amigos a su casa y organizar fiestas; son unos fabulosos anfitriones.

Horóscopo para el año 2023*

Principales tendencias

Durante muchos años, más de 20, tu vida amorosa y social ha sido muy tormentosa. Probablemente has vivido divorcios, rupturas y el fin de amistades. Te has dedicado a crear la vida amorosa y social de tus sueños. No ha sido agradable, pero los resultados son buenos. Ahora casi has terminado de hacerlo. Los dos planetas relacionados con tu vida amorosa cambiarán de signo este año. Plutón ingresará brevemente en Acuario del 24 de marzo al 12 de junio. Planeará entre tu séptima casa y la octava este año. Y el siguiente, también. Y lo más importante es que Saturno, tu planeta real del amor, cambiará de signo el 8 de marzo. Ingresará en tu novena casa el 8 de marzo y la ocupará los próximos dos años y medio. Este tránsito también mejorará tu vida amorosa y tu salud en general. Volveremos sobre este tema más adelante.

---

* Las previsiones de este libro se basan en el Horóscopo Solar y en todos los signos derivados del mismo: tu signo solar se convierte en el Ascendente, y las casas se numeran a partir de él. Tu horóscopo personal, el trazado concretamente para ti (según la fecha, hora y lugar exactos de tu nacimiento) podría modificar lo que se indica aquí. Joseph Polansky.

Júpiter se alojará casi medio año, hasta el 17 de mayo, en tu décima casa de la profesión. Esta coyuntura muestra que, como el año anterior, triunfarás enormemente en tu profesión. Volveremos sobre este tema más adelante.

Urano lleva ya muchos años en tu undécima casa y la ocupará varios más. Por eso tu círculo de amigos está cambiando mucho. Algunas amistades se han acabado. En algunos casos no has sido tú el responsable de ello, sino los problemas en la vida de esas personas. Esta tendencia también se repetirá este año. Pero como Júpiter ingresará en esta casa a partir del 17 de mayo, llegarán a tu vida nuevos amigos que reemplazarán a los que has perdido. Serán amistades importantes.

Este año también será próspero. Venus se alojará mucho tiempo en tu casa del dinero, más de cuatro meses. De modo que tus ingresos serán más abundantes de lo habitual. Volveremos sobre este tema más adelante.

Tus intereses principales se centrarán este año en el amor y en las relaciones amorosas (del 1 de enero al 24 de marzo, y a partir del 12 de junio). El sexo, la transformación y la reinvención personales, el sexo y el ocultismo (del 1 de enero al 8 de marzo, y del 24 de marzo al 12 de junio). La religión, la teología, los estudios superiores y los viajes al extranjero. La profesión (del 1 de enero al 17 de mayo). Y las amistades, los grupos, las actividades grupales, la astrología, la astronomía y la ciencia.

Este año lo que más te gratificará será la profesión (hasta el 17 de mayo, y a partir del 18 de julio). Y los amigos, los grupos, las actividades grupales, la astrología, la astronomía y la ciencia.

Salud

(Ten en cuenta que se trata de una perspectiva astrológica de la salud, no de una médica. En el pasado, no había ninguna diferencia, ambas eran idénticas, pero en la actualidad podrían diferir mucho. Para obtener un punto de vista médico, consulta a tu médico de cabecera o a un profesional de la salud).

Este año gozarás de buena salud. Solo dos planetas lentos forman un aspecto desfavorable en tu carta astral, aunque por poco tiempo. Cuando Júpiter abandone Aries el 17 de mayo, tu salud y energía mejorarán más todavía.

Aunque tu salud sea buena, habrá momentos en los que flojeará, quizá incluso sufras algún que otro achaque debido a los aspectos desfavorables pasajeros de los planetas rápidos. Pero no será la tendencia del año. Cuando desaparezcan, recuperarás tu buena salud y energía habituales.

Por buena que sea tu salud, siempre puedes mejorarla. Presta más atención a las siguientes zonas vulnerables de tu carta astral.

El estómago y los senos. Estas partes del cuerpo siempre son importantes para los Cáncer. Te sentará bien trabajar los puntos reflejos de estas zonas. Si eres mujer, también te convienen los masajes en el empeine. Como nuestros lectores saben, lo que comes es importante, y es una buena idea que un dietista revise tu alimentación. Pero cómo comes es igual de importante. Procura elevar el acto de comer de un simple apetito animal a un acto de culto. Para elevar las vibraciones de la comida, conviértelo en un ritual. Bendice la comida con tus propias palabras antes de comer, y al terminar da las gracias a tu propia manera por los alimentos que has tomado. Pon una música agradable y relajante mientras comes. Así no solo elevarás las vibraciones de la comida, sino también las de tu sistema digestivo, por lo que obtendrás lo más elevado y sustancioso de ella. La digerirás mejor. Si eres mujer, te conviene hacerte mamografías periódicamente.

El hígado y los muslos. Estas zonas también son siempre importantes para los Cáncer, ya que Júpiter, el regente de ellas, es tu planeta de la salud. Te sentará bien trabajar los puntos reflejos del hígado. Los masajes regulares en los muslos no solo fortalecen esta parte del cuerpo, sino también el bajo vientre y las lumbares.

La cabeza y el rostro. Estas partes solo serán importantes hasta el 17 de mayo. Te sentará bien trabajar los puntos reflejos de ellas. Los masajes regulares en el cuero cabelludo y el rostro además de fortalecer estas zonas (las placas del cráneo deben estar alineadas), son buenos para el cuerpo entero. La terapia craneosacral es excelente para ello.

La musculatura. Esta parte del cuerpo solo será importante hasta el 17 de mayo. No es necesario que seas un culturista, simplemente mantén un buen tono muscular. Unos músculos débiles o fofos pueden desalinear la columna y el esqueleto, y esto podría causarte todo tipo de problemas adicionales. Por eso es esencial hacer ejercicio físico con regularidad de acuerdo con tu edad y con la etapa de tu vida. Visitar el gimnasio es tan beneficioso como visitar a un profesional de la salud (en muchos casos).

Las suprarrenales. Esta parte del cuerpo solo será importante hasta el 17 de mayo. Te sentará bien trabajar los puntos reflejos de esta zona. Lo importante para estas glándulas es evitar la ira y el miedo, las dos emociones que las estresan. La meditación te irá de maravilla para mantenerlas en forma.

El cuello y la garganta. Estas zonas serán importantes a partir del 18 de mayo cuando tu planeta de la salud ingrese en Tauro. Los masajes regulares en el cuello te vendrán de perlas al eliminar la tensión acumulada en esta zona. La terapia craneosacral también es una buena idea.

Tu salud emocional es siempre importante para ti. Evita los estados negativos y también la depresión a toda costa. La meditación es excelente para ello. Es natural reaccionar negativamente cuando sucede algo negativo, pero este no es el problema. Eres tú quien elige quedarte en ese estado o abandonarlo con rapidez. La segunda opción es la mejor desde el punto de vista de la salud.

Hogar y vida familiar

El hogar y la vida familiar siempre son importantes para los Cáncer. En el fondo, sientes que la vida trata de esto, de la familia. Pero ahora hace ya varios años que tu cuarta casa no destaca. Ni tampoco sobresaldrá este año. Por eso estás menos pendiente de tu familia de lo habitual. Como tu casa de la profesión predominará mucho este año hasta el 17 de mayo, ahora te dedicas más a tu profesión que a tu familia. Crees que la mejor forma de ayudarlos es triunfando en el aspecto mundano.

Tu cuarta casa vacía, solo la transitarán brevemente los planetas rápidos, se puede interpretar como algo positivo. Tu situación familiar está ahora en orden. Te sientes satisfecho con ella y no es necesario prestarle demasiada atención. No es probable que te mudes a otro lugar.

El eclipse solar del 14 de octubre en tu cuarta casa lo agitará todo temporalmente. En las previsiones mes a mes hablaré de este tema con más detalle.

Si planeas hacer reformas o reparaciones importantes en tu hogar, del 28 de agosto al 12 de octubre es un buen momento. Si piensas decorar de nuevo tu casa para embellecerla, del 8 de noviembre al 4 de diciembre son buenas fechas. También es un buen momento para comprar objetos de arte o alguna otra clase de objetos atractivos para el hogar.

Venus, tu planeta de la familia, es de movimiento rápido. A lo largo del año transita por toda tu carta astral (en este también lo hará). De ahí que se den muchas tendencias pasajeras relacionadas con el hogar y la familia que dependerán de dónde se encuentre Venus y de los aspectos que reciba. En las previsiones mes a mes hablaré de estas tendencias con más detalle.

Un progenitor o figura parental prospera este año y lleva una buena vida, pero no es probable que efectúe una mudanza. Está viajando más este año. El otro progenitor o figura parental se plantea mudarse, pero no es probable que ocurra en 2023. Tus hermanos o figuras fraternas atraviesan una crisis en su relación. Quizá piensan cambiar de domicilio, pero seguramente no lo harán, aunque no hay nada malo en ello. Es más probable que tus hijos o figuras filiales se muden el próximo año que en este. Podrían hacerlo repentinamente. Lo mismo les ocurrirá a tus nietos en el caso de que los tengas. Es más probable que se muden el año entrante que en este.

Profesión y situación económica

Aunque sea un buen año para tus finanzas, estarás más pendiente de tu trabajo que de tu economía.

Venus, como ya he señalado, se alojará mucho más tiempo del habitual en tu casa del dinero, del 5 de junio al 9 de octubre. Es un tránsito en un signo cuatro veces más largo de lo normal. Este aspecto planetario es muy revelador. Muestra que contarás con el apoyo económico de tus amigos, tu familia y tus contactos familiares. Te apoyarán materialmente o te traerán oportunidades lucrativas. Indica que gastarás más en tu hogar y en tu familia en esta temporada. El hogar, el sector inmobiliario residencial, las actividades en internet, la industria alimentaria, la hostelería, los hoteles, los moteles y las empresas de reparto de comida a domicilio, también podrían ser una fuente de ingresos para ti.

El Sol es tu planeta de la economía. Como nuestros lectores saben, es un planeta raudo. A lo largo del año transita por todos los signos y casas de tu carta astral. De ahí que se den muchas tendencias económicas de corta duración que dependerán de dónde se encuentre el Sol y de los aspectos que reciba. En las previsiones mes a mes hablaré de estas tendencias con más detalle.

Normalmente se producen dos eclipses solares al año. En este uno se dará el 20 de abril, y el otro el 14 de octubre. Aunque no a todo el mundo le gustan, en tu caso son auspiciosos. Dos veces al año podrás corregir el rumbo de tus suposiciones y estrategias financieras. Los acontecimientos del eclipse te mostrarán los cambios que debes llevar a cabo. En las previsiones mes a mes hablaré de este tema con más detalle.

Como he señalado, tu profesión es el principal titular este año. Júpiter ingresó en tu décima casa el 11 de mayo de 2022 y la ocupó hasta el 28 de octubre de 2022, cerca de cinco meses. Después retrocedió en su movimiento retrógrado a Piscis hasta el 21 de diciembre. De modo que el año anterior ocurrieron avances profesionales y este año continuarán produciéndose.

Te ascenderán y subirán de categoría en el trabajo. Aumentará tu estatus tanto profesional como social. En muchos casos, se trata de distinciones y galardones en reconocimiento al trabajo realizado y las grandes habilidades personales. Tus horizontes profesionales se ensancharán. Verás perspectivas y posibilidades que hasta ahora estaban ocultas.

Cuando el nodo lunar norte caiga en tu décima casa el 18 de julio, te sentirás sumamente satisfecho en tu profesión. Te aportará dicha.

Marte, tu planeta de la profesión, estará «fuera de límites» hasta el 4 de mayo, casi el mismo tiempo que el tránsito de Júpiter. Este aspecto muestra que te moverás en tu profesión fuera de tu órbita normal. En realidad, contribuirá a tu éxito, ya que desearás pensar con originalidad —aventurarte en lo desconocido—, asumir algunos riesgos.

Amor y vida social

Como he comentado, tu vida amorosa empieza a mejorar, se está volviendo menos tormentosa. Ahora tu vida amorosa y social es más o menos como soñabas, tu ideal personal. Pero no ha sido fácil hacerla realidad, raras veces lo es.

El principal titular es el ingreso de Saturno en Piscis el 8 de marzo. Este tránsito cambiará tus actitudes y necesidades amorosas. Durante los dos últimos años el magnetismo sexual ha sido lo más importante para ti. Sobre todo si no tienes pareja, pero esta preferencia cambiará a partir del 9 de marzo. Aunque el sexo te siga pareciendo importante, sentirás que en una relación y en el amor debe haber algo más. Tu planeta del amor en Piscis te hace ser más idealista en este sentido. Buscarás el amor supremo, el ideal, en esta temporada.

La compatibilidad espiritual y filosófica en una relación se volverá importante para ti a partir del 8 de marzo. Saturno en tu novena casa muestra a alguien que puede enamorarse de su pastor, sacerdote, rabino, imán o profesor. Te atraen las personas de las que aprendes, como los mentores. Surgirán oportunidades amorosas y sociales en actos religiosos o académicos.

El sexo es fabuloso, pero si no hay compatibilidad filosófica, la relación no durará para ti. La compatibilidad filosófica no significa que hayáis de estar de acuerdo en todo, sino que tenéis la misma visión de la vida y los mismos valores.

Tu planeta del amor en Piscis le aporta un elemento espiritual a tu vida amorosa. También te atraerán las personas espirituales, como gurús, videntes, tarotistas, espiritistas, actores, músicos y poetas; es decir, personas inspiradas. Este año conocerás a este tipo de gente. El amor y las oportunidades sociales surgirán también en espacios espirituales, como seminarios o charlas espirituales, grupos de oración, sesiones de meditación y actos benéficos.

En definitiva, ahora te interesa un amor más profundo además del carnal.

Cuando Júpiter ingrese en tu undécima casa el 17 de mayo, tu vida social aumentará. Pero no tendrá que ver con relaciones amorosas, sino con amistades y actividades grupales. Este año aparecerán en tu vida amistades nuevas e importantes, como ya he señalado. Harás amigos en el trabajo o al participar en organizaciones profesionales o comerciales relacionadas con tu profesión.

Progreso personal

El amor, como he comentado, será más espiritual e idealista este año. Buscarás el amor «perfecto» e «ideal». No hay nada malo en ello. Pero podrías buscarlo en los lugares equivocados, fuera de ti. El amor perfecto pocas veces nos lo sirven en bandeja de plata. Es un viaje que realizamos. Es algo por lo que luchar. Aquí en la Tierra, entre humanos, el amor raras veces es perfecto. Algunas personas aman más que otras, pero siempre lo hacen con alguna limitación. Es la condición humana. Ahora que tu planeta del amor se encuentra en el espiritual signo de Piscis, sabes qué es el amor verdadero, y todo lo demás, incluso las buenas relaciones, se queda corto. Por eso tendrás un sutil sentimiento de insatisfacción. Pero si mejoras continuamente tu relación, te irás acercando a la perfección, aunque esta meta quede lejos. Lo importante es mejorar sin cesar.

Como tu planeta del amor se encuentra en el espiritual signo de Piscis, tu alma te orientará en las cuestiones amorosas por medio de sueños e intuiciones, y de consejos de videntes, tarotistas, astrólogos y espiritistas. Descubrirás que tu alma está muy interesada por tu felicidad en el amor, y se desvivirá para que la alcances.

Esta posición planetaria sugiere el anhelo de entregar tu vida amorosa —o una relación sentimental— a lo Divino para que se ocupe de todo. Si eres sincero en la entrega, descubrirás que se resuelven muchos problemas.

Di: «Suelto la carga de esta relación (o di el nombre de la persona) y me libero en el amor y en los idilios perfectos». Repítelo a diario hasta que notes un cambio en la energía.

Neptuno lleva ya muchos años en tu novena casa y la ocupará muchos más. Es el planeta más místico de todos. Por eso te has dedicado a explorar el lado místico y sobrenatural de la religión que profesas. Todas las religiones lo tienen. Cuando penetras este lado, y ya lo has hecho, no debes abandonar tu religión, pues tiene todo cuanto necesitas. Basta con que la entiendas mejor. De eso se trata.

Mercurio, tu planeta de la espiritualidad, como nuestros lectores saben, es el más raudo de todos, solo la Luna lo supera en velocidad. Además, su movimiento tiende a ser errático. En algunas ocasiones, se desplaza vertiginosamente por el firmamento y, en otras, lo hace con lentitud. Tres veces al año (este año serán cuatro) es retrógrado. Esta forma de comportarse se refleja en tu vida espiritual. Algunas veces progresas con rapidez, y otras con lentitud, y en ocasiones te parece como si retrocedieras. También muestra que se darán muchas tendencias pasajeras en tu vida espiritual que dependerán de dónde se encuentre Mercurio, de su velocidad, y de los aspectos que reciba. En las previsiones mes a mes hablaré de estas tendencias con más detalle.

Previsiones mes a mes

Enero

Mejores días en general: 6, 7, 14, 15, 23, 24
Días menos favorables en general: 3, 4, 10, 11, 16, 17, 30, 31
Mejores días para el amor: 2, 3, 10, 11, 12, 13, 21, 22

Mejores días para el dinero: 2, 8, 10, 11, 16, 20, 21, 23, 25, 26, 30, 31

Mejores días para la profesión: 3, 4, 12, 13, 16, 17, 21, 22, 30, 31

Tu salud será buena en general este año. Pero en enero tal vez sufras algún que otro achaque pasajero debido a los aspectos desfavorables de los planetas rápidos. Descansa lo suficiente. Fortalece tu salud por medio del ejercicio físico y de masajes en el rostro y el cuero cabelludo.

Empiezas el año disfrutando de una de tus mejores temporadas amorosas y sociales. Tu vida amorosa es excelente. Si no tienes pareja, se presentarán numerosas oportunidades románticas con muchas clases de personas. El problema es que quizá sean demasiadas citas agradables. Tantas opciones te confundirán. La luna nueva en tu séptima casa el 11 propiciará una jornada estupenda en tu vida amorosa y social. Y lo más importante es que este aspecto esclarecerá notablemente tu situación amorosa a lo largo de las semanas, hasta la próxima luna nueva.

Tus finanzas también prosperarán. Como tu planeta de la economía se alojará en tu séptima casa hasta el 20, tus contactos sociales y quizá tu pareja serán importantes en estas fechas. Cuando este planeta ingrese en tu octava casa el 20, será un buen momento para hacer limpieza en lo que se refiere a tus objetos personales y tus finanzas. Despréndete de lo que ya no uses o necesites. Véndelo o dónalo a una organización benéfica. Reduce los gastos innecesarios en tu economía (lo que no necesites). Son buenas fechas para la planificación fiscal y los planes de seguros. Y si tienes la edad adecuada, para la planificación patrimonial. Todo esto te irá de maravilla el 4 y 5. El 17 y 18 son buenas jornadas para la especulación, aunque te conviene protegerte y calcular bien tus operaciones financieras. Quizá goces de un aumento salarial el 20 y 31. La luna llena del 25 en tu casa del dinero será otro gran día para tus finanzas.

Tu profesión va viento en popa, no podría irte mejor. Todos los planetas se encuentran por encima del horizonte, salvo la Luna, y solo del 23 al 31. Júpiter en tu décima casa es una señal clásica de éxito. Y tu éxito será más rotundo en los próximos meses. Júpiter tendrá su solsticio del 1 al 27, se detendrá en el firmamento en su movimiento latitudinal, y después cambiará de sentido. A tu profesión le ocurrirá lo mismo. Se dará una pausa y un golpe de timón en esta faceta de tu vida. No te alarmes, la pausa no te impedirá triunfar, al contrario, solo lo mejorará todo.

Febrero

Mejores días en general: 2, 3, 12, 13, 20, 21
Días menos favorables en general: 9, 10, 16, 17, 22, 23
Mejores días para el amor: 1, 2, 3, 10, 12, 13, 16, 17, 19, 22, 28
Mejores días para el dinero: 1, 4, 5, 6, 9, 10, 14, 15, 20, 22, 23
Mejores días para la profesión: 1, 9, 10, 18, 19, 22, 23, 27, 28

Tu salud ha mejorado enormemente este mes. Solo los nacidos en los últimos días del signo, del 21 al 23 de julio, quizá sufran algún que otro achaque. Pero la mayoría de Cáncer gozarán de buena salud. Fortalece tu salud con masajes en la cabeza, el rostro y el cuero cabelludo. Trabajar los puntos reflejos de las suprarrenales y hacer ejercicio también te sentará bien. Tu salud mejorará más todavía a partir del 19.

Tu profesión te va de maravilla y ha tomado un rumbo nuevo sumamente positivo. Cuando Venus se una a Júpiter en tu décima casa el 21, la impulsará incluso más todavía. Marte, tu planeta de la profesión, se alojará el mes entero en tu duodécima casa. Este aspecto indica que participarás en obras benéficas y actividades altruistas que potenciarán más tu carrera. Tu gran ética en el trabajo ha impactado a tus superiores.

Tu octava casa será poderosa hasta el 18. Es una buena temporada para engendrar a quien deseas ser, a tu yo ideal. No es probable que lo lleves a cabo este mes, pero lo que cuenta es que progresarás en ello. También te espera un mes muy erótico. Ahora tu libido es potente, es más fuerte de lo habitual, al margen de la edad que tengas y de tu etapa en la vida.

Tu economía es buena, pero mejorará más aún a partir del 19. Dedícate a hacer prosperar a los demás, a ver lo que más les conviene en sus finanzas, hasta el 18. Mientras tanto, tu prosperidad también aumentará de una forma muy natural. No siempre lo verás en el momento, pero es como dinero en tu cuenta bancaria espiritual del que puedes disponer cuando lo necesites. Cuando tu planeta de la economía ingrese en tu novena casa el 18, será un tránsito magnífico para tus finanzas. Como la novena casa siempre es benéfica, tus ingresos aumentarán. Tu intuición financiera es buena. La luna llena del 5 en tu casa del dinero será una jornada excelente para tu economía. Aunque te toparás con algunos baches por el camino. Del 3 al 5 es posible que surja algún problema financiero repentino y quizá desavenencias económicas con la persona amada. Se presentará alguna responsabilidad financiera adicional el 15 y 16.

La luna nueva del 20 en tu novena casa propiciará descubrimientos religiosos y filosóficos. Y al caer en Saturno, tu planeta del amor, será además un día excelente en tu vida amorosa.

Marzo

Mejores días en general: 1, 2, 11, 12, 19, 20, 28, 29, 30
Días menos favorables en general: 8, 9, 10, 15, 16, 21, 22
Mejores días para el amor: 4, 5, 11, 12, 15, 16, 19, 24, 25, 28
Mejores días para el dinero: 1, 2, 4, 5, 12, 13, 14, 20, 21, 22, 31
Mejores días para la profesión: 9, 10, 17, 18, 21, 22, 28

Será un mes movido tanto para ti como para el mundo. Plutón realizará un monumental aunque breve abandono de tu séptima casa para ingresar en la octava. Ocurrirá el 24 de marzo. Planeará entre las dos el año entero y el próximo. Gran parte de los problemas sociales y amorosos se reducirán. Al mismo tiempo, Saturno, tu planeta real del amor, ingresará en Piscis, tu novena casa, el 8. Ahora tu vida amorosa es mucho más feliz. Eres más idealista con el amor. Buscas el amor perfecto, el ideal. Y lo encontrarás en los próximos años, aunque quizá no de las formas que esperas.

Como tu novena casa será poderosa todo el mes, sobre todo hasta el 20, es una temporada ideal para los estudios religiosos y filosóficos. Muchos Cáncer viajarán al extranjero física o mentalmente (por medio de los estudios y la lectura). Tu economía es buena. Ahora tu intuición financiera es finísima, en especial el 15 y 16. Quizá sean también días excelentes para ganar dinero.

Cuando el Sol cruce el medio cielo y entre en tu décima casa de la profesión el 20, empezará una de tus mejores temporadas profesionales del año. Tu carrera prosperará. Tal vez te asciendan en el trabajo (también podría haberte ocurrido en los últimos meses), y goces de aumentos salariales, y quizá de galardones y reconocimiento. La luna nueva del 21 en tu décima casa aumentará más tu éxito profesional. Las cuestiones profesionales se despejarán en las siguientes semanas por los efectos de este aspecto, hasta la próxima luna nueva.

Tu salud será excelente hasta el 20, pero te conviene prestarle atención después de esta fecha. Tu profesión es muy exigente y puede pasarle factura a tu nivel de energía. Vuélcate en tu trabajo, pero hazte un hueco en tu agenda para descansar. Dedícate a lo que es importante de verdad y olvídate de lo secundario. Fortalece tu salud con las propuestas planteadas en los meses anteriores. Los masajes o ir a un balneario te sentará bien.

El ingreso de Marte en tu signo el 26 también indica que triunfarás en tu profesión. Tu aspecto y tu imagen serán los de una persona opulenta y la gente te verá como un triunfador en esta temporada. Pero evita las discusiones y los conflictos. Es posible que seas más combativo que de costumbre.

Abril

Mejores días en general: 7, 8, 16, 17, 25, 26
Días menos favorables en general: 5, 6, 12, 13, 18, 19
Mejores días para el amor: 3, 4, 7, 12, 13, 14, 16, 22, 23, 25
Mejores días para el dinero: 1, 10, 27, 28, 29, 30
Mejores días para la profesión: 7, 8, 16, 17, 18, 19, 25, 26

Como el eclipse solar del 20 caerá justo en el límite —la cúspide— de tu décima y undécima casas, las afectará a ambas. Todos los Cáncer lo notarán hasta cierto punto, pero sobre todo los nacidos en los últimos días del signo, del 21 al 23 de julio. Si te encuentras en este grupo, tómatelo todo con calma y reduce tus actividades en este periodo. El eclipse creará cambios laborales, probablemente serán positivos, aunque resultarán perturbadores mientras los vives. El eclipse solar también puede generar problemas en la vida de tus jefes, padres o figuras parentales. El gobierno podría cambiar las normativas de tu sector profesional. Como las reglas del juego cambian, te conviene cambiar de enfoque. En algunos casos inusuales, uno llega a cambiar de profesión. Los efectos del eclipse en tu undécima casa señalan que también impactará a tus amistades. Probablemente tus amigos se enfrenten a adversidades que les cambien la vida. Se darán trastornos y conmoción en las organizaciones profesionales o comerciales en las que participas. Los ordenadores y los equipos de tecnología puntera pueden funcionar mal o fallar, y en ocasiones será necesario repararlos o reemplazarlos. Los eclipses solares afectan a tu economía y este no es una excepción. Te conviene corregir el rumbo de tus finanzas. Tus suposiciones y estrategias financieras no han sido realistas, como los sucesos del eclipse te mostrarán, y deberás hacer cambios. Este aspecto planetario te obliga normalmente a corregir el rumbo de tu economía dos veces al año, y a estas alturas ya sabes manejarlo. Tus padres o figuras parentales también están haciendo cambios en sus finanzas.

Como este eclipse afectará de lleno a Plutón, tus hijos o figuras filiales también lo notarán. Les conviene reducir sus actividades y evitar las actividades arriesgadas. Están viviendo cambios en esta temporada, algunos son los típicos de la adolescencia, depende de su edad. Tal vez se trate de un despertar sexual, del ingreso en la universidad o de la decisión de emanciparse. Pero serán cambios muy perturbadores. Si tus hijos o figuras filiales están casados, atravesarán una crisis en su matrimonio o relación.

Tu carrera sigue progresando, pese al eclipse. Marte, tu planeta de la profesión, se alojará en tu signo el mes entero. Las fuerzas planetarias te son favorables, están de tu parte.

Mayo

Mejores días en general: 13, 14, 22, 23
Días menos favorables en general: 2, 3, 5, 9, 10, 15, 16, 30, 31
Mejores días para el amor: 2, 3, 5, 9, 10, 13, 17, 18, 19, 22
Mejores días para el dinero: 1, 8, 9, 10, 16, 17, 18, 19, 24, 25, 26, 30, 31
Mejores días para la profesión: 14, 15, 16, 24, 25

Este mes será muy intenso. Júpiter ingresará en tu undécima casa el 17 y la ocupará el resto del año. Ahora que ya has alcanzado tus objetivos profesionales, te dedicarás a los amigos, los grupos y las organizaciones; es decir, a la vida social.

Como el eclipse lunar del 5 te afectará con contundencia, tómatelo todo con calma y reduce tus actividades en este periodo. Haz lo que debas hacer, pero deja para más adelante lo aplazable. Los eclipses lunares te afectan con fuerza porque la Luna rige tu signo. En especial acusas sus movimientos y aspectos, y también sus eclipses. Te verás obligado a redefinirte de nuevo (te ocurrirá dos veces al año), a mejorar y ajustar tu autoimagen y cómo deseas que los demás te vean. Por eso en los próximos meses lucirás una nueva imagen, cambiarás de aspecto, ropa, peinado… Será el resultado natural de esta redefinición. Según la ley espiritual, los cambios interiores generan cambios exteriores. A veces, este tipo de eclipse trae una depuración —la limpieza del organismo—, sobre todo si no has seguido una dieta saludable.

Aunque creas estar enfermo por sus síntomas, no será más que una depuración.

Este eclipse caerá en tu quinta casa y afectará de nuevo a tus hijos o figuras filiales. Habrá más cambios en su vida. Mantenlos fuera de peligro. Si te dedicas a las artes creativas, tu creatividad cambiará de formas reveladoras. Las finanzas de un progenitor o figura parental experimentarán cambios importantes. Evita la especulación en este periodo, aunque te seduzca enormemente la idea.

El eclipse también rozará a Urano, el regente de tu octava casa. Por suerte no le afectará de lleno, no será más que una influencia. Por lo que es posible que vivas encuentros psicológicos con la muerte o experiencias cercanas a la muerte. Lo más probable es que no se trate de una muerte física. Tal vez sueñes con la muerte o te enteres del fallecimiento de un conocido

Cuando el Sol ingrese en tu duodécima casa de la espiritualidad el 21, empezarás una intensa etapa espiritual. Como tu planeta de la economía se alojará en tu casa de la espiritualidad, tu intuición financiera será extraordinaria. La información económica te llegará por medio de sueños y presentimientos, y también a través de videntes, tarotistas y espiritistas. El mundo invisible, lo Divino, está muy interesado en tu prosperidad.

Junio

Mejores días en general: 1, 2, 9, 10, 18, 19, 20, 28, 29
Días menos favorables en general: 5, 6, 11, 12, 26, 27
Mejores días para el amor: 1, 2, 5, 6, 9, 11, 18, 21, 22, 28
Mejores días para el dinero: 5, 6, 7, 8, 14, 15, 17, 18, 21, 22, 23, 24, 28
Mejores días para la profesión: 3, 4, 11, 12, 21, 22

La actividad retrógrada aumentará sigilosamente este mes. Al principio de junio solo habrá un diez por ciento de planetas retrógrados, pero a finales del mes llegará a un treinta por ciento. Un porcentaje bastante considerable.

Te espera un mes feliz. Tu salud y energía son buenas. Solo Plutón forma una alineación desfavorable en tu carta astral, pero los únicos que lo notarán con intensidad son los Cáncer nacidos en los últimos días del signo, del 21 al 22 de julio, al resto no le afectará. Los otros planetas forman aspectos armoniosos o no te crean ningún problema.

Tu economía será buena, pero a partir del 22 de junio prosperará más aún. Como tu planeta de la economía se alojará en tu duodécima casa de la espiritualidad hasta el 21 de junio, serás más generoso y caritativo en estas fechas. Tendrás una gran intuición financiera. La información económica te llegará del mundo espiritual. Es una buena época para trabajar con las leyes espirituales de la prosperidad. Cuando el Sol ingrese en tu signo el 21, te traerá ganancias inesperadas, oportunidades lucrativas y la imagen de opulencia. Gastarás en ti y vestirás lujosamente. El dinero te buscará a ti en lugar de ser al contrario. Las personas adineradas de tu vida te adorarán. Marte, tu planeta de la profesión, se alojará en tu casa del dinero el mes entero. Este aspecto indica que tus jefes, padres o figuras parentales —las personas de una jerarquía superior en tu vida—, te apoyarán en tus metas financieras. Te llegarán oportunidades económicas por tu buena reputación profesional.

Aunque tu planeta del amor sea retrógrado, tu vida amorosa será dichosa a partir del 22. Si no tienes pareja, no te precipites en ninguna relación, el amor aparecerá.

También es un mes para los progresos y las percepciones espirituales. Tu duodécima casa será muy poderosa hasta el 21. La luna nueva del 18 en tu duodécima casa te traerá más revelaciones espirituales y realzará más tu gran intuición financiera. Las cuestiones espirituales se aclararán en las próximas semanas. Te llegarán las respuestas a tus preguntas espirituales (todos las tenemos) de forma natural y normal.

Conduce con más precaución el 4 y 5.

Julio

Mejores días en general: 7, 8, 16, 17, 26, 27
Días menos favorables en general: 3, 4, 9, 10, 23, 24, 30, 31
Mejores días para el amor: 2, 3, 4, 7, 10, 16, 19, 20, 26, 29, 30, 31
Mejores días para el dinero: 3, 4, 7, 8, 11, 12, 17, 21, 22, 26, 30, 31
Mejores días para la profesión: 2, 9, 10, 11, 21, 30, 31

Te espera un mes próspero y feliz, Cáncer. Disfrútalo. Te encuentras en una de tus temporadas más placenteras del año desde el 21 de junio y durará hasta el 23 de julio. Tu salud es buena. Ahora luces un aspecto estupendo y los del otro sexo lo notan. Irradias el aura de una estrella. Como el mes anterior, gozarás de ganancias inesperadas y oportunidades lucrativas. La gente te ve como una persona acaudalada. Tu prosperidad continuará y quizá aumente a partir del 23. Cuando el Sol, tu planeta de la economía, ingrese en tu casa del dinero —su propio signo y casa—, empezará una de tus mejores temporadas económicas del año. Te volcarás en tus finanzas, como debe ser. Tu planeta de la economía en su propio signo y casa, donde es poderoso y se siente cómodo, muestra un poder adquisitivo cada vez mayor. Quizá seas más especulador que de costumbre y lo más probable es que te funcione. Pero ten en cuenta que el cosmos tiene muchas formas de hacerte próspero, el dinero no solo te llegará de la especulación.

Tu familia es poderosa este mes y cuentas con el gran apoyo de los tuyos. Tus contactos familiares son importantes en tus finanzas. Pero estudia más a fondo estas oportunidades, ya que Venus, tu planeta de la familia, realizará uno de sus inusuales movimientos retrógrados (solo se da cada dos años). Las cosas no son lo que parecen.

Tu vida amorosa es aún feliz. Pero la persona amada se siente perdida y no sabe lo que quiere. Como tu criterio social no es tan bueno como de costumbre, no te precipites en el amor.

Tu primera casa será poderosísima hasta el 23, y además la mitad oriental de tu carta astral es muy potente, por eso ahora eres muy independiente. Es el momento perfecto para ocuparte de tu propia felicidad. Lleva a cabo los cambios necesarios para ser feliz, ahora el cosmos te respalda. Más adelante, te costará más.

Al ser Venus retrógrado a partir del 23, los asuntos familiares tardarán tiempo en resolverse. No hay soluciones «rápidas». Evita tomar decisiones familiares importantes a partir de esta fecha.

El ingreso de Marte en tu tercera casa el 11 puede hacer que tus hermanos o figuras fraternas sean más beligerantes y polémicos. Sé más paciente con ellos. Procura no conducir a mucha velocidad.

Agosto

Mejores días en general: 3, 4, 12, 13, 22, 23, 30, 31
Días menos favorables en general: 5, 6, 19, 20, 21, 26, 27
Mejores días para el amor: 3, 5, 6, 12, 14, 15, 22, 24, 25, 26, 27, 30
Mejores días para el dinero: 5, 6, 7, 8, 14, 15, 16, 17, 18, 26, 27
Mejores días para la profesión: 5, 6, 7, 8, 17, 18, 27, 28

La actividad retrógrada será intensa el mes entero y el 29 alcanzará el punto máximo del año, el sesenta por ciento, un porcentaje colosal. Así que el ritmo de los acontecimientos de tu vida y del mundo en general se desacelerará. Es como si no ocurriera nada, pero en realidad sí que ocurre. La buena noticia es que este aspecto planetario no afectará a tus finanzas. El Sol, tu planeta de la economía, se moverá por el firmamento a la misma velocidad de siempre. Todavía te encuentras en tu mejor momento económico del año hasta el 23. La luna nueva del 16 en tu casa del dinero propiciará una jornada excelente para las finanzas. Y lo más importante es que despejará a lo largo de las semanas tus asuntos económicos, hasta la próxima luna nueva. Te llegará toda la información necesaria para tomar decisiones acertadas. Tus preguntas serán respondidas de forma natural y normal.

Marte, tu planeta de la profesión, lleva en tu tercera casa desde el 11 de julio y la ocupará casi todo el mes, hasta el 28. La buena comunicación, el volumen de ventas, el marketing y las relaciones públicas impulsarán tu profesión en estas fechas. Tus conocimientos y tu agudeza intelectual promoverán tu carrera. Tus vecinos, y tus hermanos o figuras fraternas, también pueden ayudarte en tu trabajo.

Al ser tu tercera casa poderosa a partir del 23, tendrás ingresos de las ventas, el marketing, la publicidad y las relaciones públicas. El buen uso de los medios de comunicación será importante para tus finanzas. Las ventas y el marketing serán importantes en tu profesión en estas fechas, sea cual sea tu ocupación. La gente tiene que conocer los productos y servicios que ofreces. También es un mes excelente para los estudiantes, gozarán de una gran agudeza mental e intelectual. Se tomarán muy en serio los estudios, será la misión de su vida, por eso triunfarán.

Tu salud es excelente. Si quieres fortalecerla más, benefíciate de los masajes en el cuello.

Marte, tu planeta de la profesión, tendrá su solsticio del 27 de agosto al 2 de septiembre. Se detendrá en el firmamento en su movimiento latitudinal y luego cambiará de sentido. A tu profesión le ocurrirá lo mismo. Experimentará una pausa y después un cambio de rumbo.

Septiembre

Mejores días en general: 8, 9, 10, 18, 19, 27, 28
Días menos favorables en general: 2, 3, 16, 17, 23, 24, 29, 30
Mejores días para el amor: 2, 3, 8, 11, 12, 18, 21, 22, 23, 24, 27, 30

Mejores días para el dinero: 4, 5, 11, 12, 13, 14, 15, 23, 24, 25
Mejores días para la profesión: 2, 3, 6, 16, 17, 25, 26, 29, 30

La actividad retrógrada será aún la máxima del año, un sorprendente sesenta por ciento, hasta el 16. A partir del 17, el cincuenta por ciento de planetas serán retrógrados, un número todavía altísimo. Relájate y haz lo que te sea posible. Solo el tiempo y nada más lo desbloqueará todo. La buena noticia es que Venus, tu planeta de la familia, empezará a ser directo el 4 y las cuestiones familiares se despejarán. Será seguro tomar decisiones familiares importantes en estas fechas. El 4 surgirá una oportunidad económica para un miembro de tu familia o un contacto familiar.

Tu salud es excelente, pero préstale más atención a partir del 24. Aunque no será nada serio, solo algún que otro achaque pasajero debido a los aspectos desfavorables de los planetas rápidos. Como Júpiter, tu planeta de la salud, será retrógrado el 4, no te conviene hacerte pruebas o tratamientos médicos en esta temporada ni durante varios meses más. Sobre todo, si es posible posponerlos. Si no los puedes aplazar, solo te queda rezar y esperar lo mejor. Si no estás de acuerdo con los resultados, pide una segunda opinión. Cuando tu planeta de la salud es retrógrado lo más probable es que los resultados de las pruebas médicas sean inexactos.

Tu tercera casa es aún poderosísima este mes. La mayoría de tendencias del mes anterior se seguirán dando hasta el 23. Es un buen momento para leer, estudiar o enseñar. Adquirir conocimientos te ayudará a obtener mejores resultados. Los estudiantes rendirán en los estudios. El dinero te llegará del comercio —de la compraventa— y, como he señalado el mes anterior, también del marketing, la publicidad y las relaciones públicas. La luna nueva del 15 en tu tercera casa propiciará una jornada excelente para las finanzas. Y lo más importante es que despejará en las próximas semanas los problemas con los vecinos y los hermanos o figuras fraternas.

Tu planeta de la economía ingresará en tu cuarta casa del hogar y de la familia el 23. Gastarás más en este tipo de ámbitos (es una buena época para hacer reformas y reparaciones en el hogar), pero los miembros de tu familia o tus contactos familiares también serán una fuente de ingresos para ti. Es un gran tránsito para los constructores, los contratistas y los agentes inmobiliarios.

Octubre

Mejores días en general: 6, 7, 15, 16, 17, 24, 25
Días menos favorables en general: 13, 14, 20, 21, 26, 27
Mejores días para el amor: 6, 9, 10, 11, 15, 20, 21, 24, 28, 29
Mejores días para el dinero: 1, 2, 3, 4, 9, 11, 12, 20, 21, 24, 28, 29
Mejores días para la profesión: 3, 4, 15, 24, 25, 26, 27

Los dos poderosos eclipses son el titular de este mes. El primero, un eclipse solar, ocurrirá el 14, y el segundo, un eclipse lunar, el 28. Ambos te afectarán con contundencia. Tómatelo todo con calma y reduce tus actividades hasta el 23, en especial durante el periodo de los eclipses.

El eclipse solar del 14 en tu cuarta casa del hogar y de la familia generará complicaciones, trastornos y quizá conmoción. Será necesario hacer reparaciones en el hogar. Las pasiones en la familia se desatarán. Tu vida onírica será probablemente activa y desagradable. Pero no le des importancia, no son más que los restos psíquicos de los efectos del eclipse. Los eclipses solares te obligan a hacer cambios económicos y este no es ninguna excepción. Ha llegado el momento de corregir el rumbo de tus finanzas. Descubrirás en qué sentido tus suposiciones y estrategias han sido poco realistas. Normalmente, experimentas estos cambios dos veces al año, y a estas alturas ya sabes manejarlos. Tus hermanos o figuras fraternas también deberán hacer cambios económicos en su vida. Están viviendo además cambios espirituales radicales.

El eclipse lunar del 28 en tu undécima casa pondrá a prueba a tus amigos. Tenderá a haber problemas en sus vidas y serán estas situaciones extremas lo que hará tambalear vuestra relación. Los ordenadores y los equipos de tecnología puntera fallarán, y a veces será necesario repararlos o reemplazarlos. Haz copias de seguridad de los archivos importantes y asegúrate de que tus programas antepirateo y antivirus estén actualizados. Evita abrir correos electrónicos de desconocidos, e incluso si sabes de quiénes son ten cuidado al pinchar en los enlaces.

Los eclipses lunares te afectan con fuerza, caigan dónde caigan. Como la Luna, el planeta eclipsado, es la regente de tu horóscopo, no solo eres muy sensible a los eclipses, sino también a los fenómenos lunares. De nuevo, ya te ocurrió el 5 de mayo, te verás obligado a redefinirte, a cambiar la imagen que tienes de ti y la forma en que los demás te ven. Será una experiencia saludable. Siempre estamos madurando y evolucionando, y nuestra autoimagen debe reflejarlo. Por eso en los próximos meses cambiarás de ropa, peinado y aspecto.

Noviembre

Mejores días en general: 2, 3, 12, 13, 21, 22, 29, 30
Días menos favorables en general: 9, 10, 11, 16, 17, 23, 24
Mejores días para el amor: 2, 8, 9, 12, 16, 17, 18, 19, 27, 28, 29
Mejores días para el dinero: 2, 3, 4, 5, 6, 7, 12, 13, 16, 23, 25
Mejores días para la profesión: 2, 3, 12, 13, 22, 23, 24

Tu salud ha mejorado mucho este mes. El 23 de octubre empezó una de tus temporadas más placenteras del año y durará hasta el 22 de noviembre. Es el momento de disfrutar de la vida, dedícate a lo que te guste y haga feliz. A menudo los problemas se solucionan al dejarlos a un lado y realizar algo placentero. Y después, al retomarlos, se nos ocurren toda clase de soluciones. Divertirte y hacer actividades lúdicas te permite obtener mejores resultados. Ahora te encuentras en una temporada de dinero fácil, el ganado de formas amenas que gastas en cosas agradables. Cuando tu planeta de la economía ingrese el 22 en Sagitario, tu sexta casa, volverás a ganar el dinero de la manera tradicional; es decir, por medio del trabajo y de los servicios productivos. Aun así, Sagitario, tu planeta de la economía, tiende a aumentar tus ingresos.

La luna nueva del 12 en tu quinta casa será otra buena jornada financiera y te traerá buena suerte en la especulación. Será un día ameno. Las cuestiones relacionadas con tu creatividad y los hijos se despejarán a lo largo de las semanas, hasta la próxima luna nueva. El cosmos responderá a tus preguntas de forma normal y natural.

El poder de tu sexta casa será excelente a partir del 22 si buscas trabajo. Te llegarán muchas oportunidades laborales estupendas. Y aunque ya tengas trabajo, te surgirán oportunidades para hacer horas extras o dedicarte al pluriempleo.

Este aspecto planetario también muestra que estarás pendiente de tu salud, pero ten en cuenta que tu planeta de la salud es aún retrógrado. Estudia con mayor detenimiento los cambios radicales que decidas hacer en tu programa de salud.

Como Mercurio «saldrá de límites» a partir del 16, en tu vida espiritual y en tus gustos en la lectura te moverás fuera de tu órbita habitual. Por lo visto, explorarás campos nuevos en esta temporada.

Venus, que ahora es directo, ingresará en tu cuarta casa del hogar y de la familia el 8. Este aspecto trae armonía al círculo familiar. También es un buen momento para decorar de nuevo tu hogar o comprar objetos atractivos para embellecerlo.

Diciembre

Mejores días en general: 9, 10, 18, 19, 27, 28
Días menos favorables en general: 7, 8, 14, 15, 20, 21
Mejores días para el amor: 9, 14, 15, 18, 19, 26, 27, 28, 30
Mejores días para el dinero: 2, 3, 4, 11, 12, 14, 21, 22, 29, 30, 31
Mejores días para la profesión: 2, 3, 11, 12, 20, 21, 29, 30

El poder planetario se encuentra ahora sobre todo en la mitad occidental de tu carta astral, la de la vida social, la parte de los demás. El 22 la mayoría de los planetas estarán en su máxima posición occidental del año. (Solo en enero era mayor). Te centrarás en los demás y en el cultivo de tus habilidades sociales en estos días. Aunque tu iniciativa personal sea importante, quedará en un segundo plano con relación a tus habilidades sociales. Todo lo bueno te llegará a través de los demás, y tu simpatía será muy importante en esta temporada. Deja que los demás hagan las cosas a su manera siempre que no sean destructivos.

Tu vida amorosa ha mejorado mucho. Saturno, tu planeta del amor, se volvió directo el 4 de noviembre y lo será todo este mes. Empezará una de tus mejores temporadas amorosas y sociales el 22. Habrá más claridad en el amor. Sentirás que avanza. Que progresa. Si no tienes pareja, podrías conocer a alguien en un viaje a otro país o tener un idilio con una persona extranjera. Surgirán oportunidades románticas en la universidad o en actos académicos, y en tu centro de culto o en los servicios religiosos. La compatibilidad filosófica será importante para ti este mes y también el año entrante.

Marte, tu planeta de la profesión, estuvo mucho tiempo «fuera de límites» el año pasado. Este año lo ha estado del 1 de enero al 4 de mayo, y este mes volverá a estar «fuera de límites» del 22 de diciembre hasta finales de año. Por eso para triunfar en tu profesión tuviste que salir de tu órbita normal, y este mes te ocurrirá lo mismo. Este aspecto planetario también muestra que un progenitor o figura parental se mueve fuera de su órbita natural.

Mercurio seguirá «fuera de límites» hasta el 14. Consulta la previsión del mes anterior.

Tu salud será buena este mes y ahora estás muy pendiente de ella. La luna nueva del 12 en tu sexta casa te traerá un día especialmente venturoso para la salud y la economía. Será una jornada auspiciosa tanto si buscas trabajo como si te ocupas de las contrataciones en tu empresa. Y lo más importante es que tu salud y tu situación laboral se aclararán en las próximas semanas. Las dudas se disiparán y el cosmos responderá a tus preguntas. Cuando Júpiter, tu planeta de la salud, empiece a ser directo el 31, te traerá más claridad en estos ámbitos de tu vida.

Presta más atención a tu salud a partir del 23. Aunque no tendrás ningún problema serio, solo será algún que otro achaque pasajero debido a los aspectos desfavorables de los planetas rápidos. Descansa lo suficiente.

Leo

♌

El León

Nacidos entre el 21 de julio y el 21 de agosto

Rasgos generales

LEO DE UN VISTAZO

Elemento: Fuego

Planeta regente: Sol
Planeta de la profesión: Venus
Planeta de la salud: Saturno
Planeta del amor: Urano
Planeta del dinero: Mercurio

Colores: Dorado, naranja, rojo
Colores que favorecen el amor, el romance y la armonía social: Negro, azul índigo, azul marino
Colores que favorecen la capacidad de ganar dinero: Amarillo, amarillo anaranjado

Piedras: Ámbar, crisolita, diamante amarillo

Metal: Oro

Aroma: Bergamota, incienso, almizcle

Modo: Fijo (= estabilidad)

Cualidad más necesaria para el equilibrio: Humildad

Virtudes más fuertes: Capacidad de liderazgo, autoestima y confianza en sí mismo, generosidad, creatividad, alegría

Necesidad más profunda: Diversión, alegría, necesidad de brillar

Lo que hay que evitar: Arrogancia, vanidad, autoritarismo

Signos globalmente más compatibles: Aries, Sagitario

Signos globalmente más incompatibles: Tauro, Escorpio, Acuario

Signo que ofrece más apoyo laboral: Tauro

Signo que ofrece más apoyo emocional: Escorpio

Signo que ofrece más apoyo económico: Virgo

Mejor signo para el matrimonio y/o las asociaciones: Acuario

Signo que más apoya en proyectos creativos: Sagitario

Mejor signo para pasárselo bien: Sagitario

Signos que más apoyan espiritualmente: Aries, Cáncer

Mejor día de la semana: Domingo

La personalidad Leo

Cuando pienses en Leo, piensa en la realeza; de esa manera te harás una idea de cómo es Leo y por qué los nativos de este signo son como son. Es verdad que debido a diversas razones algunos Leo no siempre expresan este rasgo, pero aun en el caso de que no lo expresen, les gustaría hacerlo.

Un monarca no gobierna con el ejemplo (como en el caso de Aries) ni por consenso (como hacen Capricornio y Acuario), sino por su voluntad personal. Su voluntad es ley. Sus gustos personales se convierten en el estilo que han de imitar todos sus súbditos. Un rey tiene en cierto modo un tamaño más grande de lo normal. Así es como desea ser Leo.

Discutir la voluntad de un Leo es algo serio. Lo considerará una ofensa personal, un insulto. Los Leo nos harán saber que su voluntad implica autoridad, y que desobedecerla es un desacato y una falta de respeto.

Una persona Leo es el rey, o la reina, en sus dominios. Sus subordinados, familiares y amigos son sus leales súbditos. Los Leo reinan con benevolente amabilidad y con miras al mayor bien para los demás. Su presencia es imponente, y de hecho son personas poderosas. Atraen la atención en cualquier reunión social. Destacan porque son los astros en sus dominios. Piensan que, igual que el Sol, están hechos para brillar y reinar. Creen que nacieron para disfrutar de privilegios y prerrogativas reales, y la mayoría de ellos lo consiguen, al menos hasta cierto punto.

El Sol es el regente de este signo, y si uno piensa en la luz del Sol, es muy difícil sentirse deprimido o enfermo. En cierto modo la luz del Sol es la antítesis misma de la enfermedad y la apatía. Los Leo aman la vida. También les gusta divertirse, la música, el teatro y todo tipo de espectáculos. Estas son las cosas que dan alegría a la vida. Si, incluso en su propio beneficio, se los priva de sus placeres, de la buena comida, la bebida y los pasatiempos, se corre el riesgo de quitarles su voluntad de vivir. Para ellos, la vida sin alegría no es vida.

Para Leo la voluntad humana se resume en el poder. Pero el poder, de por sí, y al margen de lo que digan algunas personas, no es ni bueno ni malo. Únicamente cuando se abusa de él se convierte en algo malo. Sin poder no pueden ocurrir ni siquiera cosas buenas. Los Leo lo saben y están especialmente cualificados para ejercer el poder. De todos los signos, son los que lo hacen con más naturalidad. Capricornio, el otro signo de poder del zodiaco, es mejor gerente y administrador que Leo, muchísimo mejor. Pero Leo eclipsa a Capricornio con su brillo personal y su presencia. A Leo le gusta el poder, mientras que Capricornio lo asume por sentido del deber.

Situación económica

Los nativos de Leo son excelentes líderes, pero no necesariamente buenos jefes. Son mejores para llevar los asuntos generales que los detalles de la realidad básica de los negocios. Si tienen buenos jefes, pueden ser unos ejecutivos excepcionales trabajando para ellos. Tienen una visión clara y mucha creatividad.

Los Leo aman la riqueza por los placeres que puede procurar. Les gusta llevar un estilo de vida opulento, la pompa y la elegancia. Incluso aunque no sean ricos, viven como si lo fueran. Por este motivo muchos se endeudan, y a veces les cuesta muchísimo salir de esa situación.

Los Leo, como los Piscis, son generosos en extremo. Muchas veces desean ser ricos sólo para poder ayudar económicamente a otras personas. Para ellos el dinero sirve para comprar servicios y capacidad empresarial, para crear trabajo y mejorar el bienestar general de los que los rodean. Por lo tanto, para los Leo, la riqueza es buena, y ha de disfrutarse plenamente. El dinero no es para dejarlo en una mohosa caja de un banco llenándose de polvo, sino para disfrutarlo, distribuirlo, gastarlo. Por eso los nativos de Leo suelen ser muy descuidados con sus gastos.

Teniendo el signo de Virgo en la cúspide de su segunda casa solar, la del dinero, es necesario que los Leo desarrollen algunas de las características de análisis, discernimiento y pureza de Virgo en los asuntos monetarios. Deben aprender a cuidar más los detalles financieros, o contratar a personas que lo hagan por ellos. Tienen que tomar más conciencia de los precios. Básicamente, necesitan administrar mejor su dinero. Los Leo tienden a irritarse cuando pasan por dificultades económicas, pero esta experiencia puede servirles para hacer realidad su máximo potencial financiero.

A los Leo les gusta que sus amigos y familiares sepan que pueden contar con ellos si necesitan dinero. No les molesta e incluso les gusta prestar dinero, pero tienen buen cuidado de no permitir que se aprovechen de ellos. Desde su «trono real», a los Leo les encanta hacer regalos a sus familiares y amigos, y después disfrutan de los buenos sentimientos que estos regalos inspiran en todos. Les gusta la especulación financiera y suelen tener suerte, cuando las influencias astrales son buenas.

Profesión e imagen pública

A los Leo les gusta que los consideren ricos, porque en el mundo actual la riqueza suele equivaler a poder. Cuando consiguen ser ricos, les gusta tener una casa grande, con mucho terreno y animales.

En el trabajo, destacan en puestos de autoridad y poder. Son buenos para tomar decisiones a gran escala, pero prefieren dejar los pequeños detalles a cargo de otras personas. Son muy respetados por sus colegas y subordinados, principalmente porque tienen el don de comprender a los que los rodean y relacionarse bien con ellos. Generalmente luchan por conquistar los puestos más elevados, aunque hayan comenzado de muy abajo, y trabajan muchísimo por llegar a la cima. Como puede esperarse de un signo tan carismático, los Leo siempre van a tratar de mejorar su situación laboral, para tener mejores oportunidades de llegar a lo más alto.

Por otro lado, no les gusta que les den órdenes ni que les digan lo que han de hacer. Tal vez por eso aspiran a llegar a la cima, ya que allí podrán ser ellos quienes tomen las decisiones y no tendrán que acatar órdenes de nadie.

Los Leo jamás dudan de su éxito y concentran toda su atención y sus esfuerzos en conseguirlo. Otra excelente característica suya es que, como los buenos monarcas, no intentan abusar del poder o el éxito que consiguen. Si lo llegan a hacer, no será voluntaria ni intencionadamente. En general a los Leo les gusta compartir su riqueza e intentan que todos los que los rodean participen de su éxito.

Son personas muy trabajadoras y tienen buena reputación, y así les gusta que se les considere. Es categóricamente cierto que son capaces de trabajar muy duro, y con frecuencia realizan grandes cosas. Pero no olvidemos que, en el fondo, los Leo son en realidad amantes de la diversión.

Amor y relaciones

En general, los Leo no son del tipo de personas que se casan. Para ellos, una relación es buena mientras sea agradable. Cuando deje de serlo, van a querer ponerle fin. Siempre desean tener la libertad de dejarla. Por eso destacan por sus aventuras amorosas y no por su capacidad para el compromiso. Una vez casados, sin embargo, son fieles, si bien algunos tienen tendencia a casarse más de una vez en su vida. Si estás enamorado o enamorada de un Leo, limítate a procurar que se lo pase bien, viajando, yendo a casinos y salas de fiestas, al teatro y a discotecas. Ofrécele un buen vino y una deliciosa cena; te saldrá caro, pero valdrá la pena y os lo pasaréis muy bien.

Generalmente los Leo tienen una activa vida amorosa y son expresivos en la manifestación de su afecto. Les gusta estar con personas optimistas y amantes de la diversión como ellos, pero acaban asentándose con personas más serias, intelectuales y no convencionales. Su pareja suele ser una persona con más conciencia política y social y más partidaria de la libertad que ellos mismos. Si te casas con una persona Leo, dominar su tendencia a la libertad se convertirá ciertamente en un reto para toda la vida, pero ten cuidado de no dejarte dominar por tu pareja.

Acuario está en la cúspide de la casa siete, la del amor, de Leo. De manera, pues, que si los nativos de este signo desean realizar al máximo su potencial social y para el amor, habrán de desarrollar perspectivas más igualitarias, más acuarianas, con respecto a los demás. Esto no es fácil para Leo, porque «el rey» sólo encuentra a sus iguales entre otros «reyes». Pero tal vez sea esta la solución para su desafío social: ser «un rey entre reyes». Está muy bien ser un personaje real, pero hay que reconocer la nobleza en los demás.

Hogar y vida familiar

Si bien los nativos de Leo son excelentes anfitriones y les gusta invitar a gente a su casa, a veces esto es puro espectáculo. Sólo unos pocos amigos íntimos verán el verdadero lado cotidiano de un Leo. Para este, la casa es un lugar de comodidad, recreo y transformación; un retiro secreto e íntimo, un castillo. A los Leo les gusta gastar dinero, alardear un poco, recibir a invitados y pasárselo bien. Disfrutan con muebles, ropa y aparatos de última moda, con todas las cosas dignas de reyes.

Son apasionadamente leales a su familia y, desde luego, esperan ser correspondidos. Quieren a sus hijos casi hasta la exageración; han de procurar no mimarlos ni consentirlos demasiado. También han de evitar dejarse llevar por el deseo de modelar a los miembros de su familia a su imagen y semejanza. Han de tener presente que los demás también tienen necesidad de ser ellos mismos. Por este motivo, los Leo han de hacer un esfuerzo extra para no ser demasiado mandones o excesivamente dominantes en su casa.

Horóscopo para el año 2023*

Principales tendencias

Será en esencia un año feliz y exitoso, Leo. Disfrútalo.

Y lo más importante es que los planetas lentos cambiarán de signo este año. De modo que se darán tendencias de larga duración en tu vida. Plutón está empezando un proceso de dos años en el que abandonará Capricornio para ingresar en Acuario. En este año y el próximo verás los inicios, pero en 2025 ingresará en Acuario y lo ocupará por mucho tiempo. De momento, planea entre tu sexta casa y la séptima, influyendo tanto en tu vida amorosa como en tus necesidades relacionadas con la salud. Volveremos sobre este tema más adelante.

El importante ingreso de Saturno de Acuario a Piscis el 8 de marzo mejorará tu salud y energía en general. Y lo primordial es que tu vida amorosa también mejorará. Volveremos sobre este tema más adelante.

Como Saturno se alojará en tu octava casa los dos próximos años y medio, sé más cuidadoso, Leo, en el aspecto sexual. Prioriza la calidad por encima de la cantidad. Menos sexo, pero de mejor calidad, es preferible a más sexo de peor calidad. Te conviene ser más selectivo, más perspicaz. Al ser Saturno tu planeta de la salud, la perspicacia es importante para tu salud. Volveremos sobre este tema más adelante.

Júpiter se alojará en tu novena casa hasta el 17 de mayo. Este aspecto muestra que te divertirás más en la vida. Viajarás más al extranjero. Es un tránsito maravilloso para los estudiantes universitarios y los que solicitan ingresar en la universidad. Serán muy afortunados en este sentido. Esta coyuntura te traerá además percepciones y progresos religiosos y teológicos, por lo que cambiará tu forma de vivir. Serán experiencias muy importantes para ti.

Cuando Júpiter cruce el medio cielo e ingrese en tu décima casa de la profesión el 17 de mayo, empezará una temporada profesio-

* Las previsiones de este libro se basan en el Horóscopo Solar y en todos los signos derivados del mismo: tu signo solar se convierte en el Ascendente, y las casas se numeran a partir de él. Tu horóscopo personal, el trazado concretamente para ti (según la fecha, hora y lugar exactos de tu nacimiento) podría modificar lo que se indica aquí. Joseph Polansky.

nal sumamente exitosa. Durará hasta finales de año. Tendrás muy buena suerte. Este tránsito también es excelente para el amor. Volveremos sobre este tema más adelante.

Venus se alojará en tu signo más de cuatro meses este año, un tránsito muy inusual, ya que normalmente dura un mes. Se quedará una buena temporada en él. Este ingreso realzará tu belleza física y tu aspecto. Te volverás una persona más elegante y encantadora. También indica que te surgirán oportunidades profesionales venturosas.

Los eclipses solares siempre te afectan con mucha más fuerza de la habitual porque el Sol rige tu horóscopo. Este año habrá dos, el número normal. Este aspecto planetario te obligará a redefinir tu imagen y personalidad. Te conviene reducir las actividades en estos periodos. Un eclipse tendrá lugar el 20 de abril y el otro el 14 de octubre. En las previsiones mes a mes hablaré de este tema con más detalle.

Tus intereses mayores este año serán la salud y el trabajo (del 1 de enero al 24 de marzo, y del 12 de junio hasta fin de año). El amor y las relaciones amorosas (del 1 de enero al 8 de marzo, y del 24 de marzo al 12 de junio). El sexo, el ocultismo, la reinvención y la transformación personales. La religión, la teología, los viajes al extranjero y los estudios superiores (del 1 de enero al 17 de mayo). Y la profesión.

Este año lo que más te gratificará será la religión, la teología, los viajes al extranjero y los estudios superiores (del 1 de enero al 17 de mayo). Y la profesión.

Salud

(Ten en cuenta que se trata de una perspectiva astrológica de la salud, no de una médica. En el pasado, no había ninguna diferencia, ambas eran idénticas, pero en la actualidad podrían diferir mucho. Para obtener un punto de vista médico, consulta a tu médico de cabecera o a un profesional de la salud).

Como he señalado, tu salud y energía han mejorado muchísimo este año. Saturno dejará de formar su aspecto desfavorable en tu carta astral el 8 de marzo. Plutón te complicará un poco la vida del 24 de marzo al 12 de junio, pero solo les ocurrirá a los nacidos en los primeros días del signo, del 22 al 24 de julio. La mayoría de Leo no lo notarán este año.

La gran noticia es que Saturno, tu planeta de la salud, cambiará de signo. De modo que tus necesidades y actitudes relacionadas con la salud cambiarán. Tu programa de salud también se modificará.

Por buena que sea tu salud, siempre puedes mejorarla. Presta más atención a las siguientes zonas vulnerables de tu carta astral, así evitarás o mitigarás muchos problemas.

El corazón. Este órgano siempre es importante para los Leo, ya que este signo rige el corazón. Te sentará bien trabajar sus puntos reflejos. Lo más importante para el corazón, como nuestros lectores saben, es evitar las preocupaciones y la ansiedad. Las preocupaciones se pueden definir como «falta de fe». Cultiva por lo tanto más la fe.

La columna, las rodillas, la dentadura, los huesos y la alineación esquelética en general. Estas zonas son siempre importantes para los Leo al ser Saturno, el planeta que las rige, tu planeta de la salud. Te sentará bien trabajar los puntos reflejos de estas partes del cuerpo.

El colon, la vesícula y los órganos sexuales. Estas zonas han sido importantes los últimos veinte años al alojarse Plutón en tu sexta casa de la salud. También lo serán este año y el próximo. Te sentará bien trabajar los puntos reflejos de estas zonas. Practicar sexo seguro y mantener una actividad sexual moderada es importante para tu salud.

Los tobillos y las pantorrillas. Estas partes del cuerpo han sido importantes los últimos dos años y medio al alojarse tu planeta de la salud en Acuario. Y lo serán hasta el 8 de marzo. Los masajes regulares en los tobillos y las pantorrillas te sentarán bien. Si haces ejercicio protégete los tobillos.

Los pies. Estas zonas se volverán importantes a partir del 8 de marzo y lo seguirán siendo durante los próximos dos años y medio. Tu planeta de la salud ingresará en Piscis el 8 de marzo, y Piscis rige los pies. Incluye en tu programa de salud los masajes regulares en los pies. No solo fortalecerás esta parte, sino todo el cuerpo.

El ingreso de tu planeta de la salud en Piscis también muestra la importancia de las terapias espirituales. Ahora respondes bien a ellas. Muchos Leo profundizarán más las dimensiones espirituales de la salud y la sanación. Te conviene leer sobre estos temas. En mi web www.spiritual-stories.com encontrarás mucha información al respecto si deseas aprender más sobre ello. Si notas que tu tono vital está bajo, recurrir a un sanador espiritual te será útil.

El ingreso de Saturno en tu octava casa muestra que respondes bien a las dietas depurativas. Una buena salud para ti no es solo añadir cosas al cuerpo, sino deshacerte de lo que no le pertenece.

En ocasiones, cuando se da este tránsito, se recomienda pasar por el quirófano para solucionar un problema de salud. Ahora hay esta tendencia en tu vida. Pero prueba antes una dieta depurativa. Suele dar los mismos resultados, aunque lleve más tiempo.

El ingreso de tu planeta de la salud en un signo de agua el 8 de marzo indica que tienes una gran conexión con los poderes curativos del elemento agua. Pasar más tiempo cerca de masas de agua, como mares, ríos, lagos... es una buena idea. La natación, la navegación y los deportes acuáticos son buenos para tu salud. Si estás decaído, date un baño en la bañera de una hora.

Hogar y vida familiar

Se avecinan cambios en esta faceta de tu vida, ya que Plutón, tu planeta de la familia, cambiará de signo. Como he señalado, será un proceso de dos años, Plutón es el planeta más lento de todos. Aunque muchos Leo planeen efectuar una mudanza, no es probable que ocurra este año. Seguramente será el próximo.

Como tu planeta de la familia se aloja en tu sexta casa, llevas ya muchos años haciendo que tu hogar sea más bien como un balneario y una oficina. Has instalado un equipo básico para mantenerte saludable —quizá un gimnasio doméstico— y un despacho, y es posible que incluso hayas montado un negocio desde tu casa. Este proceso ahora está a punto de concluir. Plutón ocupará brevemente tu séptima casa del amor del 24 de marzo al 12 de junio. Este aspecto muestra que socializarás más en tu hogar, con tu familia y con los tuyos. También indica el deseo de embellecer tu hogar. No sucederá de un día para otro, sino que será más bien un proceso. El aspecto físico de tu hogar se volverá incluso más importante. En los próximos años tu hogar no solo será tu casa, sino además un centro social.

También lo equiparás con más sistemas de tecnología puntera en los próximos años. Tenderás a usar dispositivos y luces inteligentes, y otros tipos de inventos.

Si planeas hacer reformas o reparaciones importantes, del 12 de octubre al 24 de noviembre es un buen momento. Si deseas embellecer tu hogar o comprar objetos atractivos para decorarlo, del 24 de marzo al 12 de junio, y del 4 al 29 de diciembre son buenas fechas.

Un progenitor o figura parental probablemente se mude este año y la mudanza será venturosa. El otro progenitor o figura parental también está listo para mudarse, pero puede que ocurra el próximo año. Tus hermanos o figuras fraternas tal vez planeen hacer cambios en el hogar, pero no es probable que se muden este año. Tus hijos o figuras filiales seguramente se mudaron el año pasado. Este año su situación será la misma. Será un año ameno para ellos. Si tienes hijas, serán más fértiles de lo habitual. Tus nietos, en el caso de que los tengas, son felices y exitosos. Pese a prosperar este año, es poco probable que se muden a otro lugar. Pero no hay nada en contra de la mudanza.

Profesión y situación económica

Este año será muy poderoso para tu profesión y tu vida amorosa, pero tu situación económica será la misma. Tu casa del dinero está vacía este año, solo la transitarán los planetas rápidos y los efectos serán pasajeros.

El hecho de que tu situación económica no varíe se puede interpretar como algo positivo. Ahora estás satisfecho con tus ingresos y no es necesario hacer cambios importantes ni estar demasiado pendiente de esta parcela de tu vida. Pero si surge algún problema económico, se deberá a no haberle prestado demasiada atención. En tal caso, te convendrá dedicarte más a tus finanzas.

Mercurio es tu planeta de la economía. Como nuestros lectores saben, es el más raudo de todos, solo la Luna lo supera en velocidad. A lo largo del año transita por todos los signos y casas de tu carta astral. De ahí que se den muchas tendencias económicas pasajeras que dependerán de dónde se encuentre Mercurio y de los aspectos que reciba. En las previsiones mes a mes hablaré de estas tendencias con más detalle.

Hay que tener en cuenta que los movimientos de Mercurio tienden a ser erráticos. En algunas ocasiones, cuando avance vertiginosamente por el firmamento, tu economía progresará con rapidez. En otras, cuando se mueva lentamente, los ingresos te entrarán despacio. A veces, se detendrá en el firmamento o retrocederá. Todos estos movimientos afectarán a tu economía.

Mercurio tendrá dos solsticios este año. El primero se dará del 20 al 21 de marzo, y el segundo del 7 al 8 de octubre. Este aspecto planetario indica que habrá un parón en tus finanzas y luego un cambio de rumbo.

Generalmente, Mercurio es retrógrado tres veces al año, pero en este lo será cuatro: del 1 al 17 de enero, del 21 de abril al 14 de mayo, del 23 de agosto al 14 de septiembre, y del 13 al 31 de diciembre. Evita realizar adquisiciones o inversiones importantes en estas fechas. Es una temporada para aclararte en tu economía.

El verdadero titular este año es tu profesión. Ahora ya lleva destacando muchos años al alojarse Urano en tu décima casa. Y la ocupará muchos más. Por eso eres experimentador en los asuntos profesionales. Te gustan los cambios y la excitación. Prefieres el estilo de vida de alguien que trabaja por su cuenta que estar en una empresa ajena con un horario fijo. Necesitas libertad y variación en tu trabajo. Este año el benevolente Júpiter ingresará en tu décima casa el 17 de mayo y la ocupará el resto del año. Este tránsito es un indicador típico de éxito, de ascensos y subidas de categoría. Te surgirá una oportunidad profesional muy venturosa y prestigiosa. También propicia la industria del ocio y el sector musical, la pasión natural de los Leo. Es posible que te impliques más con estas actividades o tal vez las personas de este sector sean importantes en tu profesión. Tus hijos o figuras filiales son también muy exitosos y te ayudan en tu trabajo. En ocasiones, sobre todo si son jóvenes, te motivarán a triunfar en la vida. El próximo año también será muy próspero.

Como Júpiter es tu planeta de la diversión y la creatividad, ahora disfrutas de tu trayectoria profesional. Tu creatividad es importante para triunfar. Los Leo son muy creativos y este año tu creatividad será más respetada.

Normalmente, el éxito profesional se traduce en éxito económico. Pero este año no te ocurrirá enseguida, sino que elegirás el prestigio por encima del dinero. Si gozas de prestigio y ascensos, el dinero acabará llegándote.

Amor y vida social

Tu vida amorosa está mejorando sin duda este año. Saturno abandonará tu séptima casa el 8 de marzo. Este aspecto planetario ha sido tu punto débil durante dos años, ya que Saturno no solo se alojaba en tu séptima casa, sino que además formaba aspectos desfavorables con Urano, tu planeta del amor. Ahora, a partir del 8 de marzo, formará buenos aspectos con tu planeta del amor. Y en el próximo año, estos aspectos incluso serán más venturosos.

El ingreso de Júpiter en Tauro el 17 de mayo es también excelente para el amor. Empezará a viajar con tu planeta del amor. El aspecto no será exacto este año (lo será el próximo), pero notarás su influencia. Ahora tu círculo social se está expandiendo. Y los amigos nuevos que llegan a tu vida son personas poderosas y prestigiosas. Hace ya muchos años que te gusta este tipo de gente, pero ahora esta atracción ha aumentado.

Como tu planeta del amor hace ya muchos años que se aloja en tu décima casa, gran parte de tu vida social ha estado relacionada con tu profesión o con personas vinculadas a tu trabajo en ese tiempo. Esta tendencia aumentará incluso más todavía este año. Hace ya varios años que te cautivan las personas poderosas, las de un estatus superior al tuyo. Este año la tendencia será más marcada. Te surgirán oportunidades amorosas con este tipo de gente. El problema será la tentación de mantener una relación de conveniencia en lugar de sentir un amor verdadero.

Cuando Júpiter viaja con tu planeta del amor suele ser indicio de una boda. Pero es más probable que te cases el año entrante que ahora. Este año tendrás sobre todo aventuras amorosas.

El breve ingreso de Plutón en tu séptima casa del amor del 24 de marzo al 12 de junio será más bien un flirteo, anuncia lo que te espera en el futuro. En los próximos años crearás la vida amorosa y social perfectas para ti. Tus relaciones ideales. Será un proceso largo de más de veinte años.

Este flirteo muestra que socializarás más en tu hogar y con los tuyos. La familia y los contactos familiares serán importantes en el amor. En ocasiones, podrías volver a salir con un amor del pasado. Vuelve a arder la pasión.

Progreso personal

Neptuno lleva ya muchos años alojado en tu octava casa. Por eso, como señalé en el pasado, tu vida sexual ha subido de vibración. Se ha espiritualizado. Ha dejado de ser un puro acto de lujuria animal y se ha convertido en un acto de culto. Esta tendencia se seguirá dando este año y durante muchos más. Ahora el sexo por el sexo no te satisface. Tiene que ser algo más. En los últimos años has deseado estudiar las enseñanzas sexuales espirituales, como el carezza, el kundalini, el tantra y el hermetismo. Es una tendencia de hace ya varios años. El acto sexual bien realizado es sanador, nos permite manifestar los deseos (no solo físicos), e incluso es iluminador. Hay muchas más cosas de las que se explican en los libros sobre pedagogía sexual.

El ingreso de Saturno en tu octava casa el 8 de marzo lo reafirma. Saturno tendrá el efecto de limitar la actividad sexual, te hará preferir la calidad por encima de la cantidad. Al ser Saturno además tu planeta de la salud, profundizarás el aspecto sanador del sexo (se muestra en las enseñanzas espirituales).

La Luna es tu planeta de la espiritualidad. Cada mes transita por todos los signos y casas de tu carta astral, en cambio los otros planetas rápidos tardan un año en hacerlo. De modo que se darán muchas tendencias espirituales pasajeras que dependerán de dónde se encuentre la Luna y de los aspectos que reciba. En general, las fases de luna nueva y de luna llena —al margen de dónde caigan— son sumamente espirituales para ti. Son excelentes para la meditación y la práctica espiritual. Tus habilidades espirituales siempre aumentarán en la luna nueva y la luna llena. Tu vida onírica también será más activa y reveladora en estas fases lunares. Mantente atento a tus percepciones espirituales en esos días.

Se darán dos eclipses lunares este año. Uno el 5 de mayo y el otro el 28 de octubre. Este aspecto generará cambios espirituales en la práctica, las enseñanzas y las actitudes relacionadas con esta esfera de tu vida. Estos cambios son bastante normales, vienen del crecimiento espiritual. Al tener una revelación interior, desearás cambiar una práctica que antes te funcionaba. No te tomes demasiado en serio tu vida onírica ni tus intuiciones en estos periodos. No son más que los restos psíquicos de los efectos del eclipse.

Previsiones mes a mes

Enero

Mejores días en general: 8, 9, 16, 17, 25, 26
Días menos favorables en general: 6, 7, 12, 13, 18, 19
Mejores días para el amor: 1, 2, 3, 10, 11, 12, 13, 18, 19, 21, 22, 28, 29
Mejores días para el dinero: 1, 2, 8, 10, 11, 16, 18, 19, 23, 28, 29
Mejores días para la profesión: 2, 3, 12, 13, 18, 19, 21, 22

El poder planetario se encuentra ahora de forma arrolladora en la mitad occidental de tu carta astral, la de la vida social. El ochenta por ciento de los planetas y, en ocasiones, el noventa por ciento, la ocupan, un porcentaje enorme. Este mes es perfecto para dedicarte a los demás y a sus necesidades. Probablemente no habría un momento mejor que este. Deja que los demás hagan las cosas a su manera mientras que no sean destructivos. Ahora tu encanto social es más importante que tu iniciativa o tus habilidades personales. Intentarás de verdad dedicarte a los demás, sobre todo a partir del 21.

Presta atención a tu salud este mes, en especial a partir del 21. Lo más importante es mantener un nivel alto de energía. No llegues nunca a agotarte. Fortalece tu salud con las propuestas planteadas en las previsiones de este año.

Como Mercurio, tu planeta de la economía, será retrógrado hasta el 17, evita realizar adquisiciones e inversiones importantes, y tomar decisiones de peso hasta después de este día. Dedícate a investigar los hechos, a ganar claridad hasta el 17.

Al ser tu sexta casa de la salud y del trabajo poderosa hasta el 20, si buscas trabajo será una buena época para ti. También lo será para los que se ocupan de las contrataciones en una empresa. Como ahora estás pendiente de tu salud, te mantendrás saludable a finales de mes cuando las cosas se compliquen un poco en esta esfera de tu vida.

La luna nueva del 11 en tu sexta casa hará que sea una jornada excelente si buscas trabajo. También te traerá descubrimientos espirituales y tus percepciones extrasensoriales aumentarán. Las cuestiones relacionadas con la salud y el trabajo se despejarán con el paso de las semanas, hasta la próxima luna nueva.

Cuando el Sol ingrese en tu séptima casa del amor el 20, empezará una de tus mejores temporadas amorosas y sociales del año. Serás proactivo en el amor. Tendrás tu vida social bajo control. El 4 y 5 son días magníficos para el amor y las relaciones sociales.

Como Júpiter se alojará en tu novena casa hasta el 17 de mayo, ahora te gusta viajar a otros países. Pero al ser Marte retrógrado hasta el 12, es mejor viajar al extranjero después de esta fecha. Marte estará «fuera de límites» hasta el 4 de mayo. Este aspecto hará que te fascinen los destinos exóticos, los viajes a lugares insólitos que se encuentran fuera de tu órbita usual.

Febrero

Mejores días en general: 4, 5, 6, 14, 15, 22, 23
Días menos favorables en general: 12, 13, 18, 19, 24, 25
Mejores días para el amor: 2, 3, 7, 8, 12, 13, 16, 17, 18, 19, 22, 24, 25
Mejores días para el dinero: 4, 5, 7, 8, 11, 14, 15, 18, 19, 22, 23, 27, 28
Mejores días para la profesión: 2, 3, 12, 13, 22, 24 25

Presta atención a tu salud hasta el 18. Descansa lo suficiente. Fortalece tu salud con las propuestas planteadas en las previsiones de este año. Tu salud mejorará muchísimo a partir del 19.

Todos los planetas son directos este mes, así que el ritmo de la vida se está acelerando en el aspecto personal y en el mundo en general. Como a ti te gusta. Ahora progresas rápidamente hacia tus objetivos.

Te encuentras en una de tus mejores temporadas amorosas y sociales del año. Tu vida amorosa va bien, aunque con algunos cambios, como a ti te gusta. Surgirán dramas amorosos del 3 al 5, pero se resolverán con bastante rapidez.

Cuando el Sol, el regente de tu horóscopo, viaje con Saturno el 15 y 16, probablemente te pedirán que asumas más responsabilidades. Tal vez surja una oferta de trabajo. La luna nueva del 20 que se dará muy cerca de Saturno te traerá más de lo mismo.

La luna nueva del 20 en tu octava casa incrementará notablemente tu libido. Será una buena jornada para la economía de tu cónyuge, pareja o amante actual. Y como ocurre con cada luna nueva, harás descubrimientos espirituales y tus percepciones extrasensoriales aumentarán. Las lunas nuevas tienden a generar experiencias sobrenaturales, aquello que no se puede explicar de manera científica o lógica. Esta luna nueva será incluso más potente que las otras al transcurrir en el signo espiritual de Piscis.

Ahora que tu planeta de la economía es directo, tus finanzas también prosperan. El dinero te llegará del trabajo, de los servicios productivos, hasta el 11. Cuando tu planeta de la economía ingrese en tu séptima casa el 12, tus contactos sociales y tu encanto social serán importantes en tu vida profesional. Poner a los demás en primer lugar te recompensará con buenos resultados.

Los viajes al extranjero serán mucho más seguros en esta temporada. Como Marte, tu planeta de los viajes, estará más «fuera de límites» aún que en el mes anterior, te gustará viajar a lugares inusitados; es decir, a destinos «fuera de lo común».

Marzo

Mejores días en general: 4, 5, 13, 14, 21, 22, 31
Días menos favorables en general: 11, 12, 17, 18, 24, 25
Mejores días para el amor: 4, 5, 6, 7, 11, 12, 15, 16, 17, 18, 24, 25
Mejores días para el dinero: 4, 5, 6, 7, 11, 12, 13, 14, 21, 22, 31
Mejores días para la profesión: 4, 5, 11, 12, 24, 25

Tu octava casa se volvió muy poderosa el 18 de febrero y lo será hasta el 20. Tu libido es potente, pero cuando Saturno ingrese en tu octava casa el 8, la reducirá un poco. Céntrate en la calidad en lugar de en la cantidad. Ahora estás pendiente de la economía de tu cónyuge, pareja o amante actual y participas activamente en sus finanzas. Como incluso tu planeta de la economía se alojará en tu octava casa del 3 al 19, si ayudas a los demás a prosperar y te dedicas a sus intereses económicos, tu propia prosperidad aumentará de una forma muy natural, aunque no lo veas al instante. Es como si engrosaras tu cuenta bancaria espiritual. Y cuando llegue el momento, dispondrás de liquidez.

Tu intuición será importante en las finanzas del 3 al 19, pero sobre todo el 17 y 18. Si tienes buenas ideas es un mes estupendo para atraer a inversores del extranjero o disponer de dinero del extranjero. Es un buen mes para saldar deudas, en especial del 3 al 19. Y también para la financiación creativa, la planificación tributaria y los planes de seguros. Y si tienes la edad adecuada, para la planificación patrimonial.

Mercurio, tu planeta de la economía, ingresará en tu novena casa el 19. El Sol lo hará el 20. Es un gran aspecto para las ganancias, ya que la novena casa es benéfica. Cuando el Sol viaje con Mercurio el 17 y 18, serán días excelentes para tu economía. Y cuando Mercurio viaje con Júpiter el 27 y 28, tu economía prosperará más aún.

Tu salud mejoró el mes pasado y en este lo seguirá haciendo. Como Saturno ha dejado de formar su aspecto desfavorable en tu carta astral, notarás una gran mejoría. Los masajes en los pies y las terapias espirituales serán sumamente eficaces en esta temporada.

Mercurio tendrá su solsticio el 20 y 21. Se detendrá en el firmamento en su movimiento latitudinal y después cambiará de sentido. A tu economía le ocurrirá lo mismo. Se dará un parón en esta parcela de tu vida y luego cambiará de rumbo.

El ingreso de Plutón en tu séptima casa solo afectará a los nacidos en los primeros días del signo de Leo; es decir, del 22 al 24 de julio. Pero transformará por completo tu círculo social con el paso de los años.

Abril

Mejores días en general: 1, 9, 10, 18, 27, 28, 29
Días menos favorables en general: 7, 8, 14, 15, 20, 21
Mejores días para el amor: 3, 4, 12, 13, 14, 15, 21, 22, 23, 30
Mejores días para el dinero: 1, 2, 3, 4, 10, 12, 13, 19, 21, 28, 29, 30
Mejores días para la profesión: 3, 4, 14, 20, 21, 22, 23

El principal titular de este mes es el eclipse solar total del 20. Todos los Leo lo notaran hasta cierto punto, especialmente los nacidos en los últimos días del signo, del 21 al 23 de agosto. Reduce tus actividades a partir del 20, sobre todo en el periodo del eclipse, y en especial si has nacido en estas fechas.

Como este eclipse caerá justo en el límite —la cúspide— de tu novena y décima casas, las afectará a ambas. Los efectos sobre tu novena casa repercutirán en los viajes al extranjero. Aunque hayas viajado a otros países en los últimos meses, es mejor no hacerlo en el periodo del eclipse; es decir, unos días antes y después de acaecer. Las personas sensibles lo notarán dos semanas antes de que ocurra. El eclipse también afectará a los estudiantes universitarios. Surgirán trastornos en los centros de enseñanza y cambios en los planes de estudios. Algunos estudiantes incluso cambiarán de universidad. Tus creencias religiosas también serán puestas a prueba. Te convendrá cambiar algunas y descartar otras. Los acontecimientos del eclipse te mostrarán las que son falsas. Surgirán trastornos en tu lugar de culto y en la vida de tus líderes espirituales. Los efectos del eclipse en tu décima casa repercutirán en tu profesión. Te enfrentarás a cambios en tu trabajo. En ocasiones, indica cambios en la jerarquía de tu empresa o que el gobierno modificará las normativas de tu sector profesional. Cambian las reglas del juego. Tus padres o figuras parentales, y tus jefes, vivirán problemas personales.

Al impactar el eclipse de lleno en Plutón, tu planeta de la familia, surgirán problemas en la vida de los tuyos. Los miembros de tu familia que sufran una enfermedad crónica persistente podrían fallecer, el eclipse los empujará al límite. Con frecuencia, será necesario hacer reparaciones en el hogar.

Los eclipses solares te afectan con contundencia. Como el Sol rige tu signo, eres hipersensible a los fenómenos solares, incluidos los eclipses. Desearás redefinirte, revisar la opinión que tienes de ti. Pero será una experiencia positiva, ya que somos seres que evolucionamos. En tu caso, tendrás esta oportunidad dos veces al año. Esta redefinición tuya te llevará a cambiar de ropa y de imagen en los próximos meses. Ofrecerás una imagen nueva y actualizada de ti.

Este eclipse afectará a tu profesión, pero en el buen sentido. Se llevará por delante los impedimentos y los obstáculos. Como a partir del 20 vivirás una de tus mejores temporadas profesionales del año, arrasarás en tu trabajo.

Mayo

Mejores días en general: 7, 8, 15, 16, 25, 26
Días menos favorables en general: 5, 6, 11, 12, 17, 18, 19
Mejores días para el amor: 1, 2, 3, 9, 10, 11, 12, 17, 18, 19, 27, 28
Mejores días para el dinero: 1, 8, 9, 10, 16, 17, 18, 19, 24, 25, 27, 28
Mejores días para la profesión: 2, 3, 9, 10, 17, 18, 19

El eclipse lunar del 5 en tu cuarta casa agitará de nuevo tu hogar y tu familia. Esta parcela de tu vida ya se vio afectada el mes anterior y en mayo le volverá a suceder. Sé más paciente con los tuyos, ya que las pasiones se desatarán en tu hogar. Tu vida onírica será probablemente hiperactiva y desagradable, pero no le des importancia. No son más que los restos psíquicos de los efectos del eclipse.

Como la Luna es tu planeta de la espiritualidad, los eclipses lunares crean cambios espirituales en la práctica, las actitudes, los maestros y las enseñanzas. Algunos son bastante normales, te aclaran las cosas para que descubras algunas formas de proceder que ya no son válidas. Este aspecto planetario suele provocar conmoción en las organizaciones espirituales o de beneficencia en las que participas. Y también situaciones adversas en la vida de tus figuras de gurús.

Todavía te encuentras en una de tus mejores temporadas profesionales del año. Es la más potente que has vivido en los últimos tiempos. Cuando Júpiter ingrese en tu décima casa de la profesión el 17, triunfarás más en tu carrera. Y la luna nueva del 17 en tu décima casa le dará un mayor empujón a tu profesión. Triunfarás tanto personalmente como en tu trabajo en estas fechas. Las cuestiones profesionales se despejarán en las próximas semanas.

Venus, tu planeta de la profesión, lleva «fuera de límites» desde el 19 de abril, pero en mayo estará más alejado todavía de su órbita natural el mes entero. Por eso en tu trabajo te moverás por territorios desconocidos. Serás sumamente original en tu forma de pensar. Ser un «fuera de serie» en cuanto a creatividad te permitirá alcanzar tus objetivos.

Cuando el Sol viaje con Mercurio el 1, será un día magnífico para tu economía. Cuando el Sol acompañe a Urano, tu planeta del amor, el 8 y 9, te traerá experiencias felices en tu vida social y en el amor. Si ya mantienes una relación, os sentiréis más unidos. Y si no tienes pareja, conocerás a alguien.

Presta atención a tu salud hasta el 21. No te olvides de descansar lo suficiente. Notarás una mejoría espectacular a partir del 22.

Junio

Mejores días en general: 3, 4, 11, 12, 21, 22
Días menos favorables en general: 1, 2, 7, 8, 14, 15, 16, 28, 29
Mejores días para el amor: 2, 6, 7, 8, 11, 15, 21, 22, 24, 25
Mejores días para el dinero: 5, 6, 14, 15, 16, 23, 24, 25, 26, 27
Mejores días para la profesión: 2, 11, 14, 15, 21, 22

El trabajo te va de maravilla y como tu planeta de la economía también se alojará en tu casa de la profesión hasta el 11, gozarás de aumentos salariales. Tu planeta de la economía en tu décima casa muestra que tu buena reputación profesional te traerá oportunidades lucrativas. También indica los favores económicos de tus jefes, padres o figuras parentales. Puede que surja un contratiempo económico —la necesidad de hacer un cambio drástico—, el 4 y 5. También podría deberse a la llegada súbita de dinero de un modo que no habías previsto.

Mercurio ingresará en su propio signo y casa el 11. Como en esta posición es poderoso, tus ingresos aumentarán. Mercurio en tu undécima casa hasta el 27 propicia las inversiones en tecnología puntera, medios electrónicos de comunicación, comercio, compraventa, mercadotecnia, ventas y relaciones públicas. El Sol ingresó en tu undécima casa el 21 de mayo y la ocupará hasta el 21 de junio. Tu vida social será muy intensa en estas fechas, aunque no girará en torno de las relaciones amorosas, sino de las amistades, los grupos y las actividades grupales. También se te dará bien la tecnología puntera, la ciencia, la astronomía y la astrología. Es una buena época para adquirir equipos de tecnología puntera si los necesitas. Muchas personas con este tipo de tránsito deciden pedirle a un astrólogo que les trace la carta astral.

Mercurio estará «fuera de límites» del 25 de junio al 6 de julio. Por lo que te moverás fuera de tu órbita habitual en las cuestiones económicas y en el ámbito de las amistades. Mercurio ingresará en tu duodécima casa de la espiritualidad el 27. Tu intuición financiera se volverá importante en estas fechas y lo más probable es que te lleve fuera de tu órbita habitual.

Aunque el Sol ya no se aloje en tu décima casa, el trabajo todavía te va sobre ruedas. Se está expandiendo. Probablemente hayas gozado de reconocimiento y aprecio el mes anterior, aunque los podrías recibir este mes.

Júpiter se está acercando más aún a tu planeta del amor. El aspecto no será exacto este año, pero notarás sus efectos. Tu vida amorosa va bien.

Tu salud es buena. El hecho de que Plutón abandone Acuario para ingresar en Capricornio el 12, es positivo para tu salud.

Como Marte se alojará en tu signo todo el mes, los países del extranjero y los viajes a estos destinos todavía te atraen. Ten cuidado, las prisas y la precipitación podrían causarte un accidente o una lesión. Controla tu genio.

Julio

Mejores días en general: 1, 2, 9, 10, 18, 19, 20, 28, 29
Días menos favorables en general: 5, 6, 11, 12, 26, 27
Mejores días para el amor: 2, 4, 5, 6, 10, 11, 12, 19, 20, 22, 29, 31
Mejores días para el dinero: 3, 4, 8, 11, 12, 18, 19, 21, 22, 30, 31
Mejores días para la profesión: 2, 10, 11, 12, 19, 20, 29

La actividad retrógrada está aumentando poco a poco. A principios de junio había un diez por ciento de planetas retrógrados, y a finales un treinta por ciento. Este mes el porcentaje aumentará a un cuarenta por ciento a partir del 23. Un porcentaje considerable.

Venus, tu planeta de la profesión, se aloja en tu signo desde el 5 de junio. Júpiter ocupa tu décima casa desde el 17 de mayo. Por eso ahora arrasas en tu trabajo. Las oportunidades profesionales venturosas no han cesado de llamar a tu puerta. Gozas de los favores de tus jefes, padres, figuras parentales e incluso del gobierno. Luces un aspecto opulento y los demás te ven así. Llevas ropa lujosa. Pero cuando Venus empiece a ser retrógrado el 23, todo bajará un poco de ritmo. Probablemente sea positivo. Cuesta mantener este ritmo frenético demasiado tiempo. Un respiro siempre es bienvenido. Estudia más a fondo las oportunidades profesionales que te lleguen en estas fechas. Las cosas no son lo que parecen.

Tu salud es buena este mes y lo será más aún el 23, cuando el Sol ingrese en tu signo. Te espera una etapa dichosa. Empezará una de tus temporadas más placenteras del año. Ha llegado el momento de disfrutar de los placeres del cuerpo y de los cinco sentidos. Es hora de apreciar tu cuerpo y recompensarlo por todos los años de servicio desinteresado que te ha prestado. Es una temporada excelente para ponerte en forma tal como deseas. El ingreso de Mercurio en tu signo el 11, te traerá negocios redondos y oportunidades económicas. No es necesario hacer gran cosa para prosperar. Dedícate simplemente a tu trabajo. El dinero dará contigo por sí solo.

Cada luna nueva te trae percepciones espirituales y regalos, pero esta del 17 te ofrecerá más cosas aún. Caerá en tu duodécima casa de la espiritualidad. Y además despejará y aclarará tus dudas y preguntas sobre cuestiones espirituales en las próximas semanas.

El ingreso de Marte en tu casa del dinero el 11 será un buen día para tu economía, ya que el regente de tu novena casa es un planeta benéfico. El único problema es que tenderás a arriesgarte más de lo habitual en tus operaciones financieras, y los Leo son famosos por gustarles los riesgos.

Agosto

Mejores días en general: 5, 6, 14, 15, 16, 24, 25
Días menos favorables en general: 1, 2, 7, 8, 22, 23, 29
Mejores días para el amor: 1, 2, 5, 6, 8, 14, 15, 18, 24, 25, 27, 29
Mejores días para el dinero: 7, 8, 17, 18, 26, 27
Mejores días para la profesión: 5, 6, 7, 8, 14, 15, 24, 25

A los Leo les gusta que todo suceda deprisa, pero este mes transcurrirá con lentitud. La actividad retrógrada alcanzará el máximo porcentaje del año a partir del 29, el sesenta por ciento de los planetas serán retrógrados. Pero incluso antes de esta fecha, del 23 al 29 de agosto, lo serán el cincuenta por ciento. Así que la lección espiritual para este mes es ten paciencia, mucha paciencia. Intentar acelerar las cosas no te funcionará. Probablemente no elimines los retrasos en tu vida, pero los minimizarás si lo realizas todo a la perfección. Maneja los detalles de la vida impecablemente.

Todavía te encuentras en una de tus temporadas más placenteras del año y durará hasta el 23. Y como la mayoría de planetas son ahora retrógrados, aprovecha la ocasión para ponerte en forma y actualizar tu imagen tal como deseas, ya que el Sol, el regente de tu horóscopo, nunca es retrógrado.

Como tu casa del dinero será poderosísima a partir del 23, te espera un mes muy próspero. Ahora te encuentras en una de tus mejores temporadas económicas del año y Mercurio, tu planeta de las finanzas, se aloja en su propio signo y casa. Pero Mercurio será retrógrado el 23 y, como he señalado, muchos otros planetas ya lo son. De modo que me aventuraré a decir que la prosperidad se dará entre bastidores y quizá con una respuesta tardía.

Urano, tu planeta del amor, hará una pausa; es decir, acampará para iniciar su retrogradación. Este aspecto afectará con contundencia a los nacidos del 13 al 16 de agosto. Podría generar cambios dramáticos. Sucesos sorprendentes. Problemas con tu pareja, quizá grandes desavenencias. Te conviene trabajar más en el amor. Pero a partir del 24 casi todos estos problemas se suavizarán. Volverá a reinar la armonía en la relación.

Como Marte se alojará en tu casa del dinero hasta el 28, tenderás a asumir riesgos y a tomar decisiones financieras con rapidez, en un chasquido de dedos. Pero este proceder no es aconsejable ahora, sobre todo a partir del 24. Aunque no puedas actuar abiertamente en tu vida económica, revísala y averigua cómo la puedes mejorar. Y cuando los planetas sean directos, ya avanzarás con ellos en esta esfera de tu vida.

Tu salud será buena este mes.

Septiembre

Mejores días en general: 2, 3, 11, 12, 21, 22, 29, 30
Días menos favorables en general: 4, 5, 18, 19, 25, 26

Mejores días para el amor: 2, 3, 5, 11, 12, 14, 15, 21, 22, 24, 25, 26, 30
Mejores días para el dinero: 4, 5, 13, 14, 15, 23, 24
Mejores días para la profesión: 2, 3, 4, 5, 11, 12, 21, 22, 30

La actividad retrógrada se encontrará en su punto culminante del año hasta el 16, el sesenta por ciento de los planetas son ahora retrógrados. Pero incluso a partir del 17, lo serán el cincuenta por ciento, un porcentaje altísimo. Ten en cuenta las previsiones de agosto.

Vivirás una de tus mejores temporadas económicas del año hasta el 23. Pero surgirán retrasos y contratiempos. A partir del 16, cuando Mercurio, tu planeta de la economía, sea directo, todo te irá mejor. Te esperan más buenas noticias en lo que concierne a tus finanzas. Como la luna nueva del 15 caerá en tu casa del dinero, será una jornada magnífica para tu economía. Y lo más importante es que la Luna, tu planeta de la espiritualidad, te traerá claridad en tu economía en las próximas semanas, hasta la siguiente luna nueva. Todos esos retrasos se deben a una buena razón. No son para castigarte, sino para mejorar incluso más aún tu economía.

Venus, tu planeta de la profesión será directo el 4, tras haber sido retrógrado varios meses. Tu profesión empezará a aclararse a partir de esta fecha. Te surgirán oportunidades profesionales provechosas y será seguro aceptarlas. Tu criterio se agudizará. Lucirás un aspecto opulento, vestirás lujosamente, y los demás te verán como un triunfador.

Como tu tercera casa será poderosísima a partir del 23, ahora es el momento perfecto, y el próximo mes también lo será, para leer y estudiar más, hacer cursos de tus temas preferidos, y responder las cartas, los correos electrónicos y los mensajes de texto pendientes. Al haber tantos planetas retrógrados, aprovecha el momento para leer más y cultivarte. Será una actividad constructiva en medio del inmovilismo del mundo.

Tu salud será buena este mes. Como Saturno, tu planeta de la salud, es todavía retrógrado, evita los cambios radicales en tu programa de salud en esta temporada. Estúdialo todo más a fondo. Tampoco es un buen momento para hacerte pruebas o tratamientos médicos. Posponlos si es posible.

Tu vida amorosa ha mejorado mucho. Este mes reinará más armonía con la persona amada, en especial el 14 y 15. Pero ve despacio, ya que tu planeta del amor es retrógrado (lo será casi el año entero). Disfruta del amor tal como es. Como dice el refrán: «El amor no sabe de prisas».

Octubre

Mejores días en general: 8, 9, 15, 16, 17, 26, 27
Días menos favorables en general: 1, 2, 13, 14, 15, 16, 17, 22, 23, 28, 29
Mejores días para el amor: 2, 9, 10, 11, 12, 20, 21, 22, 23, 28, 29
Mejores días para el dinero: 1, 2, 11, 12, 20, 21, 24, 28, 29
Mejores días para la profesión: 1, 2, 9, 10, 11, 20, 21

Este mes será muy movido. Mercurio, tu planeta de la economía, tendrá su solsticio el 7 y 8. Se detendrá en el firmamento en su movimiento latitudinal y luego cambiará de sentido. A tu vida económica también le ocurrirá lo mismo. Experimentará un parón y después un cambio de rumbo.

El ingreso de Venus en Virgo, tu casa del dinero, te traerá aumentos salariales, y los favores económicos de tus superiores, incluso del gobierno.

Pero el principal titular son los dos eclipses de este mes. El eclipse solar se producirá el 14, y el eclipse lunar el 28. Ambos te afectarán con fuerza, pero por distintas razones. Reduce tus actividades en estos periodos y evita las actividades sumamente estresantes.

Como el eclipse solar del 14 caerá en tu tercera casa, tus hermanos o figuras fraternas, y tus vecinos, afrontarán adversidades en su vida. Habrá problemas en tu vecindario, como accidentes de tráfico, crímenes extraños... Es posible que los coches y los equipos de comunicación fallen. En ocasiones, será necesario repararlos o reemplazarlos. Te conviene además conducir con más precaución.

Los eclipses solares afectan a tu imagen y el concepto que tienes de ti. Como he señalado, eres extremadamente sensible a los fenómenos solares porque el Sol rige tu horóscopo. Ahora de nuevo (ya te ocurrió el 20 de abril) podrás redefinirte y actualizar tu imagen y el aspecto que le ofreces al mundo. Será un cambio saludable. A veces, este tipo de eclipse produce una depuración del cuerpo, sobre todo si no has llevado una dieta sana. Aunque creas estar enfermo por sus síntomas, no será más que una limpieza de tu organismo.

El eclipse lunar del 28 en tu décima casa generará cambios y problemas profesionales, pero al final serán positivos. Tu carrera es aún muy poderosa. Tus padres o figuras paternas, y tus jefes, quizá se enfrenten a situaciones adversas que les cambiarán la vida. Surgirán cambios espirituales y es posible que haya trastornos en las organizaciones espirituales o de beneficencia en las que participas. Tus figuras de gurús vivirán situaciones adversas.

Noviembre

Mejores días en general: 4, 5, 6, 14, 15, 23, 24
Días menos favorables en general: 12, 13, 18, 19, 25, 26
Mejores días para el amor: 8, 9, 17, 18, 19, 26, 27, 28
Mejores días para el dinero: 2, 3, 7, 8, 16, 23, 24, 25
Mejores días para la profesión: 8, 9, 18, 19, 25, 26, 27, 28

Presta atención a tu salud este mes, sobre todo hasta el 22. Ahora que Saturno, tu planeta de la salud, es directo, es seguro hacer cambios en tu programa de salud y someterte a pruebas y tratamientos médicos. Descansa lo suficiente, y si notas que tu tono vital está bajo, recurrir a un sanador espiritual te sentará de maravilla.

Este mes tu hogar y tu familia son los protagonistas, aunque tu profesión sea aún importante. Tu reto será conciliar estas dos esferas de tu vida, tenderás a ocuparte de una y después de la otra. Una buena forma de compaginarlas es dedicarte a tu trabajo desde casa con los métodos nocturnos. Dedícate a tu familia y a tu trabajo por medio de la meditación y la visualización y de sentir lo que deseas alcanzar en tu profesión. Más adelante, ya emprenderás las acciones necesarias en el exterior. Como Venus, tu planeta de la profesión, es directo, pero Júpiter y Urano, los otros dos planetas vinculados a tu trabajo, aún son retrógrados, se dará aún mucha actividad entre bastidores.

Es un mes idóneo para la sanación emocional. Tienes grandes oportunidades para resolver los traumas del pasado. Un famoso escritor afirmó en una ocasión: «El pasado no está muerto y ni siquiera es pasado». Cuando afloren este tipo de recuerdos —te vendrán muchos a la mente—, obsérvalos y reinterprétalos con tu estado mental actual. Lo que fue un trauma para un niño de cuatro años, solo hace sonreír a un adulto. La sanación emocional no se da de un día para otro, pero progresarás en ello.

Como Mercurio estará «fuera de límites» a partir del 16, solo alcanzarás tus objetivos económicos si te mueves fuera de tu órbita habitual. Al alojarse Mercurio en tu cuarta casa hasta el 10, contarás con el gran apoyo de tu familia. Se dará por ambas partes, tú apoyarás económicamente a los tuyos y ellos te apoyarán a ti. Los contactos familiares serán importantes para tus finanzas en esta temporada. Cuando Mercurio ingrese en tu quinta casa el 10, tus ingresos aumentarán. El único problema es que puedes excederte en la especulación y gastar demasiado. Tendrás una actitud despreocupada con el dinero a partir del 10. Pero eso te agradará.

Diciembre

Mejores días en general: 2, 3, 11, 12, 20, 21, 29, 30
Días menos favorables en general: 9, 10, 16, 17, 22, 23
Mejores días para el amor: 5, 6, 9, 15, 16, 17, 18, 19, 23, 28, 30
Mejores días para el dinero: 4, 5, 6, 14, 22, 30, 31
Mejores días para la profesión: 9, 18, 19, 22, 23, 28, 30

Tu salud y energía mejoraron de forma espectacular el 22 de noviembre y este mes también serán excelentes. En esta fecha empezó una de tus temporadas más placenteras del año. Una etapa divertida. Durará hasta el 22 de diciembre. Ahora te toca disfrutar al máximo, y los Leo son los que mejor se lo saben pasar. También son muy creativos y en estos días lo serán incluso más que de costumbre.

Mercurio, tu planeta de la economía, seguirá «fuera de límites» hasta el 14. Además, avanzará y retrocederá entre dos signos: Sagitario y Capricornio. Abandonará Sagitario para ingresar en Capricornio el 2, se volverá retrógrado el 13, y luego ingresará de nuevo en Sagitario el 24. De modo que tu economía será más errática este mes. La buena noticia es que del 2 al 13 tu criterio financiero será bueno y conservador. No tenderás a gastar más de la cuenta. Pero la retrogradación de Mercurio a partir del 13, indica la necesidad de bajar el ritmo en tu vida económica y evitar las adquisiciones o inversiones importantes. Es mejor realizar las compras navideñas antes del 13. El 6, 7, 17 y 18 serán días excelentes para tus finanzas. El 17 y 18 propiciarán mayores ingresos, pero con una respuesta tardía. Comprueba tu intuición financiera el 26 y 27. Procura no gastar demasiado en estos días.

Marte, el regente de tu novena casa, estará de nuevo «fuera de límites» a partir del 22. Lo ha estado buena parte del año. Por eso ahora te interesan los viajes a destinos que se salgan de lo habitual. Lo mismo te ocurrirá con tus estudios religiosos y filosóficos. Probablemente busques las respuestas filosóficas fuera de tu entorno al no encontrarlas en tu órbita usual.

Tu vida amorosa mejorará a partir del 23, pero como tu planeta del amor será retrógrado el mes entero, ve despacio en este ámbito de tu vida. Tu cónyuge, pareja o amante actual no estará seguro de lo que quiere en vuestra relación.

La luna nueva del 12 en tu quinta casa será una jornada inusualmente amena y creativa. Te traerá iluminación espiritual e inspiración creativa. Y también suele traer percepciones espirituales. Las cuestiones relacionadas con los hijos, la creatividad y las actividades lúdicas se aclararán en las próximas semanas.

Virgo

♍

La Virgen

Nacidos entre el 22 de agosto y el 22 de septiembre

Rasgos generales

VIRGO DE UN VISTAZO

Elemento: Tierra

Planeta regente: Mercurio
Planeta de la profesión: Mercurio
Planeta de la salud: Urano
Planeta del dinero: Venus
Planeta del hogar y la vida familiar: Júpiter
Planeta del amor: Neptuno
Planeta de la sexualidad: Marte

Colores: Tonos ocres, naranja, amarillo
Color que favorece el amor, el romance y la armonía social: Azul
Colores que favorecen la capacidad de ganar dinero: Jade, verde

Piedras: Ágata, jacinto

Metal: Mercurio

Aromas: Lavanda, lila, lirio de los valles, benjuí

Modo: Mutable (= flexibilidad)

Cualidad más necesaria para el equilibrio: Ver el cuadro completo

Virtudes más fuertes: Agilidad mental, habilidad analítica, capacidad para prestar atención a los detalles, poderes curativos

Necesidad más profunda: Ser útil y productivo

Lo que hay que evitar: Crítica destructiva

Signos globalmente más compatibles: Tauro, Capricornio

Signos globalmente más incompatibles: Géminis, Sagitario, Piscis

Signo que ofrece más apoyo laboral: Géminis

Signo que ofrece más apoyo emocional: Sagitario

Signo que ofrece más apoyo económico: Libra

Mejor signo para el matrimonio y/o las asociaciones: Piscis

Signo que más apoya en proyectos creativos: Capricornio

Mejor signo para pasárselo bien: Capricornio

Signos que más apoyan espiritualmente: Tauro, Leo

Mejor día de la semana: Miércoles

La personalidad Virgo

La virgen es un símbolo particularmente adecuado para los nativos de este signo. Si meditamos en la imagen de la virgen podemos comprender bastante bien la esencia de la persona Virgo. La virgen, lógicamente, es un símbolo de la pureza y la inocencia, no ingenua sino pura. Un objeto virgen es fiel a sí mismo; es como siempre ha sido. Lo mismo vale para una selva virgen: es prístina, inalterada.

Aplica la idea de pureza a los procesos de pensamiento, la vida emocional, el cuerpo físico y las actividades y proyectos del mundo cotidiano, y verás cómo es la actitud de los Virgo ante la vida. Desean la expresión pura del ideal en su mente, su cuerpo y sus asuntos. Si encuentran impurezas tratarán de eliminarlas.

Las impurezas son el comienzo del desorden, la infelicidad y la inquietud. El trabajo de los Virgo es eliminar todas las impurezas y mantener solamente lo que el cuerpo y la mente pueden aprovechar y asimilar.

Aquí se revelan los secretos de la buena salud: un 90 por ciento del arte del bienestar es mantener puros la mente, el cuerpo y las emociones. Cuando introducimos más impurezas de las que el cuerpo y la mente pueden tratar, tenemos lo que se conoce por malestar o enfermedad. No es de extrañar que los Virgo sean excelentes médicos, enfermeros, sanadores y especialistas en nutrición. Tienen un entendimiento innato de la buena salud y saben que no sólo tiene aspectos físicos. En todos los ámbitos de la vida, si queremos que un proyecto tenga éxito, es necesario mantenerlo lo más puro posible. Hay que protegerlo de los elementos adversos que tratarán de socavarlo. Este es el secreto subyacente en la asombrosa pericia técnica de los Virgo.

Podríamos hablar de las capacidades analíticas de los nativos de Virgo, que son enormes. Podríamos hablar de su perfeccionismo y su atención casi sobrehumana a los detalles. Pero eso sería desviarnos de lo esencial. Todas esas virtudes son manifestaciones de su deseo de pureza y perfección; un mundo sin nativos de Virgo se habría echado a perder hace mucho tiempo.

Un vicio no es otra cosa que una virtud vuelta del revés, una virtud mal aplicada o usada en un contexto equivocado. Los aparentes vicios de Virgo proceden de sus virtudes innatas. Su capacidad analítica, que debería usarse para curar, ayudar o perfeccionar un proyecto, a veces se aplica mal y se vuelve contra la gente. Sus facultades críticas, que deberían utilizarse constructivamente para perfeccionar una estrategia o propuesta, pueden a veces usarse destructivamente para dañar o herir. Sus ansias de perfección pueden convertirse en preocupación y falta de confianza; su humildad natural puede convertirse en autonegación y rebajamiento de sí mismo. Cuando los Virgo se vuelven negativos tienden a dirigir en su contra sus devastadoras críticas, sembrando así las semillas de su propia destrucción.

Situación económica

Los nativos de Virgo tienen todas las actitudes que crean riqueza: son muy trabajadores, diligentes, eficientes, organizados, ahorradores, productivos y deseosos de servir. Un Virgo evolucionado es el sueño de todo empresario. Pero mientras no dominen algunos de los dones sociales de Libra no van ni a acercarse siquiera a hacer realidad su potencial en materia económica. El purismo y el perfeccionismo pueden ser muy molestos para los demás si no se los maneja con corrección y elegancia. Los roces en las relaciones humanas pueden ser devastadores, no sólo para nuestros más queridos proyectos, sino también, e indirectamente, para nuestro bolsillo.

A los Virgo les interesa bastante su seguridad económica. Dado que son tan trabajadores, conocen el verdadero valor del dinero. No les gusta arriesgarse en este tema, prefieren ahorrar para su jubilación o para los tiempos de escasez. Generalmente hacen inversiones prudentes y calculadas que suponen un mínimo riesgo. Estas inversiones y sus ahorros normalmente producen buenos dividendos, lo cual los ayuda a conseguir la seguridad económica que desean. A los Virgo ricos, e incluso a los que no lo son tanto, también les gusta ayudar a sus amigos necesitados.

Profesión e imagen pública

Los nativos de Virgo realizan todo su potencial cuando pueden comunicar sus conocimientos de manera que los demás los entiendan. Para transmitir mejor sus ideas, necesitan desarrollar mejores habilidades verbales y maneras no críticas de expresarse. Admiran a los profesores y comunicadores; les gusta que sus jefes se expresen bien. Probablemente no respetarán a un superior que no sea su igual intelectualmente, por mucho dinero o poder que tenga. A los Virgo les gusta que los demás los consideren personas educadas e intelectuales.

La humildad natural de los Virgo suele inhibirlos de hacer realidad sus grandes ambiciones, de adquirir prestigio y fama. Deberán consentirse un poco más de autopromoción si quieren conseguir sus objetivos profesionales. Es necesario que se impulsen con el mismo fervor que emplearían para favorecer a otras personas.

En el trabajo les gusta mantenerse activos. Están dispuestos a aprender a realizar cualquier tipo de tarea si les sirve para lograr su objetivo último de seguridad económica. Es posible que tengan varias ocupaciones durante su vida, hasta encontrar la que realmente les gusta. Trabajan bien con otras personas, no les asusta el trabajo pesado y siempre cumplen con sus responsabilidades.

Amor y relaciones

Cuando uno es crítico o analítico, por necesidad tiene que reducir su campo de aplicación. Tiene que centrarse en una parte y no en el todo, y esto puede crear una estrechez de miras temporal. A los

Virgo no les gusta este tipo de persona. Desean que su pareja tenga un criterio amplio y una visión profunda de las cosas, y lo desean porque a veces a ellos les falta.

En el amor, los Virgo son perfeccionistas, al igual que en otros aspectos de la vida. Necesitan una pareja tolerante, de mentalidad abierta y de manga ancha. Si estás enamorado o enamorada de una persona Virgo, no pierdas el tiempo con actitudes románticas nada prácticas. Haz cosas prácticas y útiles por tu amor Virgo; eso será lo que va a apreciar y lo que hará por ti.

Los nativos de Virgo expresan su amor con gestos prácticos y útiles, de modo que no te desanimes si no te dice «Te amo» cada dos días. No son ese tipo de persona. Cuando aman lo demuestran de modos prácticos. Siempre estarán presentes; se interesarán por tu salud y tu economía; te arreglarán el fregadero o la radio. Ellos valoran más estas cosas que enviar flores, bombones o tarjetas de San Valentín.

En los asuntos amorosos, los Virgo no son especialmente apasionados ni espontáneos. Si estás enamorado o enamorada de una persona Virgo, no interpretes esto como una ofensa. No quiere decir que no te encuentre una persona atractiva, que no te ame o que no le gustes. Simplemente es su manera de ser. Lo que les falta de pasión lo compensan con dedicación y lealtad.

Hogar y vida familiar

No hace falta decir que la casa de un Virgo va a estar inmaculada, limpia y ordenada. Todo estará en su lugar correcto, ¡y que nadie se atreva a cambiar algo de sitio! Sin embargo, para que los Virgo encuentren la felicidad hogareña, es necesario que aflojen un poco en casa, que den más libertad a su pareja y a sus hijos y que sean más generosos y de mentalidad más abierta. Los miembros de la familia no están para ser analizados bajo un microscopio; son personas que tienen que expresar sus propias cualidades.

Una vez resueltas estas pequeñas dificultades, a los Virgo les gusta estar en casa y recibir a sus amigos. Son buenos anfitriones y les encanta hacer felices a amigos y familiares y atenderlos en reuniones de familia y sociales. Aman a sus hijos, pero a veces son muy estrictos con ellos, ya que quieren hacer lo posible para que adquieran un sentido de la familia y los valores correctos.

Horóscopo para el año 2023*

Principales tendencias

2022 fue un año maravilloso para el amor. Muchos Virgo contrajeron matrimonio o iniciaron una relación seria a modo de matrimonio. Otros encontraron el amor ideal. El año anterior tuvo lugar una expansión de tu vida social en la que socializaste más, conociste a toda clase de personas y ensanchaste tus horizontes sociales. En cambio, 2023 girará en torno a ser más cauteloso socialmente. Socializarás menos, sobre todo a partir del 8 de marzo, pero lo harás mejor. Eliminarás la mediocridad de tu círculo social. Reducirás tu actividad social, pero tus relaciones serán de mejor calidad, lo cual es preferible a una gran socialización de baja calidad. Ahora te has vuelto más selectivo, tu criterio social se ha afinado.

Plutón lleva ya en tu quinta casa más de veinte años. Este año, y el próximo, empezará a cambiar de signo. Un acontecimiento astronómico importante. Ingresará brevemente en tu sexta casa del 24 de marzo al 12 de junio. Este aspecto muestra los inicios de grandes cambios en tu programa de salud y quizá en tu trabajo. Volveremos sobre este tema más adelante.

Saturno lleva ya en tu sexta casa dos años y medio. La abandonará el 8 de marzo e ingresará en la séptima. Este tránsito también señala cambios en tu programa de salud.

Júpiter se alojará en tu octava casa hasta el 17 de mayo. Este aspecto refleja un año erótico. En muchos casos, muestra una herencia o ser beneficiario de una propiedad. Será un año magnífico para la economía de tu cónyuge, pareja o amante actual. Volveremos sobre este tema más adelante.

Júpiter ingresará en tu novena casa el 17 de mayo y la ocupará el resto del año. Es un tránsito venturoso. Júpiter está muy cómodo en la novena casa. Indica buena suerte para los estudiantes universitarios o los que soliciten matricularse en una universidad.

---

* Las previsiones de este libro se basan en el Horóscopo Solar y en todos los signos derivados del mismo: tu signo solar se convierte en el Ascendente, y las casas se numeran a partir de él. Tu horóscopo personal, el trazado concretamente para ti (según la fecha, hora y lugar exactos de tu nacimiento) podría modificar lo que se indica aquí. Joseph Polansky.

Este año viajarás al extranjero, serán viajes sumamente agradables. También tendrás percepciones religiosas y teológicas.

Tus intereses principales este año serán la diversión, la creatividad y los hijos (del 1 de enero al 24 de marzo, y a partir del 12 de junio hasta finales del año). La salud y el trabajo (del 1 de enero al 8 de marzo, y del 24 de marzo al 12 de junio). El amor, las relaciones amorosas, el sexo, el ocultismo, la muerte, y la transformación y la reinvención personales (del 1 de enero al 17 de mayo). La religión, la teología, los estudios superiores y los viajes al extranjero. Y la espiritualidad (del 5 de junio al 9 de octubre).

Este año lo que más te gratificará será el sexo, el ocultismo, y la transformación y la reinvención personales (del 1 de enero al 17 de mayo, y del 18 de julio hasta finales del año). Y la religión, la teología, los viajes al extranjero y los estudios superiores.

Salud

(Ten en cuenta que se trata de una perspectiva astrológica de la salud, no de una médica. En el pasado, no había ninguna diferencia, ambas eran idénticas, pero en la actualidad podrían diferir mucho. Para obtener un punto de vista médico, consulta a tu médico de cabecera o a un profesional de la salud).

Presta más atención a tu salud este año, sobre todo cuando Saturno forme un aspecto inarmónico a partir del 8 de marzo. La buena noticia es que los Virgo siempre están pendientes de su salud. Si la conviertes en tu prioridad, no tendrás ningún problema.

El flirteo de Plutón con tu sexta casa del 24 de marzo al 12 de junio muestra la tendencia a pasar por el quirófano. Pero también refleja que responderás bien a las dietas depurativas. A no ser que sea una situación de vida o muerte, no te sometas a una intervención quirúrgica precipitadamente, prueba antes una dieta depurativa.

Hay muchas cosas que puedes hacer para fortalecer tu salud y prevenir la aparición de problemas. Y aunque no puedas evitarlos del todo, es posible reducir sus efectos. No tienen por qué ser devastadores. Presta más atención a las siguientes zonas vulnerables de tu carta astral.

El intestino delgado. Esta parte del cuerpo siempre es importante para los Virgo. Trabajar los puntos reflejos de esta zona es bueno para ti.

Los tobillos y las pantorrillas. Estas zonas también son siempre importantes para los Virgo. Los masajes regulares en los tobillos y las pantorrillas son excelentes. Unos tobillos débiles pueden desalinear la columna vertebral y causar así todo tipo de problemas adicionales. Cuando hagas ejercicio protégete los tobillos con una mayor sujeción.

El cuello y la garganta. Estas zonas solo empezaron a ser importantes en los últimos años, cuando tu planeta de la salud ingresó en Tauro. Trabajar los puntos reflejos de estas zonas es beneficioso para ti. Los masajes regulares en el cuello te sentarán de maravilla al eliminar la tensión acumulada en él. La terapia craneosacral también es útil para ello.

La columna, las rodillas, la dentadura, los huesos, la piel y la alineación esquelética en general. Estas zonas empezaron a ser importantes en 2021 y lo serán hasta el 8 de marzo. Trabajar los puntos reflejos de estas zonas es bueno para ti. Los masajes regulares en la espalda y las rodillas te sentarán de maravilla. Visitar con regularidad a un quiropráctico o un osteópata será también una buena idea. Te conviene mantener las vértebras bien alineadas. El yoga y el Pilates son ejercicios excelentes para la columna vertebral. Al igual que terapias como el método Feldenkreis, el Rolfing y la técnica Alexander. Si tomas el sol, usa un buen protector solar. Asegúrate de tener un nivel adecuado de calcio para gozar de huesos saludables. Las visitas regulares a un higienista dental también son importantes.

El corazón. Este órgano será importante a partir del 8 de marzo. Trabajar los puntos reflejos de esta parte del cuerpo te sentará bien. Lo esencial para el corazón es evitar las preocupaciones y la ansiedad (los Virgo tienden a ello), y cultivar la fe. Según muchos sanadores espirituales, las preocupaciones y la ansiedad son las causas principales de los problemas cardíacos.

El colon, la vejiga y los órganos sexuales. Estas partes serán importantes del 24 de marzo al 12 de junio. Pero en los próximos años serán primordiales. Trabajar los puntos reflejos de estas zonas te sentará bien. Practicar sexo seguro y mantener una actividad sexual moderada es importante para ti.

El aspecto desfavorable de Saturno no basta por sí solo para causarte problemas serios. Los otros planetas lentos forman aspectos armoniosos en tu carta astral o no te crean ningún problema. Pero no te alarmes si rindes menos que de costumbre al correr o hacer jogging. O al realizar algún otro tipo de ejercicio físico. No pasa nada. Simplemente tu energía es más baja de lo normal.

Cuando Júpiter ingrese en Tauro el 17 de mayo tu salud mejorará. Formará aspectos armoniosos en tu carta astral. Además, al viajar cerca de tu planeta de la salud, cualquier problema de salud que surgiera sería lo más benigno posible.

Hogar y vida familiar

Tu cuarta casa del hogar y de la familia no será poderosa este año. Ni tampoco destacará. Normalmente, este aspecto planetario propicia que la situación sea la misma. Pero este año no estoy tan seguro, ya que Júpiter, tu planeta de la familia, cambiará de signo el 17 de mayo. Abandonará Aries, tu octava casa, e ingresará en Tauro, la novena. De modo que se avecinan cambios en estas esferas de tu vida.

Tu planeta de la familia en tu octava casa hasta el 17 de mayo sugiere que los miembros de tu familia, quizá un progenitor o figura parental, pasará por el quirófano o tendrá experiencias cercanas a la muerte. También es posible que hagas reformas importantes en tu hogar para ganar espacio. No muestra una mudanza en toda regla, es más bien una ampliación de la vivienda. El ingreso de Júpiter en tu novena casa también sugiere una ampliación del hogar y el aumento del círculo familiar.

Tu planeta de la familia en Aries indica que adquieres aparatos de gimnasia para tu hogar. Tu casa ahora es un hogar y un gimnasio al mismo tiempo. Júpiter en tu novena casa a partir del 18 de mayo sugiere que podrías estar interesado en vivir en el extranjero. Tal vez te compres una residencia en otro país o dispongas de una vivienda en ese lugar. Quizá decidas quedarte en el extranjero mucho tiempo.

A los miembros de tu familia, en general, les interesa la religión, la teología y los estudios superiores. Y estos intereses aumentarán a partir del 18 de mayo. Esta posición planetaria indica que el hogar es además un lugar de culto. Quizá ahora se realicen en tu casa sesiones de oración o charlas religiosas.

Este año podrías hacer reformas en cualquier momento. Pero si puedes elegir la fecha, del 1 de enero al 17 de mayo, y del 24 de noviembre hasta finales del año son buenos días. Si planeas decorar o pintar de nuevo tu casa, cambiar los muebles de lugar, o comprar objetos atractivos para embellecerla, del 17 de mayo hasta fin de año será un buen momento.

Es posible que un progenitor o figura parental se plantee mudarse a otro lugar. Quizá necesita un cambio de aires o puede que la casa se le haya quedado pequeña. Pero este año no es aconsejable hacerlo. Es preferible aprovechar mejor el espacio del que dispone. Tus hermanos o figuras fraternas tal vez han cambiado de domicilio en numerosas ocasiones en los últimos años, y en este podrían hacerlo de nuevo. Al parecer será una mudanza auspiciosa. Es probable que tus hijos o figuras filiales se muden a otra parte. Si hay mujeres en edad de concebir, ahora son más fértiles que de costumbre. Tus nietos, en caso de que los tengas, gozarán de un año excitante y feliz. Es posible que residan en distintos lugares largas temporadas, pero seguramente no será una mudanza en toda regla.

Profesión y situación económica

Tu casa del dinero no destacará este año. Habrá breves temporadas en que tu economía será más importante y próspera que en otras, pero se deberá a los tránsitos de los planetas rápidos. Serán momentos pasajeros y no la tendencia del año.

Tu situación económica, como nuestros lectores saben, no variará. Tus finanzas seguirán como el año pasado. Pareces estar satisfecho con tus ingresos y no es necesario hacer cambios importantes ni estar demasiado pendiente de esta faceta de tu vida.

El eclipse solar en tu casa del dinero del 4 de octubre lo trastocará todo temporalmente y te obligará a hacer algunos cambios importantes.

Venus, tu planeta de la economía, se alojará más de cuatro meses —un tránsito cuatro veces más largo de lo normal— en tu duodécima casa este año. Además, efectuará uno de sus inusuales movimientos retrógrados, lo realiza cada dos años, del 23 de julio al 3 de septiembre. Este aspecto indica que no te conviene tomar decisiones económicas importantes, ni tampoco realizar adquisiciones o inversiones de peso durante esta temporada. Los ingresos te llegarán, pero con más retrasos y contratiempos. Es una época para aclararte económicamente en lugar de actuar en el mundo exterior.

Tu planeta de las finanzas alojado en Leo durante más de cuatro meses, del 5 de junio al 9 de octubre, propicia las inversiones en ocio, música, suministros eléctricos, compañías del ámbito energético y oro. Tenderás a gastar más en tus hijos o figuras filiares. Este aspecto también favorece las inversiones en empresas que comercializan comida para jóvenes. Te empuja además a ser mucho más especulador que de costumbre. El dinero te entrará con facilidad y también lo gastarás abundantemente. Evita ser más especulador cuando Venus sea retrógrado. Este planeta se alojará en tu duodécima casa de la espiritualidad en esta temporada. Esta coyuntura indica una buena intuición financiera, pero cuando Venus es retrógrado es necesario verificarla. Sugiere que ahora eres más generoso y caritativo. Y lo esencial es que refleja que profundizas más las leyes espirituales de la prosperidad.

Venus es un planeta especialmente raudo, como nuestros lectores saben. A lo largo del año transitará por toda tu carta astral. De ahí que se den muchas tendencias pasajeras relacionadas con las finanzas que dependerán de dónde se encuentre Venus y de los aspectos que reciba. En las previsiones mes a mes hablaré de estas tendencias con más detalle.

Tu profesión, al igual que tus finanzas, no destacará este año. Tu décima casa está prácticamente vacía. Solo la transitarán los planetas rápidos y los efectos serán pasajeros. Pero según mi opinión, como Júpiter ingresará en tu décima casa el año que viene, ahora te estás preparando mental y emocionalmente para el gran éxito que vivirás el próximo año.

Tu décima casa vacía indica que tu situación profesional será la misma este año. Estás satisfecho con cómo te van las cosas y no es necesario hacer cambios importantes.

Mercurio es tu planeta de la profesión. Al igual que Venus, es muy raudo. A lo largo de un año transitará por toda tu carta astral. De modo que se darán muchas tendencias pasajeras que dependerán de dónde se encuentre Mercurio y de los aspectos que reciba. En las previsiones mes a mes hablaré de estas tendencias con más detalle.

No te alarmes por no estar ahora pendiente del dinero ni de tu profesión. La finalidad de tu carta astral es equilibrar las distintas áreas de tu vida. Te empuja a dedicarte a distintas esferas en distintos años.

Amor y vida social

Tu séptima casa del amor lleva destacando muchos, muchísimos años. El anterior sobresalió en especial. Y en este también lo hará, pero de distinta manera. El año pasado fue un año excepcional en el aspecto amoroso y social. Como he señalado, surgió una relación amorosa seria. Se dieron matrimonios o relaciones a modo de matrimonio. Tu vida social fue una delicia. Alcanzaste tus ideales del amor. Pero cuando Saturno ingrese en tu casa del amor el 8 de marzo, tu relación amorosa y tus amistades serán puestas a prueba.

Cuando todo nos va de maravilla, no sabemos si el amor es real. Solo lo descubrimos en los momentos difíciles. Las pruebas que nos pone la vida nos lo revelan. Es lo que te espera este año.

Tu relación experimentará un «test de carretera» como las pruebas de los fabricantes de coches donde se somete a los vehículos a una serie de pruebas durísimas para ver si resisten y si se pueden mejorar. En el amor te ocurrirá lo mismo. Si tu relación supera la prueba, sabrás que es buena.

En las amistades también lo comprobarás. El año pasado entablaste muchas nuevas amistades. Tu círculo social aumentó en gran medida. Ahora estas amistades serán puestas a prueba para que descubras quién es quién y qué es qué.

Como he señalado, aunque tu actividad social se haya reducido, ahora es de mejor calidad. Como debe ser.

Si queda todavía algún Virgo sin pareja o sin una relación, este año no es bueno para las bodas. Tendrás citas y conocerás a gente —serán las dos cosas que te interesarán este año— pero olvídate del matrimonio. No es necesario apresurar las cosas. Disfruta del amor tal como es.

Las oportunidades amorosas surgirán en ambientes espirituales, ha sido así durante muchos años. También puedes conocer a alguien en fiestas celebradas por organizaciones de beneficencia. Ahora te atraen las personas espirituales, pero la compatibilidad espiritual también es muy importante para ti en una relación.

Progreso personal

Neptuno, como he comentado, lleva ya en tu séptima casa del amor muchos años. Por eso tu vida amorosa y social se ha elevado y refinado. Se ha espiritualizado. Este proceso durará varios años más. El resultado, en muchos casos, será el descubrimiento del Amor Divino, el único amor perfecto que existe. Ningún Virgo lo alcanzará este año, pero progresará hacia este objetivo. Esta es tu agenda espiritual.

Tu intuición en cuanto al amor y las relaciones sociales se ha estado afinando durante muchos años. Tu vida amorosa es ahora tu campo de entrenamiento espiritual. Tener los amigos adecuados forma parte de tu desarrollo y de tu práctica espiritual. Los buenos amigos espirituales te permitirán progresar y te ayudarán a madurar.

Saturno, como he señalado, pondrá a prueba tu relación amorosa y tus amistades. Surgirán retos y escollos en estas esferas de tu vida. Una de las mejores formas de afrontarlos —en especial, teniendo en cuenta tu horóscopo—, es entregar tu vida amorosa, tu relación, a lo Divino para que se ocupe de todo. Si lo haces con sinceridad, te sorprenderán los resultados. Los problemas más difíciles se resolverán. Pero es vital ser sincero. Si no ocurre nada enseguida, persevera en ello.

El Sol es tu planeta de la espiritualidad. Como nuestros lectores saben, es sumamente raudo. A lo largo del año transitará por todos los signos y casas de tu carta astral. Por eso se darán muchas tendencias espirituales pasajeras que dependerán de dónde se encuentre el Sol y de los aspectos que reciba. En las previsiones mes a mes hablaré de estas tendencias con más detalle.

Los dos eclipses solares de este año sacudirán tu vida espiritual y tu práctica. En ocasiones, los maestros o las enseñanzas cambiarán. Estos cambios son muy normales. Una práctica que te funcionaba te llevó a la realización deseada cumpliendo con su finalidad. Pero ahora necesitarás otra. Aunque a veces los efectos del eclipse no son tan armoniosos, en especial si nuestra actitud o nuestra práctica espiritual han tenido algún fallo. En este caso, es necesario agitar la situación para corregirla.

Un eclipse solar tendrá lugar el 20 de abril, y el otro el 14 de octubre.

El Sol, como planeta de la espiritualidad, propicia las religiones solares, como el cristianismo, el surya yoga, el krishna yoga, y los caminos de la creatividad. Cuando somos creativos aprendemos las leyes del Gran Creador, pues en la creación de una canción, una pintura o una danza se aplican las mismas leyes, pero en una magnitud distinta que al crear un cosmos.

Si deseas más información sobre estos temas, visita mi web www.spiritual-stories.com.

Previsiones mes a mes

Enero

Mejores días en general: 1, 2, 10, 11, 18, 19, 28, 29
Días menos favorables en general: 8, 9, 14, 15, 21, 22
Mejores días para el amor: 2, 3, 7, 12, 13, 14, 15, 21, 22, 24
Mejores días para el dinero: 2, 3, 4, 8, 12, 13, 16, 21, 22, 23, 30, 31
Mejores días para la profesión: 1, 2, 10, 11, 18, 19, 21, 22, 28, 29

Te espera un mes feliz, Virgo. Disfrútalo. Empiezas el año en medio de una de tus temporadas más placenteras del año. Es el momento de disfrutar de la vida. Tu creatividad también es enorme. (Vivir una época de gran creatividad es uno de los mayores placeres de la vida).

Como Mercurio, el regente de tu horóscopo, será retrógrado hasta el 17, el año arrancará a un ritmo lento para ti. Notarás que vas a la deriva tanto en tu trayectoria profesional como en tus deseos. Marte en tu décima casa de la profesión también será retrógrado hasta el 12, de modo que los asuntos profesionales tardarán en resolverse; o sea, que al menos disfruta de la vida.

Venus, tu planeta de la economía, avanzará raudamente este mes. Transitará por tres signos y casas de tu carta astral. Este aspecto indica un gran cambio en tus actitudes y enfoques financieros. Serás conservador en las cuestiones de dinero hasta el 3. Y a partir del 4, serás más experimentador. El dinero te llegará de la forma tradicional; es decir, por medio del trabajo y de los servicios productivos. Tu intuición financiera y tus contactos sociales serán importantes a partir del 28. Venus viajará con Plutón el 1 y 2. Este tránsito propicia las compras y las ventas. Así como la planificación tributaria y los planes de seguros. Venus viajará con Saturno el 22, este aspecto trae una actitud conservadora pasajera. También puede traer una nueva responsabilidad financiera.

El 4 y 5 favorecen las percepciones espirituales y tal vez las experiencias sobrenaturales. Podrían surgirte un trabajo y oportunidades lucrativas el 29 y 31.

Júpiter, tu planeta del hogar y de la familia, es muy lento. Tendrá su solsticio del 1 al 27, lo cual es mucho tiempo. Se detendrá en el firmamento en su movimiento latitudinal y luego cambiará de sentido. De modo que se dará un parón en tu vida familiar y doméstica, y después un cambio de rumbo. Quizá un miembro de tu familia pase por el quirófano o viva alguna otra crisis personal. No habrá gran cosa que hacer en estos días, pero se dará un cambio de dirección el 27.

La luna nueva del 11 en tu quinta casa será un día ameno y creativo. Constituirá una buena jornada para la economía de tus amigos. También te traerá percepciones espirituales. Las cuestiones relacionadas con tus hijos o figuras filiales y tu creatividad se aclararán en las próximas semanas.

Tu salud es buena. Te conviene descansar y relajarte más a partir del 28.

Febrero

Mejores días en general: 7, 8, 16, 17, 24, 25
Días menos favorables en general: 1, 14, 15, 20, 21, 27, 28
Mejores días para el amor: 2, 3, 12, 13, 20, 21, 22
Mejores días para el dinero: 2, 3, 4, 5, 9, 10, 12, 13, 14, 15, 22, 23
Mejores días para la profesión: 1, 8, 11, 18, 19, 27, 28

Presta más atención a tu salud este mes, sobre todo a partir del 18. Aunque no será nada serio, solo algún que otro achaque pasajero debido a los aspectos desfavorables de los planetas rápidos. Fortalece tu salud descansando más y con las propuestas planteadas en las previsiones de este año.

La salud y el trabajo, sobre todo este último, predominarán en febrero hasta el 18. Como el Sol, tu planeta de la espiritualidad, se alojará en tu sexta casa hasta el 18, la sanación espiritual será beneficiosa para ti.

Como todos los planetas son directos este mes, algo muy inusual, el ritmo de los acontecimientos de tu vida y del mundo se ha acelerado. Ahora avanzas hacia tus metas más deprisa. Quizá surjan demoras, pero serán mínimas.

Ocurrirá algún inconveniente económico el 1 y 2. Tendrás una desavenencia económica con tu cónyuge, pareja o amante actual el 3 y 4, pero al parecer durará poco. Tu intuición financiera será excelente del 14 al 16. Recibirás información económica de las alturas, del mundo del espíritu. Un amigo te será útil en tus finanzas.

Venus tendrá su solsticio del 21 al 24. Se detendrá en el firmamento en su movimiento latitudinal y luego cambiará de sentido.

A ti te ocurrirá lo mismo. Se dará un parón en tu vida económica y después un cambio de rumbo. Venus ingresará en tu octava casa el 21 y la ocupará el resto del mes. Te dedicarás a hacer prosperar a los demás, sobre todo a tu cónyuge, pareja o amante actual. Venus viajará con Júpiter en esta temporada, aunque el aspecto será más exacto el próximo mes. Pero notarás su influencia. Tanto los ingresos de tu cónyuge, pareja o amante actual, como los tuyos, aumentarán.

Tu vida amorosa será más activa a partir del 18. En esta fecha empezará una de tus mejores temporadas amorosas y sociales del año. La luna nueva del 20 en tu séptima casa propiciará que tu vida social te haga más feliz aún. Además, muchas cuestiones de tu relación sentimental o tu vida amorosa se despejarán incluso después de la luna nueva. La Luna esclarecerá tus dudas a lo largo de las semanas, hasta la próxima luna nueva.

Marte se alojará en tu décima casa todo el mes, empezó a ocuparla a principios del año. Este aspecto refleja una gran actividad profesional. Tal vez te enfrentes intensamente con intervenciones quirúrgicas, muertes o experiencias cercanas a la muerte. Podrían tener que ver con tus jefes, tus padres o figuras parentales, o con las personas de tu círculo profesional.

Marzo

Mejores días en general: 6, 7, 15, 16, 24, 25
Días menos favorables en general: 13, 14, 19, 20, 26, 27
Mejores días para el amor: 2, 4, 5, 11, 12, 19, 20, 24, 25, 29, 30
Mejores días para el dinero: 4, 5, 11, 12, 13, 14, 21, 22, 24, 25, 31
Mejores días para la profesión: 11, 12, 21, 26, 27, 31

Este mes acontecerán muchos cambios. Cuando Plutón ingrese en tu sexta casa el 24, cambiará tu forma de ver tu salud. Será un flirteo planetario breve, pero en los próximos años notarás de lleno el impacto de estos cambios. Y lo más importante es que Saturno ingresará en tu séptima casa el 8 y la ocupará durante los próximos dos años y medio. Te encuentras en una de tus mejores temporadas amorosas y sociales desde el 18 de febrero. Has dejado atrás un año muy intenso socialmente. Ahora ha llegado el momento de retroceder un poco. Vivirás una crisis en tu relación actual para que compruebes si el amor es real. Preferirás la calidad de las relaciones a la cantidad en esta etapa. Serás popular en marzo, sobre todo del 3 al

19. Te volcarás mucho en los demás. Apoyarás a tus amigos y a tu pareja. Pero Saturno te recuerda que la calidad de tus relaciones es lo primordial.

Presta más atención a tu salud este mes. En particular, centra tu atención en el colon, la vejiga y los órganos sexuales. Practicar sexo seguro y mantener una actividad sexual moderada es importante para ti. Aunque quizá ahora este proceder te cueste al ser tu octava casa del sexo tan inusitadamente poderosa. Tu libido es mucho más potente de lo habitual. Si escuchas los mensajes de tu cuerpo, sabrás cuándo es suficiente. Las dietas depurativas te sentarán de maravilla en esta temporada. Tu salud y energía mejorarán a partir del 20.

Tu octava casa será poderosísima este mes, en especial a partir del 20. Te conviene dedicarte a tu transformación personal, a engendrar a la persona que deseas ser, tu yo ideal. No lo lograrás en un mes, pero lo que cuenta es progresar en ello. Engendrar a tu yo ideal es una labor de muchas encarnaciones, pero confía en que progresarás, es lo mejor que puedes hacer.

Tu economía será buena este mes. Venus, que viaja con Júpiter el 1 y 2, indica un buen día de ganancias que además será dichoso. Como Venus se alojará en tu octava casa hasta el 17, ahora te conviene, como el mes anterior, hacer prosperar a los demás, dedicarte a sus intereses económicos, y mientras tanto tú también prosperarás. Es una buena etapa para desprenderte de los objetos que no necesites o uses. Serás demasiado especulador hasta el 17, te gustará correr riesgos en tus operaciones financieras. Pero a partir de esta fecha te volverás más conservador, quizá por los sustos que te has llevado o por los desastres de los que te has salvado de milagro por culpa de tu afán especulador.

Abril

Mejores días en general: 2, 3, 4, 12, 13, 30
Días menos favorables en general: 9, 10, 16, 17, 22, 23, 24
Mejores días para el amor: 3, 4, 8, 14, 16, 17, 22, 23, 26
Mejores días para el dinero: 1, 3, 4, 5, 6, 10, 14, 19, 22, 23, 28, 29
Mejores días para la profesión: 1, 12, 13, 21, 22, 23, 24, 30

El eclipse solar del 20 caerá justo en el límite —la cúspide— de tu octava y novena casas, y las afectará a ambas. Te conviene reducir tus actividades. Haz lo que debas hacer, pero deja para más adelante lo que puedas aplazar, en especial si es estresante.

Los efectos del eclipse sobre tu octava casa repercutirán en los ingresos de tu cónyuge, pareja o amante actual. Este año ha sido extremadamente próspero para tu pareja, sobre todo el mes anterior y este. Pero ahora deberá hacer ajustes, sus suposiciones financieras no han sido realistas y deberá corregir el rumbo de su economía. Pueden surgir encuentros con la muerte, aunque seguramente serán psicológicos. Tal vez te llame un amigo para comunicarte el fallecimiento de uno de sus conocidos. O para contarte la experiencia cercana a la muerte que ha vivido. O tal vez seas tú quien la tenga. A menudo, soñarás con la muerte. Estas experiencias no son más que los insistentes toques del mundo espiritual para que te tomes la vida más en serio. La vida dura un suspiro, sobre todo desde su perspectiva, y puede acabar en cualquier instante. Ocúpate de la labor que has venido a hacer en este mundo.

El impacto del eclipse en tu novena casa afectará a los estudiantes universitarios. Habrá cambios en los planes de estudios (serán positivos) y quizá los efectos del eclipse se lleven por delante los obstáculos para ingresar en una universidad. Con frecuencia, el rector también puede cambiar o habrá trastornos en el centro educativo. Surgirán problemas en tu lugar de culto y en la vida de tus líderes espirituales. Tus creencias religiosas serán puestas a prueba. Abandonarás algunas, y cambiarás otras. Si estás implicado en una demanda judicial, dará un vuelco espectacular en un sentido o en el otro, aunque me atrevería a decir que el giro será positivo.

Plutón, el regente de tu tercera casa, acusará de lleno los efectos del eclipse. Este aspecto reafirma lo que he comentado sobre los encuentros con la muerte. Pero también indica que surgirán problemas en la vida de tus hermanos o figuras fraternas, o de tus vecinos. También puede haber trastornos en tu vecindario.

Los eclipses solares conllevan cambios espirituales y este no es una excepción. Es posible que tus actitudes, maestros o enseñanzas cambien. Habrá situaciones adversas en la vida de tus figuras de gurús y trastornos en las organizaciones espirituales o de beneficencia en las que participas.

Mayo

Mejores días en general: 1, 9, 10, 17, 18, 19, 27, 28
Días menos favorables en general: 7, 8, 13, 14, 20, 21
Mejores días para el amor: 2, 3, 6, 9, 10, 13, 14, 17, 18, 19, 23, 24
Mejores días para el dinero: 2, 3, 8, 9, 10, 16, 17, 18, 19, 24, 25, 30, 31
Mejores días para la profesión: 1, 9, 10, 17, 18, 19, 20, 21, 27, 28

El eclipse lunar del 5 en tu tercera casa volverá a generar contratiempos en la vida de tus hermanos o figuras fraternas, y de tus vecinos. Les conviene tomárselo todo con calma y reducir sus actividades. También habrá, como el mes pasado, trastornos en tu vecindario. Los estudiantes de primaria o secundaria notarán los efectos del eclipse. Cambiarán de escuela o de planes de estudios. A menudo, surgirán problemas en su centro docente. Los coches y los equipos de comunicación pueden fallar, al igual que el mes anterior. Con frecuencia, será necesario repararlos o reemplazarlos. Te conviene conducir con más precaución en este periodo.

Los eclipses lunares afectan a tus amigos y ponen a prueba tus amistades. En algunas ocasiones, salen los trapos sucios en la relación y la amistad mejora o se rompe por el camino. En otras, la crisis no viene de la propia amistad, sino de algún problema en la vida de tus amigos. Los ordenadores, el software y los dispositivos de tecnología puntera pueden fallar. No funcionarán bien. He visto toda clase de fallos durante estos eclipses. Los programas del ordenador se actualizan solos y cambian toda la configuración. O uno sufre un ataque informático. O la pantalla se apaga sin motivo alguno. En muchos casos, será necesario reparar o reemplazar los aparatos. Asegúrate de que tus programas antipirateo y antivirus estén actualizados. No abras correos electrónicos de desconocidos. Y aunque provengan de tus amigos, podrían contener un virus o un enlace malicioso. Haz copias de seguridad de tus archivos importantes. Un progenitor o figura parental deberá hacer cambios económicos importantes. Surgirán reveses financieros. Las personas adineradas de tu vida también se enfrentarán a problemas económicos.

Júpiter ingresará en tu novena casa el 17, de modo que los estudiantes universitarios (muchos de ellos ya lidiaron con problemas el mes anterior) triunfarán en los estudios. Los que soliciten matricularse en una universidad tendrán buena suerte. Tu salud es buena este mes, pero préstale más atención a partir del 21.

Cuando el Sol ingrese en tu décima casa de la profesión el 21, empezará una de tus mejores temporadas profesionales. Dale un empujón a tu carrera al colaborar en obras benéficas y actividades altruistas. Tu vida espiritual también es ahora muy activa.

Junio

Mejores días en general: 5, 6, 14, 15, 23, 24, 25
Días menos favorables en general: 3, 4, 9, 10, 16, 17
Mejores días para el amor: 2, 9, 10, 11, 19, 20, 21, 22, 29
Mejores días para el dinero: 2, 5, 6, 11, 14, 15, 21, 22, 23, 24, 26, 27
Mejores días para la profesión: 6, 16, 17, 26, 27

Este mes será exitoso, pero cuida de tu salud. Te encuentras en una de tus mejores temporadas profesionales del año desde el 21 de mayo, y durará hasta el 21 de junio. Y lo más importante es el ingreso de Mercurio en tu casa de la profesión el 11. Este aspecto muestra elevación personal. Te reconocerán y valorarán no solo por tus habilidades profesionales, sino por quién eres como persona. Mercurio, el regente de tu horóscopo, se encuentra en la cúspide de tu carta astral. Estarás en la cima, al mando, por encima de todo el mundo, en esta temporada, en algunos casos es a lo que aspirarás. Tu aspecto personal y tu porte son importantes en tu profesión este mes. Mercurio saldrá «fuera de límites» el 25 y lo estará hasta el 6 de julio. Te moverás en estas fechas fuera de tu órbita normal, tal vez sea por tus responsabilidades profesionales. La luna nueva del 18 en tu décima casa propiciará que triunfes más aún en tu trabajo este mes. Además, los asuntos profesionales se despejarán en las próximas semanas, hasta la próxima luna nueva. Se aclararán tus dudas sobre tus cuestiones profesionales.

Un progenitor o figura parental llevará una vida social muy intensa este mes. Es posible que se haya divorciado en los últimos años. Si es así, iniciará una relación.

Tu vida amorosa podría ser mucho mejor. Neptuno y Saturno, los dos planetas relacionados con esta parcela de tu vida, son retrógrados este mes. Además, tu planeta del amor recibe aspectos desfavorables en tu carta astral. Por eso, si tienes pareja, tendréis que esforzaros más para seguir juntos. Cuando se dan estos aspectos, el tiempo y nada más será el que lo resolverá todo de maravilla.

Tu salud mejorará a partir del 22. Mientras tanto, descansa lo suficiente. Dudo de que puedas ignorar tu trabajo o tus responsabilidades sociales, pero céntrate en lo realmente importante y deja a un lado lo secundario. Fortalece tu salud con las propuestas planteadas en las previsiones de este año.

Marte se alojará en tu duodécima casa de la espiritualidad el mes entero. Este aspecto muestra que deseas expresar tus ideales por medio de las acciones físicas. Ahora puedes ser más activista en este sentido. A un nivel más profundo, indica que te conviene limpiar tu mente y tus emociones de todo cuanto bloquea la energía espiritual.

Julio

Mejores días en general: 3, 4, 11, 12, 21, 22, 30, 31
Días menos favorables en general: 1, 2, 7, 8, 13, 14, 15, 28, 29
Mejores días para el amor: 2, 7, 8, 10, 17, 19, 20, 27, 29
Mejores días para el dinero: 2, 3, 4, 10, 11, 12, 19, 20, 21, 22, 23, 24, 29, 30, 31
Mejores días para la profesión: 8, 13, 14, 15, 18, 19, 30

Como Mercurio, el regente de tu horóscopo, seguirá «fuera de límites» hasta el 6, todavía te mueves fuera de tu terreno en el aspecto personal, profesional y social. Los demás ahora te ven así. Y quizá disfrutas de la imagen que das.

Este mes será también social, aunque no tendrá que ver con el amor, ya que las relaciones serán más bien platónicas. Pero también pueden ser placenteras. La luna nueva del 17 en tu undécima casa propiciará una jornada social excelente. Atraerás a personas espirituales en tu vida social y tal vez participarás en grupos espirituales o entidades de beneficencia en estos días.

Te espera un mes sumamente espiritual. El Sol ingresará en tu duodécima casa el 23. Mercurio, el regente de tu horóscopo, también la ocupa desde el 11. Y Venus lleva alojado en esta casa desde el 5 de junio. Esta coyuntura se puede interpretar de muchas formas. Tu intuición financiera es ahora extraordinaria, aunque a partir del 24 te convendrá comprobarla más. Si en el aspecto espiritual y económico haces lo correcto, tu aspecto personal y tu profesión progresarán por sí solos. Tu vida onírica será más activa en estas fechas. No te sorprendas si además se dan extraños fenómenos sobrenaturales.

Por un lado, el ingreso de Marte en tu signo el 11 te dará más energía. Tu atractivo sexual —tu magnetismo sexual— será también mucho más potente de lo habitual. Destacarás en el ejercicio físico y los deportes, en lo que mejor se te da. Pero por el otro, este aspecto planetario favorece que seas demasiado beligerante, discutidor y apresurado. Y este proceder puede causar enfrentamientos, accidentes o lesiones. Las prisas no son buenas en estos días, porque la actividad retrógrada es elevada, el cuarenta por ciento de planetas serán retrógrados a partir del 24. Y por más que corras y te empecines en que todo acaezca más deprisa, la vida no se acelerará.

Tu salud ha mejorado mucho comparada con la del mes anterior. Plutón ya no se aloja en tu sexta casa de la salud, pero tu planeta de la salud recibirá aspectos desfavorables a partir del 24. Es posible que hagas cambios en tu programa de salud. Tu situación laboral también parece ahora más complicada.

El ingreso de Mercurio en tu signo el 29, aumentará tu autoestima y confianza. También te traerá oportunidades profesionales. La gente te verá como un triunfador.

Agosto

Mejores días en general: 7, 8, 17, 18, 26, 27
Días menos favorables en general: 3, 4, 10, 11, 24, 25, 30, 31
Mejores días para el amor: 3, 4, 5, 6, 13, 14, 15, 23, 24, 25, 30, 31
Mejores días para el dinero: 5, 6, 7, 8, 14, 15, 17, 18, 19, 20, 21, 24, 25, 26, 27
Mejores días para la profesión: 7, 8, 10, 11, 17, 18, 26, 27

Marte seguirá en tu signo casi todo el mes y la actividad retrógrada aumentará más. A finales de mes el sesenta por ciento de los planetas serán retrógrados, el porcentaje máximo del año. O sea, que no es el momento de apresurarte. Aunque este mes te sientas frustrado, es normal dadas las circunstancias, no te servirá de nada. Practica «el arte de lo posible»; es decir, haz simplemente lo que puedas hacer, y deja para más adelante lo demás. Practica la paciencia, aunque el estómago se te revuelva y el cuello se te tense.

El ritmo de la vida ha bajado, pero aun así te espera un mes feliz. Cuando el Sol ingrese en tu signo el 23, empezará una de tus temporadas más placenteras del año. Ha llegado el momento de disfrutar de los placeres de los sentidos y de poner en forma tu cuerpo y actualizar tu imagen tal como deseas. Como el Sol es tu planeta de la espiritualidad, no te sorprendas si tu cuerpo se vuelve más sensible en este periodo. Significa que ahora su vibración es más elevada. Está más afinado y es más sensible a las energías espirituales. Es un buen mes para hacer los cambios necesarios para ser feliz. El único problema es que como Mercurio es retrógrado, no sabrás exactamente qué cambios hacer.

Deberás esforzarte más en tu relación este mes, sobre todo a partir del 24. Procura superar el bache sin empeorar las cosas. Ni tu pareja ni tú tenéis claras las cosas. No te conviene tomar decisiones importantes en el amor. Espera a que los planetas vuelvan a ser directos.

Tus finanzas también se complicarán, ya que Venus, tu planeta de la economía, es retrógrado. Comprueba tus intuiciones financieras antes de saltar a la acción. Evita las adquisiciones o las inversiones importantes este mes. Si no las puedes aplazar, estudia a fondo antes estas operaciones financieras.

La luna nueva del 16 en tu duodécima casa de la espiritualidad propiciará una jornada espiritual poderosísima. Tendrás percepciones interiores y comprensiones. Tu vida onírica será activa y reveladora. Y lo más importante es que las cuestiones espirituales se esclarecerán en las próximas semanas.

Septiembre

Mejores días en general: 4, 5, 13, 14, 15, 23, 24
Días menos favorables en general: 6, 7, 21, 22, 27, 28
Mejores días para el amor: 1, 2, 3, 9, 10, 11, 12, 19, 21, 22, 27, 28, 30
Mejores días para el dinero: , 3, 4, 5, 11, 12, 14, 15, 16, 17, 21, 22, 23, 24, 30
Mejores días para la profesión: 4, 5, 6, 7, 13, 14, 15, 23, 24

La actividad retrógrada se mantendrá en su punto culminante hasta el 16, pero ahora que Marte ya no se aloja en tu signo, probablemente manejas mejor la situación.

Te encuentras en una de tus temporadas más placenteras del año y durará hasta el 23. Tu planeta de la espiritualidad en tu signo te da un brillo sobrenatural y una imagen glamurosa. Pero con todo, te conviene seguir trabajando a fondo en tu vida amorosa, pues está llena de confusión en estos días.

La buena noticia es que tus finanzas empiezan a enderezarse. Venus, tu planeta de la economía, será directo el 4. Tu intuición financiera será muy fiable en estas fechas, siempre lo es, pero probablemente la interpretarás mejor. Cuando el Sol ingrese en tu casa del dinero el 23, empezará una de tus mejores temporadas económicas del año. Serás sin duda más caritativo y generoso en este periodo. También te llegará «dinero milagroso», lo contrario del «dinero natural». El dinero milagroso es el que te llega inesperadamente de fuentes inesperadas. Cuando te llegue, sabrás a lo que me refiero. El dinero natural es el ganado por medio del trabajo, las inversiones, la familia o tu pareja. El mundo espiritual te hace saber que desea que seas próspero. Además, te guiará a este destino.

Marte en tu casa del dinero el mes entero te empuja a correr más riesgos en las finanzas, ten cuidado en este sentido. Como este planeta es el regente de tu octava casa, también te anima a usar el dinero sobrante para pagar las deudas. Es además un buen momento para pedir préstamos y atraer a inversores del extranjero para tus proyectos si tienes buenas ideas. Tu cónyuge, pareja o amante actual será al parecer activo en tu vida económica en estos días.

Cuando Mercurio sea directo el 15, será seguro hacer los cambios necesarios para ser feliz. Mercurio en tu signo mejora tu imagen personal y te rodea del aura del éxito. Eres alguien importante o estás en camino de serlo.

Octubre

Mejores días en general: 1, 2, 11, 12, 20, 21, 28, 29
Días menos favorables en general: 3, 4, 18, 19, 24, 25
Mejores días para el amor: 7, 9, 10, 11, 17, 20, 21, 24, 25, 28, 29
Mejores días para el dinero: 1, 2, 9, 10, 11, 12, 20, 21, 28, 29
Mejores días para la profesión: 2, 3, 4, 24

Este mes lo más destacado son los dos eclipses que habrá. No te impactarán con fuerza, pero si afectaran a algún punto sensible de tu carta astral, trazada según la fecha, hora y lugar exactos de tu nacimiento. Podrían ser potentes. Los eclipses afectarán al mundo en general y también a nivel personal. Me limitaré a describir los efectos que tendrán sobre ti. Para conocer los efectos mundiales, lee simplemente la prensa este mes.

El eclipse solar del 14 al caer en tu casa del dinero provocará cambios económicos importantes en esta esfera de tu vida. Como te encuentras en una de tus mejores temporadas económicas del año y durará hasta el 23, creo que los trastornos y cambios serán positivos. Fomentarán tu prosperidad. Pero te convendrá cambiar tus suposiciones y estrategias financieras. Como ocurre con los eclipses solares, también se darán cambios espirituales. Ya los viviste en el eclipse solar del 20 de abril. Volverán a suceder cambios importantes en tu vida espiritual relacionados con las actitudes personales, las enseñanzas, los maestros y la práctica. Con frecuencia, experimentarás alguna revelación nueva que causará estos cambios. Es algo natural y normal. Surgirán trastornos y problemas en las organizaciones espirituales o de beneficencia en las que participas, y las figuras de gurús de tu vida se enfrentarán a inconvenientes en su vida. Tus hermanos o figuras fraternas también vivirán este tipo de sucesos.

El eclipse lunar del 28 en tu novena casa afectará a los estudiantes universitarios. Habrá cambios drásticos en los planes de estudios. Quizá un profesor que te gusta o un curso al que te has apuntado ya no estarán disponibles. Tal vez ocurra algún trastorno en la universidad o cambien al rector. Como es una temporada muy venturosa para los estudiantes universitarios, estos cambios pese a no ser siempre agradables cuando acaecen, serán positivos. De nuevo, como te sucedió el 20 de abril, tus creencias religiosas serán puestas a prueba. Será necesario cambiarlas, y algunas las desecharás. Este eclipse lunar, como el de mayo, afectará a tus amigos y las organizaciones comerciales y profesionales en las que participas. Habrá conmoción y acontecimientos en estos sectores. Los ordenadores y los equipos de tecnología puntera también pueden fallar. Haz copias de seguridad de los archivos importantes y evita abrir los correos electrónicos de desconocidos. No pinches en los enlaces, aunque sean de conocidos.

Noviembre

Mejores días en general: 7, 8, 16, 17, 25, 26
Días menos favorables en general: 1, 14, 15, 21, 22, 27, 28
Mejores días para el amor: 3, 8, 9, 13, 18, 19, 21, 22, 27, 28, 30
Mejores días para el dinero: 7, 8, 9, 10, 11, 16, 18, 19, 25, 27, 28
Mejores días para la profesión: 1, 2, 3, 23, 24, 27, 28

La actividad retrógrada empieza a descender. A partir del 4 solo el treinta por ciento de los planetas serán retrógrados. El porcentaje máximo se reducirá a la mitad. Es un número aceptable.

Tu vida amorosa mejorará mucho este mes. Saturno empezará a avanzar hacia tu cuarta casa, y Neptuno, pese a ser retrógrado aún, se está preparando para ser directo. Y lo más importante es que Neptuno recibe aspectos muy favorables, una estimulación positiva. Tu relación de pareja se empezará a desbloquear. La claridad regresará a tu vida amorosa, aunque todavía no sea por completo.

Tu salud es buena, pero préstale más atención a partir del 22. Descansa lo suficiente, siempre es importante para ti. Como tu planeta de la salud será retrógrado el mes entero, ten cuidado a la hora de hacer cambios importantes en tu programa de salud. Sé muy receloso con los suplementos vitamínicos o los remedios milagrosos. Analiza a fondo cualquier tipo de tratamiento que te propongan. Evita también las pruebas o los tratamientos médicos, sobre todo si es posible. Déjalos para más adelante, ya que al ser tu planeta de la salud retrógrado, tenderán a ser inexactos. Si no te es posible aplazar las pruebas médicas y no estás conforme con los resultados, obtén una segunda opinión, pero en una fecha más tarde.

Tu economía será buena este mes. Venus en tu signo hasta el 8 es siempre un buen aspecto para las finanzas. El mes pasado también lo ocupó. Te trae ingresos inesperados y oportunidades económicas provechosas. El dinero te perseguirá en esta temporada en lugar de ser al contrario. Gastarás en ti y vestirás lujosamente. Venus ingresará en tu casa del dinero el 8, su propio signo y casa. Como Venus es poderoso en su propio signo y casa, esta coyuntura también es excelente para tu economía. Tus ingresos aumentarán.

Al ser tu tercera casa poderosa hasta el 22, te convendrá volcarte en tus intereses intelectuales, como la lectura, los estudios, las enseñanzas, el blogueo y otras actividades similares. Es un buen momento para los estudiantes. Aprenderán con facilidad. Tus facultades mentales serán más agudas de lo habitual.

Cuando el Sol ingrese en tu cuarta casa el 22, te encontrarás en la hora de la medianoche de tu año, metafóricamente hablando. Será el momento idóneo para dedicarte a tu vida interior; o sea, el hogar, la familia y el bienestar emocional. Como incluso Mercurio, tu planeta de la profesión, se alojará en tu cuarta casa a partir del 10, el hogar, la familia y el bienestar emocional serán tu misión, tu auténtica profesión, a partir del 10.

Diciembre

Mejores días en general: 4, 5, 6, 14, 15, 22, 23, 31
Días menos favorables en general: 11, 12, 18, 19, 24, 25
Mejores días para el amor: 9, 10, 18, 19, 28, 30
Mejores días para el dinero: 4, 7, 8, 9, 14, 18, 19, 22, 28, 30, 31
Mejores días para la profesión: 4, 14, 22, 24, 25, 30

Cuando Neptuno, tu planeta del amor, sea directo el 6, la claridad y la confianza regresarán a tu vida amorosa. Tu criterio social será bueno en esta temporada. El único problema en el ámbito amoroso será que tu planeta del amor recibe aspectos desfavorables. Te conviene trabajar más en tu relación actual. Pero la situación cambiará a partir del 23, cuando tu planeta del amor empiece a recibir aspectos favorables. Si no tienes pareja, no es un buen momento para contraer matrimonio, aunque te surjan oportunidades para ello.

Presta atención a tu salud. Como el mes anterior, evita las pruebas o los tratamientos médicos si es posible. No hagas cambios importantes en tu programa de salud, ya que tu planeta de la salud todavía es retrógrado. Descansa lo suficiente y fortalece tu salud con las propuestas planteadas en las previsiones de este año.

Casi todo el poder se encuentra todavía en tu cuarta casa este mes. Mercurio, tu planeta de la profesión, se alojará un tiempo en Capricornio y Sagitario, por lo que tu hogar —y los hijos— serán tu auténtica profesión este mes. Marte ocupará tu cuarta casa el mes entero. Este aspecto se puede interpretar de muchas formas. En el plano puramente material, indica que es un momento excelente para hacer reformas o reparaciones importantes en el hogar. Los miembros de tu familia podrían tener experiencias cercanas a la muerte, quizá pasen por el quirófano. A un nivel más profundo, es un gran mes para limpiar tanto el pasado como tu vida emocional de patrones negativos. Marte, junto con Plutón, rige la depuración. La sanación emocional será todo un reto para ti, ya que los recuerdos profundos y traumáticos, basados en el miedo, aflorarán para que los superes. Pero si persistes en esta limpieza, saldrás de este proceso siendo una mejor persona. La luna nueva del 12 en tu cuarta casa aclarará más todavía las cuestiones emocionales y familiares de tu vida en las próximas semanas.

Como tu planeta de la economía se alojará en el signo de Escorpio del 5 al 30, la depuración también se producirá a nivel económico. Es mejor que cooperes en este proceso. Despréndete de los objetos que no necesites o uses. Véndelos o dónalos a organizaciones de beneficencia. Empieza a «despejar» tu vida económica. Menos será más para ti en esta temporada. Te expandirás reduciendo; es decir, al reducir las cuentas bancarias y los gastos innecesarios en tu economía. No me refiero a recortar lo necesario, sino lo superfluo.

Libra

♎

La Balanza

Nacidos entre el 23 de septiembre y el 22 de octubre

Rasgos generales

LIBRA DE UN VISTAZO

Elemento: Aire

Planeta regente: Venus
Planeta de la profesión: la Luna
Planeta de la salud: Neptuno
Planeta del amor: Marte
Planeta del dinero: Plutón
Planeta del hogar y la vida familiar: Saturno
Planeta de la suerte: Mercurio

Colores: Azul, verde jade
Colores que favorecen el amor, el romance y la armonía social: Carmín, rojo, escarlata
Colores que favorecen la capacidad de ganar dinero: Borgoña, rojo violáceo, violeta

Piedras: Cornalina, crisolita, coral, esmeralda, jade, ópalo, cuarzo, mármol blanco

Metal: Cobre

Aromas: Almendra, rosa, vainilla, violeta

Modo: Cardinal (= actividad)

Cualidades más necesarias para el equilibrio: Sentido del yo, confianza en uno mismo, independencia

Virtudes más fuertes: Buena disposición social, encanto, tacto, diplomacia

Necesidades más profundas: Amor, romance, armonía social

Lo que hay que evitar: Hacer cosas incorrectas para ser aceptado socialmente

Signos globalmente más compatibles: Géminis, Acuario

Signos globalmente más incompatibles: Aries, Cáncer, Capricornio

Signo que ofrece más apoyo laboral: Cáncer

Signo que ofrece más apoyo emocional: Capricornio

Signo que ofrece más apoyo económico: Escorpio

Mejor signo para el matrimonio y/o las asociaciones: Aries

Signo que más apoya en proyectos creativos: Acuario

Mejor signo para pasárselo bien: Acuario

Signos que más apoyan espiritualmente: Géminis, Virgo

Mejor día de la semana: Viernes

La personalidad Libra

En el signo de Libra la mente universal (el alma) expresa el don de la relación, es decir, el poder para armonizar diversos elementos de modo unificado y orgánico. Libra es el poder del alma para expresar la belleza en todas sus formas. Y ¿dónde está la belleza si no es dentro de las relaciones? La belleza no existe aislada; surge de la comparación, de la correcta relación de partes diferentes. Sin una relación justa y armoniosa no hay belleza, ya se trate de arte, modales, ideas o asuntos sociales o políticos.

Los seres humanos tenemos dos facultades que nos elevan por encima del reino animal. La primera es la facultad racional, como se expresa en los signos de Géminis y Acuario. La segunda es la facultad estética, representada por Libra. Sin sentido estético seríamos poco más que bárbaros inteligentes. Libra es el instinto o impulso civilizador del alma.

La belleza es la esencia de lo que son los nativos de Libra. Están aquí para embellecer el mundo. Podríamos hablar de la buena disposición social de este signo, de su sentido del equilibrio y del juego limpio, de su capacidad de ver y amar el punto de vista de los demás, pero eso sería desviarnos de su bien principal: su deseo de belleza.

Nadie existe aisladamente, no importa lo solo o sola que parezca estar. El Universo es una vasta colaboración de seres. Los nativos de Libra, más que la mayoría, lo comprenden y comprenden las leyes espirituales que hacen soportables y placenteras las relaciones.

Un nativo de Libra es un civilizador, armonizador y artista inconsciente, y en algunos casos consciente. Este es el deseo más profundo de los Libra y su mayor don. Por instinto les gusta unir a las personas, y están especialmente cualificados para hacerlo. Tienen el don de ver lo que puede unir a la gente, las cosas que hacen que las personas se atraigan en lugar de separarse.

Situación económica

En materia económica, muchas personas consideran a los nativos de Libra frívolos e ilógicos, porque parecen estar más interesados en ganar dinero para otros que para ellos mismos. Pero esta actitud tiene una lógica. Los Libra saben que todas las cosas y personas están relacionadas, y que es imposible ayudar a alguien a prosperar sin prosperar también uno mismo. Dado que colaborar para aumentar los ingresos y mejorar la posición de sus socios o su pareja va a fortalecer su relación, Libra decide hacerlo. ¿Qué puede ser más agradable que estrechar una relación? Rara vez nos encontraremos con un Libra que se enriquezca a expensas de otra persona.

Escorpio es el signo que ocupa la segunda casa solar de Libra, la del dinero, lo cual da a este signo una perspicacia no habitual en asuntos económicos y el poder de centrarse en ellos de un modo aparentemente indiferente. De hecho, muchos otros signos acuden a Libra para pedirle consejo y orientación en esta materia.

Dadas sus dotes sociales, los nativos de Libra suelen gastar grandes sumas de dinero invitando a los demás y organizando acontecimientos sociales. También les gusta pedir ayuda a otros cuando la necesitan. Harán lo imposible por ayudar a un amigo en desgracia, aunque tengan que pedir un préstamo para ello. Sin embargo, también tienen mucho cuidado en pagar todas sus deudas y procuran que jamás haya necesidad de recordárselo.

Profesión e imagen pública

En público a los Libra les gusta parecer paternales. Sus amigos y conocidos son su familia, y ejercen el poder político de manera paternal. También les gustan los jefes que son así.

Cáncer está en la cúspide de su casa diez, la de la profesión, por lo tanto, la Luna es su planeta de la profesión. La Luna es con mucho el planeta más rápido y variable del horóscopo; es el único entre todos los planetas que recorre entero el zodiaco, los 12 signos, cada mes. Nos da una clave importante de la manera como los Libra enfocan su profesión y también de algunas de las cosas que necesitan hacer para sacar el máximo rendimiento de su potencial profesional. La Luna es el planeta de los estados de ánimo y los sentimientos, y los Libra necesitan una profesión en la cual tengan libertad para expresar sus emociones. Por eso muchos se dedican a las artes creativas. Su ambición crece y mengua como la Luna. Tienden a ejercer el poder según su estado de ánimo.

La Luna «rige» las masas, y por eso el mayor objetivo de los Libra es obtener una especie de aplauso masivo y popularidad. Los que alcanzan la fama cultivan el amor del público como otras personas cultivan el cariño de un amante o amigo. En su profesión y sus ambiciones, los Libra suelen ser muy flexibles, y muchas veces volubles. Por otro lado, son capaces de conseguir sus objetivos de muchas y diversas maneras. No se quedan estancados en una sola actitud ni en una sola manera de hacer las cosas.

Amor y relaciones

Los nativos de Libra expresan su verdadero genio en el amor. No podríamos encontrar una pareja más romántica, seductora y justa que una persona Libra. Si hay algo que con seguridad puede destruir una relación, impedir el flujo de la energía amorosa, es la injusticia o el desequilibrio entre amante y amado. Si uno de los dos miembros de la pareja da o recibe demasiado, seguro que en uno u otro momento surgirá el resentimiento. Los Libra tienen mucho cuidado con esto. Si acaso, podrían pecar por el lado de dar más, jamás por el de dar menos.

Si estás enamorado o enamorada de una persona Libra, procura mantener vivo el romance. Preocúpate de las pequeñas atenciones y los detalles: cenas iluminadas con velas, viajes a lugares exóticos, flores y obsequios. Regálale cosas hermosas, aunque no necesariamente tienen que ser caras; envíale tarjetas; llámala por teléfono con regularidad aunque no tengas nada especial que decirle. Los detalles son muy importantes. Vuestra relación es una obra de arte: hazla hermosa y tu amor Libra lo apreciará. Si además muestras tu creatividad, lo apreciará aún más, porque así es como tu Libra se va a comportar contigo.

A los nativos de Libra les gusta que su pareja sea dinámica e incluso voluntariosa. Saben que esas son cualidades de las que a veces ellos carecen y por eso les gusta que su pareja las tenga. Sin embargo, en sus relaciones sí que pueden ser muy dinámicos, aunque siempre de manera sutil y encantadora. La «encantadora ofensiva» y apertura de Gorbachov a fines de la década de 1980, que revolucionó a la entonces Unión Soviética, es típica de un Libra.

Los nativos de este signo están resueltos a hechizar al objeto de su deseo, y esta determinación puede ser muy agradable si uno está en el puesto del receptor.

Hogar y vida familiar

Dado que los Libra son muy sociales, no les gustan particularmente las tareas domésticas cotidianas. Les encanta que su casa esté bien organizada, limpia y ordenada, que no falte nada de lo necesario, pero los quehaceres domésticos les resultan una carga, una de las cosas desagradables de la vida, que han de hacerse cuanto más rápido mejor. Si tienen dinero suficiente, y a veces aunque no lo tengan, prefieren pagar a alguien para que les haga las tareas domésticas. Pero sí les gusta ocuparse del jardín y tener flores y plantas en casa.

Su casa será moderna y estará amueblada con excelente gusto. Habrá en ella muchas pinturas y esculturas. Dado que les gusta estar con amigos y familiares, disfrutan recibiéndolos en su hogar y son muy buenos anfitriones.

Capricornio está en la cúspide de su cuarta casa solar, la del hogar y la familia. Sus asuntos domésticos los rige pues Saturno, el planeta de la ley, el orden, los límites y la disciplina. Si los Libra desean tener una vida hogareña feliz, deberán desarrollar algunas de las cualidades de Saturno: orden, organización y disciplina. Al ser tan creativos y necesitar tan intensamente la armonía, pueden tender a ser demasiado indisciplinados en su casa y demasiado permisivos con sus hijos. Un exceso de permisividad no es bueno: los niños necesitan libertad, pero también límites.

Horóscopo para el año 2023*

Principales tendencias

Tu salud mejora a paso firme. Plutón, que ha formado un aspecto desfavorable en tu carta astral durante más de veinte años, empezará a formar un aspecto armonioso. Será un proceso de dos años. Este año y el próximo planeará entre Capricornio y Acuario: entre un aspecto armonioso y uno inarmónico. Júpiter dejará de formar un aspecto desfavorable el 17 de mayo. Al terminar el año solo un planeta lento formará un aspecto desfavorable en tu carta astral. Volveremos sobre este tema más adelante.

Los retrocesos y avances de Plutón entre Acuario y Capricornio también muestran que habrá cambios importantes en tu economía. Serás menos conservador y más experimentador en esta parcela de tu vida.

El principal titular este año es el amor. Júpiter se alojará en tu séptima casa del amor hasta el 17 de mayo. Este aspecto muestra que mantendrás una relación amorosa importante, en especial si no tienes pareja. También llegarán a tu vida nuevas amistades. Tu círculo social aumentará. Serás muy feliz en el amor y en tu vida social este año.

Tu sexta casa de la salud y del trabajo es poderosa hace ya muchos años. El año pasado fue potentísima, y en este también lo será. Saturno ingresará en tu sexta casa el 8 de marzo y la ocupará

---

* Las previsiones de este libro se basan en el Horóscopo Solar y en todos los signos derivados del mismo: tu signo solar se convierte en el Ascendente, y las casas se numeran a partir de él. Tu horóscopo personal, el trazado concretamente para ti (según la fecha, hora y lugar exactos de tu nacimiento) podría modificar lo que se indica aquí. Joseph Polansky.

durante dos años y medio. Se unirá a Neptuno que ya la ocupa, lleva muchos años en esta casa. De modo que estarás muy pendiente de tu salud y te surgirán oportunidades laborales. Volveremos sobre este tema más adelante.

Urano lleva ya en tu octava casa muchos años y la ocupará varios más. Por eso te gusta experimentar en el amor. Estás aprendiendo lo que a ti te funciona. Dispones de todos los libros de «cómo» y estás aprendiendo a conocer tu propio cuerpo. Tu cónyuge, pareja o amante actual también ha estado experimentando en las finanzas. Este año, cuando Júpiter ingrese en tu octava casa el 17 de mayo, tu pareja verá los resultados positivos de esta experimentación. Gozará de una gran prosperidad este año.

Tus intereses destacados este año serán el hogar y la familia (del 1 de enero al 24 de marzo, y a partir del 12 de junio). Los hijos, la diversión y la creatividad (del 1 de enero al 8 de marzo, y del 24 de marzo al 12 de junio). La salud y el trabajo. El amor y las relaciones amorosas (hasta el 17 de mayo). Y el sexo, la transformación y la reinvención personales, y el ocultismo (a partir del 17 de mayo).

Este año lo que más te gratificará será el amor y las relaciones amorosas (del 1 de enero al 17 de mayo, y a partir del 18 de julio). Y el sexo, la transformación y la reinvención personales, y el ocultismo.

Salud

(Ten en cuenta que se trata de una perspectiva astrológica de la salud, no de una médica. En el pasado, no había ninguna diferencia, ambas eran idénticas, pero en la actualidad podrían diferir mucho. Para obtener un punto de vista médico, consulta a tu médico de cabecera o a un profesional de la salud).

Como he señalado, tu salud está mejorando. Y el año entrante será aún mejor. Habrá épocas en que tu salud y energía flojearán un poco, quizá sufras incluso algún que otro achaque, pero serán solo los efectos pasajeros de los tránsitos de los planetas rápidos y no la tendencia del año. Volverás a gozar de salud, es cuestión de tiempo, ya que los planetas lentos formarán aspectos incluso más armoniosos en tu carta astral.

Por buena que sea tu salud, siempre puedes mejorarla. Presta más atención a las siguientes zonas vulnerables de tu carta astral.

Los riñones y las caderas. Estas zonas siempre son importantes para los Libra. Te sentará bien trabajar los puntos reflejos de estas partes del cuerpo. Los masajes regulares en las caderas no solo fortalecen los riñones y las caderas, sino también las lumbares.

Los pies. Los pies siempre son importantes para los Libra, ya que Neptuno es tu planeta de la salud. Y como Neptuno se aloja en tu sexta casa hace muchos años, son incluso más importantes. Incluye en tu programa de salud los masajes regulares en los pies, no solo fortalecerás esta zona, sino todo tu cuerpo.

La columna, las rodillas, los huesos, la dentadura, la piel y la alineación esquelética en general. Estas zonas serán importantes a partir del 8 de marzo durante dos años y medio. Te sentará bien trabajar los puntos reflejos de estas partes del cuerpo. Los masajes regulares en la espalda y las rodillas te sentarán de maravilla. Visitar con regularidad a un quiropráctico o un osteópata es una buena idea, pues te conviene mantener las vértebras bien alineadas. Ejercicios como el yoga y el Pilates son muy beneficiosos, sobre todo las asanas que trabajan la columna. Las terapias como la técnica Alexander, el Rolfing o el método Feldenkries te serán muy útiles. Si tomas el sol, usa un protector solar de calidad. Una buena higiene dental es más importante de lo habitual. Asegúrate de tener un nivel adecuado de calcio para gozar de huesos saludables.

Al ser Neptuno tu planeta de la salud, los métodos espirituales de sanación siempre son excelentes para ti. Y ahora incluso lo son más todavía. Si los pones en práctica, verás grandes milagros en tu salud, ya que el espíritu controla el cuerpo por entero a través de la mente. Si te notas un tono vital bajo, recurre a un sanador espiritual. Te conviene leer sobre este tema, existe mucho material sobre él. Si te interesa, en mi blog www.spiritual-stories.com encontrarás un caudal de información sobre esta cuestión.

En tu carta astral los problemas de salud nunca son lo que parecen. Si lo Divino quiere que le prestes atención, dejará que padezcas algún problema de salud. (Nunca te lo enviará). Y cuando le prestes la atención que te pide, tu dolencia desaparecerá por sí sola al haber cumplido con su función.

Es muy importante rezar y vivir en estado de gracia. No solo es bueno para ti, sino que es esencial para tu salud.

Hogar y vida familiar

Plutón lleva ya alojado en tu cuarta casa muchos años, más de veinte. Por eso tu hogar y tu familia han experimentado una depuración cósmica de larga duración. Aunque no ha sido agradable, las depuraciones raras veces lo son. A lo largo de los años ha habido muertes en tu familia, quizá la de un progenitor o figura parental. O a lo mejor no han fallecido físicamente, pero han vivido experiencias cercanas a la muerte y además han pasado por el quirófano varias veces.

Cuentas con el apoyo de tu familia. Gastarás en el hogar y la familia, y los tuyos te devolverán el favor.

El hecho de que Plutón, tu planeta de la economía, lleve tantos años alojado en tu cuarta casa, refleja que tu hogar ha sido además un lugar de trabajo. Has instalado un despacho o equipos ofimáticos en tu casa, y la tendencia se dará también este año, pero con menor intensidad.

Saturno, tu planeta de la familia, realizará un ingreso importante en tu sexta casa el 8 de marzo. Este aspecto muestra que estás instalando un equipo para mantenerte sano en tu domicilio y que te dedicas a adaptar tu vivienda para que sea un lugar más saludable. Será como estar en un balneario o un gimnasio, además de tu hogar. Este ingreso también muestra que la salud emocional es importante para ti.

No hay nada en contra de una mudanza este año, pero si cambias de domicilio ve a un lugar que esté cerca del agua, de un campo de golf, un balneario o una clínica médica.

Si planeas hacer reformas, del 1 de enero al 24 de marzo, y del 12 de junio hasta finales de año es un buen momento. Si piensas decorar de nuevo tu casa o comprar objetos de arte para embellecerla, del 27 al 30 de enero, del 7 al 10 de mayo, y del 4 al 7 de diciembre son buenas fechas.

Un progenitor o figura parental será más espiritual este año: más tierno, bondadoso y amable. Es posible que se mude a otro lugar. Si está en edad de concebir, será muy fértil este año. Tus hijos o figuras filiales están prosperando, pero no es probable que se muden a otra parte, aunque no hay nada en contra. Tus hijos o figuras filiales en edad de concebir serán más fértiles de lo usual. Tus nietos, en el caso de que los tengas, ansían hacer un cambio doméstico, pero no es probable que ocurra este año, seguramente será el próximo.

Profesión y situación económica

Si bien tu casa del dinero no destacará este año —este aspecto muestra la tendencia a que todo siga igual—, se darán cambios económicos importantes a largo plazo. Pero no ocurrirán de un día para otro, será más bien un proceso de muchos años. El proceso se iniciará del 24 de marzo al 12 de junio de este año. Plutón, tu planeta de la economía, empezará su transición de dos años de Capricornio a Acuario.

Ahora hace ya muchos años que eres conservador en los asuntos de dinero. Has evitado los riesgos. Y si decidiste correr alguno, calculaste la operación a fondo y te protegiste al máximo. Tu criterio financiero ha sido bueno casi siempre, aunque quizá flojeara un poco cuando Plutón recibía aspectos desfavorables de planetas rápidos, o cuando era retrógrado. Has tenido una visión de la riqueza a largo plazo y la has ido acumulando paso a paso de forma metódica. En la mayoría de ocasiones has evitado ganar «dinero rápido». Has gastado en el hogar y la familia, y has contado con el gran apoyo de los tuyos. Tu hogar y tu familia también te han dado beneficios, y tus contactos familiares han sido esenciales para la entrada de ingresos. Pero ahora Plutón empieza a cambiar de signo. Su ingreso en Acuario, tu quinta casa, muestra un cambio en tus suposiciones y estrategias financieras. Ahora te gusta más correr riesgos y especular. No amasarás una gran fortuna, pero disfrutarás del dinero que tienes. Gastarás en cosas placenteras. Aprenderás a disfrutar ganando dinero. Lo obtendrás de formas amenas. Si eres un inversor, la música, el ocio, los videojuegos, los fabricantes de juguetes y otros sectores por el estilo, te parecerán una buena apuesta como inversión.

Gastarás más en tus hijos o figuras filiales de tu vida. En muchos casos, tus hijos te sustentarán materialmente. En otros, te motivarán a ganar más dinero. Y en algunas ocasiones, compartirán sus ideas lucrativas contigo.

El ingreso de Plutón en Acuario propicia el mundo de la tecnología puntera y de internet, como los ordenadores, el software, las webs, el comercio digital…

Este año y el próximo oscilarás entre la actitud sobria de Capricornio y la actitud más despreocupada de Acuario.

En lo que respecta a tu profesión, tu décima casa no destacará este año. Está prácticamente vacía. Solo la transitarán los planetas rápidos y sus efectos serán pasajeros. Esta coyuntura indica que tu situación profesional será la misma. Estás satisfecho con cómo te van las cosas y no necesitas hacer cambios importantes en esta esfera de tu vida.

La Luna, tu planeta de la profesión, es el más raudo de todos. Los otros planetas rápidos, como el Sol, Mercurio y Venus, tardan un año en transitar por tu carta astral, en cambio la Luna lo hace cada mes. A lo largo del año la recorrerá doce veces. De ahí que se den muchas tendencias pasajeras relacionadas con la profesión que dependerán de dónde se encuentre la Luna y de los aspectos que reciba. En las previsiones mes a mes hablaré de estas tendencias con más detalle. Generalmente, los días de luna nueva y de luna llena son importantes para tu profesión. La fase de la luna creciente (cuando crece) es mejor para tu carrera que la de la luna menguante (cuando decrece). Durante la fase de la luna creciente tendrás más energía y entusiasmo para alcanzar tus objetivos profesionales que durante la de la luna menguante.

El eclipse lunar del 5 de mayo te traerá cambios económicos y profesionales, quizá turbulencias. En las previsiones mes a mes hablaré de este aspecto planetario más a fondo.

Amor y vida social

El principal titular es que te espera un año poderosísimo en cuanto al amor y tu vida social, un año feliz. Por eso es lógico que tu profesión y tu economía sean ahora menos importantes para ti. Tu prioridad será el amor, tu vida social y tu relación amorosa. A los Libra estas áreas de su vida les interesan mucho más que asuntos mundanos como el dinero y la profesión. Júpiter transitará por tu séptima casa del amor este año. Es un aspecto clásico de relaciones amorosas y expansión social. Indica felicidad y buena suerte en estos ámbitos. Si no tienes pareja, lo más probable es que conozcas a alguien especial este año. Seguramente contraerás matrimonio o mantendrás una relación que será como un matrimonio. Todos los Libra, tengan o no pareja, socializarán más, conocerán a gente nueva y harán nuevas amistades, y además serán importantes. De modo que asistirás a más bodas y a otra clase de reuniones sociales.

Como Júpiter se encuentra en tu séptima casa, te atraerán las personas extranjeras, los profesores y las personas religiosas. Tienes los aspectos planetarios de alguien que se enamora de su profesor, sacerdote o rabino. Los encuentros románticos surgirán en países extranjeros o en ambientes religiosos o académicos. Ahora valoras a las personas cultas y sumamente instruidas. Te gusta la gente de la que puedes aprender.

Al ser Marte tu planeta del amor, eres alguien que se «enamora a primera vista». Y este año te ocurrirá más todavía. Sabes lo que sientes al instante. Reconoces a la persona que es para ti en el acto. Aunque es posible que a veces te precipites demasiado en este sentido, y después de haber sufrido algunos duros golpes, aprendas a ser más precavido. Pero cuando tu intuición es buena, reconoces a tu alma gemela al instante.

Marte, tu planeta del amor, es bastante rápido. Los otros planetas rápidos, como el Sol, Mercurio y Venus, tardan un año en recorrer tu carta astral, en cambio Marte solo transitará por siete signos este año. Es un planeta «intermedio», se mueve más deprisa que los planetas lentos y más despacio que los sumamente rápidos. De ahí que se den muchas tendencias pasajeras en el amor que dependerán de dónde se encuentre Marte y de los aspectos que reciba. En las previsiones mes a mes hablaré de estas tendencias con más detalle.

Progreso personal

Clare Martin, en su excelente libro *Alchemy, the Soul of Astrology*, sostiene que los tránsitos de los planetas lentos, como Plutón, Neptuno, Urano y Saturno, deben entenderse como una alquimia cósmica en una determinada área de la vida. La alquimia nunca consistió en realidad en transformar el plomo en oro. Esta transmutación de los metales solo simbolizaba algo más profundo. La alquimia consistía en transformar el plomo psicológico —las experiencias, las actitudes y los hábitos negativos— en oro espiritual y psicológico. Parece un proceso natural que se da de manera automática, pero los resultados son mejores si entendemos el proceso y cooperamos con él. Es lo que ha sucedido a lo largo de veinte años en tu vida emocional con relación a tus estados de ánimo, tus sentimientos y tus respuestas emocionales. Tus patrones emocionales ya se han transformado casi del todo. Eres emocionalmente más sano que antes. Y como ahora Plutón transita por Acuario, verás este proceso alquímico en tu vida creativa, en tus ideas del placer y de la diversión, y en tus relaciones con tus hijos o figuras filiales. No son más que los inicios de este proceso, pero esta experiencia se volverá más intensa con el paso de los años.

Cuando Júpiter ingrese en tu octava casa el 17 de mayo —la ocupará el resto del año—, fomentará más todavía la alquimia cósmica que estás viviendo. Será un periodo de limpieza para sumergirte en tu subconsciente y limpiar los patrones emocionales y mentales negativos, o lo que quede de ellos. Será una buena temporada para las dietas adelgazantes y las depurativas. Y el momento propicio para engendrar a la persona que deseas ser, a tu yo ideal. Este yo ideal ya existe, pero está cubierto de masas de miedo, preocupaciones, creencias y, quizá, de efectos de experiencias traumáticas. Cuando limpies todas esas capas que lo cubren, saldrá a la luz tu yo ideal. Si deseas aprender más sobre este tema, puedes leer mi libro *A Technique for Meditation*, o visitar mi web www.spiritual-stories.com. Encontrarás mucha información sobre estos temas.

Como Mercurio, tu planeta de la espiritualidad, avanza raudamente por el firmamento, se darán muchas tendencias pasajeras relacionadas con la espiritualidad que dependerán de dónde se encuentre Mercurio y de los aspectos que reciba. En las previsiones mes a mes hablaré de estas tendencias con más detalle.

Previsiones mes a mes

Enero

Mejores días en general: 3, 4, 12, 13, 21, 22, 30, 31
Días menos favorables en general: 10, 11, 16, 17, 23, 24
Mejores días para el amor: 2, 3, 4, 12, 13, 16, 17, 21, 22, 30, 31
Mejores días para el dinero: 2, 6, 7, 8, 11, 16, 19, 20, 23, 29
Mejores días para la profesión: 2, 10, 11, 20, 21, 23, 24, 30, 31

Empiezas el año en la hora de la medianoche, hablando simbólicamente. El sesenta por ciento de los planetas, y en ocasiones el setenta por ciento, se encuentran por debajo del horizonte, y tu cuarta casa del hogar y de la familia es la más poderosa de tu carta astral. Por eso tu profesión ahora no es demasiado importante para ti, lo primordial es poner en orden tu situación doméstica y emocional. Es una buena temporada para planear tus movimientos profesionales futuros y para trabajar con tu profesión con los métodos nocturnos; es decir, la meditación, la visualización y la ensoñación controlada. Para ver y sentir adónde deseas llegar en tu profesión. Más adelante, cuando los planetas cambien, ya emprenderás las acciones necesarias para lograrlo, y además serán poderosas.

Presta atención a tu salud, sobre todo hasta el 20. Fortalécela descansando más y por medio de masajes en los pies y de técnicas espirituales de sanación.

Es un mes excelente para realizar progresos psicológicos. Tendrás muchas percepciones psicológicas. Te llegarán aunque sigas o no una terapia formal. Esta terapia cósmica hará aflorar recuerdos olvidados de un lejano pasado para que los observes con tu entendimiento y tu estado mental actual. No reescribirás la historia, simplemente la interpretarás de otra forma.

El amor es otro titular importante este mes y también los próximos. Júpiter en tu séptima casa es un indicador clásico de una relación amorosa seria o de matrimonio. Marte, tu planeta del amor, estará «fuera de límites» hasta el 4 de mayo. De modo que en el ámbito del amor te moverás fuera de tu esfera habitual, de tu órbita normal. También muestra que te atraerán las personas ajenas al ambiente por el que te mueves. Tu planeta del amor se alojará en tu novena casa este mes. Como será retrógrado hasta el 12, estarás indeciso en el amor. Pero a partir del 13, te aclararás en este sentido y todo volverá a funcionar. Pueden surgir oportunidades amorosas en ambientes docentes, en el extranjero, y en actos y entornos religiosos.

Tus finanzas prosperarán este mes. Tu planeta de la economía es directo y recibe aspectos excelentes. El 1, 2, 17 y 19 serán buenas jornadas para tu economía, aparte de los días citados.

Febrero

Mejores días en general: 1, 9, 10, 18, 19, 27, 28
Días menos favorables en general: 2, 3, 16, 17, 22, 23
Mejores días para el amor: 1, 2, 3, 9, 10, 12, 13, 18, 19, 22, 23, 27, 28
Mejores días para el dinero: 4, 5, 8, 12, 13, 14, 15, 17, 22, 23, 25
Mejores días para la profesión: 1, 2, 3, 9, 10, 20

Tu salud y energía han mejorado mucho. La mejoría ha sido espectacular. Te espera un mes feliz.

El 20 de enero empezó una de tus temporadas más placenteras del año, y durará hasta el 18 de este mes. Ha llegado el momento de sumergirte en los placeres de la vida. Te relacionarás más con tus hijos o tus figuras filiales. Son grandes maestros de la alegría. Aprenderás de ellos. Tu creatividad también es ahora enorme.

Cuando el Sol ingrese en tu sexta casa el 18, te apetecerá más trabajar. Si estás desempleado, surgirán buenas ofertas laborales. Pero aunque tengas trabajo, te surgirán oportunidades para hacer horas extras o dedicarte al pluriempleo. Muchos Libra están implicados en la sanación espiritual, y este mes cuando Venus viaje con tu planeta de la salud, harás grandes progresos en este sentido y tendrás percepciones interiores, sobre todo del 14 al 16. Gozar de buena salud es más importante para tu aspecto personal que aplicarte un montón de cremas y potingues.

Tu vida amorosa te va de maravilla. Júpiter se aloja aún en tu séptima casa del amor y Venus, el regente de tu horóscopo, se unirá a este planeta el 21. Ahora eres muy popular y muestras más agresividad en el amor. Pones a los demás primero y sabes que al hacerlo todo lo bueno de la vida te llegará con gran naturalidad. Marte, tu planeta del amor, estará incluso más «fuera de límites» aún este mes que el anterior, se moverá muy lejos de su órbita habitual. Así que en el amor te moverás fuera de tu terreno, explorarás mundos nuevos y encontrarás lo que buscas. Salir de tu ambiente es menos seguro, pero mucho más excitante.

Venus tendrá su solsticio del 21 al 24. Se detendrá en el firmamento en su movimiento latitudinal y luego cambiará de dirección. De modo que se dará una pausa en tus asuntos personales y después un cambio de rumbo. Pero no te alarmes, es algo natural. No se puede cambiar de dirección bruscamente. Primero se da una desaceleración, seguida de una pausa y un golpe de timón.

La luna nueva del 20 en tu sexta casa te traerá sanación en caso de necesitarla. Y también oportunidades laborales. Y lo más importante es que la Luna despejará las cuestiones relacionadas con la salud y el trabajo en las próximas semanas.

Marzo

Mejores días en general: 8, 9, 10, 17, 18, 26, 27
Días menos favorables en general: 1, 2, 15, 16, 21, 22, 28, 29, 30
Mejores días para el amor: 4, 5, 9, 10, 11, 12, 17, 18, 21, 22, 24, 25, 28
Mejores días para el dinero: 4, 5, 7, 11, 12, 13, 14, 16, 21, 22, 25, 26, 31
Mejores días para la profesión: 1, 2, 12, 20, 21, 28, 29, 30, 31

Te espera un mes memorable. Saturno realizará un ingreso importante en tu sexta casa el 8, y la ocupará durante los próximos dos años y medio. Probablemente deberás darlo todo en tu profesión. Trabajar con más tesón. Se te exigirá que rindas más. Y lo más importante es que tu programa de salud cambiará. La dieta se volverá más relevante para ti. Gozar de buena salud te creará armonía emocional y familiar. Presta más atención a tu salud a partir del 20. Asegúrate, como siempre, de descansar lo suficiente.

Plutón, tu planeta de la economía, realizará un movimiento importante, aunque breve, de tu cuarta casa a la quinta; es decir, del signo de Capricornio al signo de Acuario. Así que tus actitudes financieras cambiarán. Serás menos conservador que de costumbre. Estarás más dispuesto a experimentar en esta esfera de tu vida. Los efectos de esta transición no durarán demasiado, pero anunciarán lo que vendrá.

El principal titular este mes es tu vida amorosa. Cuando el Sol ingrese en tu séptima casa del amor el 20, empezará una de tus mejores temporadas amorosas y sociales del año. Para algunos Libra será la mejor de su vida, depende de la edad que tengan. Surgirán tanto amoríos como amistades. Lo más probable es que ya hayas iniciado una relación seria, pero si no es así, tendrás muchísimas oportunidades para conocer a alguien. Todavía eres muy popular. Apoyas a los amigos y a la persona amada. Si no tienes pareja, las oportunidades amorosas te llegarán de muchas formas y a través de distintas personas. Una de tus amistades tal vez desee salir contigo. O los amigos pueden hacer de Cupido en tu vida. Al igual que tus profesores o líderes espirituales. El cosmos está conspirando para traerte el amor.

El poder planetario se desplazará a la mitad superior de tu carta astral, el hemisferio diurno, el 20. Será el amanecer en tu año. El momento de levantarte y ocuparte de los asuntos externos de la vida. Cuando Marte, tu planeta del amor, ingrese en tu décima casa de la profesión el 26, promoverás tu carrera a través de los medios sociales. Te atraerán las personas encumbradas y poderosas en esta temporada. Y además conocerás a este tipo de gente.

La luna nueva del 21 en tu séptima casa hará que tanto tu vida amorosa como social sean más extraordinarias. Traerá a personas encumbradas y poderosas a tu círculo social. Y lo más importante es que despejará las cuestiones amorosas y relacionales en los próximos meses.

Abril

Mejores días en general: 5, 6, 14, 15, 22, 23, 24
Días menos favorables en general: 12, 13, 18, 19, 25, 26
Mejores días para el amor: 3, 4, 7, 8, 14, 16, 17, 18, 19, 22, 23, 25, 26
Mejores días para el dinero: 1, 4, 5, 7, 8, 10, 13, 14, 19, 21, 22, 28, 29
Mejores días para la profesión: 1, 10, 25, 26, 30

Habrá un poderoso eclipse solar el 20 que se producirá justo en el límite —la cúspide— de tu séptima casa y la octava. Todos los Libra lo acusarán hasta cierto punto, pero sobre todo los nacidos en los últimos días del signo, del 21 al 23 de octubre. Si perteneces a este grupo, tómatelo todo con calma y reduce tus actividades.

Como este eclipse caerá en el límite de dos casas, las afectará a ambas. Tu reciente expansión amorosa y social será puesta a prueba. Solo sobrevivirán el amor real y las amistades verdaderas. Las buenas relaciones también atravesarán una crisis —normalmente aflorarán resentimientos enquistados para que se resuelvan—, pero tenderán a capear el temporal e incluso mejorarán. En ocasiones, la crisis no viene de la propia relación, sino de las circunstancias personales en la vida de la pareja o de los amigos. Es posible que estas personas se vuelvan más temperamentales al tener que pasar por el quirófano o vivir experiencias cercanas a la muerte, ya que son situaciones extremas. Los efectos del eclipse en tu octava casa también muestran encuentros psicológicos con la muerte, aunque raras veces se trata de una muerte física. Pero si tu salud, o la de un amigo o tu pareja, ha sido muy precaria, podría ocurrir una muerte física. El eclipse os empujará al límite. A menudo, soñarás con la muerte o tal vez tengas un roce con ella indirectamente cuando un amigo te cuenta que ha fallecido uno de sus conocidos. O quizá leas en el periódico la noticia de algún crimen espantoso.

Tu cónyuge, pareja o amante actual se verá obligado a hacer cambios económicos importantes. Habrá algunos apuros financieros. Y como este eclipse impactará de lleno a Plutón, tu planeta de la economía, tú también deberás hacer cambios económicos de peso. Tus suposiciones y estrategias financieras no han sido realistas, como los acontecimientos del eclipse te mostrarán.

Los ordenadores, el software y los equipos de tecnología puntera pueden fallar. A veces estos problemas solo son temporales, pero en ocasiones será necesario reparar los aparatos electrónicos o reemplazarlos. Haz copias de seguridad de los archivos importantes y mantén actualizados tus programas de antivirus y antipirateo.

Mayo

Mejores días en general: 2, 3, 11, 12, 20, 21, 30, 31
Días menos favorables en general: 9, 10, 15, 16, 22, 23
Mejores días para el amor: 2, 3, 5, 6, 9, 10, 14, 15, 16, 17, 18, 19, 24, 25
Mejores días para el dinero: 1, 2, 5, 6, 8, 10, 11, 16, 17, 19, 20, 24, 25, 29
Mejores días para la profesión: 1, 9, 10, 18, 19, 22, 23, 30, 31

Tu octava casa será poderosa el mes entero. El Sol la ocupará hasta el 21. Y Mercurio y Urano también se alojarán en ella todo el mes. Júpiter ingresará en esta casa el 17 y la ocupará el resto del año. Te espera un mes erótico. Pero también es una buena temporada para los proyectos relacionados con la transformación personal, como engendrar a tu yo ideal. No ocurrirá de un día para otro, pero progresarás en ello.

El eclipse lunar del 5 en tu casa del dinero generará, como el mes anterior, cambios económicos importantes en tu vida. Tus suposiciones y estrategias financieras no han sido realistas y deberás corregir el rumbo de tu economía. Pero como tu planeta de la economía será retrógrado a partir del 1, y seguirá así muchos meses, estudia los cambios con más detenimiento. Haz tus debidas diligencias.

La buena noticia es que será un mes extraordinario para las finanzas de tu cónyuge, pareja o amante actual. Contarás con su gran apoyo en esta temporada.

Los eclipses lunares afectan a tu vida profesional porque la Luna, el planeta eclipsado, es tu planeta de la profesión. Generalmente, esta parcela de tu vida es sensible a los fenómenos lunares. De modo que habrá cambios profesionales de muchas clases. Tal vez haya modificaciones en la jerarquía de tu empresa o en tu sector profesional. El gobierno podría cambiar las normativas de tu ramo. Es posible que tus jefes, padres o figuras parentales se enfrenten a situaciones adversas en su vida. Y, en algunos casos muy inusuales, podrías llegar a cambiar de profesión.

Como este eclipse afectará indirectamente a Urano, tu planeta de los hijos, estos acusarán sus efectos. Les conviene reducir sus actividades y evitar cualquier actividad de alto riesgo. Al parecer, ahora viven contratiempos. Un progenitor o figura parental también deberá hacer cambios económicos.

Tu salud será buena este mes y mejorará más todavía a partir del 22. Los métodos espirituales de sanación siempre son excelentes para ti y esta tendencia se dará también en junio.

Junio

Mejores días en general: 7, 8, 16, 17, 26, 27
Días menos favorables en general: 5, 6, 11, 12, 18, 19, 20
Mejores días para el amor: 2, 3, 4, 11, 12, 21, 22
Mejores días para el dinero: 1, 2, 5, 6, 7, 14, 15, 23, 24, 25, 28, 29
Mejores días para la profesión: 7, 8, 17, 18, 19, 20, 28

Te espera un mes feliz y exitoso, Libra. Disfrútalo. Ahora ya has alcanzado prácticamente tus objetivos amorosos, al menos los inmediatos, y te dedicas a los viajes, la formación universitaria y los estudios religiosos y teológicos. En tu vida social seguramente estés entablando amistad con extranjeros. Y estos contactos aumentan más tu interés por los asuntos internacionales. Es la mejor forma de conocer culturas de otros países. Si estás envuelto en algún problema jurídico, los resultados serán buenos. Los estudiantes universitarios rendirán en los estudios. La luna nueva del 18 en tu novena casa será una jornada excelente para tu profesión. Desempeñarás tu trabajo con más brío y entusiasmo a partir del 18. Esta luna nueva también propiciará una buena jornada social, pero no tendrá que ver con las relaciones amorosas, sino más bien con los amigos y las actividades grupales. Las cuestiones religiosas, filosóficas, teológicas y legales se aclararán con el paso de las semanas, hasta la próxima luna nueva.

Presta más atención a tu salud a partir del 21. Aunque no te espera nada serio, solo será algún que otro achaque pasajero debido a los aspectos desfavorables de los planetas rápidos. Como siempre, descansa lo suficiente y fortalece tu salud con las propuestas planteadas en las previsiones de este año.

Te volcarás en tu profesión a partir del 22 y triunfarás en esta faceta de tu vida. Tus amigos también prosperan y están muy involucrados en tu trabajo. Tu gran destreza natural en la creación de redes de contactos también le da impulso a tu profesión.

Venus, el regente de tu horóscopo, ingresará en tu undécima casa el 5 y la ocupará los próximos cuatro meses. Este aspecto reafirma las tendencias sociales que he citado. Te dedicarás a los amigos, los grupos, las actividades grupales y el mundo de internet en estos días. Este tránsito también aumentará tus conocimientos en ordenadores, software, ciencia, astronomía y astrología. Muchas personas con este tránsito planetario deciden pedirle a un astrólogo que les trace la carta astral.

Marte, tu planeta del amor, se alojará en tu undécima casa el mes entero. Si aún queda algún Libra sin pareja, las oportunidades amorosas surgirán mientras uno está con los amigos o participa en grupos o actividades grupales, o en el mundo de internet. Cobra consciencia del momento presente en el plano físico el 24 y 25, y también en el de tu pareja.

Julio

Mejores días en general: 5, 6, 13, 14, 15, 23, 24
Días menos favorables en general: 3, 4, 9, 10, 16, 17, 30, 31
Mejores días para el amor: 2, 9, 10, 11, 19, 20, 21, 29, 30, 31
Mejores días para el dinero: 3, 4, 11, 12, 21, 22, 26, 27, 30, 31
Mejores días para la profesión: 7, 8, 16, 17, 26

Si bien Plutón es retrógrado, junto con muchos otros planetas, un Gran Trígono fluido en los signos de tierra disparará tus ingresos este mes, sobre todo a partir del 12. Aunque haya respuestas tardías, sucederá de todos modos.

Cuando Marte, tu planeta del amor, ingrese en tu duodécima casa el 11, te volverás más idealista y espiritual en el amor. La compatibilidad espiritual será muy importante para ti en una relación, como descubrirás este mes. Si existe una compatibilidad espiritual, se pueden resolver prácticamente todos los problemas, pero cuando no está presente no es posible solucionar nada. Te surgirán oportunidades amorosas en ambientes espirituales a partir del 12, y también en charlas espirituales, grupos de meditación o sesiones de oración. O quizá en actos benéficos. Si tienes problemas con tu pareja, entrégale este fardo a lo Divino y deja que se ocupe de todo. Así lo hará, no lo dudes.

Todavía te encuentras en una temporada muy exitosa, en uno de tus mejores momentos profesionales del año. Durará hasta el 23. La luna nueva del 17 en esta casa impulsará más aún tu profesión. Los fenómenos lunares son muy importantes en tu vida profesional, por eso los días de luna nueva y luna llena tienden a darle un empujón a tu carrera. Esta luna nueva despejará todas tus preguntas y dudas profesionales en las próximas semanas. Recibirás toda la información necesaria para tomar buenas decisiones.

Tu salud y energía mejorarán a partir del 24. Estarás pletórico de energía. Se curará cualquier problema de salud que hayas tenido.

Mercurio estará «fuera de límites» hasta el 6, lo lleva estando desde el 25 de junio. De modo que en tu vida religiosa y espiritual te moverás fuera de tu órbita normal. Quizá también hagas lo mismo en tus viajes. Te gustará viajar a lugares inauditos en estos días.

Te espera un mes muy social. Lo será incluso más que el anterior al estar tu undécima casa repleta de planetas. Por eso ahora es positivo, y además divertido, salir con los amigos y participar en grupos y actividades grupales. También es bueno para ti involucrarte en temas de ciencia, astronomía y astrología. Aumentarán tus conocimientos en estas materias.

Agosto

Mejores días en general: 1, 2, 10, 11, 19, 20, 21, 29
Días menos favorables en general: 5, 6, 12, 13, 26, 27
Mejores días para el amor: 5, 6, 7, 8, 14, 15, 17, 18, 24, 25, 27, 28
Mejores días para el dinero: 7, 8, 17, 18, 22, 23, 26, 27, 28
Mejores días para la profesión: 5, 6, 12, 13, 15, 16, 26

La actividad retrógrada se disparará este mes y alcanzará su punto culminante del año. El 29, el sesenta por ciento de los planetas serán retrógrados. Pero incluso antes de esta fecha habrá de un cuarenta a un cincuenta por ciento de planetas retrógrados. La vida transcurrirá con más lentitud. Todo se desacelerará, tanto en el aspecto personal como en el mundo. Es imposible hacer que los acontecimientos sucedan más deprisa, solo el tiempo lo logrará.

Mientras tanto, aprovecha el momento para establecer tus objetivos en las distintas áreas de tu vida, averigua qué puedes hacer para mejorarlas. Y cuando los planetas vuelvan a ser directos, ya emprenderás las acciones necesarias en el exterior, avanzarás con ellos.

Todavía es un mes muy social, tu undécima casa será poderosa hasta el 23. La luna nueva del 16 en esta casa fomentará tu vida social y tu profesión. Aclarará las cuestiones relacionadas con los amigos, la tecnología puntera, la ciencia y la astrología en las próximas semanas.

Venus, el regente de tu horóscopo, empezó a ser retrógrado el 23 de julio y lo será todo el mes. Por eso aunque ahora seas más independiente que de costumbre y la mitad oriental de tu carta astral, la del yo, haya alcanzado su momento más poderoso del año, no estás seguro de cuáles son tus objetivos personales o de lo que realmente quieres. Pero el próximo mes la situación cambiará y será más seguro hacer cambios.

Como Marte, tu planeta del amor, se alojará en tu duodécima casa de la espiritualidad hasta el 28, repasa las previsiones de julio. Este mes Marte tendrá su solsticio. Se detendrá en el firmamento en su movimiento latitudinal y luego cambiará de sentido. A tu vida amorosa le ocurrirá lo mismo, se dará una pausa y luego un cambio de rumbo, pero no te alarmes. Será una pausa saludable.

Tu salud será buena este mes. Pero al ser retrógrados los dos planetas que tienen que ver con ella, evita las pruebas o los tratamientos médicos si es posible, prográmalos de nuevo para más adelante. No hagas cambios radicales en tu programa de salud. Estudia con más detenimiento este tipo de cambios.

Tus ingresos serán buenos, Plutón recibe incluso mejores aspectos que el mes anterior. Al ser aún retrógrado, es posible que se den contratiempos y retrasos en esta esfera de tu vida. Sin embargo, te entrarán ingresos.

Septiembre

Mejores días en general: 6, 7, 16, 17, 25, 26
Días menos favorables en general: 2, 3, 8, 9, 10, 23, 24, 29, 30
Mejores días para el amor: 2, 3, 6, 11, 12, 16, 17, 21, 22, 25, 26, 29, 30
Mejores días para el dinero: 4, 5, 14, 15, 18, 19, 23, 24
Mejores días para la profesión: 4, 5, 8, 9, 10, 13, 14, 25

Los Libra son a quienes menos les preocupa la falta de independencia. Disfrutan alcanzando sus objetivos con su don de gentes. Pero ahora es el momento del año en que más independiente eres. Tienes muchas agallas. Marte en tu signo el mes entero potencia la independencia y la asertividad. Y cuando el Sol ingrese en tu signo el 23, aumentará más estas cualidades. La mitad oriental de tu carta astral, la del yo, se encuentra en su momento más poderoso del año. Es el momento perfecto para hacer los cambios necesarios para ser feliz. Cuando Venus sea directo el 4, sabrás con claridad lo que deseas. Será una temporada segura para llevar a cabo estos cambios en tu vida.

Como el 23 empezará una de tus temporadas más placenteras del año, aprovecha la ocasión para gozar de los placeres del cuerpo y de los cinco sentidos. Y también para poner en forma tu cuerpo y actualizar tu imagen.

Marte, tu planeta del amor, se alojará en tu signo todo el mes. Es un aspecto excelente para el amor. Si mantienes una relación, tu cónyuge, pareja o amante actual estará volcada en ti, se ocupará de tus necesidades. Y si no tienes pareja, este mes podrías fácilmente conocer a alguien. El amor ahora te busca, y dará contigo mientras te dedicas a tus actividades cotidianas.

Como Marte tendrá su solsticio el 1 y 2, se dará un parón en el amor y luego un cambio de rumbo.

Si bien Marte es maravilloso para el amor, te hace proclive a las prisas y la impaciencia, a querer hacerlo todo al momento. Pero como ahora el sesenta por ciento de los planetas serán retrógrados hasta el 16, y a partir del 17 lo serán el cincuenta por ciento, no te conviene ir con prisas. La frustración será quizá tu mayor problema en esta temporada.

Tu salud será buena. El principal peligro son las lesiones o los accidentes que puedan causarte las prisas o la impaciencia. Tómate tus actividades con calma.

Este mes será excelente para las relaciones amorosas y también para las amistades, sobre todo a partir del 23. Los amigos están ahora dedicados a ti.

Octubre

Mejores días en general: 3, 4, 22, 23
Días menos favorables en general: 6, 7, 13, 14, 20, 21, 26, 27
Mejores días para el amor: 3, 4, 9, 10, 11, 15, 20, 21, 24, 25, 26, 27, 28, 29

Mejores días para el dinero: 1, 2, 11, 12, 15, 16, 17, 20, 21, 28, 29
Mejores días para la profesión: 3, 4, 6, 7, 24

El principal titular este mes son los dos eclipses. Un eclipse solar tendrá lugar el 14, y un eclipse lunar el 28. Pero el eclipse solar del 14 será el más potente de los dos al caer en tu propio signo. Tómatelo todo con calma y reduce tus actividades en este periodo. Las personas sensibles lo notarán incluso dos semanas antes de que ocurra. Pero la mayoría de Libra lo acusarán una semana antes. Este eclipse en tu signo te señala la necesidad de que te redefinas. No dejarás que los demás lo hagan por ti. A lo largo de los próximos meses actualizarás y cambiarás la opinión que tienes de ti, tu imagen y tu ropa. Los eclipses solares afectarán a las amistades y este no es una excepción. Tus amistades serán puestas a prueba. Si la relación cojea, se romperá. Pero las buenas amistades superarán la crisis. Aunque a menudo la crisis no vendrá de la relación en sí, sino de los problemas en la vida de tus amigos. Los ordenadores, el software y los aparatos de tecnología puntera pueden fallar. Tal vez descubras que te han robado datos personales en un ataque informático perpetrado a una compañía, podría tratarse de tu compañía de telefonía, de la empresa de los medios sociales que visitas, o de tu banco. Quizá debas cambiar tus contraseñas o claves. Evita abrir correos electrónicos de desconocidos, incluso los de gente conocida pueden contener enlaces maliciosos. Tenlo ahora más presente. Haz copias de seguridad de tus archivos importantes y mantén actualizados tus programas de antivirus y antipirateo.

En general, los efectos del eclipse lunar del 28 serán más leves. Pero si acaso afecta a algún punto sensible de tu carta astral, trazada según la fecha, hora y lugar exactos de tu nacimiento, los efectos podrían ser potentes.

Como este eclipse ocurrirá en tu octava casa, tu cónyuge, pareja o amante actual se verá obligado a hacer cambios económicos importantes, deberá corregir el rumbo de sus finanzas. Es posible que se den enfrentamientos psicológicos con la muerte, quizá se trate de intervenciones quirúrgicas o de experiencias cercanas a la muerte. Tal vez algún amigo te cuente que uno de sus conocidos ha fallecido. En ocasiones, puedes soñar con la muerte o descubrirte hablando de ella. Los eclipses lunares afectan a tu profesión y este no es una excepción. Es posible que cambies de oficio. La jerarquía de tu empresa se reestructurará, o habrá situaciones adversas en la vida de tus jefes y de tus padres o figuras parentales. El gobierno puede crear normativas nuevas para tu sector profesional. Las reglas del juego cambiarán.

Noviembre

Mejores días en general: 1, 9, 10, 11, 18, 19, 27, 28
Días menos favorables en general: 2, 3, 16, 17, 23, 24, 29, 30
Mejores días para el amor: 2, 3, 8, 9, 12, 13, 18, 19, 22, 23, 24, 27, 28
Mejores días para el dinero: 7, 8, 12, 13, 16, 17, 25, 26
Mejores días para la profesión: 2, 3, 12, 13, 23, 29, 30

Tus finanzas han mejorado mucho estos días. Por un lado, Plutón, tu planeta de la economía, empezó a ser directo el 11 de octubre. Y lo será muchos meses más. Cuando el Sol ingresó en tu casa del dinero el 23 de octubre, empezó una de tus mejores temporadas económicas del año, y durará hasta el 22 de noviembre. Marte, tu planeta del amor, se alojará en tu casa del dinero hasta el 24. Todos estos aspectos planetarios revelan prosperidad. Tu cónyuge, pareja o amante actual, y tus contactos sociales en general, están aumentando en gran medida tus ganancias. El único problema con Marte es que tenderás a la temeridad, a arriesgarte demasiado en tus operaciones financieras. Mercurio en tu casa del dinero hasta el 11 propicia el aumento de tus ingresos y una buena intuición financiera. La luna nueva del 12 en tu casa del dinero impulsará más tu economía. Y además entrarás en esta fecha en un nuevo ciclo profesional. La luna nueva despejará tu vida económica en las próximas semanas. El cosmos responderá a tus preguntas y tus dudas se disiparán de una forma muy natural y normal.

Tu vida amorosa será más erótica y materialista en estos días. El dinero será un atractivo importante para ti en una relación, junto con el magnetismo sexual. Mostrarás tu amor por medio del apoyo material, y desearás que tu pareja te lo demuestre de la misma manera. Si no tienes pareja, te surgirán oportunidades amorosas con personas involucradas en tu vida económica. Si te dedicas simplemente a tus objetivos financieros, conocerás a alguien en este entorno.

Tu salud y energía son buenas este mes. Ahora que Marte ya no se aloja en tu signo, estás más relajado y te tomas la vida con más sosiego. Cuando Venus ingrese en tu signo el 8, tu salud será mejor aún. Este tránsito también realzará tu aspecto personal y embellecerá tu imagen.

En el solsticio de Venus, del 9 al 13, se dará un parón en tu vida —en tus objetivos personales—, y luego un cambio de rumbo. No te preocupes, será un parón saludable.

Como el Sol ingresará en tu tercera casa el 22, y Marte lo hará el 24, será una buena época para los estudiantes, los profesores y los vendedores. Es decir, para los Libra que desempeñan trabajos intelectuales. Aprenderás con facilidad y tus facultades mentales estarán realzadas en estos días. El ingreso de Marte te hará ser menos materialista en el amor. La compatibilidad mental y la armonía intelectual serán importantes para ti en una relación en esta temporada.

Diciembre

Mejores días en general: 7, 8, 16, 17, 24, 25
Días menos favorables en general: 14, 15, 20, 21, 27, 28
Mejores días para el amor: 2, 3, 9, 11, 12, 18, 19, 20, 21, 28, 29, 30
Mejores días para el dinero: 4, 5, 6, 9, 10, 14, 15, 22, 23, 31
Mejores días para la profesión: 2, 3, 11, 12, 21, 22, 27, 28, 29

Cuando Neptuno sea directo el 6, será seguro hacer cambios en tu programa de salud o someterte a pruebas o tratamientos médicos. Evita, sin embargo, hacerlo a partir del 13, ya que Mercurio será retrógrado y las pruebas tenderán a ser inexactas en estos días.

Tu salud es buena, pero préstale más atención a partir del 23. Descansa más y fortalece tu salud con las propuestas planteadas en las previsiones de este año.

El ingreso de Venus en tu casa del dinero el 5 aumentará tus ingresos. El regente de tu horóscopo siempre es amigable y benéfico. Gastarás en ti en esta temporada. Cultivarás una imagen de prosperidad y vestirás lujosamente. Los demás te verán como una persona adinerada. Tu aspecto personal y tu porte desempeñarán un gran papel en tus ingresos. Y lo más importante es que muestra tu interés por las finanzas. Indica que estás volcado en esta área de tu vida, lo cual te asegura un noventa por ciento del éxito. Como Venus no solo es el regente de tu horóscopo, sino también el de tu octava casa, indica que te conviene dedicarte a la prosperidad de los demás. Prosperarás a medida que los demás prosperen.

Como la acción tiene aún lugar en tu tercera casa este mes, es el momento propicio para dedicarte a tus intereses intelectuales, leer más o asistir a cursos. Algunos Libra impartirán clases o seminarios. Sácale partido a tus facultades mentales en esta temporada, pues son poderosísimas.

Tu planeta del amor se alojará en tu tercera casa el mes entero. El amor surgirá por lo tanto en el vecindario o quizá con algún vecino o vecina. Las oportunidades amorosas se presentarán en universidades, conferencias, seminarios, librerías o bibliotecas. Tus habilidades mentales y tu labia te servirán para hacer conquistas amorosas este mes. Tu planeta del amor volverá a estar «fuera de límites» en diciembre, a principios de año lo estuvo también durante más de cuatro meses. Te atraerán las personas ajenas a tu órbita habitual, las «fuera de lo común», en estos días.

Cuando el Sol ingrese en tu cuarta casa el 22, te convendrá dedicarte a tu hogar y tu familia. Deja las cuestiones profesionales en un segundo plano. Vuélcate en tu vida doméstica, en especial en tu bienestar emocional.

Escorpio

♏

El Escorpión

Nacidos entre el 23 de octubre y el 22 de noviembre

Rasgos generales

ESCORPIO DE UN VISTAZO

Elemento: Agua

Planeta regente: Plutón
  Planeta corregente: Marte
  Planeta de la profesión: el Sol
  Planeta de la salud: Marte
  Planeta del amor: Venus
  Planeta del dinero: Júpiter
  Planeta del hogar y la vida familiar: Urano

Color: Rojo violáceo
  Color que favorece el amor, el romance y la armonía social: Verde
  Color que favorece la capacidad de ganar dinero: Azul

Piedras: Sanguinaria, malaquita, topacio

Metales: Hierro, radio, acero

Aromas: Flor del cerezo, coco, sándalo, sandía

Modo: Fijo (= estabilidad)

Cualidad más necesaria para el equilibrio: Visión más amplia de las cosas

Virtudes más fuertes: Lealtad, concentración, determinación, valor, profundidad

Necesidades más profundas: Penetración y transformación

Lo que hay que evitar: Celos, deseo de venganza, fanatismo

Signos globalmente más compatibles: Cáncer, Piscis

Signos globalmente más incompatibles: Tauro, Leo, Acuario

Signo que ofrece más apoyo laboral: Leo

Signo que ofrece más apoyo emocional: Acuario

Signo que ofrece más apoyo económico: Sagitario

Mejor signo para el matrimonio y/o las asociaciones: Tauro

Signo que más apoya en proyectos creativos: Piscis

Mejor signo para pasárselo bien: Piscis

Signos que más apoyan espiritualmente: Cáncer, Libra

Mejor día de la semana: Martes

La personalidad Escorpio

Un símbolo del signo de Escorpio es el ave fénix. Si meditamos sobre la leyenda del fénix podemos comenzar a comprender el carácter de Escorpio, sus poderes, capacidades, intereses y anhelos más profundos.

El fénix de la mitología era un ave capaz de recrearse y reproducirse a sí misma. Lo hacía de la manera más curiosa: buscaba un fuego, generalmente en un templo religioso, se introducía en él y se consumía en las llamas, y después renacía como un nuevo pájaro. Si eso no es la transformación más profunda y definitiva, ¿qué es entonces?

Transformación, eso es lo que los Escorpio son en todo, en su mente, su cuerpo, sus asuntos y sus relaciones (son también transformadores de la sociedad). Cambiar algo de forma natural, no artificial, supone una transformación interior. Este tipo de cambio es radical, en cuanto no es un simple cambio cosmético. Algunas personas creen que transformar sólo significa cambiar la apariencia, pero no es ese el tipo de cambio que interesa a los Escorpio. Ellos buscan el cambio profundo, fundamental. Dado que el verdadero cambio siempre procede del interior, les interesa mucho el aspecto interior, íntimo y filosófico de la vida, y suelen estar acostumbrados a él.

Los Escorpio suelen ser personas profundas e intelectuales. Si quieres ganar su interés habrás de presentarles algo más que una imagen superficial. Tú y tus intereses, proyectos o negocios habréis de tener verdadera sustancia para estimular a un Escorpio. Si no hay verdadera sustancia, lo descubrirá y ahí terminará la historia.

Si observamos la vida, los procesos de crecimiento y decadencia, vemos funcionar todo el tiempo los poderes transformadores de Escorpio. La oruga se convierte en mariposa, el bebé se convierte en niño y después en adulto. Para los Escorpio esta transformación clara y perpetua no es algo que se haya de temer. La consideran una parte normal de la vida. Esa aceptación de la transformación les da la clave para entender el verdadero sentido de la vida.

Su comprensión de la vida (incluidas las flaquezas) hace de los nativos de Escorpio poderosos guerreros, en todos los sentidos de la palabra. A esto añadamos su profundidad y penetración, su paciencia y aguante, y tendremos una poderosa personalidad. Los Escorpio tienen buena memoria y a veces pueden ser muy vengativos; son capaces de esperar años para conseguir su venganza. Sin embargo, como amigos, no los hay más leales y fieles. Poca gente está dispuesta a hacer los sacrificios que hará una persona Escorpio por un verdadero amigo.

Los resultados de una transformación son bastante evidentes, aunque el proceso es invisible y secreto. Por eso a los Escorpio se los considera personas de naturaleza reservada. Una semilla no se va a desarrollar bien si a cada momento se la saca de la tierra y se la expone a la luz del día. Debe permanecer enterrada, invisible, hasta que comience a crecer. Del mismo modo, los Escorpio temen revelar demasiado de sí mismos o de sus esperanzas a otras personas. En cambio, se van a sentir más que felices de mostrar el producto acabado, pero sólo cuando esté acabado. Por otro lado, les encanta conocer los secretos de los demás, tanto como les disgusta que alguien conozca los suyos.

Situación económica

El amor, el nacimiento, la vida y la muerte son las transformaciones más potentes de la Naturaleza, y a los Escorpio les interesan. En nuestra sociedad el dinero es también un poder transformador y por ese motivo los Escorpio se interesan por él. Para ellos el dinero es poder, produce cambios y gobierna. Es el poder del dinero lo que los fascina. Pero si no tienen cuidado, pueden ser demasiado materialistas y dejarse impresionar excesivamente por el poder del dinero, hasta el punto de llegar a creer que el dinero gobierna el mundo.

Incluso el término plutocracia viene de Plutón, que es el regente de Escorpio. De una u otra manera los nativos de este signo consiguen la posición económica por la que luchan. Cuando la alcanzan, son cautelosos para manejar su dinero. Parte de esta cautela es en realidad una especie de honradez, porque normalmente los Escorpio trabajan con el dinero de otras personas, en calidad de contables, abogados, agentes de Bolsa, asesores bursátiles o directivos de empresa, y cuando se maneja el dinero de otras personas hay que ser más prudente que al manejar el propio.

Para lograr sus objetivos económicos, los nativos de Escorpio han de aprender importantes lecciones. Es necesario que desarrollen cualidades que no tienen naturalmente, como la amplitud de visión, el optimismo, la fe, la confianza y, sobre todo, la generosidad. Necesitan ver la riqueza que hay en la Naturaleza y en la vida, además de las formas más obvias del dinero y el poder. Cuando desarrollan esta generosidad, su potencial financiero alcanza la cima, porque Júpiter, señor de la opulencia y de la buena suerte, es el planeta del dinero en su carta solar.

Profesión e imagen pública

La mayor aspiración de los nativos de Escorpio es ser considerados fuente de luz y vida por la sociedad. Desean ser dirigentes, estrellas. Pero siguen un camino diferente al de los nativos de Leo, las otras estrellas del zodiaco. Un Escorpio llega a su objetivo discretamente, sin alardes, sin ostentación; un Leo lo hace abierta y públicamente. Los Escorpio buscan el encanto y la diversión de los ricos y famosos de modo discreto, secreto, encubierto.

Por naturaleza, los Escorpio son introvertidos y tienden a evitar la luz de las candilejas. Pero si quieren conseguir sus más elevados objetivos profesionales, es necesario que se abran un poco y se expresen más. Deben dejar de esconder su luz bajo un perol y permitirle que ilumine. Por encima de todo, han de abandonar cualquier deseo de venganza y mezquindad. Todos sus dones y capacidades de percibir en profundidad las cosas se les concedieron por un importante motivo: servir a la vida y aumentar la alegría de vivir de los demás.

Amor y relaciones

Escorpio es otro signo del zodiaco al que le gustan las relaciones comprometidas, claramente definidas y estructuradas. Se lo piensan mucho antes de casarse, pero cuando se comprometen en una relación tienden a ser fieles, y ¡Dios ampare a la pareja sorprendida o incluso sospechosa de infidelidad! Los celos de los Escorpio son legendarios. Incluso pueden llegar al extremo de detectar la idea o intención de infidelidad, y esto puede provocar una tormenta tan grande como si de hecho su pareja hubiera sido infiel.

Los Escorpio tienden a casarse con personas más ricas que ellos. Suelen tener suficiente intensidad para los dos, de modo que buscan a personas agradables, muy trabajadoras, simpáticas, estables y transigentes. Desean a alguien en quien apoyarse, una persona leal que los respalde en sus batallas de la vida. Ya se trate de su pareja o de un amigo, para un Escorpio será un verdadero compañero o socio, no un adversario. Más que nada, lo que busca es un aliado, no un contrincante.

Si estás enamorado o enamorada de una persona Escorpio, vas a necesitar mucha paciencia. Lleva mucho tiempo conocer a los Escorpio, porque no se revelan fácilmente. Pero si perseveras y tus intenciones son sinceras, poco a poco se te permitirá la entrada en las cámaras interiores de su mente y su corazón.

Hogar y vida familiar

Urano rige la cuarta casa solar de Escorpio, la del hogar y los asuntos domésticos. Urano es el planeta de la ciencia, la tecnología, los cambios y la democracia. Esto nos dice mucho acerca del comportamiento de los Escorpio en su hogar y de lo que necesitan para llevar una vida familiar feliz y armoniosa.

Los nativos de Escorpio pueden a veces introducir pasión, intensidad y voluntariedad en su casa y su vida familiar, que no siempre son el lugar adecuado para estas cualidades. Estas virtudes son buenas para el guerrero y el transformador, pero no para la persona que cría y educa. Debido a esto (y también a su necesidad de cambio y transformación), los Escorpio pueden ser propensos a súbitos cambios de residencia. Si no se refrena, el a veces inflexible Escorpio puede producir alboroto y repentinos cataclismos en la familia.

Los Escorpio necesitan desarrollar algunas de las cualidades de Acuario para llevar mejor sus asuntos domésticos. Es necesario que fomenten un espíritu de equipo en casa, que traten las actividades familiares como verdaderas relaciones en grupo, porque todos han de tener voz y voto en lo que se hace y no se hace, y a veces los Escorpio son muy tiranos. Cuando se vuelven dictatoriales, son mucho peores que Leo o Capricornio (los otros dos signos de poder del zodiaco), porque Escorpio aplica la dictadura con más celo, pasión, intensidad y concentración que estos otros dos signos. Lógicamente, eso puede ser insoportable para sus familiares, sobre todo si son personas sensibles.

Para que un Escorpio consiga todos los beneficios del apoyo emocional que puede ofrecerle su familia, ha de liberarse de su conservadurismo y ser algo más experimental, explorar nuevas técnicas de crianza y educación de los hijos, ser más democrático con los miembros de la familia y tratar de arreglar más cosas por consenso que por edictos autocráticos.

Horóscopo para el año 2023*

Principales tendencias

Habrá muchos cambios este año y la mayoría serán a largo plazo. Plutón, un planeta muy importante para ti al ser el regente de tu horóscopo, iniciará su transición de dos años de Capricornio a Acuario. Este año solo notarás los inicios de la transición, pero en los próximos, en especial en 2025, la acusarás con mucha más fuerza. A lo largo de más de veinte años Plutón ha revolucionado tu mentalidad —tu forma de pensar—, tus patrones mentales. Esta labor ahora casi ha concluido. Cuando Plutón ingrese en Acuario, tu cuarta casa, empezará a darse una transformación de tu hogar, tu familia y tu vida emocional. Volveremos sobre este tema más adelante.

Saturno realizará un ingreso importante en tu quinta casa el 8 de marzo. Solo ocurre cada dos años y medio. Este tránsito afectará a tus hijos o figuras filiales. Será necesario disciplinarlos adecuadamente, ponerles límites. No es crueldad, sino que será por su bien. Les harás más daño a la larga si eres demasiado blando con ellos que demasiado estricto. A las mujeres en edad de concebir les costará más quedarse embarazadas.

Júpiter se alojará en tu sexta casa de la salud y del trabajo hasta el 17 de mayo. Este aspecto muestra que te surgirán oportunidades laborales maravillosas y muy bien retribuidas. Como Júpiter es tu planeta de la economía, indica un nuevo enfoque en relación a las ganancias. Invertirás en tu salud y también recibirás ingresos de este ámbito de tu vida.

El principal titular de este año es el ingreso de Júpiter en tu séptima casa del amor y las relaciones amorosas. Aunque es un tránsito delicado. Urano lleva ya alojado en tu séptima casa muchos años. Este aspecto ha desestabilizado tu matrimonio o tu relación amorosa. Probablemente te has divorciado o has roto con tu pareja muchas veces en los últimos años. Júpiter al ingresar ahora en esta

---

* Las previsiones de este libro se basan en el Horóscopo Solar y en todos los signos derivados del mismo: tu signo solar se convierte en el Ascendente, y las casas se numeran a partir de él. Tu horóscopo personal, el trazado concretamente para ti (según la fecha, hora y lugar exactos de tu nacimiento) podría modificar lo que se indica aquí. Joseph Polansky.

casa hará que te apetezca casarte otra vez. Pero no es aconsejable, ya que el amor es aún muy inestable. La buena noticia es que se te presentará la oportunidad de contraer matrimonio. Volveremos sobre este tema más adelante.

Este año manifestarás interes destacado en temas intelectuales y de comunicación (del 1 de enero al 24 de marzo, y del 12 de junio hasta finales de año). Asuntos relativos al hogar y la familia (del 1 de enero al 8 de marzo, y del 24 de marzo al 12 de junio). Los hijos, la diversión y la creatividad. La salud y el trabajo (del 1 de enero al 17 de mayo). Y el amor, las aventuras amorosas y las actividades sociales.

Este año lo que más te gratificará será la salud y el trabajo (del 1 de enero al 17 de mayo, y del 18 de julio hasta finales de año). Y el amor, las aventuras amorosas y las actividades sociales.

Salud

(Ten en cuenta que se trata de una perspectiva astrológica de la salud, no de una médica. En el pasado, no había ninguna diferencia, ambas eran idénticas, pero en la actualidad podrían diferir mucho. Para obtener un punto de vista médico, consulta a tu médico de cabecera o a un profesional de la salud).

Tendrás una salud bastante buena este año, aunque no será perfecta. En ocasiones, tres planetas lentos formarán una alineación desfavorable en tu carta astral (del 17 de mayo al 12 de junio), pero otros planetas lentos, como Saturno y Neptuno, forman aspectos armoniosos. Los nacidos en los primeros días del signo de Escorpio, del 23 al 25 de octubre, son los que más notarán estos aspectos desfavorables en su salud.

La buena noticia es que puedes potenciar tu salud y energía de muchas formas. Presta más atención a las siguientes zonas vulnerables de tu carta astral, serán las que tenderán a causarte problemas. Así las mantendrás sanas y en forma, y minimizarás los peligros.

El colon, la vejiga y los órganos sexuales. Estas zonas son siempre importantes para los Escorpio. Te sentará bien trabajar los puntos reflejos de estas zonas. Practicar sexo seguro y mantener una actividad sexual moderada es muy importante para ti. Si escuchas a tu cuerpo en lugar de tu mente, sabrás cuándo es suficiente.

La cabeza, el rostro y el cuero cabelludo. Estas partes también son siempre importantes para los Escorpio. Te sentará bien trabajar los puntos reflejos de estas zonas. Incluye los masajes regulares en el cuero cabelludo y el rostro en tu programa de salud. No solo fortalecerás estas zonas, sino el cuerpo entero, ya que hay muchos meridianos en estas partes del cuerpo. La terapia craneosacral también es excelente para ti.

La musculatura. Esta parte es siempre importante para los Escorpio, ya que Marte, el planeta que rige los músculos, es tu planeta de la salud. El ejercicio físico vigoroso te sentará de maravilla, de acuerdo con tu edad y la etapa de tu vida. No hace falta ser un culturista con unos músculos de infarto, te bastará con tener un buen tono muscular. Unos músculos débiles o fofos pueden desalinear la columna y el esqueleto. Y afectar también el equilibrio.

Las suprarrenales. Estas glándulas son siempre importantes para los Escorpio. Te sentará bien trabajar los puntos reflejos de esta parte del cuerpo. Lo importante, como nuestros lectores saben, es evitar la ira y el miedo, las dos emociones que las sobrecargan. La meditación va de maravilla para ello.

El hígado y los muslos. Estas partes del cuerpo solo serán importantes hasta el 17 de mayo, pues Júpiter se alojará en tu sexta casa de la salud. Te sentará bien trabajar los puntos reflejos de estas zonas. Los masajes regulares en los muslos no solo fortalecen esta zona y el hígado, sino también las lumbares y el colon.

Júpiter, tu planeta de la economía, en tu sexta casa indica que tu buena salud significa también una buena salud económica. Los altibajos financieros pueden afectarte la salud si tú lo permites. No dejes que sea así. La salud es la salud, y la economía es la economía. Separa estas dos parcelas de tu vida en tu mente. Tú eres mucho más, y más importante, que tu saldo bancario o tu poder adquisitivo. Si te mantienes sano, el dinero te llegará por sí solo.

Este año empezarás a experimentar cambios duraderos en tu aspecto y tu imagen. El eclipse lunar en tu signo el 5 de mayo los potenciará más aún. Cambiarás tu aspecto y tu forma de presentarte al mundo en este año y durante muchos más.

Marte, tu planeta de la salud, estará «fuera de límites» del 1 de enero al 4 de mayo. Indica que te moverás fuera de tu órbita normal en las cuestiones de salud. Explorarás terapias y terapeutas «fuera de lo común».

Este planeta se mueve por el firmamento con moderada rapidez. Es más veloz que Júpiter, Saturno, Urano, Neptuno y Plutón, y más lento que el Sol, Mercurio, Venus y la Luna. Este año transitará por siete signos y casas de tu carta astral. De ahí que se den tantas tendencias pasajeras relacionadas con la salud que dependerán de dónde se encuentre Marte y de los aspectos que reciba. En las previsiones mes a mes hablaré de estas tendencias con más detalle.

Hogar y vida familiar

Tu cuarta casa del hogar y de la familia lleva ya varios años siendo importante y en este lo será en algunas partes del año. Pero en los próximos años será importantísima.

Los dos últimos años, pero en especial el año pasado, fueron difíciles para ti tanto emocionalmente como en el aspecto de las relaciones familiares. Han sido una carga, un castigo, una cruz. Pero ahora has aprendido las lecciones y a partir del 8 de marzo tu vida será mucho más fácil.

Un progenitor o figura parental lo ha pasado muy mal en los últimos dos años y medio. Quizá haya tenido también problemas de salud. Por suerte, a partir del 8 de marzo su vida mejorará. Al igual que su salud.

Como Urano, tu planeta de la familia, lleva ya muchos años en tu séptima casa, has socializado más en tu hogar y con los tuyos. Has embellecido tu casa decorándola de nuevo, y ahora es también un centro social. Esta tendencia se dará también este año.

El breve flirteo de Plutón en tu cuarta casa del 24 de marzo al 12 de junio anuncia lo que vendrá. Estarás muy pendiente de tu hogar y tu familia. Probablemente los demás te verán como una madre o un padre muy entregado. Los tuyos serán una parte esencial de tu identidad. Y lo más importante es que recordarás tu pasado desde una perspectiva terapéutica. Muchos Escorpio seguirán tratamientos terapéuticos tradicionales, ya sean psicológicos o espirituales. Rememorarás el pasado para hacer las paces con él.

Si planeas hacer reformas en tu hogar, del 21 de mayo al 11 de julio es un buen momento. Si piensas decorarlo de nuevo (eso parece), del 3 al 27 de enero son buenas fechas. También es un buen momento para comprar objetos de arte para el hogar.

Quizá te mudes este año, pero lo más probable es que lo hagas el año entrante. Será una mudanza venturosa y sucederá de repente. Este año simplemente lo estás planeando o te lo planteas. Es posible que un progenitor o figura parental cambie de vivienda este año. Las mujeres en edad de concebir serán muy fértiles. Tus hermanos o figuras fraternas probablemente se muden este año. También son muy fértiles. Tus hijos o figuras filiales son al parecer pesimistas, no están demasiado satisfechos, pero es más probable que cambien de domicilio el año que viene que en este. La situación familiar de tus nietos, en el caso de que los tengas, será la misma.

Profesión y situación económica

Te espera un año próspero, Escorpio. Disfrútalo. Júpiter, el hijo de Cronos, se alojará en Aries, tu sexta casa, hasta el 17 de mayo. Júpiter se siente muy cómodo en el signo de Aries y este aspecto indica que tus ingresos aumentarán. Júpiter en tu sexta casa en esta temporada indica buena suerte en el mercado laboral. Si trabajas, te surgirán oportunidades laborales muy auspiciosas, el empleo de tus sueños, y además estarán bien remuneradas.

Júpiter alojado en el impetuoso Aries refleja una forma de pensar arriesgada. Cuando la intuición es buena, estos riesgos financieros son lucrativos. Pero cuando la intuición no es de fiar, puede haber pérdidas. Sentirás un afán por el dinero fácil y rápido en esta temporada. Desearás hacerte rico deprisa. Ahora mismo. Ten cuidado con los estafadores en busca de víctimas con este perfil.

Júpiter en tu sexta casa revela ingresos procedentes del trabajo. También indica que te atraerán las inversiones en el campo de la salud, en especial los fármacos para mejorar el rendimiento deportivo. Este aspecto propicia las inversiones en empresas fabricantes de armas y municiones, fabricantes de material deportivo y compañías que abastecen a estos sectores.

Júpiter ingresará en Tauro el 16 de mayo y lo ocupará el resto del año. Este aspecto te hará ser más conservador en las finanzas, tenderás menos a arriesgarte. Tu criterio financiero será mejor. También propicia las inversiones en propiedades rurales, tierras de cultivo y compañías agrícolas. Las materias primas, la minería del cobre y las refinerías serán inversiones interesantes en esta temporada. Pero estudia a fondo este tipo de inversiones, ya que no siempre son rentables.

Júpiter viajará cerca de Urano (aunque el aspecto no sea exacto) a partir del 18 de mayo. Este tránsito propiciará las propiedades residenciales, los hoteles, los moteles, los restaurantes y las empresas alimentarias en general. Y el año próximo favorecerá más aún estos sectores.

Júpiter en tu séptima casa del amor a partir del 17 de mayo indica que te surgirán oportunidades para montar una empresa con socios o crear una empresa conjunta. Si eres propietario de una compañía, podrías venderla o fusionarla con otra en esta temporada. También muestra lo importantes que son tus contactos sociales para tus finanzas. Son muy lucrativos.

En lo que se refiere a tu profesión, tu décima casa no será poderosa este año. Está prácticamente vacía. Solo la transitarán los planetas rápidos y sus efectos serán pasajeros. No será un año demasiado poderoso para tu profesión. Tu vida profesional tenderá a ser la misma. Aunque este aspecto es positivo. Indica que como estás satisfecho con la situación, no es necesario hacer cambios radicales en esta parcela de tu vida.

El Sol, tu planeta de la profesión, será eclipsado dos veces este año. El primer eclipse ocurrirá el 20 de abril y el segundo el 14 de octubre. Generará trastornos en tu profesión y cambios. En las previsiones mes a mes hablaré de este tema con más detalle.

Como el Sol, tu planeta de la profesión, avanza raudamente por el firmamento, se darán muchas tendencias pasajeras relacionadas con tu trabajo que dependerán de dónde se encuentre el Sol y de los aspectos que reciba. En las previsiones mes a mes hablaré de estas tendencias más a fondo.

Venus, tu planeta del amor, se alojará en tu décima casa más de cuatro meses, un tránsito más largo de lo habitual para este planeta. Normalmente, ocupa un signo solo durante un mes. De modo que del 5 de junio al 9 de octubre será un buen momento para promover tu profesión a través de los medios sociales, como al asistir a las fiestas y reuniones adecuadas, u organizar esta clase de eventos. Pero me parece que este tránsito tendrá más que ver con el amor que con tu trabajo. Volveremos sobre este tema más adelante.

Amor y vida social

Has estado pendiente de tu vida amorosa muchos años. Urano ha estado cambiando drásticamente tu círculo social durante años. Una de las mayores lecciones de la vida ha sido para ti acostumbrarte a estos cambios sociales; es decir, aceptarlos.

Por un lado, Urano ha desestabilizado tu vida amorosa y social durante largo tiempo, y muchos Escorpio se han divorciado o han roto con su pareja en los últimos años. Pero por el otro, tu vida amorosa se ha vuelto muy excitante. El amor y las oportunidades amorosas pueden surgir en cualquier momento y lugar de formas totalmente inesperadas. Nunca sabes cuándo Cupido lanzará su flecha.

Este año Júpiter transitará por tu séptima casa a partir del 17 de mayo. Generalmente es una señal clásica de matrimonio. Pero este año no estoy tan seguro de ello, ya que Urano ocupará aún esta casa. Probablemente goces de una relación amorosa seria, pero en lo que respecta al matrimonio, dudo de que incluso sea aconsejable. Disfruta del amor, pero pospón el compromiso por un tiempo. Tómatelo con calma.

Júpiter, en tránsito por tu séptima casa, muestra que gran parte de tu socialización estará relacionada con los negocios. Más adelante, del 5 de junio al 9 de octubre, tendrá que ver con tu profesión.

Este año tienes los aspectos planetarios de alguien al que le gusta hacer negocios con amigos, con gente con la que socializa. Y también intentas socializar con aquellos con quienes haces negocios. Los negocios son ahora una prolongación de tu vida social. Y en el campo profesional te ocurrirá lo mismo más adelante.

Venus en la cúspide de tu carta astral del 5 de junio al 9 de octubre es un aspecto excelente para el amor y una etapa social. Muestra que el amor es ahora tu gran prioridad, quizá la mayor, por eso ahora estás pendiente de este aspecto de tu vida. También indica que si no tienes pareja, te atraerán las personas exitosas y encumbradas, en especial en estas fechas. Te surgirán oportunidades románticas con este tipo de gente. Y como Venus es también tu planeta de la espiritualidad, te atraerán además las personas espirituales.

Se darán muchas tendencias amorosas pasajeras. Tu planeta del amor es raudo y muchas tendencias dependerán de dónde se encuentre Venus y de los aspectos que reciba. En las previsiones mes a mes hablaré de estas tendencias con más detalle.

Progreso personal

Neptuno lleva ya en tu quinta casa muchos años y la ocupará muchos más. La inspiración de los Escorpio que se dedican a las artes creativas ha sido mayor de lo habitual, les ha llegado de lo alto. Tus hijos o figuras filiales también se han vuelto más espirituales. Han tenido sueños reveladores y experiencias sobrenaturales. Su cuerpo también es ahora más sensible, se ha afinado y espiritualizado. Por eso les conviene evitar el alcohol y las drogas, pues el cuerpo puede reaccionar descontroladamente a estas sustancias. Te conviene entender lo que ocurre en su interior para relacionarte mejor con ellos. Procura no ridiculizar sus sueños y experiencias. Escúchalos sin juzgarlos.

Este año Saturno ingresará en tu quinta casa de los hijos a partir del 8 de marzo. Para los Escorpio creativos, significa que necesitan una estructura mayor en su trabajo y prestar más atención a los detalles en sus creaciones. No pueden ser simplemente amorfas y vagas. Además, como he comentado, deben aprender a disciplinar a sus hijos o figuras filiales. La disciplina no significa crueldad, al contrario. Una buena disciplina, al fijar límites adecuados, ayudará a tus hijos ahora y en el futuro. Seguramente tu tendencia ha sido durante muchos años permitirles hacer lo que quisieran. Pero ahora este proceder no funcionará. La ensoñación, la fantasía y el conocimiento de los mundos superiores son actividades maravillosas para los niños, pero también tienen que saber manejar los asuntos prácticos de la vida. Procura llevar esta situación hábilmente, equilibrar la disciplina con la libertad.

Saturno rige tu tercera casa de los intereses intelectuales. Su posición en el signo de Piscis muestra cambios en tus intereses intelectuales. Se volverán más espirituales. Te atraerán más los libros y las revistas espirituales en esta temporada.

Se darán además muchas tendencias espirituales de corta duración. Venus, tu planeta de la espiritualidad (es también tu planeta del amor) avanza raudamente por el firmamento. A lo largo del año transitará por toda tu carta astral. En las previsiones mes a mes hablaré de estas tendencias espirituales pasajeras con más detalle.

Venus, tu planeta de la espiritualidad, se alojará más de cuatro meses en tu décima casa. Como he señalado, es un buen aspecto para tu vida amorosa, pero también es excelente para tu vida espiritual. Se volverá más importante, te volcarás más en esta esfera de tu vida. Realizarás un gran progreso espiritual en esta etapa. También indica que impulsarás tu profesión al participar en actividades benéficas y altruistas.

En algunos casos, este aspecto se puede interpretar como que tu crecimiento espiritual será tu verdadera profesión, tu misión en la vida, del 5 de junio al 9 de octubre.

Previsiones mes a mes

Enero

Mejores días en general: 6, 7, 14, 15, 23, 24
Días menos favorables en general: 12, 13, 18, 19, 25, 26
Mejores días para el amor: 2, 3, 12, 13, 18, 19, 21, 22
Mejores días para el dinero: 8, 9, 16, 23
Mejores días para la profesión: 2, 10, 11, 20, 21, 25, 26, 30, 31

Presta atención a tu salud este mes, sobre todo a partir del 20. Como Marte, tu planeta de la salud, será retrógrado hasta el 12, no hagas cambios importantes en tu programa de salud, y si es posible evita además las pruebas o los tratamientos médicos. A partir del 18 será una buena temporada para realizar todo esto. Fortalece tu salud con las propuestas planteadas en las previsiones de este año. Pero incluye además los masajes en los brazos y los hombros. Las dietas depurativas siempre son buenas para ti, pero este mes lo serán incluso más.

Tu planeta de la salud estará «fuera de límites» hasta el 4 de mayo; o sea, que en las cuestiones de salud te moverás fuera de tu órbita normal. Los demás te verán como un «forastero» Tu situación laboral también te llevará fuera de tu órbita habitual.

Al ser este mes el solsticio de Júpiter, tu planeta de la economía —durará mucho tiempo, del 1 al 27—, experimentarás un largo parón en tu vida económica y luego un cambio de rumbo. Tus finanzas serán un poco problemáticas y complicadas a principios de mes, pero mejorarán a partir del 21.

Si bien no es una etapa profesional poderosa, te surgirán buenas oportunidades del 17 al 19, ya que tu planeta de la profesión viaja con Plutón. Como Venus, tu planeta del amor, viajará con Plutón el 1 y 2, serán días excelentes para el amor y tu vida social.

Has empezado el mes con una tercera casa de los intereses intelectuales poderosísima. Hace muchos años que te interesan estos temas, pero en enero incluso te atraerán más aún. Los estudiantes rendirán en los estudios. Y a los trabajadores intelectuales, como escritores, profesores y vendedores, también les irá de maravilla en esta temporada. Los Escorpio no son conocidos por sus habilidades comunicativas, pero en este periodo destacarás en este sentido.

Venus, tu planeta del amor, avanzará raudamente por el firmamento este mes. Transitará por tres signos y casas de tu carta astral. Este aspecto indica confianza social. Progresarás con rapidez en lo social y lo amoroso. Venus en tu tercera casa hasta el 3 muestra oportunidades amorosas en el vecindario y quizá con algún vecino o vecina. La intelectualidad te atraerá mucho en una relación, en especial el 22 y 23. Venus se alojará en tu cuarta casa del hogar y de la familia del 3 al 27. Esta coyuntura propiciará que socialices más en tu hogar y con los tuyos en estas fechas. Tu familia y tus contactos familiares serán importantes en el amor. Cuando se da este tránsito a menudo uno retoma una relación con un antiguo amor. El cosmos se encargará de arreglarlo todo para que resuelvas viejos asuntos. Venus ingresará en tu quinta casa el 27 y la ocupará el resto del mes. Este aspecto favorece el amor libre, la diversión sexual y los juegos amorosos. Como llevas ya varios años sin que te convenga contraer matrimonio, esta clase de amor es bueno para ti.

Febrero

Mejores días en general: 2, 3, 12, 13, 20, 21
Días menos favorables en general: 4, 5, 6, 18, 19, 24, 25
Mejores días para el amor: 2, 3, 12, 13, 22, 24, 25
Mejores días para el dinero: 4, 5, 14, 15, 22, 23
Mejores días para la profesión: 1, 4, 5, 6, 9, 10, 20

Estás volcado en tu hogar y tu familia desde el 20 de enero, ahora es lo que más te interesa, y será así hasta el 18. Como el Sol, tu planeta de la profesión, transita por esta casa, el hogar, la familia y tu bienestar emocional serán este mes tu verdadera profesión, tu misión en la vida. Es el momento propicio para establecer los cimientos, la infraestructura en la que se asentará una carrera brillante. Este aspecto planetario tiene implicaciones para tu trabajo al prepararte para el futuro. Si gozas de armonía emocional, tu estado interior hará que arrases en tu profesión.

Presta atención a tu salud hasta el 18. Ten en cuenta las previsiones del mes anterior. Incluye en tu programa de salud los masajes en los brazos y hombros. Como tu planeta de la salud está más «fuera de límites» que en enero, ahora te dedicas a explorar terapias, terapeutas y médicos nuevos.

Cuando el Sol, tu planeta de la profesión, viaje con Saturno el 15 y 16, serán fechas auspiciosas para los estudiantes y los trabajadores intelectuales.

Al ingresar el Sol en tu quinta casa el 18, empezará una de tus temporadas más placenteras del año. Ahora te toca disfrutar de la vida, divertirte. Incluso tus objetivos profesionales serán amenos. La luna nueva del 20 en tu quinta casa impulsará y amenizará más tu trabajo. Las cuestiones relacionadas con los hijos o las figuras filiales, y con tu creatividad, se aclararán en las próximas semanas.

Te espera un mes próspero. Has cambiado tu enfoque financiero. Ahora tienes una actitud despreocupada en esta esfera de tu vida. Quizá te arriesgas demasiado, podrías precipitarte en este sentido. Te conviene meditar tus operaciones financieras a fondo antes de tomar una decisión.

Si bien no es aconsejable que te cases, tu vida amorosa es amena. Venus seguirá en tu quinta casa hasta el 21. Surgirá una conexión amorosa importante del 14 al 16. Venus ingresará en tu sexta casa de la salud y el trabajo el 21. Te enamorarás a primera vista en esta temporada, y seguramente conozcas a personas a las que les suceda lo mismo. Una salud excelente significa ahora para ti una vida amorosa saludable y una buena salud social. Te atraerán los terapeutas, los profesionales de la salud y los compañeros de trabajo.

Marzo

Mejores días en general: 1, 2, 11, 12, 19, 20, 28, 29, 30
Días menos favorables en general: 4, 5, 17, 18, 24, 25, 31
Mejores días para el amor: 4, 5, 11, 12, 24, 25
Mejores días para el dinero: 4, 5, 13, 14, 21, 22, 31
Mejores días para la profesión: 1, 2, 4, 5, 12, 20, 21, 31

Cuando Saturno deje de formar su aspecto desfavorable en tu carta astral el 8, tu salud mejorará enormemente. Plutón formará aspectos desfavorables para algunos Escorpio a partir del 24, pero solo lo notarán los nacidos en los primeros días del signo; es decir, del 23 al 25 de octubre. Al resto no le influirá. Tu salud será buena este mes. Marte, tu planeta de la salud, seguirá en tu octava casa hasta el 26. De modo que las dietas depurativas y los masajes en los brazos y hombros aún te sentarán de maravilla. A partir del 27, la dieta y una buena salud emocional serán importantes para ti.

La luna nueva del 21 en tu sexta casa será una jornada excelente si buscas trabajo y también para tu profesión. Además favorece la salud, ya que ahora le prestas atención. Tu buena ética laboral impresionará a tus superiores a partir del 21. Las cuestiones relacionadas con tu salud o tu trabajo se despejarán con el paso de las semanas, hasta la próxima luna nueva.

Te encuentras en una de tus temporadas más placenteras del año y durará hasta el 20. El ocio, por contradictorio que sea, será beneficioso para tu profesión. Las personas con estos aspectos planetarios suelen hacer buenos contactos profesionales en fiestas, campos de golf o pistas de tenis. El 15 y 16 serán jornadas excelentes para ello, te permitirán combinar la diversión con el trabajo.

Cuando Venus viaje con Júpiter el 1 y 2, serán jornadas espectaculares para el amor y el dinero. Como Venus se alojará en tu sexta casa hasta el 17, mostrarás tu amor al satisfacer las necesidades prácticas de la persona amada. Así es cómo ahora demuestras tu amor, y esperas que tu pareja te corresponda del mismo modo. Si no tienes pareja, te atraerán los profesionales de la salud y los compañeros de trabajo. Venus ingresará en tu séptima casa del amor el 17, que es muy poderosa en tu carta astral. Tu magnetismo y encanto social serán muy potentes en estas fechas. La buena noticia es que serás un poco más conservador en el amor. Más precavido. Vivirás episodios amorosos de corta duración el 15, 16, 30 y 31.

Será un mes próspero. El dinero te llegará de tu trabajo. Es posible que goces de subidas salariales. Gasta menos. Desde principios de año te conviene frenar un poco. Ahora te fascina ganar dinero rápido y esta actitud te hace vulnerable a todo tipo de personas que podrían aprovecharse de ti. Desde enero estás aprendiendo a ser audaz en las finanzas. Lo importante no es ganar o perder, sino vencer el miedo.

Abril

Mejores días en general: 7, 8, 16, 17, 25, 26
Días menos favorables en general: 1, 14, 15, 20, 21, 27, 28, 29
Mejores días para el amor: 3, 4, 14, 20, 21, 22, 23
Mejores días para el dinero: 1, 9, 10, 19, 28, 29
Mejores días para la profesión: 1, 10, 27, 28, 29, 30

Presta atención a tu salud a partir del 20. Haz todo lo posible por comer sano y tener estados de ánimo y sentimientos armoniosos. Cómo comes es incluso más importante que lo que comes. Eleva la comida a un acto espiritual de culto, a una experiencia espiritual.

El eclipse solar del 20 en el límite de tu sexta y séptima casas, las afectará a ambas. Todos los Escorpio notarán hasta cierto punto los efectos, pero sobre todo los nacidos en los primeros días del signo; es decir, del 23 al 25 de octubre. Este es el titular de abril.

Los efectos del eclipse sobre tu sexta casa indican cambios laborales, quizá problemas en tu lugar de trabajo y contratiempos en la vida de tus compañeros. Te verás obligado a hacer cambios radicales en tu programa de salud y quizá cambies también de médicos. Los efectos del eclipse sobre tu séptima casa pondrán a prueba tu vida amorosa. Tu relación de pareja, sobre todo si estás casado, ha atravesado varias crisis en los últimos años, y este eclipse será otro bache más en vuestra relación. Es posible que tu cónyuge, pareja o amante actual experimenten situaciones adversas.

Como a Plutón, el regente de tu horóscopo, le impactará de lleno el eclipse, desearás redefinirte a ti y tu imagen. Cambiar lo que piensas de ti y cómo te ve la gente. Presentarás una «versión nueva» de ti en los próximos meses. Si no has llevado una dieta sana, tal vez experimentes una depuración física. No se tratará de una enfermedad, aunque lo parezca por los síntomas. Solo se trata del cuerpo que elimina las toxinas.

Los eclipses solares afectan a tu profesión y este no es una excepción. Como el Sol es tu planeta de la profesión, tu trabajo es muy sensible a los fenómenos solares. Es posible que haya cambios en la jerarquía de tu empresa y en tu sector. Tus jefes, padres o figuras parentales lidiarán con adversidades en su vida. También podrían producirse trastornos en el gobierno. Las reglas del juego cambiarán. Desempeñarás tu trabajo con otro enfoque. En ocasiones inusuales incluso podrías llegar a cambiar de profesión.

Reduce tus actividades a partir del 20, sobre todo en el periodo del eclipse.

Mayo

Mejores días en general: 13, 14, 22, 23
Días menos favorables en general: 5, 6, 11, 12, 17, 18, 19, 25, 26

Mejores días para el amor: 2, 3, 9, 10, 17, 18, 19
Mejores días para el dinero: 7, 8, 16, 17, 24, 25
Mejores días para la profesión: 1, 9, 10, 18, 19, 25, 26, 30, 31

Tu imagen personal y el concepto que tienes de ti volverán a cambiar este mes por el eclipse lunar del 5 en tu signo. Desearás cambiar la opinión que tienes de ti —tu autoconcepto— y cómo te ven los demás. En los próximos meses tu imagen y tu modo de presentarte ante el mundo cambiarán más aún.

Este eclipse afectará a los estudiantes universitarios o a los que soliciten matricularse en una universidad. Cambiarán los planes de estudios, es posible que sustituyan al rector de la universidad y, en ocasiones, incluso se dará un cambio de universidad. Surgirán problemas en la escuela o la universidad. En el caso de estar implicado en un problema jurídico, los resultados darán un gran giro en un sentido o en el otro. Habrá trastornos en tu centro de culto y situaciones adversas en la vida de tus líderes religiosos. Y lo más importante es que los acontecimientos del eclipse pondrán a prueba tus creencias religiosas y teológicas. Este proceso influirá mucho en tu visión de la vida y en tu forma de vivir.

Urano, tu planeta de la familia, también recibirá indirectamente los efectos del eclipse. Es posible que haya problemas y trastornos familiares. Las emociones de los tuyos se enardecerán. En ocasiones, será necesario hacer reparaciones en el hogar.

Presta atención a tu salud este mes, sobre todo hasta el 21. Como siempre, descansa lo suficiente. La dieta y una buena salud emocional serán importantes hasta el 21. A partir del 22, préstale más atención al corazón.

Gozarás de una gran oportunidad profesional el 20 y 21.

La luna nueva del 19 en tu séptima casa propiciará una jornada excelente en lo profesional y social. Y lo más importante es que esclarecerá tu situación amorosa —tu matrimonio o relación— en las próximas semanas. Todas tus dudas y preguntas se resolverán de forma natural y normal.

Junio

Mejores días en general: 1, 2, 9, 10, 18, 19, 20, 28, 29
Días menos favorables en general: 7, 8, 14, 15, 16, 21, 22
Mejores días para el amor: 2, 11, 14, 15, 21, 22

Mejores días para el dinero: 3, 4, 5, 6, 14, 15, 23, 24
Mejores días para la profesión: 7, 8, 17, 18, 21, 22, 28

Júpiter ingresó en tu séptima casa el 17 de mayo y la ocupará el resto del año. Es un aspecto excelente para el amor. En principio, indica matrimonio o una relación seria. Pero como Urano ya lleva muchos años alojado en esta casa y todavía la ocupa, esta clase de relación amorosa no es aconsejable. Disfruta del amor sin compromisos legales. Es además un gran tránsito para las finanzas. Muestra asociaciones empresariales lucrativas y la importancia de los contactos sociales en tu economía. Pero este tipo de relaciones también deberán ser flexibles. Tu encanto social es ahora el factor más importante para tus ingresos. Te gusta hacer negocios con amigos y entablar amistad con quienes haces negocios. Tu vida amorosa será feliz, pero te toparás con algunos escollos el 4, 5, 10 y 11.

Tu octava casa se volvió poderosa el 21 de mayo y lo será hasta el 21 de junio. Te espera un mes feliz. Ahora haces lo que más te gusta. Te dedicas más a practicar sexo, al ocultismo, la investigación, la gestión del dinero, la depuración y la transformación personal. Como la luna nueva del 18 también caerá en esta casa, te apasionarán más todavía estos intereses. Tu libido será más potente de lo habitual. Triunfarás en tu trabajo. Las cuestiones relacionadas con el sexo, la transformación personal, el ocultismo, los impuestos y los bienes inmuebles se despejarán en las próximas semanas. Te llegará toda la información necesaria de forma natural y normal.

Cuando Venus ingrese en tu décima casa de la profesión el 5, tus contactos sociales impulsarán tu carrera. Asistir a las fiestas y reuniones adecuadas, u organizar esta clase de eventos y conocer a las personas idóneas, le dará un empujón a tu carrera y será sumamente provechoso para ti.

Al alojarse Venus en tu décima casa, si no tienes pareja te atraerá la gente de clase alta de un nivel social superior al tuyo. Podría surgir un idilio con este tipo de personas este mes.

Aunque Plutón deje de formar su aspecto desfavorable en tu carta astral, presta atención a tu salud este mes. Presta más atención a tu corazón. Te sentará bien trabajar los puntos reflejos de este órgano. Asegúrate sobre todo de no cansarte en exceso.

Cobra consciencia del momento presente en el plano físico el 4 y 5, y del 24 al 28. Un progenitor o figura parental también deberá actuar del mismo modo del 24 al 28.

Julio

Mejores días en general: 7, 8, 16, 17, 26, 27
Días menos favorables en general: 5, 6, 11, 12, 18, 19, 20
Mejores días para el amor: 2, 10, 11, 12, 19, 20, 29
Mejores días para el dinero: 1, 2, 3, 4, 11, 12, 21, 22, 28, 29, 30, 31
Mejores días para la profesión: 7, 8, 17, 18, 19, 20, 26

Este mes el amor será feliz, aunque complicado. Tu séptima casa del amor es aún poderosísima. Urano desestabiliza tu vida amorosa, pero le añade excitación y altibajos. La principal complicación será el inusual movimiento retrógrado de Venus el 23. Reinará la incertidumbre en el amor, dudarás de qué rumbo tomar en esta faceta de tu vida.

Venus, tu planeta del amor, aún se aloja en tu décima casa de la profesión. Como el mes anterior (y los siguientes), atraerás a gente poderosa y prestigiosa que te apoya profesionalmente. Sin embargo, el peligro de este aspecto es salir con alguien por conveniencia en lugar de por amor.

Tu salud es buena, pero a partir del 24 podría complicarse un poco. Como siempre, descansa lo suficiente. Marte, tu planeta de la salud, se alojará en tú décima casa hasta el 11 y luego ingresará en la undécima. Fortalece tu salud con masajes torácicos y por medio de la estimulación de los puntos reflejos del corazón hasta el 11. A partir del 12, los masajes abdominales y trabajar los puntos reflejos del intestino delgado te sentarán bien.

Tu novena casa será poderosísima hasta el 23. Es un buen mes para los estudiantes, en especial, los universitarios. Los que soliciten matricularse en una universidad también tendrán buena suerte en estas fechas. Esta coyuntura propicia las percepciones religiosas y teológicas. Es posible que viajes al extranjero. La luna nueva del 17 en tu novena casa te traerá percepciones religiosas y teológicas, y le dará un empujón a tu profesión. Las cuestiones relacionadas con la universidad, los viajes al extranjero y la religión se despejarán en las próximas semanas. Las acciones naturales del cosmos responderán a tus preguntas y resolverán tus dudas.

Cuando el Sol ingrese en tu décima casa de la profesión el 23, empezará una de tus mejores temporadas profesionales del año. Lucirás el aspecto de un gran triunfador. El Sol, tu planeta de la profesión, será más poderoso de lo habitual al alojarse en su propio signo y casa. Este aspecto es excelente para tu trabajo.

Tu economía prosperará este mes, pero a partir del 24 la situación se complicará. Te entrarán ingresos, pero te costará más obtenerlos. El reto será decidir si las ganancias son más importantes que el prestigio o al contrario. Cada uno de estos factores tirará de ti en direcciones contrarias.

Agosto

Mejores días en general: 3, 4, 12, 13, 22, 23, 30, 31
Días menos favorables en general: 1, 2, 7, 8, 14, 15, 16, 29
Mejores días para el amor: 5, 6, 7, 8, 14, 15, 24, 25
Mejores días para el dinero: 7, 8, 17, 18, 24, 25, 26, 27
Mejores días para la profesión: 5, 6, 14, 15, 16, 26

Presta mayor atención a tu salud hasta el 23. Ten presente las previsiones del mes anterior. Como tu planeta de la salud sigue alojado en Virgo, fortalece tu salud con masajes abdominales y por medio de la estimulación de los puntos reflejos del intestino delgado. Y sobre todo, descansa lo suficiente. Marte, tu planeta de la salud, tendrá su solsticio del 27 de agosto al 2 de septiembre. De modo que se producirá una pausa y un cambio de rumbo en el trabajo y en tus actitudes relacionadas con la salud.

Te encuentras en una de tus mejores temporadas profesionales del año. Eres exitoso en tu profesión. El principal problema será equilibrar las exigencias del hogar y de la familia con tu trabajo. No te resultará fácil hacerlo, sobre todo el 14 y 15. Pero te conviene centrarte en tu profesión. La luna nueva del 16 en tu décima casa le dará un mayor empujón a tu carrera, será un día exitoso en un mes exitoso. Los efectos de esta luna nueva durarán varias semanas. Las cuestiones relacionadas con tu trabajo se aclararán con el paso de los días, hasta la próxima luna nueva. Tus dudas y problemas profesionales se resolverán de manera natural y normal.

Tu vida amorosa es todavía complicada por la retrogradación de Venus. Quizá ocurran turbulencias amorosas y familiares el 8 y 9. Pero serán pasajeras.

Tu economía no pasa por un buen momento y te esperan más retos. Ganar dinero te costará más. Tus ingresos aumentarán notablemente a partir del 24. Tu salud también mejorará a partir de esta fecha.

Cuando el Sol ingrese en Virgo el 23, iniciarás una etapa más social en tu vida, pero tendrá que ver más con las amistades y las relaciones platónicas que con las relaciones amorosas. Mientras Venus sea retrógrado evita tomar decisiones amorosas importantes en un sentido o en el otro. Tu criterio social no es tan bueno como de costumbre.

Como a fin de mes el sesenta por ciento de los planetas serán retrógrados, un porcentaje enorme, ten paciencia. Manejar la frustración será quizá tu mayor reto en esta temporada.

Septiembre

Mejores días en general: 8, 9, 10, 18, 19, 27, 28
Días menos favorables en general: 4, 5, 11, 12, 25, 26
Mejores días para el amor: 2, 4, 5, 3, 11, 12, 21, 22, 30
Mejores días para el dinero: 4, 5, 14, 15, 21, 22, 23, 24
Mejores días para la profesión: 4, 5, 11, 12, 13, 14, 25

Tu salud ha mejorado mucho este mes. El solsticio de Marte, tu planeta de la salud, durará hasta el 2. Pero después de esta fecha ya se habrá establecido el cambio de dirección. Lo mismo le ocurrirá a tu programa de salud y a tu trabajo. Marte se alojará este mes en Libra, tu duodécima casa de la espiritualidad. Fortalece más tu salud con masajes en las caderas y por medio de la estimulación de los puntos reflejos del riñón. Pero el verdadero mensaje será que responderás de maravilla a la sanación espiritual. Muchos Escorpio profundizarán este tema este mes, sobre todo a partir del 24.

La actividad retrógrada será elevada el mes entero. El sesenta por ciento de los planetas serán retrógrados, el número máximo anual, hasta el 16. A partir del 17, lo serán el cincuenta por ciento, un porcentaje todavía altísimo. El ritmo de la vida se desacelerará. Parecerá que en el exterior no ocurre nada, pero interiormente se dará una gran actividad. Lo único que no se verá.

Con todo, tu vida amorosa se está enderezando y tu profesión prospera. Cuando Venus sea directo el 4, tu criterio social volverá a ser excelente. Te surgirán oportunidades amorosas mientras persigues tus objetivos profesionales y al relacionarte con gente de tu círculo laboral. Todavía te atraen mucho las personas poderosas y prestigiosas. Tu prioridad son ahora las finanzas y el amor.

Como el Sol, tu planeta de la profesión, forma aspectos favorables con Júpiter y Urano, tu economía prosperará. Es posible que goces de una subida salarial, pero llegará con retrasos. Puedes fomentar tu carrera a través de los medios sociales y al participar en grupos y organizaciones comerciales y profesionales. Una buena red de contactos también te hará progresar en esta área de tu vida.

La luna nueva del 15 en tu undécima casa propiciará una jornada profesional magnífica. También te traerá percepciones religiosas y teológicas. Aumentarán tus conocimientos en ciencia, informática, astronomía y astrología. Será además una buena jornada social.

El ingreso del Sol en tu duodécima casa de la espiritualidad el 23, propiciará un gran día para la meditación y la práctica espiritual. Promoverás tu trabajo al participar en actividades benéficas y altruistas en estos días.

Octubre

Mejores días en general: 6, 7, 15, 16, 17, 24, 25
Días menos favorables en general: 1, 2, 8, 9, 22, 23, 28, 29
Mejores días para el amor: 1, 2, 9, 10, 11, 20, 21
Mejores días para el dinero: 1, 2, 11, 12, 18, 19, 20, 21, 28, 29
Mejores días para la profesión: 3, 4, 8, 9, 24

Este mes dos eclipses sacudirán el mundo y tu vida. Estas sacudidas, aunque sean desagradables, son necesarias. Si vamos por mal camino, necesitamos un buen zarandeo. Podemos apartarnos 5 o 10 grados de nuestra órbita vital. Pero si nos apartamos una distancia mayor, los eclipses se ocuparán de corregir nuestra trayectoria.

El eclipse solar tendrá lugar el 14, y el lunar el 28. El eclipse lunar será el más potente de los dos, te impactará de lleno.

El eclipse solar del 14 en tu duodécima casa de la espiritualidad causará grandes cambios en esta faceta de tu vida. Es posible que tus actitudes, enseñanzas o incluso maestros cambien por los efectos del eclipse. Tus prácticas espirituales también pueden cambiar. Surgirán trastornos en las organizaciones espirituales, de beneficencia o altruistas en las que participas. Tus figuras de gurús lidiarán con reveses en su vida. Tu vida onírica será probablemente más activa, pero no le des importancia. No son más que los restos psíquicos de los efectos del eclipse. Tus amigos quizá sufran contrariedades económicas y se vean obligados a hacer cambios importantes en sus finanzas. Los eclipses solares afectan a tu trabajo, ya que el Sol es tu planeta de la profesión. De modo que ocurrirán cambios profesionales. En casos excepcionales uno puede dejar su profesión para dedicarse a otra. Es posible que no te quede más remedio que desempeñar tu trabajo con otro enfoque. El gobierno puede cambiar las normativas de tu sector o tal vez haya problemas en tu ramo profesional. También podría haber una reestructuración jerárquica de tu empresa. Tus jefes, y tus padres o figuras parentales, vivirán contratiempos en su vida.

El eclipse lunar del 28 en tu séptima casa pondrá a prueba tu relación actual. Tus relaciones han atravesado crisis durante algunos años, pero este eclipse supondrá otro bache más. Los estudiantes universitarios se enfrentarán a problemas en la universidad y habrá cambios en los planes de estudios. A veces incluso pueden cambiar de centro de estudios. Habrá contrariedades y trastornos en tu lugar de culto, en la vida de tus líderes religiosos y en la congregación en general. Pero lo primordial es que tus creencias religiosas y teológicas serán puestas a prueba en los próximos meses. Revisarás algunas, y abandonarás otras. Estas pruebas y revisiones esporádicas relacionadas con tus creencias serán una experiencia saludable.

Noviembre

Mejores días en general: 2, 3, 12, 13, 21, 22, 29, 30
Días menos favorables en general: 4, 5, 6, 18, 19, 25, 26
Mejores días para el amor: 8, 9, 18, 19, 25, 26, 27, 28
Mejores días para el dinero: 7, 14, 15, 16, 25
Mejores días para la profesión: 2, 3, 4, 5, 6, 12, 13, 23

Aunque todavía notes las secuelas de los eclipses de octubre, te espera un mes feliz. El Sol se alojará en tu signo hasta el 22, ahora te encuentras en una de tus temporadas más placenteras del año. Disfrutas de los placeres físicos y te dedicas a ponerte en forma y a actualizar tu imagen tal como deseas. Marte, tu planeta de la salud, ocupará también tu signo hasta el 24. Ahora te cuidas físicamente para mantenerte en forma y llevas una dieta sana. Pero estos tránsitos también producirán otros efectos. El Sol en tu signo te trae oportunidades profesionales venturosas. Luces la imagen de un triunfador y llevas ropa lujosa. (Quizá gastas demasiado en ello). Las oportunidades laborales llaman a tu puerta sin necesidad de buscarlas. Y aunque ya trabajes, recibirás ofertas de otras compañías o te surgirán oportunidades para trabajar la jornada completa o dedicarte al pluriempleo.

Tu salud es buena y tu aspecto físico lo refleja. Como estás sano, se te ve radiante. Es el momento idóneo para las dietas adelgazantes, si necesitas una, y también para las depurativas.

Cuando el Sol ingrese en tu casa del dinero el 22, empezará una de tus mejores temporadas económicas del año. El único problema es la retrogradación de Júpiter, tu planeta de las finanzas. Los ingresos serán abundantes, pero te llegarán con retrasos o contratiempos. El Sol en tu casa del dinero muestra los favores económicos de tus jefes, y de tus padres o figuras parentales. Apoyarán tus objetivos financieros. Quizá goces de una subida salarial. Los ingresos te llegarán del trabajo. Procura no correr demasiados riesgos financieros a partir del 24. El ingreso de Mercurio en tu casa del dinero el 10, propiciará una jornada excelente para atraer inversores del extranjero si tienes buenas ideas. Es un buen momento para saldar deudas o pedir préstamos, depende de tus necesidades. También lo es para la planificación tributaria y los planes de seguros. Y si tienes la edad adecuada, son buenas fechas para la planificación patrimonial.

La luna nueva del 12 en tu signo aumentará los placeres y realzará tu aspecto físico. Tu libido será potentísima en esta jornada. También puede surgir un viaje o una oportunidad laboral, o ambas cosas. Las cuestiones relacionadas con tu aspecto e imagen se despejarán en el transcurso de las semanas.

Diciembre

Mejores días en general: 9, 10, 18, 19, 27, 28
Días menos favorables en general: 2, 3, 16, 17, 22, 23, 29, 30
Mejores días para el amor: 9, 18, 19, 22, 23, 28, 30
Mejores días para el dinero: 4, 11, 12, 14, 22, 31
Mejores días para la profesión: 2, 3, 11, 12, 21, 22, 29, 30

Marte, tu planeta de la salud, estará buena parte del año «fuera de límites». Lo estuvo del 1 de enero al 4 de mayo, y este mes lo estará de nuevo del 22 de diciembre hasta fin de mes. En las cuestiones de salud te has movido realmente fuera de tu órbita normal y en diciembre volverás a hacerlo. Al igual que en tu situación laboral.

Te espera un mes muy próspero. Te encuentras en una de tus mejores temporadas económicas del año y durará hasta el 22. Pero tus finanzas prosperarán incluso después de esta fecha. Marte se alojará en tu casa del dinero el mes entero. Mercurio volverá a ser retrógrado el 24. Venus ingresará en esta casa el 30. Júpiter, tu planeta de la economía, será directo el 31. De modo que tu economía se está despejando. Los proyectos y los negocios varados empezarán a progresar.

Tu salud es buena. Como tu planeta de la salud se aloja en Sagitario, puedes fortalecerla más aún con masajes en los muslos y por medio de la estimulación de los puntos reflejos del hígado. Este mes seguramente te interesarás más por tu salud económica que por tu salud física. No dejes que las finanzas te afecten la salud si no prosperan al ritmo que te gustaría.

Tu vida amorosa será dichosa, aunque las complicaciones de Urano en tu casa del amor se sigan dando. Venus, tu planeta del amor, se moverá raudamente por el firmamento este mes, transitará por tres signos y casas de tu carta astral. Por lo que gozarás de confianza social. Alcanzarás tus objetivos con rapidez. Pero este aspecto también indica volubilidad en el amor y en tus necesidades amorosas. Al alojarse Venus en tu duodécima casa hasta el 5, el amor será más espiritual y la compatibilidad espiritual será importante para ti en una relación. Y del 5 al 30 el magnetismo sexual será lo que más te atraerá. Tu vida amorosa será especialmente feliz en esta temporada. El amor te perseguirá. Si mantienes una relación, tu pareja estará dedicada a ti. Serás su prioridad. Pero incluso aunque no salgas con nadie tendrás el amor en tus propios términos. El amor dará contigo sin que tú hagas nada. Dedícate simplemente a tus actividades diarias y lo atraerás a tu vida. El amor será más material el 30 y 31. Los regalos y el apoyo material serán importantes para ti en estos días. Te surgirán oportunidades amorosas mientras intentas alcanzar tus objetivos económicos y te relacionas con gente implicada en tus finanzas.

Sagitario

♐

El Arquero

Nacidos entre el 23 de noviembre y el 20 de diciembre

Rasgos generales

SAGITARIO DE UN VISTAZO

Elemento: Fuego

Planeta regente: Júpiter
Planeta de la profesión: Mercurio
Planeta del amor: Mercurio
Planeta de la riqueza y la buena suerte: Júpiter

Colores: Azul, azul oscuro
Colores que favorecen el amor, el romance y la armonía social: Amarillo, amarillo anaranjado
Colores que favorecen la capacidad de ganar dinero: Negro, azul índigo

Piedras: Rubí, turquesa

Metal: Estaño

Aromas: Clavel, jazmín, mirra

Modo: Mutable (= flexibilidad)

Cualidades más necesarias para el equilibrio: Atención a los detalles, administración y organización

Virtudes más fuertes: Generosidad, sinceridad, amplitud de criterio, una enorme clarividencia

Necesidad más profunda: Expansión mental

Lo que hay que evitar: Exceso de optimismo, exageración, ser demasiado generoso con el dinero ajeno

Signos globalmente más compatibles: Aries, Leo

Signos globalmente más incompatibles: Géminis, Virgo, Piscis

Signo que ofrece más apoyo laboral: Virgo

Signo que ofrece más apoyo emocional: Piscis

Signo que ofrece más apoyo económico: Capricornio

Mejor signo para el matrimonio y/o las asociaciones: Géminis

Signo que más apoya en proyectos creativos: Aries

Mejor signo para pasárselo bien: Aries

Signos que más apoyan espiritualmente: Leo, Escorpio

Mejor día de la semana: Jueves

La personalidad Sagitario

Si miramos el símbolo del Arquero conseguiremos una buena e intuitiva comprensión de las personas nacidas bajo este signo astrológico. El desarrollo de la arquería fue el primer refinamiento que hizo la Humanidad del poder de cazar y hacer la guerra. La habilidad de disparar una flecha más allá del alcance normal de una lanza amplió los horizontes, la riqueza, la voluntad personal y el poder de la Humanidad.

Actualmente, en lugar de usar el arco y las flechas proyectamos nuestro poder con combustibles y poderosos motores, pero el motivo esencial de usar estos nuevos poderes sigue siendo el mismo. Estos poderes representan la capacidad que tenemos de ampliar nuestra esfera de influencia personal, y eso es lo que hace Sagitario en todo. Los nativos de este signo siempre andan en busca de expandir sus horizontes, cubrir más territorio y aumentar su alcance y su campo de acción. Esto se aplica a todos los aspectos de su vida: económico, social e intelectual.

Los Sagitario destacan por el desarrollo de su mente, del intelecto superior, que comprende conceptos filosóficos, metafísicos y espirituales. Esta mente representa la parte superior de la naturaleza psíquica y está motivada no por consideraciones egoístas, sino por la luz y la gracia de un poder superior. Así pues, a los Sagitario les gusta la formación superior. Tal vez se aburran con los estudios formales, pero les encanta estudiar solos y a su manera. El gusto por los viajes al extranjero y el interés por lugares lejanos son también características dignas de mención.

Si pensamos en todos estos atributos de Sagitario, veremos que nacen de su deseo interior de desarrollarse y crecer. Viajar más es conocer más, conocer más es ser más, cultivar la mente superior es crecer y llegar más lejos. Todos estos rasgos tienden a ampliar sus horizontes intelectuales y, de forma indirecta, los económicos y materiales.

La generosidad de los Sagitario es legendaria. Hay muchas razones que la explican. Una es que al parecer tienen una conciencia innata de la riqueza. Se sienten ricos, afortunados, piensan que pueden lograr cualquier objetivo económico, y entonces creen que pueden permitirse ser generosos. Los Sagitario no llevan la carga de la carencia y la limitación, que impide a muchas personas ser generosas. Otro motivo de su generosidad es su idealismo religioso y filosófico, nacido de la mente superior, que es generosa por naturaleza, ya que las circunstancias materiales no la afectan. Otro motivo más es que el acto de dar parece ser enriquecedor, y esa recompensa es suficiente para ellos.

Situación económica

Generalmente los Sagitario atraen la riqueza. O la atraen o la generan. Tienen ideas, energía y talento para hacer realidad su visión del Paraíso en la Tierra. Sin embargo, la riqueza sola no es suficiente. Desean el lujo; una vida simplemente cómoda les parece algo pequeño e insignificante.

Para convertir en realidad su verdadero potencial de ganar dinero, deben desarrollar mejores técnicas administrativas y de organización. Deben aprender a fijar límites, a llegar a sus metas mediante una serie de objetivos factibles. Es muy raro que una persona pase de los andrajos a la riqueza de la noche a la mañana. Pero a los Sagitario les resultan difíciles los procesos largos e interminables. A semejanza de los nativos de Leo, quieren alcanzar la riqueza y el éxito de manera rápida e impresionante. Deben tener presente, no obstante, que este exceso de optimismo puede conducir a proyectos económicos no realistas y a decepcionantes pérdidas. Evidentemente, ningún signo del zodiaco es capaz de reponerse tan pronto como Sagitario, pero esta actitud sólo va a causar una innecesaria angustia. Los Sagitario tienden a continuar con sus sueños, jamás los van a abandonar, pero deben trabajar también en su dirección de maneras prácticas y eficientes.

Profesión e imagen pública

Los Sagitario son grandes pensadores. Lo quieren todo: dinero, fama, prestigio, aplauso público y un sitio en la historia. Con frecuencia suelen ir tras estos objetivos. Algunos los consiguen, otros no; en gran parte esto depende del horóscopo de cada persona. Pero si Sagitario desea alcanzar una buena posición pública y profesional, debe comprender que estas cosas no se conceden para enaltecer al ego, sino a modo de recompensa por la cantidad de servicios prestados a toda la Humanidad. Cuando descubren maneras de ser más útiles, los Sagitario pueden elevarse a la cima.

Su ego es gigantesco, y tal vez con razón. Tienen mucho de qué enorgullecerse. No obstante, si desean el aplauso público, tendrán que aprender a moderarlo un poco, a ser más humildes y modestos, sin caer en la trampa de la negación y degradación de sí mismos. También deben aprender a dominar los detalles de la vida, que a veces se les escapan.

En el aspecto laboral, son muy trabajadores y les gusta complacer a sus jefes y compañeros. Son cumplidores y dignos de confianza, y disfrutan con las tareas y situaciones difíciles. Son compañeros de trabajo amistosos y serviciales. Normalmente aportan ideas nuevas e inteligentes o métodos que mejoran el ambiente laboral para todos. Siempre buscan puestos y profesiones que representen un reto y desarrollen su intelecto, aunque tengan que trabajar arduamente para triunfar. También trabajan bien bajo la supervisión de otras personas, aunque por naturaleza prefieren ser ellos los supervisores y aumentar su esfera de influencia. Los Sagitario destacan en profesiones que les permitan comunicarse con muchas personas diferentes y viajar a lugares desconocidos y emocionantes.

Amor y relaciones

A los nativos de Sagitario les gusta tener libertad y de buena gana se la dan a su pareja. Les gustan las relaciones flexibles, informales y siempre cambiantes. Tienden a ser inconstantes en el amor y a cambiar con bastante frecuencia de opinión respecto a su pareja. Se sienten amenazados por una relación claramente definida y bien estructurada, ya que esta tiende a coartar su libertad. Suelen casarse más de una vez en su vida.

Cuando están enamorados son apasionados, generosos, francos, bondadosos y muy activos. Demuestran francamente su afecto. Sin embargo, al igual que los Aries, tienden a ser egocéntricos en su manera de relacionarse con su pareja. Deberían cultivar la capacidad de ver el punto de vista de la otra persona y no sólo el propio. Es necesario que desarrollen cierta objetividad y una tranquila claridad intelectual en sus relaciones, para que puedan mantener una mejor comunicación con su pareja y en el amor en general. Una actitud tranquila y racional les ayudará a percibir la realidad con mayor claridad y a evitarse desilusiones.

Hogar y vida familiar

Los Sagitario tienden a dar mucha libertad a su familia. Les gusta tener una casa grande y muchos hijos. Sagitario es uno de los signos más fértiles del zodiaco. Cuando se trata de sus hijos, peca por el lado de darles demasiada libertad. A veces estos se forman la idea de que no existe ningún límite. Sin embargo, dar libertad en casa es algo básicamente positivo, siempre que se mantenga una cierta medida de equilibrio, porque la libertad permite a todos los miembros de la familia desarrollarse debidamente.

Horóscopo para el año 2023*

Principales tendencias

Plutón, tu planeta de la espiritualidad, seguirá alojado en tu casa del dinero gran parte del año, pero está empezando a hacer su transición a tu tercera casa de los intereses intelectuales. Será un proceso de dos años. En 2025 ingresará en tu tercera casa y la ocupará largo tiempo, durante veinte años o más. Este año la visitará del 24 de marzo al 12 de junio. Este tránsito tiene grandes implicaciones para tus gustos en la lectura y la educación.

Saturno lleva ya en tu tercera casa los dos últimos años y medio, y el 8 de marzo realizará un ingreso importante en tu cuarta casa y la ocupará los próximos dos años y medio. Esta transición creará cambios importantes en tu familia y en tu vida emocional. Volveremos sobre este tema más adelante.

Júpiter, un planeta importantísimo para ti al ser el regente de tu carta astral, se alojará en tu quinta casa hasta el 17 de mayo. Será una etapa divertida en tu vida. Una temporada despreocupada. Ha llegado el momento de pasártelo bien. Tu creatividad aumentará. Las mujeres en edad de concebir serán más fértiles. En general, mostrarás un mayor interés por tus hijos o figuras filiales.

Júpiter ingresará en tu sexta casa de la salud y el trabajo el 17 de mayo y la ocupará el resto del año. Se unirá a Urano, que lleva ya muchos años alojado en esta casa. Este aspecto aumentará tu interés por la salud y el trabajo. Te surgirán oportunidades laborales venturosas. Si has tenido algún problema de salud, te espera el mejor de los escenarios. Volveremos sobre este tema más adelante.

Venus se alojará más de cuatro meses en tu novena casa, un tránsito inusualmente largo en este planeta, pues suele durar un mes. Este aspecto planetario es importante. Aumenta tu pasión por los viajes al extranjero y los estudios superiores. Quizá te surjan opor-

* Las previsiones de este libro se basan en el Horóscopo Solar y en todos los signos derivados del mismo: tu signo solar se convierte en el Ascendente, y las casas se numeran a partir de él. Tu horóscopo personal, el trazado concretamente para ti (según la fecha, hora y lugar exactos de tu nacimiento) podría modificar lo que se indica aquí. Joseph Polansky.

tunidades laborales en otros países. Si tienes algún problema de salud, tal vez un extranjero o un hospital extranjero te serán útiles.

Tus intereses destacados este año serán las finanzas (del 1 de enero al 24 de marzo, y a partir del 12 de junio). Los intereses intelectuales y la comunicación (del 1 de enero al 8 de marzo, y del 24 de marzo al 12 de junio). El hogar y la familia. La diversión, los hijos y la creatividad (del 1 de enero al 17 de mayo). Y la salud y el trabajo.

Este año lo que más te gratificará será la diversión, los hijos y la creatividad (del 1 de enero al 17 de mayo, y a partir del 18 de julio). Y la salud y el trabajo.

Salud

(Ten en cuenta que se trata de una perspectiva astrológica de la salud, no de una perspectiva médica. En el pasado, no había ninguna diferencia, ambas eran idénticas, pero en la actualidad podrían diferir mucho. Para obtener un punto de vista médico, consulta a tu médico de cabecera o a un profesional de la salud).

Al unirse Saturno con Neptuno en su aspecto desfavorable, tu salud será más delicada este año. Esto por sí solo no es demasiado negativo, pero cuando otros planetas rápidos formen aspectos desfavorables en tu carta astral, podrías ser vulnerable a los problemas de salud. En las previsiones mes a mes hablaré de estos periodos con más detalle.

La buena noticia es que estarás muy pendiente de tu salud, sobre todo a partir del 17 de mayo. No tenderás a ignorarla. Te cuidarás, y esta actitud es muy positiva para mantenerte saludable.

Además, como nuestros lectores saben, puedes hacer muchas cosas para fortalecerla y prevenir la aparición de problemas. Presta más atención a las siguientes zonas vulnerables de tu carta astral. La mayoría de problemas se pueden prevenir. Pero incluso en los casos en que no sea posible del todo, los podrás reducir en gran medida. No tienen por qué ser devastadores.

El corazón. Este órgano se volverá importante a partir del 8 de marzo y lo será durante los próximos dos años y medio. E incluso será más importante aún del 5 de junio al 9 de octubre, ya que tu planeta de la salud se alojará en Leo (el corazón) más de cuatro meses. Te sentará bien trabajar los puntos reflejos de este órgano. Lo más importante para el corazón es evitar las preocupaciones y la ansiedad, las dos emociones que lo estresan. Abandona las preocupaciones y cultiva la fe.

El hígado y los muslos. Estas zonas son siempre importantes para los Sagitario al estar regidas por tu signo. Y serán más importantes aún a partir del 17 de mayo, cuando Júpiter ingrese en tu sexta casa. Te sentará bien trabajar los puntos reflejos de estas zonas. Los masajes regulares en los muslos son buenos para ti. No solo fortalecen esta parte del cuerpo y el hígado, sino además las lumbares.

El cuello y la garganta. Estas zonas siempre son importantes para los Sagitario. Incluye los masajes regulares en el cuello en tu programa de salud, eliminarán la tensión acumulada en esta parte del cuerpo. La terapia craneosacral también es excelente para el cuello.

Los tobillos y las pantorrillas. Estas zonas se volvieron importantes en 2019, cuando Urano ingresó en tu sexta casa. Y lo serán durante varios años más. Los masajes regulares en estas zonas del cuerpo son buenos para ti. Cuando hagas ejercicio protégete los tobillos con una mayor sujeción.

Venus, tu planeta de la salud, avanza raudamente por el firmamento. A lo largo del año transitará por todos los signos y casas de tu carta astral. De modo que se darán muchas tendencias pasajeras relacionadas con la salud que dependerán de dónde esté Venus y de los aspectos que reciba. En las previsiones mes a mes hablaré de estas tendencias con más detalle.

Como Saturno forma aspectos desfavorables en tu carta astral, no te alarmes si rindes menos al correr o hacer jogging. Es bastante normal. Ahora es como si subieras una cuesta. Tienes que lidiar con una mayor resistencia en tu vida. Subir una cuesta requiere más energía que caminar por un lugar plano o bajar una pendiente. Escucha los mensajes de tu cuerpo. No lo fuerces más allá de su capacidad.

Al llevar Urano en tu sexta casa desde 2019, algunas de las tendencias de los últimos años todavía se darán en este. Ahora te atraen más las terapias alternativas. Eres más experimentador en las cuestiones de la salud. Te estás «conociendo» para saber cómo funcionas y lo que a ti te sienta bien.

Cuando Júpiter ingrese en tu casa de la salud el 17 de mayo, aprenderás que gozar de buena salud es más importante para tu aspecto personal que aplicarte un montón de cremas y potingues. Si te mantienes sano, tendrás un aspecto radiante.

Hogar y vida familiar

Has estado centrado en tu hogar y tu familia muchos años y en este año esta faceta de su vida se volverá más importante aún. El principal titular es el ingreso de Saturno en esta casa el 8 de marzo. Este tránsito podría ser complicado. Reprimirás tus emociones en esta temporada. Quizá no te sientas seguro si expresas lo que realmente sientes y seas proclive a reprimir tus sentimientos. Pero este proceder es peligroso. Te conviene expresarlos de manera segura sin reprimirlos ni descargar tu frustración sobre los demás. Volveremos sobre este tema más adelante.

El año anterior tu círculo familiar aumentó. En muchos casos hubo nuevos nacimientos. Las mujeres en edad de concebir han sido extremadamente fértiles. Pero este año ocurrirá lo contrario. Los embarazos serán problemáticos. Pueden darse, sobre todo hasta el 17 de mayo, pero serán más complicados.

Como Saturno es tu planeta de la economía, su ingreso en tu cuarta casa muestra que gastarás más en tu hogar y en tu familia, pero también puedes sacar provecho de dicha inversión. Volveremos sobre este tema más adelante.

Si no efectuaste una mudanza el año anterior, este año no es aconsejable llevarla a cabo. Es preferible hacer un buen uso del espacio del que dispones para aprovecharlo mejor. Muchos Sagitario sienten que la casa se les ha quedado pequeña. Sé más creativo con el uso del espacio de tu hogar.

En cuanto a tu vida familiar, este año parece una carga, una cruz, un deber y una disciplina. La alegría de la vida familiar ha desaparecido. Cumples con tus deberes, y los demás también se ocupan de los suyos, pero lo haces por obligación, sin disfrutar de la experiencia. No eres una persona depresiva, pero este año deberás esforzarte más para no caer en una depresión.

Si planeas hacer reformas importantes o renovar tu hogar, del 1 al 21 de mayo, y del 1 al 24 de noviembre es un buen momento. Si deseas volver a decorar tu casa para embellecerla, del 27 de enero al 20 de febrero, del 7 de mayo al 5 de junio, y del 6 al 29 de diciembre son buenas fechas. También son fechas propicias para adquirir objetos de arte o alguna otra clase de objetos atractivos para el hogar.

Un progenitor o figura parental está triste y tiene una actitud pesimista. Se siente mayor de la edad que tiene. Lo ve todo negro. No es probable que haya una mudanza este año, pero podría ocurrir el próximo. Tus hermanos o figuras fraternas podrían cambiar de domicilio a finales de este año o el próximo. Si tienes hermanas en edad de concebir, serán muy fértiles este año. Tus hijos o figuras filiales prosperan y llevan una vida de alto nivel, pero no es probable que se muden a otra parte este año. La situación familiar de tus nietos, en el caso de que los tengas, será la misma. Seguramente no cambiarán de domicilio.

Profesión y situación económica

Este año será importante para tu economía. Por un lado, como he señalado, Plutón iniciará su transición a tu casa del dinero. La empezará este año, pero será un proceso de varios años al ser el planeta más lento de todos. Y por el otro, abandonará Acuario, tu planeta de la economía, e ingresará en Piscis. Este importante tránsito empezará el 8 de marzo y tardará dos años y medio en realizarse.

Saturno lleva ya en tu tercera casa dos años y medio. Este aspecto revela que tus ingresos provendrán del comercio, la publicidad, las relaciones públicas, la venta minorista y tus grandes habilidades comunicativas. En el pasado fuiste más experimentador en las finanzas. Las empresas emergentes, y las compañías digitales y de tecnología puntera te han atraído como inversiones lucrativas. Pero ahora que Saturno ingresará en tu cuarta casa, tus actitudes financieras cambiarán. Al alojarse tu planeta de la economía en el espiritual Piscis, este aspecto destaca la importancia de tu intuición en tu vida económica. Los Sagitario son intuitivos por naturaleza, pero ahora lo serán más aún, en especial en los asuntos de dinero. La información económica te llegará de sueños, visiones y presentimientos. Y también de videntes, astrólogos, tarotistas y espiritistas. Eres una persona generosa por naturaleza, pero en los próximos años lo serás más. Tus donaciones benéficas aumentarán.

Tu planeta de la economía en Piscis favorece una nueva serie de sectores, como los del petróleo, el gas natural, el suministro de agua, las compañías embotelladoras de agua mineral y las depuradoras, el transporte marítimo, los astilleros y la industria pesquera. Tendrás una buena intuición para este tipo de inversiones. También propicia ciertos tipos de compañías farmacéuticas, como las que fabrican fármacos potenciadores del estado de ánimo y anestésicos.

Hay fondos de inversión que se anuncian como «inversiones basadas en la fe». Algunos fondos anuncian que son «socialmente responsables». Será el tipo de inversiones que te atraerán en los próximos años.

Saturno en tu cuarta casa también propicia las inversiones en bienes raíces, los restaurantes, las empresas alimentarias, los hoteles, los moteles y las empresas que llevan comida a domicilio. A algunos Sagitario les atraerá además la psicología o la psiquiatría.

Tu familia y los contactos familiares desempeñarán un papel más importante en tus finanzas que en los años anteriores. Contarás con el gran apoyo de tu familia. Y esta ayuda será recíproca. Sostendrás económicamente a los tuyos y tu familia te apoyará a ti.

Pero lo primordial es que profundizarás más las leyes espirituales del suministro. Volveremos sobre este tema más adelante.

En cuanto a tu trabajo, tu décima casa de la profesión no destacará este año. Está prácticamente vacía. Solo la transitarán los planetas rápidos y sus efectos serán pasajeros. Tu cuarta casa del hogar y de la familia será mucho más poderosa que tu décima casa de la profesión. No será por lo tanto un año potente para tu trabajo. Tu situación profesional no variará.

Mercurio, tu planeta de la profesión, avanza raudamente por el firmamento, como nuestros lectores saben. A lo largo del año transitará por toda tu carta astral. De modo que se darán muchas tendencias pasajeras relacionadas con la profesión que dependerán de dónde se encuentre Mercurio y de los aspectos que reciba. En las previsiones mes a mes hablaré de estas tendencias con más detalle.

Amor y vida social

Tu séptima casa del amor no destacará este año. Solo la transitarán los planetas rápidos y sus efectos serán pasajeros. Así que no será un año poderoso en el amor. Tu situación amorosa tenderá a ser la misma. Si mantienes una relación, seguirás con tu pareja. Y si no tienes pareja, probablemente acabes el año del mismo modo. Al parecer estás satisfecho con tu situación actual.

Pero el próximo año será otra historia muy distinta. Tu séptima casa será poderosa y lo más probable es que si no tienes pareja conozcas a alguien importante para ti. Este año es como una preparación en este sentido. Antes de conocer a tu alma gemela tienes que experimentar cambios mentales y emocionales. Un encuentro amoroso —serio— no ocurre sin más. Las condiciones deben darse por ambas partes. Y ahora tú estás en este proceso.

Mercurio, tu planeta del amor, es también tu planeta de la profesión. El hecho de estar relacionado con estos dos ámbitos de tu vida ya dice mucho sobre tu vida amorosa. Esta es importantísima para ti. En muchos casos, será tu verdadera ocupación. Aunque te dediques a una profesión mundana, tu misión secreta serán tus amigos y tu pareja. En muchos casos, uno elige una profesión mundana por el amor y las oportunidades sociales que le ofrece y no por el trabajo en sí.

Mercurio, como nuestros lectores saben, es un planeta sumamente raudo. También se mueve de forma errática. En algunas ocasiones avanza vertiginosamente por el firmamento con sus sandalias aladas. En otras, se mueve más despacio. Algunas veces se detiene, y otras se mueve hacia atrás. Tu vida amorosa será también así por naturaleza. Al reflejar los movimientos de Mercurio, tenderá a ser errática. De ahí que se den muchas tendencias amorosas que dependerán de dónde se encuentre Mercurio y de los aspectos que reciba. En las previsiones mes a mes hablaré de estas tendencias más a fondo.

Normalmente, Mercurio es retrógrado tres veces al año. Pero en este lo será cuatro, más de lo habitual. Ocurrirá del 1 al 17 de enero, del 21 de abril al 14 de mayo, del 23 de agosto al 14 de septiembre, y del 13 al 31 de diciembre. Tu vida amorosa también parecerá retroceder en estas temporadas. Tu criterio social no será tan exacto como de costumbre. Por lo que no te conviene tomar decisiones amorosas importantes, en un sentido o en el otro, en estas fechas.

Progreso personal

La intuición ha sido importante en tu vida económica durante muchos años. Plutón, tu planeta de la espiritualidad, lleva alojado en tu casa del dinero más de veinte años y la ocupará casi todo el año. Pero ahora Saturno, tu planeta de la economía, ingresará en Piscis el 8 de marzo y tu intuición se volverá más importante aún en tus finanzas. Te espera un año de «dinero milagroso» más que de dinero corriente. Hace muchos años que ingresas dinero milagroso, pero ahora te llegará incluso más. El dinero corriente —el procedente del trabajo, los padres, la pareja, las inversiones y el sistema de ayudas sociales—, también es dinero milagroso, pero más camuflado. El «dinero milagroso» es el que te llega de formas inesperadas que nunca te habías imaginado. Es el dinero «caído del cielo». Es lo que nos ocurre cuando usamos adecuadamente las leyes espirituales de la riqueza sin dudar de ellas o negarlas sin darnos cuenta.

A lo largo de los años has estudiado las leyes espirituales de la riqueza y ahora las comprendes en gran medida. Pero este año las profundizarás más todavía y los resultados serán extraordinarios.

Existe la perspectiva de la riqueza de Wall Street y la perspectiva espiritual. Tienen similitudes, pero las diferencias son enormes y a menudo contradictorias. Como nos criaron de una determinada manera y nos enseñaron que vivimos en un mundo material y que la riqueza se gana con el sudor de la frente, hacer la transición no es fácil. Pero la harás.

La perspectiva de Wall Street es que tu riqueza depende de tu situación financiera. Pero desde la perspectiva espiritual, la riqueza viene de los recursos infinitos de lo Divino. Lo importante no es lo que tienes materialmente. Desde la perspectiva de Wall Street, cuando das tu riqueza disminuye. Pero desde la perspectiva espiritual, tu riqueza aumenta. Desde la perspectiva de Wall Street, el trabajo genera riqueza. Pero desde la perspectiva espiritual, es justamente lo contrario, la riqueza genera trabajo. La riqueza requiere un cierto trabajo (en el sentido de que los movimientos físicos son necesarios), pero el trabajo en sí es un efecto secundario del flujo del suministro espiritual. Si sigues trabajando en ello, verás buenos resultados. Para disponer de más información sobre este tema, visita mi web www.spiritual-stories.com. También se han publicado muchos libros sobre el tema y te conviene leer todos los que te sea posible.

Previsiones mes a mes

Enero

Mejores días en general: 8, 9, 16, 17, 25, 26
Días menos favorables en general: 1, 2, 14, 15, 21, 22, 28, 29
Mejores días para el amor: 1, 2, 3, 10, 11, 12, 13, 18, 19, 21, 22, 28, 29
Mejores días para el dinero: 4, 8, 10, 11, 12, 13, 16, 22, 23, 31
Mejores días para la profesión: 1, 2, 10, 11, 18, 19, 28, 29

Empiezas 2023 en medio de una de tus mejores temporadas económicas del año. Comenzó el 22 de diciembre del año pasado y durará hasta el 20 de enero. Ahora gozas de una abundante prosperidad. Tu situación económica a finales de año será también excelente. Tu economía será muy buena incluso a partir del 21, ya que tu casa del dinero es aún poderosa. El dinero te llegará de las inversiones extranjeras y por medio de tus contactos sociales y de tu buena intuición financiera, en especial del 17 al 19.

Tu salud será buena este mes. Los planetas lentos forman aspectos armoniosos en tu carta astral o no te crean ningún problema. Solo un planeta lento y otro rápido forman una alineación desfavorable. Puedes fortalecer tu salud más todavía con masajes en la espalda y las rodillas hasta el 3, con masajes en los tobillos y las pantorrillas del 3 al 27, y con masajes en los pies a partir del 27. Las técnicas espirituales de sanación y una buena salud emocional también serán importantes para ti a partir del 27.

Tu vida amorosa será complicada este mes. Por un lado, Mercurio, tu planeta del amor, será retrógrado hasta el 17. Y por el otro, Marte, tu planeta ligado a tu vida amorosa, será retrógrado hasta el 12. De modo que el ritmo en el amor se desacelerará, tendrás muchas dudas sobre tu relación actual, pero mejorará a partir del 18.

Tu carta astral no es propicia al matrimonio. Como Marte en tu séptima casa del amor rige tu quinta casa, el amor será ahora una diversión y un juego para ti —un entretenimiento—, en lugar de una relación seria y comprometida. Júpiter en tu quinta casa lo reafirma, ahora te apetece llevar una vida amorosa amena y despreocupada.

Mercurio, tu planeta del amor, se alojará el mes entero en tu casa del dinero. Si no tienes pareja, te atraerán las personas adineradas en esta temporada. El amor girará en torno al apoyo material y a los regalos materiales. Si no mantienes una relación, podrías conocer a alguien mientras persigues tus objetivos económicos y te relacionas con gente implicada en tus finanzas.

Marte estará «fuera de límites» hasta principios de mayo. Tus hijos o figuras filiales se moverán por lo tanto fuera de su órbita normal, y el próximo mes incluso se moverán más lejos aún de su ambiente. Si te dedicas a las artes creativas, también te moverás fuera de tu esfera habitual.

La luna nueva del 11 en tu casa del dinero aumentará tus ingresos todavía más. Será una buena jornada para saldar deudas o pedir préstamos, depende de tus necesidades. Tendrás percepciones religiosas y teológicas en estos días. Las cuestiones económicas se despejarán con el paso de las semanas, hasta la próxima luna nueva. El cosmos responderá a tus preguntas y tus dudas se resolverán de forma natural y normal.

Febrero

Mejores días en general: 4, 5, 6, 14, 15, 22, 23
Días menos favorables en general: 1, 7, 8, 20, 21, 27, 28
Mejores días para el amor: 1, 2, 3, 8, 11, 12, 13, 18, 19, 22, 27, 28
Mejores días para el dinero: 1, 4, 5, 10, 14, 15, 16, 17, 19, 22, 23, 28
Mejores días para la profesión: 7, 8, 11, 18, 19, 27, 28

Te encanta viajar, pero evita hacerlo del 3 al 5, reprograma tus viajes para otra ocasión.

Cuando el Sol ingresó en tu tercera casa el 20 de enero te centraste en tus intereses intelectuales. Y así será hasta el 18 de febrero. Los estudiantes rendirán en los estudios. El aprendizaje y las enseñanzas serán más fáciles en esta temporada al estar las facultades intelectuales muy realzadas. Es el momento perfecto para responder los correos electrónicos, las cartas y las llamadas pendientes.

Este mes será también muy próspero. Saturno, tu planeta de la economía, recibirá aspectos estimulantes, en especial el 15 y 16. La luna nueva del 20 alineada con Saturno aumentará tus ingresos más todavía.

La luna nueva del 20 caerá en tu cuarta casa del hogar y de la familia. Las mujeres en edad de concebir serán más fértiles este día. Las cuestiones relacionadas con el hogar y la familia se aclararán con el paso de las semanas, hasta la próxima luna nueva.

Tu profesión no será lo primordial este mes, el hogar, la familia y tu bienestar emocional serán mucho más importantes para ti. Pero como tu planeta de la profesión se alojará en tu tercera casa a partir del 11, puedes darle un empujón a tu carrera por medio de la buena comunicación, las ventas y el marketing. Quizá goces de un aumento salarial. Tu salud se volverá más delicada a partir del 18. Te conviene descansar más. Fortalece tu salud con masajes en los pies y con técnicas espirituales hasta el 21. Las técnicas espirituales de sanación serán especialmente poderosas del 14 al 16. A partir del 22, los masajes en el rostro y el cuero cabelludo, y el ejercicio físico, serán importantes para ti. Cuando tu planeta de la salud ingrese en Aries el 21, fortalece tu salud mediante la alegría, diviértete sin más, la dicha cura muchas cosas.

Te surgirán oportunidades amorosas mientras intentas alcanzar tus objetivos económicos hasta el 11, y en tu vecindario a partir de esta fecha. También podrías conocer a alguien en la universidad, en conferencias, en seminarios, librerías o en bibliotecas.

Marzo

Mejores días en general: 4, 5, 13, 14, 21, 22, 31
Días menos favorables en general: 6, 7, 19, 20, 26, 27
Mejores días para el amor: 4, 5, 11, 12, 21, 24, 25, 26, 27, 31
Mejores días para el dinero: 4, 5, 11, 13, 14, 15, 16, 19, 21, 22, 28, 31
Mejores días para la profesión: 6, 7, 11, 12, 21, 31

El importante ingreso de Saturno en Piscis, tu cuarta casa, el 8, generará muchos cambios. Por un lado, deberás prestar más atención a tu salud los próximos dos años y medio. Y por el otro, muestra que ganarás dinero desde tu hogar y gastarás más en él. Tu familia y los contactos familiares serán muy importantes en tu vida económica. Tu intuición financiera también tendrá mucho peso. Sigue cuidando tu salud este mes, en especial hasta el 20. Fortalécela con masajes en el rostro y el cuero cabelludo, y con ejercicio físico, hasta el 17. A partir del 18, los masajes en el cuello y la garganta te sentarán bien. La terapia craneosacral también te vendrá de maravilla. Si sigues un camino espiritual, puedes fortalecer tu salud por medio de la recitación de mantras y de cánticos.

Tu salud mejorará muchísimo a partir del 21, pero te convendrá seguir prestándole atención. Cuando Marte deje de formar su aspecto desfavorable en tu carta astral el 26, tu salud también mejorará.

Mercurio, tu planeta del amor, avanzará raudamente por el firmamento este mes. Transitará por tres signos y casas de tu carta astral. De modo que tus necesidades y gustos amorosos cambiarán con rapidez. Indica una gran confianza social. El amor rondará por tu vecindario y te atraerán mucho las personas intelectuales hasta el 3. La gente lista te parecerá muy atractiva. Del 3 al 19, el amor será más emocional y espiritual. El intelecto ya no te bastará, desearás mantener una buena conexión emocional y espiritual en una relación. Como tu planeta del amor se alojará en el sensible Piscis en esta temporada, probablemente te herirán emocionalmente con más facilidad. Serás más sensible a los tonos de voz y al lenguaje corporal. (También podrías conocer a alguien semejante). Ten más cuidado en este sentido. A partir del 19, el amor girará en torno de la diversión y los juegos, será un entretenimiento más para ti, como ir al cine o al teatro. No es un aspecto planetario propicio al matrimonio, sino a las aventuras amorosas.

Mercurio tendrá su solsticio el 20 y 21. Se detendrá en el firmamento y luego cambiará de sentido. Lo mismo te ocurrirá en tu vida amorosa y en tu profesión. Se dará un parón en estos ámbitos de tu vida y después un cambio de rumbo.

Cuando tu quinta casa sea poderosísima a partir del 20, vivirás una de tus temporadas más placenteras del año. Para algunos Sagitario, depende de la edad que tengan, será la más deliciosa de su vida. Ahora te toca pasártelo en grande. La vida es una fiesta. Haz lo que te guste y te dé placer. Tu creatividad será extraordinaria en esta época.

Abril

Mejores días en general: 1, 9, 10, 18, 19, 27, 28, 29
Días menos favorables en general: 2, 3, 4, 16, 17, 22, 23, 24, 30
Mejores días para el amor: 1, 3, 4, 12, 13, 14, 21, 22, 23, 24, 30
Mejores días para el dinero: 51, 7, 10, 12, 13, 16, 19, 25, 28, 29
Mejores días para la profesión: 1, 2, 3, 4, 12, 13, 21, 30

El principal titular del mes es el eclipse solar del 20. Será relativamente suave para ti, pero no te hará ningún mal tomártelo todo con calma y reducir tus actividades. Si el eclipse afectara algún punto sensible de tu carta astral, trazada según la fecha, hora y lugar exactos de tu nacimiento, podría ser potente. Puedes consultarlo con tu astrólogo personal.

Como el eclipse solar caerá en el límite —la cúspide— de tu quinta y sexta casas, las afectará a ambas. Los efectos sobre tu quinta casa muestran que repercutirá en tus hijos o figuras filiales. Ahora viven acontecimientos personales, algunos son bastante normales; es decir, los típicas de su edad, como el despertar sexual, el ingreso en la universidad, la emancipación... Pero como también podrían vivir otras historias personales, les conviene mantenerse fuera de peligro y evitar las actividades peligrosas o estresantes. Una aventura amorosa atravesará una crisis. Si te dedicas a las artes creativas o a la interpretación artística, tu creatividad experimentará cambios importantes. Un progenitor o figura parental se verá obligado a hacer cambios financieros importantes. Le conviene conducir con más precaución en este periodo.

Los efectos del eclipse sobre tu sexta casa reflejan cambios laborales. Podrían ocurrir en tu empresa actual o en otra nueva. Tus hijos o figuras filiales quizá se enfrenten a contrariedades económicas y deberán hacer cambios importantes. Si te ocupas de las contrataciones en tu empresa, es posible que haya cambios de personal en los próximos meses. Y también habrá cambios importantes en tu programa de salud.

Como el eclipse afectará a Plutón —le impactará de lleno—, experimentarás además cambios espirituales. Es posible que los maestros, las enseñanzas y las prácticas cambien. En parte, es algo bastante normal. Ciertas prácticas solo sirven por un tiempo. Cuando se alcanza lo buscado, es natural cambiar de práctica. Surgirán trastornos en la organización espiritual o benéfica en la que participas. Tus figuras de gurús lidiarán con situaciones adversas. Los eclipses solares afectan a los estudiantes universitarios o a los de posgrado. De modo que surgirán trastornos en tu universidad y cambios en los planes de estudios. Habrá problemas y trastornos en tu centro de culto, y adversidades en la vida de tus líderes religiosos. Tus creencias religiosas y teológicas serán también puestas a prueba en los próximos meses. Abandonarás algunas, y modificarás otras. Tu forma de vivir cambiará. Evita viajar al extranjero en el periodo del eclipse.

Mayo

Mejores días en general: 7, 8, 15, 16, 25, 26
Días menos favorables en general: 1, 13, 14, 20, 21, 27, 28
Mejores días para el amor: 1, 2, 3, 9, 10, 17, 18, 19, 20, 21, 27, 28
Mejores días para el dinero: 8, 9, 10, 13, 16, 17, 22, 24, 25
Mejores días para la profesión: 1, 9, 10, 17, 18, 19, 27, 28

El eclipse lunar del 5 volverá a agitar tu vida espiritual y las organizaciones espirituales y de beneficencia en las que participas. También desencadenará contrariedades en la vida de tus figuras de gurús. Este eclipse tendrá lugar en tu duodécima casa de la espiritualidad. Tu vida onírica tenderá a ser hiperactiva y probablemente desagradable. Pero no le des importancia a tus sueños en este periodo. No son más que los restos psíquicos de los efectos del eclipse. Tus amigos se enfrentarán a reveses económicos y se verán obligados a hacer cambios importantes en el rumbo de sus finanzas. Tu cónyuge, pareja o amante actual podría cambiar de profesión. También se darán cambios en su programa de salud en los próximos meses. Tus hijos o figuras filiales tendrán encuentros psicológicos con la muerte, quizá serán experiencias cercanas a la muerte, pero no suele ocurrir una muerte física. Les conviene mantenerse fuera de peligro en este periodo. Tus tíos y tías atravesarán una crisis matrimonial.

Como la Luna rige tu octava casa, los eclipses lunares pueden inducir encuentros psicológicos con la muerte. En algunas ocasiones uno se salva de milagro de algún accidente o sueña con la muerte. Es el cosmos obligándote de un modo u otro a afrontar la cuestión. No se trata de un castigo, es más bien una vivencia instructiva. Significa que uno necesita entender este tema más a fondo. Los roces con la muerte también nos hacen tomarnos la vida más en serio. Nos centramos en lo realmente importante y en lo que hemos venido a hacer en este mundo.

Tu cónyuge, pareja o amante actual quizá viva aprietos financieros y se vea obligado a hacer cambios económicos importantes.

El eclipse afectará indirectamente a Urano, aunque no le dará de lleno. Los coches y los equipos de comunicación pueden fallar y tal vez sea necesario repararlos. Te conviene conducir con más precaución en el periodo del eclipse. Tus hermanos o figuras fraternas, y los vecinos, sufrirán situaciones adversas. También podrían cambiar de profesión.

Júpiter ingresará en tu sexta casa el 17 y la ocupará el resto del año. El Sol lleva en ella desde el 21 de abril. La temporada festiva ha llegado a su fin. Ahora te apetecerá tomarte la vida más en serio. Tendrás ganas de trabajar.

Junio

Mejores días en general: 3, 4, 11, 12, 21, 22
Días menos favorables en general: 9, 10, 16, 17, 23, 24, 25
Mejores días para el amor: 2, 6, 11, 16, 17, 21, 22, 26, 27
Mejores días para el dinero: 1, 5, 6, 9, 14, 15, 18, 23, 24, 28
Mejores días para la profesión: 6, 16, 17, 23, 24, 25, 26, 27

El ingreso de Júpiter en tu sexta casa el mes pasado y el poder arrollador de esta casa te depararán oportunidades profesionales venturosas, los trabajos de tus sueños. Si te ocupas de las contrataciones en tu empresa, estás ampliando la plantilla. Si has tenido problemas de salud, tendrás buenas noticias al respecto.

Tu salud será delicada este mes, no solo Saturno forma una alineación desfavorable en tu carta astral, sino también otros planetas rápidos, como el Sol y Mercurio. Así que descansa y relájate más cuando te sea posible. Fortalece tu salud con masajes en los muslos, los tobillos y las pantorrillas, y por medio de la estimulación de los puntos reflejos del hígado. Una dieta saludable y la armonía emocional serán importantes para ti hasta el 5. A partir del 6, préstale más atención al corazón. Los masajes torácicos y la estimulación de los puntos reflejos del corazón te sentarán bien. Programar más tratamientos de salud, como masajes y otro tipo de medidas terapéuticas parecidas, será una buena idea hasta el 21. Si te lo puedes permitir, pasa más tiempo en un balneario. Tu salud mejorará a partir del 22, pero como Saturno todavía formará una alineación desfavorable en tu carta astral, peca de precavido.

El principal titular este mes es el amor. El 21 del mes pasado empezaste una de tus mejores temporadas amorosas y sociales del año. Mercurio, tu planeta del amor y también el de la profesión, ingresará en tu séptima casa el 11 y será poderosísimo en ella. Así que tu vida amorosa será estupenda. Si no tienes pareja, aumentará tu encanto social, tendrás más citas y te tomarás el amor más en serio. Este mes te atraerán dos personas. La luna nueva del 18 en tu séptima casa aumentará más aún tu encanto social. Te traerá una libido más potente y percepciones religiosas y teológicas. Es posible que te surja la oportunidad de viajar. Esta luna nueva también aclarará las cuestiones amorosas en las próximas semanas. El cosmos responderá a tus preguntas y tus dudas se resolverán.

El hogar y la familia son más importantes aún que tu profesión. Pero como los planetas rápidos están cambiando, tu trabajo es ahora más importante de lo habitual. Puedes promover tu carrera a través de los medios sociales a partir del 12. No dejes de asistir a las fiestas y reuniones adecuadas o de organizar este tipo de eventos. Otra forma de interpretar este aspecto planetario es que tu vida amorosa será tu verdadera profesión, tu misión auténtica este mes.

Julio

Mejores días en general: 1, 2, 9, 10, 18, 19, 20, 28, 29
Días menos favorables en general: 7, 8, 13, 14, 15, 21, 22
Mejores días para el amor: 2, 10, 8, 13, 14, 15, 18, 19, 20, 29, 30
Mejores días para el dinero: 3, 4, 7, 11, 12, 16, 21, 22, 26, 30, 31
Mejores días para la profesión: 8, 18, 19, 21, 22, 30

La actividad retrógrada aumentará este mes, a partir del 24 el cuarenta por ciento de los planetas serán retrógrados, pero no supondrá el número máximo del año. El porcentaje más elevado se alcanzará en los dos próximos meses. Con todo, el ritmo de los acontecimientos se desacelerará. Ten más paciencia.

Empiezas el mes con una octava casa poderosa. Es el momento propicio para deshacerte de lo superfluo y decadente en tu vida; es decir, de los objetos materiales y los patrones mentales y emocionales que ya no te sirvan. Es una buena temporada para los proyectos relacionados con la transformación personal, para engendrar a tu yo ideal. Tu cónyuge, pareja o amante actual está prosperando. Tus finanzas son buenas, pero tu planeta de la economía es retrógrado. Recibirás ingresos, pero quizá más despacio de lo habitual, surgirán retrasos y contratiempos. Evita dedicarte a la especulación a partir del 12.

Tu salud será buena este mes, pero préstale más atención a partir del 12. Marte se unirá a Saturno y a Neptuno en el aspecto desfavorable que forman en tu carta astral. Será importante escuchar los mensajes de tu cuerpo en estos días. Si mientras haces ejercicio notas dolor o incomodidad, descansa. No traspases los límites de tu cuerpo. Fortalece este mes tu salud con masajes torácicos y por medio de la estimulación de los puntos reflejos del corazón. Como tu planeta de la salud será retrógrado a partir del 23 (una de sus retrogradaciones inusuales), evita hacer cambios importantes en tu programa de salud a partir del 24, y deja también para más adelante las pruebas o los tratamientos médicos. Si no te es posible aplazarlos y los resultados no te convencen, pide una segunda opinión.

Tu novena casa —tu preferida— se volverá poderosísima a partir del 23. Será por lo tanto una buena temporada para los viajes, la formación universitaria y los estudios religiosos y teológicos. Tendrás toda clase de intuiciones.

Tu vida amorosa será feliz. Tu planeta del amor avanza raudamente por el firmamento este mes. Transitará por tres signos y casas de tu carta astral. Harás grandes progresos y estarás lleno de confianza en esta esfera de tu vida. La química sexual será lo más importante para ti en una relación hasta el 11. Del 11 al 29, te atraerá la gente que te haga disfrutar de la vida. La compatibilidad filosófica también será importante para ti en una relación. A partir del 30, te atraerán las personas poderosas y prestigiosas.

Agosto

Mejores días en general: 5, 6, 14, 15, 16, 24, 25
Días menos favorables en general: 3, 4, 10, 11, 17, 18, 30, 31
Mejores días para el amor: 5, 6, 7, 8, 10, 11, 14, 15, 17, 18, 24, 25, 26, 27
Mejores días para el dinero: 3, 7, 8, 12, 17, 18, 22, 26, 27, 30
Mejores días para la profesión: 7, 8, 17, 18, 26, 27

Al ser un signo de fuego, te gusta que la vida transcurra deprisa. Hacerlo todo con presteza. Pero ahora que la actividad retrógrada alcanzará su punto culminante del año —el sesenta por ciento de los planetas serán retrógrados a partir del 30—, la paciencia será la lección espiritual que deberás aprender. Los retrasos que surjan no serán culpa tuya. Y por más que corras y te empecines en que todo acaezca más deprisa, la vida no se acelerará. Solo el tiempo lo normalizará todo. Y el próximo mes ocurrirá lo mismo.

Tu salud y energía podrían ser mejores, en especial a partir del 23. Descansa y relájate más. Tu trabajo te exigirá un esfuerzo colosal este mes y probablemente no podrás evitar esta situación. Céntrate pues en lo importante de tu vida y olvídate de lo secundario. No te ahogues en un vaso de agua, como dice el refrán.

Tu situación económica podría ser mejor. Saturno, tu planeta de la economía, es aún retrógrado y recibe aspectos desfavorables. Deberás esforzarte más para obtener ingresos y surgirán retrasos y contratiempos.

Cuando el Sol ingrese en tu décima casa el 23, empezará una de tus mejores temporadas profesionales del año. El único problema es que Mercurio, tu planeta de la profesión, empezará a ser retrógrado el mismo día. Por eso aunque prosperes en tu trabajo, habrá retrasos. Se dará una gran actividad entre bastidores. Es posible que hagas algún viaje por motivos laborales. Si es así, resérvate un mayor margen de tiempo para llegar a tu destino y regresar. Te surgiran oportunidades profesionales, pero te conviene estudiarlas más a fondo. Evita tomar decisiones importantes a partir del 23. Marte se alojará casi todo el mes en tu décima casa. Este aspecto muestra una gran actividad, pero también indica que tus hijos o figuras filiales prosperan y están implicados en tu profesión. También refleja que tus hijos o figuras filiales serán tu auténtica profesión, tu misión real, este mes.

La luna nueva del 16 en tu undécima casa propiciará una buena jornada social. Como siempre, despertará tu interés en cuestiones religiosas y teológicas. Los asuntos relacionados con los amigos, la tecnología puntera, la ciencia, la astronomía y la astrología se aclararán en las próximas semanas.

Septiembre

Mejores días en general: 2, 3, 11, 12, 21, 22, 29, 30
Días menos favorables en general: 6, 7, 13, 14, 15, 27, 28
Mejores días para el amor: 2, 3, 4, 5, 6, 7, 11, 12, 13, 14, 15, 21, 22, 23, 24, 30
Mejores días para el dinero: 4, 5, 8, 14, 15, 18, 23, 24, 27
Mejores días para la profesión: 4, 5, 13, 14, 15, 23, 24

La actividad retrógrada se mantendrá en su punto máximo del año hasta el 16, el sesenta por ciento de los planetas son retrógrados, un porcentaje colosal. Pero incluso a partir del 17, lo serán el cincuenta por ciento, un número enorme. Ten mucha paciencia. Probablemente no elimines los retrasos en tu vida, pero los minimizarás si lo realizas todo a la perfección. Maneja los detalles de la vida impecablemente. Aprovecha esta desaceleración para revisar las distintas áreas de tu vida y averiguar cómo puedes mejorarlas. No emprendas aún las acciones externas necesarias para conseguirlo. Cuando los planetas vuelvan a ser directos, ya progresarás en tu vida con ellos.

Cuida más tu salud hasta el 23. Como siempre, descansa lo suficiente. Fortalece tu salud con las propuestas planteadas en las previsiones de este año y presta una especial atención al corazón. Cuando Venus sea directo el 4, será más seguro someterte a pruebas o tratamientos médicos. También será más seguro hacer cambios en tu programa de salud a partir del 4. Como tu planeta de la salud lleva alojado en tu novena casa muchos meses, la terapia del rezo será sumamente eficaz para ti en estas fechas.

Te encuentras en una de tus mejores temporadas profesionales del año y durará hasta el 23. Cuando Mercurio sea directo el 15, todo se aclarará en este sentido. La luna nueva del 15 en tu décima casa esclarecerá más aún las cuestiones profesionales en las próximas semanas. Esta luna nueva propiciará una jornada magnífica para tu carrera y también te puede traer viajes por motivos laborales.

Mercurio alojado en tu décima casa durante dos meses (la ocupa desde agosto) muestra éxito. Serás objeto de reconocimientos y aprecio. El problema ha sido la falta de claridad y dirección en tu carrera. Pero cuando Mercurio sea directo el 15, esto se resolverá. Del 3 al 8 serán días especialmente exitosos en tu trabajo.

Tu economía ha sido complicada, pero mejorará a partir del 24. Al igual que tu salud.

Octubre

Mejores días en general: 8, 9, 15, 16, 17, 26, 27
Días menos favorables en general: 3, 4, 11, 12, 24, 25
Mejores días para el amor: 2, 3, 4, 9, 10, 11, 20, 21, 24, 28, 29
Mejores días para el dinero: 1, 2, 6, 11, 12, 15, 20, 21, 24, 28, 29
Mejores días para la profesión: 1, 2, 3, 4, 11, 12, 24

Te espera un mes movido. Los dos eclipses de este mes harán que sin duda vivas días emocionantes llenos de cambios. La buena noticia es que tu salud será mucho mejor este mes, aunque el eclipse del 28 pueda hacerla flojear un poco.

Tendrá lugar un eclipse solar el 14, y un eclipse lunar el 28. Estos eclipses no te afectarán con fuerza, pero no te hará ningún mal tomártelo todo con calma y reducir tus actividades. Aunque si afectaran a algún punto sensible de tu carta astral, trazada según la fecha, hora y lugar exactos de tu nacimiento, podrían ser potentes.

El eclipse solar del 14 en tu undécima casa afectará a tus amistades. Serán puestas a prueba. En ocasiones, se deberá a algún tropiezo en la relación, aunque no siempre será así. Los contratiempos de tus amigos también podrían hacer tambalear vuestra relación. Surgirán trastornos y problemas en las organizaciones comerciales o profesionales en las que participas. Un progenitor o figura parental se enfrentará a aprietos económicos y se verá obligado a corregir el rumbo de sus finanzas. Los ordenadores y los equipos de tecnología puntera pueden fallar. Asegúrate de hacer copias de seguridad de los archivos importantes y de que tus programas antipirateo y antivirus estén actualizados. Eres un viajero por naturaleza, pero no es aconsejable viajar en este periodo. Los eclipses solares tienden a afectar a tu lugar de culto y la vida de tus líderes espirituales. Lidiarán con contrariedades diversas. Los estudiantes universitarios se enfrentarán a trastornos en la universidad o cambiarán los planes de estudios. En algunas ocasiones, cambiarán de centro de estudios.

El eclipse lunar del 28 en tu sexta casa generará cambios laborales, trastornos en tu lugar de trabajo y cambios en tu programa de salud. En algunas ocasiones, podrías tener algún que otro susto relacionado con la salud. Pero como tu salud será buena en este periodo, lo más probable es que no vaya a más. Si te ocupas de las contrataciones en tu empresa, habrá cambios de personal en los próximos meses. Este eclipse también puede causar encuentros psicológicos con la muerte. Tal vez te llegue la noticia de una defunción o sueñes con la muerte. El Ángel de los Mil Ojos te está alertando de su presencia para que te tomes la vida más en serio y seas menos frívolo.

Noviembre

Mejores días en general: 4, 5, 6, 14, 15, 23, 24
Días menos favorables en general: 1, 7, 8, 21, 22, 27, 28
Mejores días para el amor: 1, 2, 3, 8, 9, 18, 19, 23, 24, 27, 28
Mejores días para el dinero: 2, 7, 12, 16, 17, 25, 29
Mejores días para la profesión: 2, 3, 7, 8, 23, 24

Ahora que la agitación de los eclipses se ha reducido un poco, te espera un mes feliz. Los inicios de noviembre serán una etapa sumamente espiritual. Es el momento perfecto para tu práctica espiritual y las actividades benéficas e idealistas. Harás grandes progresos en este sentido. La luna nueva del 12 en tu duodécima casa de la espiritualidad propiciará una jornada especialmente venturosa para tus prácticas espirituales. No solo te traerá descubrimientos espirituales, sino también religiosos y teológicos. Las cuestiones espirituales se esclarecerán con el paso de las semanas, hasta la próxima luna nueva. El cosmos responderá a tus preguntas y tus dudas se resolverán de forma natural y normal.

Cuando el Sol ingrese el 22 en tu signo, empezará una de tus temporadas más placenteras del año. Será el momento ideal para disfrutar de los placeres del cuerpo. Presta atención a tu peso en estas fechas. Las mujeres en edad de concebir serán más fértiles de lo normal. Tu salud será buena. Como Marte se alojará en tu signo a partir del 24, estarás pletórico de energía, pero no te excedas, ya que Saturno aún forma un aspecto desfavorable en tu carta astral. Marte también te traerá más diversión a tu vida, y tus hijos o figuras filiales estarán dedicados a ti en esta temporada.

La actividad retrógrada descenderá este mes. A finales de noviembre se habrá reducido a la mitad, comparada con la de agosto y septiembre. Solo habrá un treinta por ciento de planetas retrógrados, en lugar de un sesenta por ciento. La vida transcurrirá más deprisa y los proyectos bloqueados empezarán a progresar.

Al alojarse el Sol en tu signo, es probable que viajes al extranjero. Podría incluso suceder antes de esta fecha. Te surgirán oportunidades para hacer viajes religiosos o espirituales hasta el 22. Quizá tu centro de culto organice un viaje. O puede que vayas de peregrinaje a un lujar sagrado. Son los viajes que a ti te gustan.

Tu vida amorosa también será feliz. Te surgirán oportunidades amorosas en ambientes espirituales hasta el 10. A partir del 11, cuando Mercurio ingrese en tu signo, el amor dará contigo sin necesidad de buscarlo. Llegará a tu vida mientras te dedicas a tus actividades cotidianas. También gozarás de oportunidades profesionales a partir del 11.

Diciembre

Mejores días en general: 2, 3, 11, 12, 20, 21, 29, 30
Días menos favorables en general: 4, 5, 6, 18, 19, 24, 25, 31
Mejores días para el amor: 4, 9, 14, 18, 19, 22, 24, 25, 28, 30
Mejores días para el dinero: 4, 9, 14, 15, 18, 22, 26, 27, 31
Mejores días para la profesión: 4, 5, 6, 14, 22, 30, 31

Tu economía ha mejorado desde que Saturno empezó a ser directo el 4 de noviembre. Pero ahora tus ingresos te costarán más de ganar, aunque esta situación mejorará a partir del 23. Te espera un mes feliz y próspero.

Te encuentras en una de tus temporadas más placenteras del año y durará hasta el 22. Si bien Saturno todavía forma un aspecto desfavorable en tu carta astral, tu salud es buena, los planetas rápidos están de tu lado. Además has estado pendiente de tu salud desde el 17 de mayo. Ahora te cuidas. Es posible que viajes aún al extranjero. Los estudiantes universitarios tendrán buenas noticias. Luces un aspecto radiante, pero controla tu peso. La luna nueva del 12 caerá en tu signo. Cuando se da este aspecto hace que el mes en que ocurre sea memorable. Aporta energía, aumenta la libido, embellece el aspecto y potencia la confianza interior y la autoestima. Disfrutarás de más placeres este mes. Además, las cuestiones relacionadas con tu aspecto y tu imagen se despejarán con el paso de las semanas, hasta la próxima luna nueva.

Tu vida amorosa será más complicada este mes. Mercurio será retrógrado el 13 y se mantendrá así el resto de diciembre. Por lo que tu gran encanto social se reducirá un poco. Mercurio ingresará de nuevo en tu signo —normalmente es un buen aspecto para el amor— el 24, pero la retrogradación complicará las cosas. El amor te perseguirá, pero habrá muchas dudas e indecisión en él. Mercurio estará «fuera de límites» hasta el 14. De modo que en el amor y la profesión te moverás fuera de tus límites normales y te adentrarás en territorios desconocidos. Esto podría explicar la indecisión en el amor. Lo verás todo más claro en tu vida amorosa el próximo mes, cuando Mercurio y Júpiter sean directos. (Júpiter lo será el 31).

Cuando el Sol ingrese en tu casa del dinero el 22, empezará una de tus mejores temporadas económicas del año. Prosperarás. El Sol al ser el regente de tu novena casa es sumamente benéfico en tu carta astral. Tendrás buena suerte en las finanzas. Como la segunda casa rige además las pertenencias y no solo el dinero, recibirás abundantes regalos navideños.

Capricornio

♑

La Cabra

Nacidos entre el 21 de diciembre y el 19 de enero

Rasgos generales

CAPRICORNIO DE UN VISTAZO

Elemento: Tierra

Planeta regente: Saturno
Planeta de la profesión: Venus
Planeta del amor: la Luna
Planeta del dinero: Urano
Planeta de la salud y el trabajo: Mercurio
Planeta del hogar y la vida familiar: Marte
Planeta espiritual: Júpiter

Colores: Negro, índigo
Colores que favorecen el amor, el romance y la armonía social: Castaño rojizo, plateado
Color que favorece la capacidad de ganar dinero: Azul marino

Piedra: Ónice negro

Metal: Plomo

Aromas: Magnolia, pino, guisante de olor, aceite de gualteria

Modo: Cardinal (= actividad)

Cualidades más necesarias para el equilibrio: Simpatía, espontaneidad, sentido del humor y diversión

Virtudes más fuertes: Sentido del deber, organización, perseverancia, paciencia, capacidad de expectativas a largo plazo

Necesidad más profunda: Dirigir, responsabilizarse, administrar

Lo que hay que evitar: Pesimismo, depresión, materialismo y conservadurismo excesivos

Signos globalmente más compatibles: Tauro, Virgo

Signos globalmente más incompatibles: Aries, Cáncer, Libra

Signo que ofrece más apoyo laboral: Libra

Signo que ofrece más apoyo emocional: Aries

Signo que ofrece más apoyo económico: Acuario

Mejor signo para el matrimonio y/o asociaciones: Cáncer

Signo que más apoya en proyectos creativos: Tauro

Mejor signo para pasárselo bien: Tauro

Signos que más apoyan espiritualmente: Virgo, Sagitario

Mejor día de la semana: Sábado

La personalidad Capricornio

Debido a las cualidades de los nativos de Capricornio, siempre habrá personas a su favor y en su contra. Mucha gente los admira, y otros los detestan. ¿Por qué? Al parecer esto se debe a sus ansias de poder. Un Capricornio bien desarrollado tiene sus ojos puestos en las cimas del poder, el prestigio y la autoridad. En este signo la ambición no es un defecto fatal, sino su mayor virtud.

A los Capricornio no les asusta el resentimiento que a veces puede despertar su autoridad. En su mente fría, calculadora y organizada, todos los peligros son factores que ellos ya tienen en cuenta en la ecuación: la impopularidad, la animosidad, los malentendidos e incluso la vil calumnia; y siempre tienen un plan para afrontar estas cosas de la manera más eficaz. Situaciones que aterrarían a cualquier mente corriente, para Capricornio son meros problemas que hay que afrontar y solventar, baches en el camino hacia un poder, una eficacia y un prestigio siempre crecientes.

Algunas personas piensan que los Capricornio son pesimistas, pero esto es algo engañoso. Es verdad que les gusta tener en cuenta el lado negativo de las cosas; también es cierto que les gusta imaginar lo peor, los peores resultados posibles en todo lo que emprenden. A otras personas les pueden parecer deprimentes estos análisis, pero Capricornio sólo lo hace para poder formular una manera de salir de la situación, un camino de escape o un «paracaídas».

Los Capricornio discutirán el éxito, demostrarán que las cosas no se están haciendo tan bien como se piensa; esto lo hacen con ellos mismos y con los demás. No es su intención desanimar, sino más bien eliminar cualquier impedimento para un éxito mayor. Un jefe o director Capricornio piensa que por muy bueno que sea el rendimiento siempre se puede mejorar. Esto explica por qué es tan difícil tratar con los directores de este signo y por qué a veces son incluso irritantes. No obstante, sus actos suelen ser efectivos con bastante frecuencia: logran que sus subordinados mejoren y hagan mejor su trabajo.

Capricornio es un gerente y administrador nato. Leo es mejor para ser rey o reina, pero Capricornio es mejor para ser primer ministro, la persona que administra la monarquía, el gobierno o la empresa, la persona que realmente ejerce el poder.

A los Capricornio les interesan las virtudes que duran, las cosas que superan las pruebas del tiempo y circunstancias adversas. Las modas y novedades pasajeras significan muy poco para ellos; sólo las ven como cosas que se pueden utilizar para conseguir beneficios o poder. Aplican esta actitud a los negocios, al amor, a su manera de pensar e incluso a su filosofía y su religión.

Situación económica

Los nativos de Capricornio suelen conseguir riqueza y generalmente se la ganan. Están dispuestos a trabajar arduamente y durante mucho tiempo para alcanzar lo que desean. Son muy dados a renunciar a ganancias a corto plazo en favor de un beneficio a largo plazo. En materia económica entran en posesión de sus bienes tarde en la vida.

Sin embargo, si desean conseguir sus objetivos económicos, deben despojarse de parte de su conservadurismo. Este es tal vez el rasgo menos deseable de los Capricornio. Son capaces de oponerse a cualquier cosa simplemente porque es algo nuevo y no ha sido puesto a prueba. Temen la experimentación. Es necesario que estén dispuestos a correr unos cuantos riesgos. Debería entusiasmarlos más lanzar productos nuevos al mercado o explorar técnicas de dirección diferentes. De otro modo el progreso los dejará atrás. Si es necesario, deben estar dispuestos a cambiar con los tiempos, a descartar métodos anticuados que ya no funcionan en las condiciones modernas.

Con mucha frecuencia, la experimentación va a significar que tengan que romper con la autoridad existente. Podrían incluso pensar en cambiar de trabajo o comenzar proyectos propios. Si lo hacen deberán disponerse a aceptar todos los riesgos y a continuar adelante. Solamente entonces estarán en camino de obtener sus mayores ganancias económicas.

Profesión e imagen pública

La ambición y la búsqueda del poder son evidentes en Capricornio. Es tal vez el signo más ambicioso del zodiaco, y generalmente el más triunfador en sentido mundano. Sin embargo, necesita aprender ciertas lecciones para hacer realidad sus más elevadas aspiraciones.

La inteligencia, el trabajo arduo, la fría eficiencia y la organización los llevarán hasta un cierto punto, pero no hasta la misma cima. Los nativos de Capricornio han de cultivar la buena disposición social, desarrollar un estilo social junto con el encanto y la capacidad de llevarse bien con la gente. Además de la eficiencia, necesitan poner belleza en su vida y cultivar los contactos sociales adecuados. Deben aprender a ejercer el poder y a ser queridos por ello, lo cual es un arte muy delicado. También necesitan aprender a unir a las personas para llevar a cabo ciertos objetivos. En resumen, les hacen falta las dotes sociales de Libra para llegar a la cima.

Una vez aprendidas estas cosas, los nativos de Capricornio tendrán éxito en su profesión. Son ambiciosos y muy trabajadores; no tienen miedo de dedicar al trabajo todo el tiempo y los esfuerzos necesarios. Se toman su tiempo para hacer su trabajo, con el fin de hacerlo bien, y les gusta subir por los escalafones de la empresa, de un modo lento pero seguro. Al estar impulsados por el éxito, los Capricornio suelen caer bien a sus jefes, que los respetan y se fían de ellos.

Amor y relaciones

Tal como ocurre con Escorpio y Piscis, es difícil llegar a conocer a un Capricornio. Son personas profundas, introvertidas y reservadas. No les gusta revelar sus pensamientos más íntimos. Si estás enamorado o enamorada de una persona Capricornio, ten paciencia y tómate tu tiempo. Poco a poco llegarás a comprenderla.

Los Capricornio tienen una naturaleza profundamente romántica, pero no la demuestran a primera vista. Son fríos, flemáticos y no particularmente emotivos. Suelen expresar su amor de una manera práctica.

Hombre o mujer, a Capricornio le lleva tiempo enamorarse. No es del tipo de personas que se enamoran a primera vista. En una relación con una persona Capricornio, los tipos de Fuego, como Leo o Aries, se van a sentir absolutamente desconcertados; les va a parecer fría, insensible, poco afectuosa y nada espontánea. Evidentemente eso no es cierto; lo único que pasa es que a los Capricornio les gusta tomarse las cosas con tiempo, estar seguros del terreno que pisan antes de hacer demostraciones de amor o de comprometerse.

Incluso en los asuntos amorosos los Capricornio son pausados. Necesitan más tiempo que los otros signos para tomar decisiones, pero después son igualmente apasionados. Les gusta que una relación esté bien estructurada, regulada y definida, y que sea comprometida, previsible e incluso rutinaria. Prefieren tener una pareja que los cuide, ya que ellos a su vez la van a cuidar. Esa es su filosofía básica. Que una relación como esta les convenga es otro asunto. Su vida ya es bastante rutinaria, por lo que tal vez les iría mejor una relación un poco más estimulante, variable y fluctuante.

Hogar y vida familiar

La casa de una persona Capricornio, como la de una Virgo, va a estar muy limpia, ordenada y bien organizada. Los nativos de este signo tienden a dirigir a su familia tal como dirigen sus negocios. Suelen estar tan entregados a su profesión que les queda poco tiempo para la familia y el hogar. Deberían interesarse y participar más en la vida familiar y doméstica. Sin embargo, sí se toman muy en serio a sus hijos y son padres y madres muy orgullosos, en especial si sus hijos llegan a convertirse en miembros destacados de la sociedad.

Horóscopo para el año 2023*

Principales tendencias

Este año vivirás una serie de cambios duraderos importantísimos. Sin duda, ya los empiezas a sentir ligeramente incluso ahora. Plutón lleva ya en tu signo más de veinte años. Por eso tu imagen, personalidad y forma de vestir, y el concepto que tenías de ti, han cambiado. Son totalmente distintos a los de hace veinte años. Has engendrado tu imagen y tu personalidad ideales. Ha sido una temporada muy dura, Plutón puede ser muy intenso y extremo. Pero este proceso está llegando a su fin. Plutón seguirá alojado en tu signo la mayor parte del año, pero hará una breve incursión en Acuario del 24 de marzo al 12 de junio. Esta coyuntura anuncia lo que vendrá. Plutón también planeará dentro y fuera de tu signo el año entrante. En 2025, ingresará en Acuario durante largo tiempo, al menos veinte años más. Por eso en los últimos años has pasado por el quirófano (quizá también te has hecho alguna cirugía estética) y has tenido experiencias cercanas a la muerte. Tu atractivo sexual también ha sido poderoso. Pero pronto, ahora no son más que los inicios, Plutón transformará tu vida económica y hará que sea ideal. Aunque atravesarás toda clase de crisis. Sin embargo, no serán castigos, sino vivencias didácticas.

El otro cambio primordial, el más importante para ti, será que Saturno abandonará Acuario e ingresará en Piscis el 8 de marzo; es decir, de tu casa del dinero pasará a tu tercera casa de los intereses intelectuales. Será un buen tránsito para los estudiantes, en especial para los de primaria o secundaria. Se volcarán en los estudios y prestarán atención en clase, y esta actitud significa éxito. Las facultades intelectuales y comunicativas serán más agudas de lo habitual.

La estancia de Júpiter en tu cuarta casa hasta el 17 de mayo propicia las mudanzas y una mayor fertilidad en las mujeres en edad de concebir.

---

* Las previsiones de este libro se basan en el Horóscopo Solar y en todos los signos derivados del mismo: tu signo solar se convierte en el Ascendente, y las casas se numeran a partir de él. Tu horóscopo personal, el trazado concretamente para ti (según la fecha, hora y lugar exactos de tu nacimiento) podría modificar lo que se indica aquí. Joseph Polansky.

Tu vida se volverá más amena a partir del 17 de mayo, cuando Júpiter transite por tu quinta casa de la diversión. Urano lleva ya en esta casa muchos años. Te ha costado manejar a tus hijos al ser más rebeldes. Pero este año la situación mejorará.

Tus intereses destacados este año serán el cuerpo, la imagen y el aspecto personal (del 1 de enero al 24 de marzo, y del 12 de junio hasta finales de año). La economía (del 1 de enero al 8 de marzo, y del 24 de marzo al 12 de junio). Los intereses intelectuales y la comunicación. El hogar, la familia y el bienestar emocional (del 1 de enero al 17 de mayo). Y los hijos, la diversión y la creatividad.

Este año lo que más te gratificará será el hogar y la familia (del 1 de enero al 17 de mayo, y del 18 de julio hasta finales de año). Y los hijos, la diversión y la creatividad.

Salud

(Ten en cuenta que se trata de una perspectiva astrológica de la salud, no de una perspectiva médica. En el pasado, no había ninguna diferencia, ambas eran idénticas, pero en la actualidad podrían diferir mucho. Para obtener un punto de vista médico, consulta a tu médico de cabecera o a un profesional de la salud).

Tu salud será buena este año. Plutón alojado en tu signo gran parte del año no debería ser un gran problema para ti, este aspecto se ha dado durante más de veinte años y a estas alturas ya sabes manejarlo. Aparte de Plutón, Júpiter formará aspectos desfavorables en tu carta astral del 1 de enero al 17 de mayo. A partir del 18 de mayo, solo Plutón formará aspectos desfavorables.

Tu sexta casa de la salud está prácticamente vacía. Solo la transitarán los planetas rápidos y sus efectos serán pasajeros. En mi opinión, es un aspecto positivo. Como todo te va bien en esta área de tu vida, no le prestas demasiada atención.

Habrá momentos en que tu salud y energía no serán tan buenas como de costumbre, quizá sufras incluso algún que otro achaque. Pero solo se deberá a los tránsitos pasajeros de los planetas rápidos. Durarán poco y no serán las tendencias del año. Cuando queden atrás, recuperarás tu salud y energía habituales.

Por buena que sea tu salud, siempre puedes mejorarla. Presta más atención a las siguientes zonas vulnerables de tu carta astral.

La columna, las rodillas, la dentadura, los huesos y la alineación esquelética en general. Estas partes del cuerpo siempre son importantes para los Capricornio. Te sentará bien trabajar los puntos reflejos de estas zonas. Incluye en tu programa de salud los masajes regulares en la espalda y las rodillas, son importantes para ti. Visitar con regularidad al quiropráctico o al osteópata es una buena idea, te ayudará a mantener alineadas las vértebras de la columna. Ejercicios como el yoga, en especial las posturas que trabajan la columna, y el Pilates, son excelentes para ti. Terapias como el Rolfing, la técnica Alexander y el método Feldenkries también son muy beneficiosas. La técnica Alexander es especialmente recomendable, y además es terapéutica y educativa a la vez. Te enseña a adoptar la postura correcta, y a sentarte y levantarte de una silla adecuadamente para que la columna no se desalinee. Una buena higiene dental también es importante para ti. Asegúrate de ingerir el calcio necesario para una buena salud ósea.

Los pulmones, los brazos, los hombros y el sistema respiratorio. Todas estas partes del cuerpo siempre son importantes para los Capricornio, pues Mercurio, el planeta que rige estas zonas, es tu planeta de la salud. Te sentará bien trabajar los puntos reflejos de estas zonas. Los masajes regulares en los brazos y hombros te vendrán de maravilla, te ayudarán a eliminar la tensión acumulada en los hombros.

Mercurio es tu planeta de la salud, otro punto positivo para este aspecto de tu vida. Es su ámbito natural y es poderoso en este papel. Mercurio avanza raudamente por el firmamento. A lo largo del año transitará por toda tu carta astral. De ahí que se den muchas tendencias pasajeras relacionadas con la salud que dependerán de dónde se encuentre Mercurio y de los aspectos que reciba. En las previsiones mes a mes hablaré de estas tendencias con más detalle.

Hogar y vida familiar

Tu cuarta casa es poderosa este año y al parecer un ámbito feliz en tu vida. El benevolente Júpiter la transitará del 1 de enero al 17 de mayo. Este aspecto propicia las mudanzas, la adquisición de segundas residencias o el acceso a viviendas adicionales. En algunas ocasiones, no se trata de una mudanza en toda regla, sino de la renovación o la expansión del hogar para que sea más cómodo. Los efectos son «como si» uno se hubiera mudado a otro lugar. Indica la adquisición o venta afortunadas de una vivienda.

Tu círculo familiar también aumentará este año. Normalmente, ocurre por los nacimientos o las bodas, aunque no siempre es así.

A veces uno conoce a alguien que es «como» de la familia y que cumple con esta función.

Como he señalado, las mujeres en edad de concebir serán más fértiles de lo habitual este año.

Es un año para la sanación emocional. Los problemas emocionales difíciles desaparecerán. Emocionalmente, tendrás una sensación de optimismo y bienestar. Si sigues una terapia tradicional, harás grandes progresos en ella y tendrás muchas percepciones interiores. Normalmente, a la gente le afecta su pasado, pero este año tu pasado te tratará bien. Quizá recuerdes los buenos tiempos. Aunque hayas sufrido, también has vivido buenos momentos. Es positivo tenerlo presente.

Un progenitor o figura parental prosperará este año, llevará un alto nivel de vida, una buena vida. Controla tu peso. Si el progenitor se trata de una mujer en edad de concebir, será más fértil que de costumbre. Tus hijos o figuras filiales también prosperan ahora y disfrutan de su libertad. Quizá se hayan mudado a otra parte en varias ocasiones en los últimos años, ya que parecen estar inquietos. Tal vez no sean mudanzas en toda regla, pero podrían ir a vivir a distintos lugares durante largas temporadas. La situación familiar de tus nietos, en el caso de que los tengas, no variará este año. Seguramente desean mudarse a otro lugar, pero lo más probable es que lo hagan el próximo año.

Si planeas hacer reformas o arreglos importantes en tu hogar, del 11 de julio al 28 de agosto, y del 24 de noviembre al 31 de diciembre es un buen momento. Si tienes en mente decorar de nuevo tu hogar o adquirir objetos atractivos para embellecerlo, del 20 de febrero al 16 de marzo son buenas fechas.

Profesión y situación económica

Este año ocurrirán muchos cambios económicos, pero los resultados serán la prosperidad. Y el próximo año será incluso más próspero aún. Tu casa del dinero, que ha destacado los dos últimos años, será un poco menos importante en este. Saturno abandonará tu casa del dinero el 8 de marzo. Plutón la visitará brevemente del 24 de marzo al 12 de junio. A partir del 13 de junio tu casa del dinero estará vacía. Pero como Júpiter viajará con Urano, tu planeta de la economía, a partir del 17 de mayo, gozarás de prosperidad pese a estar menos pendiente de las cuestiones financieras.

La actividad planetaria indica muchos cambios relacionados con los bienes y con tus estrategias financieras.

La salida de Saturno de tu casa del dinero muestra que has alcanzado tus objetivos económicos inmediatos y ahora puedes dedicarte al aprendizaje y a la acumulación de capital intelectual. Son los frutos del éxito económico. Con dinero se puede comprar la libertad para crecer y estudiar.

Mientras Saturno se alojaba en tu casa del dinero (la ocupará hasta el 8 de marzo), has cultivado una imagen de riqueza y prosperidad. Has llevado ropa lujosa y gastado en ti. Los demás te veían como una «persona adinerada». Pero ahora cultivarás otra imagen, la de un estudiante o profesor intelectual. Proyectar la imagen de una persona inteligente es ahora más importante para ti que la de alguien acaudalado.

Urano, tu planeta de la economía, lleva ya en tu quinta casa muchos años y la ocupará algunos más. Por eso has sido más especulador que de costumbre, y esta tendencia será incluso mayor este año, sobre todo a partir del 18 de mayo. Urano, al ser tu planeta de la economía, favorece la tecnología puntera y el mundo digital. Tienes una buena intuición en estos sectores. Los medios electrónicos también son muy positivos para ti.

Urano en Tauro favorece a las empresas agrícolas y a las que comercializan las materias primas y los productos básicos. Y la compraventa de casas de campo, Tu planeta de la economía en tu quinta casa se puede interpretar de muchas formas. Ahora gastas más en tus hijos o en tus figuras filiales, pero también pueden ser una fuente de ingresos para ti. Si tienen la edad adecuada, podrían ayudante materialmente. Y si son pequeños, podrían inspirarte a ganar más. Los niños pequeños suelen tener ideas provechosas. También se verán favorecidas las empresas que llevan comida a domicilio, las discográficas, las que comercializan actividades de ocio, las plataformas de streaming y los fabricantes de juguetes. La quinta casa también rige los casinos.

Quizá el aspecto más importante de tu planeta de la economía en tu quinta casa es que uno disfruta de la riqueza que tiene. Es un aspecto para la riqueza feliz. Ganas dinero fácilmente y de formas amenas, y lo gastas en cosas placenteras. Como debe ser. Muestra una actitud despreocupada hacia el dinero. Se dará todo el año, pero sobre todo a partir del 18 de mayo.

En cuanto a tu profesión, los Capricornio siempre son ambiciosos, pero este año lo serán menos de lo habitual. La actividad tendrá lugar más bien en tu poderosa cuarta casa del hogar y de la familia, en vez de darse en tu décima casa de la profesión, que está prácticamente vacía. Lo describiría como un año para sentar los cimientos —la infraestructura— para tus éxitos profesionales futuros, es una etapa preparatoria para el futuro en lugar de ser un éxito profesional manifiesto. Tu situación profesional será la misma este año.

Habrá un eclipse solar el 14 de octubre en tu décima casa de la profesión. Lo agitará todo un poco. Quizá cambies de profesión o la desempeñes de otro modo.

Venus, tu planeta de la profesión, avanza raudamente por el firmamento. Transita cada año por toda tu carta astral. De modo que se darán muchas tendencias pasajeras relacionadas con la profesión que dependerán de dónde se encuentre Venus y de los aspectos que reciba. En las previsiones mes a mes hablaré de estas tendencias con más detalle.

Por raudo que sea Venus, se alojará más de cuatro meses en Leo, tu octava casa. Este aspecto indica situaciones adversas, quizá intervenciones quirúrgicas o experiencias cercanas a la muerte en la vida de tus padres o figuras parentales, jefes y personas implicadas en tu profesión. Refleja una especie de limpieza en la empresa donde trabajas o en tu sector.

Amor y vida social

Tu séptima casa del amor no destacará este año, no será una casa poderosa. Solo la transitarán los planetas rápidos y sus efectos serán pasajeros. Tu vida amorosa seguirá igual. Si estás casado, seguirás en la relación, y si no tienes pareja, tu situación será la misma.

Al parecer estás satisfecho con cómo te van las cosas en esta faceta de tu vida y no necesitas hacer cambios radicales.

La Luna es tu planeta del amor, el más raudo de todos. Transita por toda tu carta astral cada mes, en cambio los otros planetas rápidos tardan un año en recorrerla. De ahí que se den muchas tendencias pasajeras relacionadas con el amor que dependerán de dónde se encuentre la Luna y de los aspectos que reciba. En las previsiones mes a mes hablaré de estas tendencias con más detalle.

En general, se puede decir que los días de luna nueva y de luna llena son jornadas excelentes para el amor y la vida social. En estas fases lunares tienes más energía y entusiasmo para las relaciones amorosas y las actividades sociales que en la fase de la luna creciente, cuando aumenta de tamaño. En la fase de la luna menguante; es decir, cuando disminuye, tienes menos entusiasmo en estas facetas de tu vida.

Tus amistades serán felices. Tus amigos están dedicados a ti. Ahora las oportunidades para entablar amistades te persiguen sin necesidad de buscarlas. Lleva siendo así muchos años en tu vida. Sin embargo, esta situación pronto cambiará. Cuando Plutón, tu planeta de los amigos, inicie su transición de dos años de duración de tu signo a Acuario, te atraerán otra clase de amistades totalmente distintas. Será una tendencia duradera de muchos, muchísimo años. Plutón se alojará brevemente en tu casa del dinero, del 24 de marzo al 12 de junio, este año. Por lo que las oportunidades de hacer amistades surgirán mientras intentas alcanzar tus objetivos económicos. También te atraerán los amigos ricos. Tus amistades te serán útiles en tu vida económica.

Si no tienes pareja, no es probable que contraigas matrimonio este año. Pero te surgirán oportunidades para las aventuras amorosas, en especial a partir del 17 de mayo.

Tu vida social es feliz, aunque no parece demasiado profunda.

Progreso personal

Neptuno lleva alojado en tu tercera casa de los intereses intelectuales hace ya muchos años y en 2023 la seguirá ocupando. Estás experimentando una elevación y un refinamiento en tus inquietudes intelectuales y en tus gustos por la lectura. Te ha atraído la literatura espiritual, y este año te cautivará más aún.

Como Neptuno, y ahora también Saturno, se alojan en tu tercera casa, te expresas de una forma más poética e inspirada. Es un tránsito excelente para los escritores creativos.

Júpiter es tu planeta de la espiritualidad. Generalmente, propicia el lado místico de la religión que profesas. No es necesario que viajes a lugares lejanos en busca de la verdad espiritual. La encontrarás en tu propia religión. No la abandones, lo único que tienes que hacer es profundizarla.

Júpiter transitará por dos casas este año. Hasta el 17 de mayo, se alojará en tu cuarta casa del hogar, la familia y la vida emocional. Este aspecto se puede interpretar de varias formas. Muestra lo importante que es tu estado emocional en las cuestiones espirituales. Si deseas progresar, te conviene entrar en el estado propicio.

Propicia la vía del bhakti yoga, el camino de elevar la vibración de las emociones en gran medida. Por eso te atraerán los tambores, los cánticos, las danzas, la recitación de mantras... todo lo que eleve las emociones. Tu comprensión espiritual te ayudará emocionalmente y también a la hora de relacionarte con tu familia. Este año tu familia como un todo será más espiritual.

Al alojarse Júpiter en Aries, tu cuarta casa, también te atraerá el karma yoga, el camino de la acción. Desearás expresar tus ideales espirituales en la acción. Las abstracciones no te bastarán, querrás expresarlos físicamente. Y este deseo puede convertirte en un activista que lucha por causas altruistas. En algunos casos, podrías llegar incluso a la militancia.

Júpiter ingresará en tu quinta casa el 18 de mayo. Este tránsito propicia la recitación de mantras, los tambores y la danza. También favorece el camino de la creatividad, un camino espiritual tan válido como cualquier otro. Al crear una obra, ya sea de alfarería, pintura o música, aprendes las leyes del Gran Creador, puesto que en este tipo de creaciones se aplican las mismas leyes, aunque a una escala mucho más pequeña. También propicia el camino de la dicha y la beatitud. Los sabios afirman que la dicha es una sabiduría especial. Cuando eres feliz estás más cerca de lo Divino.

Previsiones mes a mes

Enero

Mejores días en general: 1, 2, 10, 11, 18, 19, 28, 29
Días menos favorables en general: 3, 4, 16, 17, 23, 24, 30, 31
Mejores días para el amor: 2, 3, 10, 11, 12, 13, 20, 21, 22, 23, 24, 30, 31
Mejores días para el dinero: 1, 2, 8, 10, 11, 12, 13, 16, 18, 19, 23, 28, 29
Mejores días para la profesión: 2, 3, 4, 12, 13, 21, 22, 30, 31

Te espera un mes feliz y próspero, Capricornio. Disfrútalo.

Te encuentras en una de tus temporadas más placenteras del año, ya que tu primera casa, la del yo, es la más poderosa de tu carta astral. Gozas de buena salud. Luces un aspecto fabuloso. Tu atractivo sexual es potente. Es además un buen momento para las dietas adelgazantes y depurativas. La luna nueva del 11 en tu primera casa realzará más todo esto. También te traerá experiencias amorosas y sociales dichosas. La persona amada te apoya ahora mucho y está entregada a ti. Las cuestiones relacionadas con la imagen y el aspecto personal se aclararán en las próximas semanas. El cosmos responderá a tus preguntas y tus dudas se resolverán.

Este mes te centrarás en «ti». Aunque no hay nada malo en ello, simplemente es una etapa nueva. Ahora te gusta hacer las cosas a tu manera y diseñar tu vida a tu antojo. Tu independencia es altísima. Tienes además una gran iniciativa. Ha llegado el momento de hacer los cambios necesarios para ser feliz. Más adelante, cuando los planetas se muevan a la mitad occidental de tu carta astral, te costará más.

No será un mes especialmente poderoso en el ámbito profesional. Tu décima casa de la profesión está vacía, solo la Luna la transitará el 3, 4, 30 y 31. Tu cuarta casa del hogar y de la familia es poderosísima, y el noventa por ciento de los planetas, y en algunas ocasiones todos ellos, se encuentran en el hemisferio nocturno de tu carta astral. De modo que las cuestiones domésticas y familiares, y sobre todo tu bienestar emocional, son ahora más importantes que tu profesión. Dicho esto, en tu profesión están ocurriendo cosas interesantes. Surgirán oportunidades venturosas hasta el 3. A partir de esta fecha y hasta el 27, es posible que goces de aumentos salariales. Cuando tu planeta de la profesión viaje el 22 y 23 con Saturno, el regente de tu carta astral, este tránsito te traerá éxito y oportunidades profesionales.

Cuando el Sol ingrese en tu casa del dinero el 20, empezará una de tus mejores temporadas económicas del año. Será una etapa próspera. Es un buen momento para saldar deudas o pedir préstamos, depende de tus necesidades. También son buenas fechas para la planificación tributaria, los planes de seguros y la gestión de propiedades. Al igual que para limpiar tu vida financiera y desprenderte de los objetos que ya no necesites o uses.

Febrero

Mejores días en general: 7, 8, 16, 17, 24, 25
Días menos favorables en general: 2, 3, 9, 10, 22, 23
Mejores días para el amor: 1, 2, 3, 9, 10, 12, 13, 20, 22

Mejores días para el dinero: 4, 5, 7, 8, 14, 15, 16, 17, 18, 19, 22, 23, 24, 25
Mejores días para la profesión: 2, 3, 9, 10, 12, 13, 22

Tu salud será excelente este mes y aún gozas de prosperidad. Te encuentras en una de tus mejores temporadas económicas del año y durará hasta el 18. Las tendencias del mes anterior se darán en este hasta el 18. Cuando Mercurio ingrese en tu casa del dinero el 11, potenciará más aún tus finanzas. El dinero te llegará del trabajo y quizá de las inversiones en el extranjero. Otro modo de interpretar este aspecto es que tu trabajo te creará buena suerte (Mercurio es un planeta afortunado en tu carta astral).

Tu vida amorosa seguirá igual. Tu séptima casa está prácticamente vacía, solo la Luna la transitará el 2 y 3. En cambio tu primera casa del yo es poderosa. Estás satisfecho con tu vida amorosa y no necesitas hacer cambios radicales ni prestar demasiada atención a esta faceta de tu vida. Las cuestiones amorosas y sociales mejorarán del 20 al 28, durante la fase de la luna creciente. Tendrás más entusiasmo y confianza en estas facetas de tu vida. La luna nueva del 20 alineada con Saturno, el regente de tu horóscopo, te traerá aventuras amorosas y erotismo.

Marte lleva en tu sexta casa de la salud desde principios de año. Este aspecto muestra que puedes fortalecer tu salud con masajes en el rostro y el cuero cabelludo, y por medio del ejercicio físico vigoroso.

Tu tercera casa de los intereses intelectuales y la comunicación fue poderosa el mes pasado y lo será incluso más aún a partir del 21 de febrero. Es una buena época para la lectura, el estudio, la enseñanza, la escritura y la asistencia a seminarios y conferencias. Tus facultades intelectuales están muy realzadas en estos días y te conviene aprovecharlo. Los estudiantes rendirán en los estudios.

Como Júpiter lleva alojado en tu cuarta casa del hogar y de la familia desde principios de año, podría tener lugar una mudanza. Es una época venturosa para la venta o la adquisición de una vivienda. Las mujeres en edad de concebir son inusualmente fértiles. Tu círculo familiar aumentará. Cuando Venus ingrese en tu cuarta casa el 21, el hogar y la familia serán tu misión en la vida, tu verdadera profesión. Es un buen aspecto planetario para el ocio doméstico, la socialización con los tuyos y el embellecimiento del hogar.

Marzo

Mejores días en general: 6, 7, 15, 16, 24, 25
Días menos favorables en general: 1, 2, 8, 9, 10, 21, 22, 28, 29, 30
Mejores días para el amor: 1, 2, 4, 5, 11, 12, 20, 21, 24, 25, 28, 29, 30, 31
Mejores días para el dinero: 4, 5, 6, 7, 13, 14, 15, 16, 17, 18, 21, 22, 24, 25, 31
Mejores días para la profesión: 4, 5, 8, 9, 10, 11, 12, 24, 25

Te espera un mes movido. Todos los planetas son directos este mes y si estás empezando un proyecto nuevo o montando una empresa, es un gran mes para llevarlo a cabo. En especial a partir del 21. Muchas tendencias cósmicas te apoyan. Tanto el ciclo cósmico como tu círculo solar personal son crecientes. El Sol se alojará en Aries, la mejor energía del año para iniciar un proyecto. Y la Luna también será creciente. Dispondrás de mucho «empuje» tras de ti.

Tu salud es buena, pero préstale más atención a partir del 21. Aunque no te espera nada serio, solo será algún que otro achaque pasajero debido a los aspectos desfavorables de los planetas rápidos. Descansa lo suficiente y fortalece tu salud con las propuestas planteadas en las previsiònes de este año. El ejercicio vigoroso y los masajes en el rostro y el cuero cabelludo también te vendrán de maravilla hasta el 26.

Saturno, un planeta muy importante en tu carta astral, el regente de tu horóscopo, realizará un gran tránsito al abandonar tu segunda casa e ingresar en la tercera el 8. La ocupará los próximos dos años y medio. Tu economía ya no es ahora tu prioridad. Probablemente has alcanzado tus objetivos financieros y te interesa más la vida de la mente, los placeres mentales. Es una temporada excelente para los estudiantes, en especial los de primaria o secundaria. Se centrarán en los estudios y probablemente disfrutarán de ello. Este aspecto propicia el éxito. También es venturoso para los vendedores, los los profesores, los escritores y los comerciantes. Cambiarás tu aspecto personal en los próximos meses y años. Tu imagen será más glamurosa. Proyectarás una imagen más espiritual, más suave y accesible, menos seria y distante.

El hogar y la familia son el principal titular este mes. Júpiter y Venus ya se alojan en esta casa. Mercurio ingresará en ella el 19, y el Sol el 20. Este mes la acción tendrá lugar en esta área de tu vida, pero en especial a partir del 21. Tu profesión dejará de ser tu prioridad y te volcarás en tu hogar y tu familia. Sin embargo, pese a no estar pendiente de tu trabajo, cuando Venus viaje con Júpiter el 1 y 2, serán jornadas profesionales magníficas. Tus amigos te son ahora útiles en tu profesión.

Es una gran temporada para la sanación emocional, para superar antiguos traumas. Lo será todo el mes, pero sobre todo a partir del 21. Tendrás muchas revelaciones psicológicas en marzo. Observa sin juzgarlos el cúmulo de recuerdos que afloren en tu mente espontáneamente.

Abril

Mejores días en general: 2, 3, 4, 12, 13, 20, 21, 30
Días menos favorables en general: 5, 6, 18, 19, 25, 26
Mejores días para el amor: 1, 3, 4, 10, 14, 22, 23, 25, 26, 30
Mejores días para el dinero: 1, 3, 4, 10, 12, 13, 14, 15, 19, 21, 28, 29, 30
Mejores días para la profesión: 3, 4, 5, 6, 14, 22, 23

Todavía es una temporada excelente para empezar proyectos nuevos y montar empresas. Todos los planetas son directos, el Sol se aloja aún en Aries, y del 1 al 6 la luna será creciente.

El principal titular este mes es el eclipse solar del 20. Será poderoso para todos los Capricornio, pero sobre todo para los nacidos del 18 al 20 de enero. Como el eclipse ocurrirá en la cúspide de tu cuarta y quinta casas exactamente, las afectará a ambas. Los efectos sobre tu cuarta casa seguramente serán positivos. Podría tener lugar una mudanza, el nacimiento de un hijo o alguna renovación en el hogar. Ten en cuenta que los buenos acontecimientos pueden ser tan perturbadores como los malos. Trastocan la situación. Rompen la rutina y te obligan a salir de tu zona de comodidad. Tus padres o figuras parentales quizá se enfrenten a problemas en su vida. Un miembro de tu familia tal vez tenga una experiencia cercana a la muerte.

Los efectos del eclipse sobre tu quinta casa repercutirán en tus hijos o figuras filiales. Se enfrentarán también a inconvenientes. Si te dedicas a las artes creativas se darán cambios drásticos en tu creatividad y en tu vida creativa en general. Un progenitor o figura parental deberá corregir el rumbo de sus finanzas.

Plutón, el planeta de la muerte, y el Sol, el regente de tu octava casa, acusarán de lleno los efectos del eclipse. Tendrás encuentros psicológicos con la muerte. Y quizá experiencias cercanas a la muerte, situaciones en las que te salvarás de milagro. El Ángel de los Mil Ojos te hace saber que está cerca. Tu cónyuge, pareja o amante actual también experimentará cambios económicos en su vida. A tus hijos o figuras filiales les conviene conducir con más precaución.

Tus amigos lidiarán con problemas y estas vivencias podrían alterar o afectar vuestra amistad. Los ordenadores y los aparatos de tecnología puntera pueden fallar, y en ocasiones será necesario repararlos o reemplazarlos. Haz todo lo posible por proteger tu seguridad en internet. Ten cuidado con los correos electrónicos o los enlaces sospechosos. Y con los que usan nombres o cuentas de amigos para estafar.

Mayo

Mejores días en general: 1, 9, 10, 17, 18, 19, 27, 28
Días menos favorables en general: 2, 3, 15, 16, 22, 23, 30, 31
Mejores días para el amor: 1, 2, 3, 9, 10, 17, 18, 19, 22, 23, 30, 31
Mejores días para el dinero: 1, 8, 9, 10, 11, 12, 16, 17, 18, 19, 24, 25, 27, 28
Mejores días para la profesión: 2, 3, 9, 10, 17, 18, 19, 30, 31

A pesar del eclipse lunar del 5, te espera un mes feliz y saludable. El eclipse solo le añadirá chispa y excitación a tu vida. Y además sus efectos serán suaves para ti. Pero si afectara a algún punto sensible de tu carta astral, trazada según la fecha, hora y lugar exactos de tu nacimiento, podría ser potente. Aunque no te hará ningún mal tomártelo todo con calma y reducir tus actividades.

Como el eclipse tendrá lugar en tu undécima casa de los amigos, repercutirá en este ámbito de tu vida. Tus amigos lidiarán con adversidades. También les conviene tomárselo todo con calma y reducir sus actividades. Un progenitor o figura parental deberá corregir el rumbo de su economía. Y al afectar el eclipse indirectamente a Urano, el impacto sobre tus amigos será más contundente aún. Los ordenadores y los equipos de tecnología puntera pueden fallar. En ocasiones será necesario repararlos o reemplazarlos. Asegúrate de hacer copias de seguridad de los archivos importantes y sé más cuidadoso con los correos electrónicos o los enlaces sospechosos. Aunque conozcas a los remitentes de los correos, un ciberdelincuente podría haber suplantado la identidad de esas personas. Se producirán trastornos y convulsiones en las organizaciones comerciales o profesionales en las que estás implicado.

Como Urano es tu planeta de la economía, tú también te verás obligado a hacer cambios económicos. Pero no serán demasiado serios, ya que el eclipse solo rozará a tu planeta de la economía. No le dará de lleno.

Los eclipses lunares agitan tu vida amorosa y ponen a prueba tus relaciones sentimentales. Y este no es ninguna excepción. Te ocurre dos veces al año y a estas alturas ya sabes manejarlo. Las buenas relaciones superarán el bache e incluso mejorarán más aún. Pero las no tan buenas se podrían romper. El eclipse sacará a la luz los resentimientos reprimidos en la relación —los trapos sucios— para que los afrontes. Tal vez ni siquiera sabías que existían. Pero ahora los descubrirás. La persona amada quizá se enfrente a contratiempos y esta vivencia podría repercutir en vuestra relación.

El eclipse ocurrirá en una de tus temporadas más placenteras del año. Esta temporada será mucho más intensa de lo habitual al ingresar Júpiter en tu quinta casa el 17. Uno se lo puede pasar de maravilla sin ser irresponsable, así que disfruta de estos días.

Junio

Mejores días en general: 5, 6, 14, 15, 23, 24, 25
Días menos favorables en general: 11, 12, 18, 19, 20, 26, 27
Mejores días para el amor: 2, 7, 8, 11, 17, 18, 19, 20, 21, 22, 28
Mejores días para el dinero: 5, 6, 7, 8, 14, 15, 23, 24, 25
Mejores días para la profesión: 2, 11, 21, 22, 26, 27

La felicidad curará muchos problemas de salud, sobre todo hasta el 11. Desde la perspectiva espiritual, «salud» y «armonía» son sinónimos. La salud no consiste en la bioquímica de la sangre o en la tensión arterial, sino en el estado de armonía. Disfruta pues de la vida y mantén la armonía. Esto será sobre todo importante a partir del 22, cuando te convenga prestar más atención a tu salud. Aunque no te espera ningún problema serio, solo será algún que otro achaque pasajero debido a los aspectos desfavorables de los planetas rápidos.

Al ser tu sexta casa de la salud y el trabajo poderosa hasta el 21, si te cuidas conservarás la salud más adelante. Este aspecto también te brindará oportunidades laborales si estás desempleado. Y si ya tienes un trabajo, te surgirán oportunidades para hacer horas extras o dedicarte al pluriempleo. Ahora te apetece trabajar. La luna nueva del 18 en tu sexta casa hará que te dediques más aún a esta esfera de tu vida. Te espera una jornada romántica y erótica. Las cuestiones relacionadas con la salud y el trabajo se aclararán con el paso de las semanas, hasta la próxima luna nueva. Tus preguntas serán respondidas de forma natural y normal.

Mercurio, tu planeta de la salud y el trabajo, saldrá «fuera de límites» el 25, y se mantendrá así hasta el 6 de julio. De modo que en las cuestiones de la salud, y quizá del trabajo, te moverás fuera de tu esfera usual, de tu órbita habitual. Buscarás las soluciones fuera de tu ambiente.

Cuando el Sol ingrese en tu séptima casa del amor el 21, empezará una de tus mejores temporadas amorosas y sociales del año. Si no tienes pareja, te atraerá el magnetismo sexual. Y también tus compañeros de trabajo, los profesionales de la salud y los extranjeros. Es posible que te atraigan dos personas este mes.

Tus finanzas progresarán. Júpiter viaja cerca de tu planeta de la economía, una señal clásica de prosperidad. Aún están muy separados, pero se acercan cada vez más día a día. Ahora sientes el influjo de la expansión financiera. (Este aspecto será muy exacto el próximo año).

Os conviene tanto a ti como a los tuyos cobrar consciencia del momento presente en el plano físico del 24 al 28.

Julio

Mejores días en general: 3, 4, 11, 12, 21, 22, 30, 31
Días menos favorables en general: 9, 10, 16, 17, 23, 24
Mejores días para el amor: 2, 7, 8, 10, 16, 17, 19, 20, 26, 29
Mejores días para el dinero: 3, 4, 5, 6, 11, 12, 21, 22, 30, 31
Mejores días para la profesión: 2, 10, 19, 20, 23, 24, 29

Mercurio, tu planeta de la salud, seguirá «fuera de límites» hasta el 6. Repasa por lo tanto las previsiones de junio.

Presta atención a tu salud, aunque mejorará a partir del 24. Mientras tanto, descansa lo suficiente.

El Gran Trígono en los signos de tierra a partir del 11 agudizará más aún tus potentes habilidades gestoras y organizativas. Mejorará además tus finanzas, aunque te exigirá trabajar más este mes. Surgirán retos, pero prosperarás.

Tu profesión es ahora más importante aún. El mes pasado el poder planetario cambió del hemisferio nocturno al hemisferio diurno de tu carta astral. Ahora es el amanecer en tu año. Ha llegado el momento de ponerte en movimiento y dedicarte a las actividades diurnas; es decir, las exteriores. Este mes será la preparación para darle un empujón a tu carrera. Como Venus, tu planeta de la profesión, será retrógrado el 23, te convendrá aclararte más en esta esfera de tu vida. Obtén más información. Las cosas no son lo que parecen.

Te encuentras en una de tus mejores temporadas amorosas y sociales del año y durará hasta el 23. Estás centrado en tu vida social. Y también estás pendiente de las relaciones amorosas. Si no tienes pareja, e incluso si mantienes una relación, el magnetismo sexual es ahora lo que más te atrae, como el mes anterior. El buen sexo ayuda a que muchos problemas sean más llevaderos, pero no lo es todo en una relación. Hay otras necesidades que también son importantes. La luna nueva del 17 en tu séptima casa potenciará la naturaleza erótica de tu vida amorosa en esta etapa. Además, las cuestiones vinculadas con las relaciones amorosas se aclararán en las próximas semanas.

Cuando el Sol ingrese en tu octava casa el 23, estas cuestiones se volverán importantes. Aunque tus finanzas se hayan complicado, las de tu cónyuge, pareja o amante actual son excelentes. Tu libido es aún potentísima. Sea cual sea tu edad o tu etapa en la vida, tu libido es mayor de lo habitual.

Agosto

Mejores días en general: 7, 8, 17, 18, 26, 27
Días menos favorables en general: 5, 6, 12, 13, 19, 20, 21
Mejores días para el amor: 5, 6, 12, 13, 14, 15, 16, 24, 25, 26
Mejores días para el dinero: 1, 2, 7, 8, 17, 18, 26, 27, 29
Mejores días para la profesión: 5, 6, 14, 15, 19, 20, 21, 24, 25

Tu octava casa es aún poderosísima este mes, incluso tu planeta de la profesión se aloja en ella. Es un mes para trabajar en tu trasformación personal. Para engendrar a la persona que deseas ser, en quien estás destinado a convertirte. Este mes experimentarás un proceso alquímico en tu interior. Y aunque tu vida pueda ser turbulenta, la finalidad será limpiar tu mente y tus emociones de patrones que no deberían surgir. Durante esta limpieza verás con claridad los patrones que te impedían progresar. También es un buen momento para las dietas adelgazantes, en el caso de necesitarlas, y las depurativas. La transformación personal no se alcanza de un día para otro, los sabios afirman que es una labor de muchas vidas, pero no importa. Lo que cuenta es progresar en ello. La luna nueva del 16 en tu octava casa potenciará más esta situación. Progresarás en estos proyectos vitales. También será una jornada poderosa en el amor, el erotismo y la vida social. Las cuestiones relacionadas con la transformación personal, un tema complejo, se despejarán en las próximas semanas, al igual que los asuntos que tengan que ver con las ganancias de tu cónyuge, los inversores, los impuestos y los planes de seguros. Toda la información necesaria te llegará de una forma muy natural.

Tu vida será menos turbulenta a partir del 24, cuando el Sol forme un aspecto armonioso en tu carta astral. El elemento tierra será poderosísimo el mes entero, pero en especial a partir del 24. De modo que serás incluso más práctico, organizado y eficiente de lo habitual. Al encontrarte a gusto en el elemento tierra, también será una buena temporada para tu salud.

El Gran Trígono en los signos de tierra es magnífico para tus finanzas. Tus ingresos aumentarán y tu criterio financiero será excelente. Pero, Urano, tu planeta de la economía, iniciará una retrogradación el 29 que durará muchos meses. Procura cerrar las adquisiciones o las inversiones importantes antes de esta fecha.

Como Venus, tu planeta de la profesión, será retrógrado el mes entero, tu trabajo será todavía una preparación. El sesenta por ciento de los planetas serán retrógrados a partir del 29; o sea, que no habrá gran cosa que hacer en el mundo. Pero tú, más que nadie, sabes ahora manejar la situación. Practica el «arte de lo posible».

Septiembre

Mejores días en general: 4, 5, 13, 14, 15, 23, 24
Días menos favorables en general: 2, 3, 8, 9, 10, 16, 17, 29, 30
Mejores días para el amor: 2, 3, 4, 5, 8, 9, 10, 13, 14, 21, 22, 25, 30
Mejores días para el dinero: 4, 5, 14, 15, 23, 24, 25, 26
Mejores días para la profesión: 2, 3, 11, 12, 16, 17, 21, 22, 30

Si bien la actividad retrógrada se mantendrá en el punto culminante del año —el sesenta por ciento de los planetas serán retrógrados hasta el 16, y el cincuenta por ciento lo serán a partir del 17—, se te abrirán los horizontes, en concreto los profesionales. Venus será directo el 4, y el Sol ingresará en tu décima casa de la profesión el 23. Empezará una de tus mejores temporadas profesionales del año. Estarás lleno de confianza y sabrás claramente por dónde tirar. Marte se alojará en tu décima casa todo el mes. Este aspecto muestra una gran actividad profesional, una actitud más agresiva en tu trabajo. También indica que tu familia te apoya en tus metas profesionales. No tienes el conflicto habitual entre la familia y el trabajo. Por lo visto los tuyos están muy unidos. Quizá surjan situaciones adversas en la vida de tus padres o figuras parentales, y en la de tus jefes, este mes. Tu octava casa será importante para tu trabajo en septiembre. Tu planeta de la profesión la ocupa, y el Sol, el regente de tu octava casa, se aloja en la décima. Es posible que los astros te deparen intensamente intervenciones quirúrgicas o defunciones, y quizá herencias de propiedades.

Tu novena casa será poderosa hasta el 23. Es un buen aspecto para los estudiantes universitarios. Muestra que se volcarán en los estudios. Como Mercurio será retrógrado hasta el 16 y ocupa tu novena casa, evita hacer cambios importantes en los planes de estudios antes del 16. Y también viajar al extranjero en esta temporada. Mercurio será retrógrado hasta el 15, y Júpiter empezará a serlo el 4. Los dos planetas vinculados con los viajes al extranjero serán retrógrados al mismo tiempo en esta temporada. Es mejor viajar al extranjero a partir del 16, pero con todo dispón de un mayor margen de tiempo tanto de ida como de vuelta.

La luna nueva del 15 en tu novena casa, como todas las lunas nuevas, te traerá relaciones amorosas y un mayor erotismo en esta faceta de tu vida. Será una jornada especialmente venturosa para los estudios religiosos y el estudio de las Escrituras. También te traerá revelaciones y la comprensión de estos temas. Además, las cuestiones relacionadas con los estudios superiores, los viajes, la religión, la teología y los problemas jurídicos se aclararán en las próximas semanas.

Tu salud es buena, pero a partir del 24 descansa y relájate más. Fortalece tu salud con las propuestas planteadas en las previsiones de este año. También puedes incluir los masajes en el bajo vientre a la lista.

Tendrás más energía y entusiasmo para los asuntos amorosos y las actividades sociales del 15 al 29. Las relaciones amorosas te irán mejor en estas fechas.

Octubre

Mejores días en general: 1, 2, 11, 12, 20, 21
Días menos favorables en general: 6, 7, 13, 14, 26, 27
Mejores días para el amor: 3, 4, 6, 7, 9, 10, 11, 20, 21, 24
Mejores días para el dinero: 1, 2, 11, 12, 20, 21, 22, 23, 28, 29
Mejores días para la profesión: 8, 9, 10, 11, 20, 21, 28, 29

Te espera un mes movido por los dos eclipses de octubre. Habrá un eclipse solar el 14, y un eclipse lunar el 28. El eclipse solar será el más potente de los dos. Pero ten en cuenta que si cualquiera de los eclipses afectara a algún punto sensible de tu carta astral trazada según la fecha, hora y lugar exactos de tu nacimiento, podrían ser potentes. Tómatelo todo con calma y reduce tus actividades en estos periodos.

El eclipse solar del 14 en tu décima casa te traerá cambios profesionales. Normalmente, no es un cambio de profesión completo, aunque a veces pueda ocurrir, sino que cambiarán las reglas del juego y te convendrá desempeñar tu trabajo con otro enfoque. Quizá tus jefes, y tus padres o figuras parentales, se enfrenten a dificultades en su vida. Es posible que haya cambios en la jerarquía de tu empresa y en tu sector. El gobierno podría modificar las normativas de tu ramo. Pero estás preparado para manejar la situación. Presta atención a tu salud hasta el 22, en especial durante el periodo del eclipse. Los eclipses solares pueden generar encuentros psicológicos con la muerte, aunque generalmente no llega a ocurrir una muerte física. De modo que un progenitor o figura parental, o uno de tus jefes, podrían tener un roce con la muerte, quizá se trate de una intervención quirúrgica o de una experiencia cercana a la muerte. En algunas ocasiones, alguien que conoces te comunica la muerte de uno de sus conocidos. En otras, puedes soñar con la muerte. Todo esto tiene una finalidad espiritual. Significa que necesitas entenderla mejor. Entender la muerte es entender la vida y vivirla de distinta manera.

El eclipse lunar del 28 en tu quinta casa de los hijos y la creatividad, afectará a tus hijos o figuras filiales. Les convendrá también tomárselo todo con calma y reducir sus actividades. No deben hacer estupideces temerarias en este periodo. Si te dedicas a las artes creativas, tu creatividad experimentará cambios importantes. Un progenitor o figura parental se verá obligado a hacer cambios económicos relevantes. Los eclipses lunares ponen a prueba tus relaciones y este no es una excepción. Así que saldrán a la luz los trapos sucios en la relación, los rencores reprimidos, para que los afrontes. Es posible que tu cónyuge, pareja o amante actual lidie con contratiempos, y estos sucesos podrían repercutir en vuestra relación. Sé más paciente con la persona amada en este periodo.

Noviembre

Mejores días en general: 7, 8, 16, 17, 25, 26
Días menos favorables en general: 2, 3, 9, 10, 11, 23, 24, 29, 30
Mejores días para el amor: 2, 3, 8, 9, 12, 13, 18, 19, 23, 27, 28, 29, 30
Mejores días para el dinero: 7, 8, 16, 17, 18, 19, 25, 26
Mejores días para la profesión: 8, 9, 10, 11, 18, 19, 27, 28

Tu trabajo sigue prosperando, pese a haber finalizado una de tus mejores temporadas profesionales del año. Venus ingresará en tu décima casa de la profesión el 8. Al ocupar su propio signo y casa, será más poderosa en tu carta astral. Venus tendrá su solsticio del 9 al 13. Se detendrá en el firmamento en su movimiento latitudinal y luego cambiará de dirección. Lo mismo le ocurrirá a tu profesión. Se dará un parón y luego un cambio de rumbo, pero será un cambio positivo.

Tu salud es buena este mes. Solo Plutón, un planeta lento, forma una alineación desfavorable en tu carta astral, pero únicamente afectará a los nacidos en los últimos días del signo. Los otros planetas forman aspectos armoniosos o no te crean ningún problema. Solo la Luna ocasionalmente, y por breves espacios de tiempo, formará aspectos desfavorables en tu carta astral. Te espera un buen mes en cuanto a tu salud.

El poder se encuentra este mes en tu undécima casa de los amigos, los grupos y las actividades grupales. Pero se tratarán más bien de amistades platónicas que amorosas. Serán amistades que compartirán intereses parecidos. La luna nueva del 12 en tu undécima casa hará que la jornada sea incluso más social aún. Esta luna nueva también propiciará un día más romántico. Tu energía amorosa será mayor del 12 al 27, en la fase creciente de la luna. La luna nueva despejará las cuestiones relacionadas con los amigos y las organizaciones con las que participas en las próximas semanas. Marte en tu undécima casa muestra que podrías instalar dispositivos de tecnología puntera en tu hogar.

Os conviene tanto a los miembros de tu familia como a ti cobrar consciencia del momento presente en el plano físico el 10 y 11. También podría darse alguna disputa financiera con uno de los tuyos.

El Sol ingresará en tu duodécima casa de la espiritualidad el 22. Marte lo hará el 24. Mercurio la ocupa desde el 10. Por eso será una etapa espiritual para ti. La presencia de tu planeta de la salud en tu duodécima casa muestra una afinidad con la sanación espiritual. Obtendrás resultados de este método. Cuando tu planeta de la salud esté «fuera de límites» a partir del 16, también tenderás más a explorar la sanación espiritual.

Diciembre

Mejores días en general: 4, 5, 6, 14, 15, 22, 23, 31
Días menos favorables en general: 7, 8, 20, 21, 27, 28
Mejores días para el amor: 2, 3, 9, 11, 12, 18, 19, 21, 22, 27, 28, 29, 30
Mejores días para el dinero: 4, 5, 6, 14, 15, 16, 17, 22, 23, 31
Mejores días para la profesión: 7, 8, 9, 18, 19, 28, 30

Casi todo el poder planetario se encuentra ahora en la mitad oriental de tu carta astral, la del yo. Saturno es directo. Te encuentras en una etapa de gran independencia personal. Este mes estarás «centrado en ti». Sabes lo que más te conviene. Hacer las cosas a tu manera es ahora lo mejor para ti. Haz los cambios necesarios para ser feliz. Tu felicidad está en tus manos en esta temporada.

Como aún es una época muy espiritual para ti al encontrarse el poder en tu duodécima casa de la espiritualidad, te conviene dedicarte a tu práctica espiritual y a tus objetivos espirituales. Tu comprensión espiritual te ayudará a estar sano y a mantener la armonía en tu familia y en el aspecto emocional. La luna nueva del 12 en tu duodécima casa realzará la energía espiritual y será fuente de progresos espirituales. Probablemente te inducirá también sueños reveladores y experiencias sobrenaturales. Además, esclarecerá las cuestiones espirituales en las próximas semanas. Esta luna nueva también propiciará una gran jornada amorosa y social. El amor será muy idealista en esta temporada.

Tu salud es excelente. Solo Plutón forma una alineación desfavorable en tu carta astral, pero solo lo notarán los Capricornio nacidos en los últimos días del signo; es decir, del 17 al 20 de enero. La Luna también formará ocasionalmente aspectos desfavorables, pero serán pasajeros. Todos los demás planetas forman aspectos armoniosos o no te crean ningún problema. Al gozar ahora de más energía, eres más optimista y tus horizontes se han ensanchado. Lo que antes te parecía imposible ahora te parece muy factible.

Urano, tu planeta de la economía, aún es retrógrado. Este aspecto no frenará tus ingresos, pero lo desacelerará todo un poco. Tus ingresos aumentarán a partir del 23.

Tu vida amorosa seguirá igual este mes, estás satisfecho con la situación y no necesitas hacer ningún cambio importante en este sentido. Tu energía social y tu magnetismo personal serán más potentes del 12 al 27, en la fase de la luna creciente. La luna llena del 27 en tu séptima casa propiciará una jornada amorosa y social especialmente venturosa.

Cuando el Sol ingrese en tu signo el 22, empezará una de tus temporadas más placenteras del año. Será un buen momento para disfrutar de los placeres del cuerpo y de los cinco sentidos. Será también el momento propicio para las dietas adelgazantes o depurativas.

Acuario

♒

El Aguador

Nacidos entre el 20 de enero y el 18 de febrero

Rasgos generales

ACUARIO DE UN VISTAZO

Elemento: Aire

Planeta regente: Urano
Planeta de la profesión: Plutón
Planeta de la salud: la Luna
Planeta del amor: el Sol
Planeta del dinero: Neptuno
Planeta del hogar y la vida familiar: Venus

Colores: Azul eléctrico, gris, azul marino
Colores que favorecen el amor, el romance y la armonía social: Dorado, naranja
Color que favorece la capacidad de ganar dinero: Verde mar

Piedras: Perla negra, obsidiana, ópalo, zafiro

Metal: Plomo

Aromas: Azalea, gardenia

Modo: Fijo (= estabilidad)

Cualidades más necesarias para el equilibrio: Calidez, sentimiento y emoción

Virtudes más fuertes: Gran poder intelectual, capacidad de comunicación y de formar y comprender conceptos abstractos, amor por lo nuevo y vanguardista

Necesidad más profunda: Conocer e introducir lo nuevo

Lo que hay que evitar: Frialdad, rebelión porque sí, ideas fijas

Signos globalmente más compatibles: Géminis, Libra

Signos globalmente más incompatibles: Tauro, Leo, Escorpio

Signo que ofrece más apoyo laboral: Escorpio

Signo que ofrece más apoyo emocional: Tauro

Signo que ofrece más apoyo económico: Piscis

Mejor signo para el matrimonio y/o las asociaciones: Leo

Signo que más apoya en proyectos creativos: Géminis

Mejor signo para pasárselo bien: Géminis

Signos que más apoyan espiritualmente: Libra, Capricornio

Mejor día de la semana: Sábado

La personalidad Acuario

En los nativos de Acuario las facultades intelectuales están tal vez más desarrolladas que en cualquier otro signo del zodiaco. Los Acuario son pensadores claros y científicos; tienen capacidad para la abstracción y para formular leyes, teorías y conceptos claros a partir de multitud de hechos observados. Géminis es bueno para reunir información, pero Acuario lleva esto un paso más adelante, destacando en la interpretación de la información reunida.

Las personas prácticas, hombres y mujeres de mundo, erróneamente consideran poco práctico el pensamiento abstracto. Es cierto que el dominio del pensamiento abstracto nos saca del mundo físico, pero los descubrimientos que se hacen en ese dominio normalmente acaban teniendo enormes consecuencias prácticas. Todos los verdaderos inventos y descubrimientos científicos proceden de este dominio abstracto.

Los Acuario, más abstractos que la mayoría, son idóneos para explorar estas dimensiones. Los que lo han hecho saben que allí hay poco sentimiento o emoción. De hecho, las emociones son un estorbo para funcionar en esas dimensiones; por eso los Acuario a veces parecen fríos e insensibles. No es que no tengan sentimientos ni profundas emociones, sino que un exceso de sentimiento les nublaría la capacidad de pensar e inventar. Los demás signos no pueden tolerar y ni siquiera comprender el concepto de «un exceso de sentimientos». Sin embargo, esta objetividad acuariana es ideal para la ciencia, la comunicación y la amistad.

Los nativos de Acuario son personas amistosas, pero no alardean de ello. Hacen lo que conviene a sus amigos aunque a veces lo hagan sin pasión ni emoción.

Sienten una profunda pasión por la claridad de pensamiento. En segundo lugar, pero relacionada con ella, está su pasión por romper con el sistema establecido y la autoridad tradicional. A los Acuario les encanta esto, porque para ellos la rebelión es como un juego o un desafío fabuloso. Muy a menudo se rebelan simplemente por el placer de hacerlo, independientemente de que la autoridad a la que desafían tenga razón o esté equivocada. Lo correcto y lo equivocado tienen muy poco que ver con sus actos de rebeldía, porque para un verdadero Acuario la autoridad y el poder han de desafiarse por principio.

Allí donde un Capricornio o un Tauro van a pecar por el lado de la tradición y el conservadurismo, un Acuario va a pecar por el lado de lo nuevo. Sin esta virtud es muy dudoso que pudiera hacerse algún progreso en el mundo. Los de mentalidad conservadora lo obstruirían. La originalidad y la invención suponen la capacidad de romper barreras; cada nuevo descubrimiento representa el derribo de un obstáculo o impedimento para el pensamiento. A los Acuario les interesa mucho romper barreras y derribar murallas, científica, social y políticamente. Otros signos del zodiaco, como Capricornio, por ejemplo, también tienen talento científico, pero los nativos de Acuario destacan particularmente en las ciencias sociales y humanidades.

Situación económica

En materia económica, los nativos de Acuario tienden a ser idealistas y humanitarios, hasta el extremo del sacrificio. Normalmente son generosos contribuyentes de causas sociales y políticas. Su modo de contribuir difiere del de un Capricornio o un Tauro. Estos esperarán algún favor o algo a cambio; un Acuario contribuye desinteresadamente.

Los Acuario tienden a ser tan fríos y racionales con el dinero como lo son respecto a la mayoría de las cosas de la vida. El dinero es algo que necesitan y se disponen científicamente a adquirirlo. Nada de alborotos; lo hacen con los métodos más racionales y científicos disponibles.

Para ellos el dinero es particularmente agradable por lo que puede hacer, no por la posición que pueda implicar (como en el caso de otros signos). Los Acuario no son ni grandes gastadores ni tacaños; usan su dinero de manera práctica, por ejemplo, para facilitar su propio progreso, el de sus familiares e incluso el de desconocidos.

No obstante, si desean realizar al máximo su potencial financiero, tendrán que explorar su naturaleza intuitiva. Si sólo siguen sus teorías económicas, o lo que creen teóricamente correcto, pueden sufrir algunas pérdidas y decepciones. Deberían más bien recurrir a su intuición, sin pensar demasiado. Para ellos, la intuición es el atajo hacia el éxito económico.

Profesión e imagen pública

A los Acuario les gusta que se los considere no sólo derribadores de barreras, sino también los transformadores de la sociedad y del mundo. Anhelan ser contemplados bajo esa luz y tener ese papel. También admiran y respetan a las personas que están en esa posición e incluso esperan que sus superiores actúen de esa manera.

Prefieren trabajos que supongan un cierto idealismo, profesiones con base filosófica. Necesitan ser creativos en el trabajo, tener acceso a nuevas técnicas y métodos. Les gusta mantenerse ocupados y disfrutan emprendiendo inmediatamente una tarea, sin pérdida de tiempo. Suelen ser los trabajadores más rápidos y generalmente aportan sugerencias en beneficio de su empresa. También son muy colaboradores con sus compañeros de trabajo y asumen con gusto responsabilidades, prefiriendo esto a recibir órdenes de otros.

Si los nativos de Acuario desean alcanzar sus más elevados objetivos profesionales, han de desarrollar más sensibilidad emocional, sentimientos más profundos y pasión. Han de aprender a reducir el enfoque para fijarlo en lo esencial y a concentrarse más en su tarea. Necesitan «fuego en las venas», una pasión y un deseo arrolladores, para elevarse a la cima. Cuando sientan esta pasión, triunfarán fácilmente en lo que sea que emprendan.

Amor y relaciones

Los Acuario son buenos amigos, pero algo flojos cuando se trata de amor. Evidentemente se enamoran, pero la persona amada tiene la impresión de que es más la mejor amiga que la amante.

Como los Capricornio, los nativos de Acuario son fríos. No son propensos a hacer exhibiciones de pasión ni demostraciones externas de su afecto. De hecho, se sienten incómodos al recibir abrazos o demasiadas caricias de su pareja. Esto no significa que no la amen. La aman, pero lo demuestran de otras maneras. Curiosamente, en sus relaciones suelen atraer justamente lo que les produce incomodidad. Atraen a personas ardientes, apasionadas, románticas y que demuestran sus sentimientos. Tal vez instintivamente saben que esas personas tienen cualidades de las que ellos carecen, y las buscan. En todo caso, al parecer estas relaciones funcionan; la frialdad de Acuario calma a su apasionada pareja, mientras que el fuego de la pasión de esta calienta la sangre fría de Acuario.

Las cualidades que los Acuario necesitan desarrollar en su vida amorosa son la ternura, la generosidad, la pasión y la diversión. Les gustan las relaciones mentales. En eso son excelentes. Si falta el factor intelectual en la relación, se aburrirán o se sentirán insatisfechos muy pronto.

Hogar y vida familiar

En los asuntos familiares y domésticos los Acuario pueden tener la tendencia a ser demasiado inconformistas, inconstantes e inestables. Están tan dispuestos a derribar las barreras de las restricciones familiares como las de otros aspectos de la vida.

Incluso así, son personas muy sociables. Les gusta tener un hogar agradable donde poder recibir y atender a familiares y amigos. Su casa suele estar decorada con muebles modernos y llena de las últimas novedades en aparatos y artilugios, ambiente absolutamente necesario para ellos.

Si su vida de hogar es sana y satisfactoria, los Acuario necesitan inyectarle una dosis de estabilidad, incluso un cierto conservadurismo. Necesitan que por lo menos un sector de su vida sea sólido y estable; este sector suele ser el del hogar y la vida familiar.

Venus, el planeta del amor, rige la cuarta casa solar de Acuario, la del hogar y la familia, lo cual significa que cuando se trata de la familia y de criar a los hijos, no siempre son suficientes las teorías, el pensamiento frío ni el intelecto. Los Acuario necesitan introducir el amor en la ecuación para tener una fabulosa vida doméstica.

Horóscopo para el año 2023*

Principales tendencias

El año anterior fue magnífico para tu economía. Se dio una gran prosperidad y expansión en tu vida. Quizá incluso te expandiste demasiado, lo cual suele ocurrir cuando nos sentimos boyantes. Este año, cuando Saturno ingrese en tu casa del dinero el 8 de marzo, será una etapa para consolidar tus finanzas, ser más cauteloso en esta esfera de tu vida y estabilizar las ganancias del año pasado.

Plutón lleva ya en tu duodécima casa de la espiritualidad muchísimos años, más de veinte. Durante este tiempo tu vida espiritual se ha transformado totalmente. Este proceso aún se está dando, pero le queda poco para finalizar. Cuando Plutón ingrese en tu signo el 24 de marzo y lo ocupe hasta el 12 de junio, anunciará lo que vendrá. Empezarás a cambiar radicalmente de imagen y aspecto, y también de la idea que tienes de ti. Pero no ocurrirá de la noche a la mañana, será un proceso largo de muchos años.

Cuando Saturno abandone tu signo el 8 de marzo, tras haberlo ocupado dos años y medio, se empezará a disipar parte de tu abatimiento y pesimismo. Tu vida amorosa y social también mejorarán. Gozarás de más energía. Presta atención a tu salud a partir del 17 de mayo.

---

* Las previsiones de este libro se basan en el Horóscopo Solar y en todos los signos derivados del mismo: tu signo solar se convierte en el Ascendente, y las casas se numeran a partir de él. Tu horóscopo personal, el trazado concretamente para ti (según la fecha, hora y lugar exactos de tu nacimiento) podría modificar lo que se indica aquí. Joseph Polansky.

Neptuno lleva en tu casa del dinero muchos años. Pero ahora Saturno, tu planeta de la espiritualidad, se unirá a él el 8 de marzo. Tu intuición financiera será extraordinaria este año. Has hecho grandes progresos en cuanto a entender y aplicar las leyes espirituales de la riqueza, y este año y el próximo seguirás progresando en ello.

Como Júpiter se alojará en tu tercera casa de la comunicación y los intereses intelectuales hasta el 17 de mayo, es una buena temporada para los estudiantes. Rendirán en los estudios, pues sus facultades intelectuales están ahora realzadas. Se sienten sumamente satisfechos con los estudios y su centro de enseñanza.

Júpiter ingresará en tu cuarta casa el 17 de mayo y la ocupará el resto del año. Este aspecto puede originar un cambio de domicilio o una mayor fertilidad en las mujeres en edad de concebir. Volveremos sobre este tema más adelante.

Tus intereses más destacados este año serán la espiritualidad (del 1 de enero al 24 de marzo, y a partir del 12 de junio). El cuerpo, la imagen y el aspecto personal (del 1 de enero al 8 de marzo, y del 24 de marzo al 12 de junio). La economía, los intereses intelectuales y la comunicación (del 1 de enero al 17 de mayo). El hogar, la familia y el bienestar emocional. Y el amor y las relaciones amorosas (del 5 de junio al 9 de octubre).

Este año lo que más te gratificará será los intereses intelectuales y la comunicación (del 1 de enero al 17 de mayo, y a partir del 18 de julio). Y el hogar y la familia.

Salud

(Ten en cuenta que se trata de una perspectiva astrológica de la salud, no de una perspectiva médica. En el pasado, no había ninguna diferencia, ambas eran idénticas, pero en la actualidad podrían diferir mucho. Para obtener un punto de vista médico, consulta a tu médico de cabecera o a un profesional de la salud).

Tu salud mejorará este año cuando Saturno abandone tu signo el 8 de marzo. Pero a partir del 18 de mayo, cuando dos planetas lentos formen una alineación desfavorable en tu carta astral, presta más atención a tu salud. Estos aspectos en sí no son serios, pero cuando otros planetas rápidos se unan a la fiesta, podrías ser más vulnerable a las enfermedades.

Como tu sexta casa de la salud no será poderosa este año, tenderás a no prestarle atención a este aspecto de tu vida. Pero quizá te convenga estar más pendiente de tu salud a partir del 18 de mayo.

Puedes hacer muchas cosas para fortalecer tu salud y prevenir la aparición de problemas. Presta más atención a las siguientes zonas vulnerables de tu carta astral, las partes que más problemas te pueden causar. Aunque la mayor parte del tiempo, si eres diligente, los podrás prevenir. Pero incluso en los casos en que no puedas prevenirlos del todo, los reducirás notablemente. No tienen por qué ser devastadores.

El corazón. Este órgano se volvió importante desde los dos últimos años. Y lo será aún hasta el 8 de marzo, en especial para los nacidos del 10 al 18 de febrero, y de nuevo a partir del 18 de mayo. Te sentará bien trabajar los puntos reflejos del corazón. Lo primordial es evitar las preocupaciones y la ansiedad, las dos emociones que lo estresan. Abandona las preocupaciones y cultiva la fe. La meditación también va de maravilla para ello.

Los tobillos y las pantorrillas. Estas zonas son siempre importantes para los Acuario al regir tu signo estas zonas. Los masajes regulares en estas partes del cuerpo te vendrán de perlas. Te ayudarán a eliminar la tensión y la rigidez acumulada en las pantorrillas. Los ejercicios de estiramientos para estas zonas también son beneficiosos. Cuando hagas ejercicio, protégete los tobillos con una mayor sujeción.

El estómago y los senos si eres mujer. Estas zonas siempre son importantes para los Acuario, ya que la Luna es tu planeta de la salud. Te sentará bien trabajar sus puntos reflejos. La dieta es más importante para ti que para los otros signos. Lo que comes es importante y te conviene pedirle a un profesional de la salud que te prescriba una dieta, pero cómo comes es igual de importante. Procura elevar el acto de comer de un simple apetito animal a un acto de culto. Es bueno convertir las comidas en un ritual. Da las gracias con tus propias palabras antes y después de comer. Bendice la comida a tu propio modo. Si es posible, pon música relajante de fondo mientras comes. Estas prácticas no solo elevan las vibraciones de la comida, sino también las vibraciones de tu cuerpo y tu sistema digestivo. Obtendrás lo mejor de la comida que comes y la digerirás mejor. Si eres una mujer, te conviene palparte los senos con regularidad para detectar a tiempo cualquier problema que pudiera surgir.

Cada mes se dan muchas tendencias pasajeras. La Luna, tu planeta de la salud, es el más raudo de todos. Transita por toda tu carta astral cada mes. En las previsiones mes a mes hablaré de estas tendencias con más detalle. Generalmente, se puede afirmar que los días de luna nueva y luna llena tienden a ser venturosos para la salud. En la fase de la luna creciente es el momento idóneo para tomar suplementos; es decir, para añadir al cuerpo lo que necesita. En la fase de la luna menguante es el momento indicado para las dietas depurativas.

Hogar y vida familiar

Hace muchos años que esta esfera es importante para ti y este año lo será más aún. Cuando Júpiter ingrese en esta casa, serás muy feliz en esta parcela de tu vida a partir del 17 de mayo. Como he señalado, podrías mudarte de domicilio. A menudo, cuando se da este aspecto ocurre la venta o la adquisición afortunada de una vivienda. Tu familia en su conjunto es ahora más próspera. Contarás con el apoyo de los tuyos.

En algunas ocasiones no se trata de una mudanza en toda regla, sino de la adquisición de una segunda vivienda o del acceso a una casa adicional. En otras, el hogar se reforma o se adquieren objetos lujosos para embellecerlo. Pero los efectos son «como si» uno se hubiera mudado de casa. El entorno doméstico mejora.

Tu círculo familiar aumentará este año., a resultas de un nacimiento o una boda, pero no siempre es así. En algunas ocasiones, conoces a alguien que es como un miembro más de la familia. En otras, un amigo decide desempeñar este rol en tu vida.

Como he señalado, las mujeres en edad de concebir serán sumamente fértiles este año a partir del 17 de mayo.

Los miembros de tu familia han sido propensos a cambios de ánimo repentinos y tempestuosos. Este año serán más optimistas. Los cambios de humor tenderán a ser alegres.

Es un año para realizar grandes progresos psicológicos. Si sigues una terapia tradicional, harás grandes progresos en este sentido. Pero aunque no la sigas, tendrás todo tipo de revelaciones psicológicas. Es un año para la sanación emocional.

Se materializarán muchas tendencias pasajeras relacionadas con el hogar y la familia, ya que Venus, tu planeta de la familia, es de movimiento sumamente rápido. En las previsiones mes a mes hablaré de estas tendencias con más detalle.

Venus se alojará mucho más tiempo del habitual en tu séptima casa, del 5 de junio al 9 de octubre, será un tránsito cuatro veces más largo que de costumbre. Será un buen momento para decorar de nuevo tu hogar o embellecerlo. Socializarás más en tu casa y con tu familia.

Tal vez renueves tu vivienda a partir del 17 de mayo.

Un progenitor o figura parental prosperará este año. Le convendrá controlar su peso. Si este progenitor es una mujer en edad de concebir, será más fértil a partir del 17 de mayo. Es probable que viaje más este año, pero seguramente no cambiará de domicilio. El otro progenitor o figura parental siente los vientos de los cambios, pero no es probable que se mude a otro lugar. Tus hermanos o figuras fraternas están prosperando, pero su situación doméstica y familiar será la misma este año. La situación doméstica y familiar de tus hijos o figuras filiales y tus nietos, en el caso de que los tengas, también será la misma.

Profesión y situación económica

Como he señalado, el año anterior fue magnífico para tus finanzas. Gozaste de una gran prosperidad. Tus ingresos y oportunidades aumentaron enormemente. Pero ahora es el momento de consolidar tus ganancias, de estabilizarlas y asegurarlas más. En la vida y en la naturaleza se dan diferentes ciclos. No se produce una expansión infinita. La noche sigue al día. Los mercados alcistas no duran eternamente.

Este año lo verás en tu vida económica. Ahora gozas de prosperidad y tu intuición financiera es magnífica. Pero te conviene seleccionar solo las oportunidades lucrativas, las inversiones y los bienes que más te convengan. Elige las operaciones financieras de mayor calidad y abandona el resto. Se producirá una reorganización y consolidación financiera. Será saludable para ti.

Saturno en tu casa del dinero, la ocupará más de dos años, indica que estás asumiendo más responsabilidades financieras. Este aspecto te hará sentir que te «falta algo», pero no será más que un sentimiento y no la realidad. Si te organizas y haces varios ajustes en tu vida, tendrás los suficientes recursos para manejar estas responsabilidades adicionales.

Saturno no se aloja en esta casa para castigarte, sino para asegurarse de que tu riqueza sea estable y duradera, y te guiará en esta dirección.

Si bien tu intuición financiera es aún excelente, te volverás más conservador este año en este ámbito de tu vida. Consideras los asuntos monetarios con una actitud más realista y a largo plazo. Acumularás riqueza y la mantendrás de forma metódica. Será un gran año para empezar a ahorrar de forma disciplinada. También será una buena temporada para ahondar en la gestión del dinero. Este año no se trata de aumentar tus ingresos —aunque probablemente ocurra—, sino de gestionar bien lo que tienes.

Júpiter en tu tercera casa hasta el 17 de mayo muestra que probablemente adquirirás un coche nuevo o un equipo de comunicación.

Eres una persona generosa y muy caritativa. Pero este año te conviene no excederte en tus donaciones. Colaborar con el diez por ciento de tus ingresos siempre ha sido una práctica excelente para ti, sobre todo este año. Te permite dar dinero dentro de límites y con un sentido de la medida.

Júpiter viajará cerca de Urano, el regente de tu horóscopo, a partir del 17 de mayo. El aspecto no será exacto hasta el próximo año, pero notarás su influencia. Propicia la prosperidad. Los amigos te serán de utilidad.

En cuanto a la profesión, tu décima casa no destacará este año. No será poderosa. Estará prácticamente vacía, solo la transitarán los planetas rápidos y sus efectos serán pasajeros. Sin embargo, se perciben los inicios de grandes cambios en esta esfera de tu vida. Plutón, tu planeta de la profesión, iniciará su transición de dos años de Capricornio a tu signo de Acuario. Esta transición será muy positiva para ti. Este año y el próximo la notarás ligeramente, pero en 2025 la vivirás con más intensidad. Plutón te traerá oportunidades profesionales venturosas. También te dará la imagen de éxito y notoriedad.

El eclipse lunar del 5 de mayo en tu décima casa también sacudirá tu vida profesional. Tal vez cambies de trabajo. En las previsiones mes a mes hablaré con más detalle de este tema.

Amor y vida social

Como tu séptima casa estará vacía gran parte del año —Venus la ocupará cuatro meses—, tu vida amorosa será la misma. Si estás casado seguirás con tu pareja, y si no mantienes una relación, tu situación será la misma.

Del 5 de junio al 9 de octubre será una etapa amorosa y social activa. Si no tienes pareja, te atraerá alguien. Tal vez sea alguien del pasado —un antiguo amor—, o una persona que conocerás por medio de tu familia o de un contacto familiar. Pero no es probable que el idilio acabe en matrimonio. Esta relación amorosa será muy complicada. Progresará y retrocederá, tendrás muchas dudas y estarás indeciso al respecto.

El Sol, tu planeta del amor, es un planeta raudo, como nuestros lectores saben. De modo que se darán muchas tendencias pasajeras relacionadas con el amor que dependerán de dónde se encuentre el Sol y de los aspectos que reciba. En las previsiones mes a mes hablaré de estas tendencias con más detalle.

Las amistades y las actividades grupales serán satisfactorias este año, en especial a partir del 27 de mayo. Este ámbito de tu vida te satisfará más aún el año que viene, pero empezarás a notar los efectos en este.

La vida social de tus padres o figuras parentales será feliz a partir del 12 de junio. Pero incluso lo será más aún el próximo año. A tus hijos o figuras filiales les convendrá una persona espiritual a partir del 17 de mayo. Si no tienen pareja, deberán buscarla en ambientes espirituales en lugar de en clubs y bares. No es probable que se casen este año. La vida amorosa de tus hermanos o figuras fraternas será la misma este año. Si están casados o tienen pareja, se dará un bache en la relación por el eclipse solar del 14 de octubre. La vida social de tus nietos, en el caso de que los tengas, será fabulosa este año, sobre todo del 1 de enero al 17 de mayo. Si tienen la edad adecuada, podrían mantener una relación seria, e incluso contraer matrimonio.

Progreso personal

Saturno, tu planeta de la espiritualidad, realizará un ingreso importante en tu casa del dinero el 8 de marzo. Afectará con contundencia tanto tu economía como tu espiritualidad. Saturno es quizá el planeta más realista y práctico de todos. Su ingreso en tu casa del dinero muestra que tu espiritualidad no es algo abstracto. No tiene que ver con hablar incansablemente de tópicos en fiestas. Es lo más práctico y realista que hay, salvo que su enfoque es distinto. Tiene consecuencias prácticas. La espiritualidad ha sido importante en tu economía durante muchos años, siempre lo ha sido en tus finanzas, pero en especial en los últimos. El espíritu te guía en tu vida económica, y este año incluso lo hará más aún. Si tienes algún problema financiero, es bueno para ti recurrir a lo Divino para que se ocupe de todo. Si eres sincero, se resolverá cualquier problema financiero que tengas, por más difícil que sea.

La información económica te la proporcionarán videntes, astrólogos y espiritistas. La encontrarás también en sueños y presentimientos. Cuando tu intuición es buena, la información puede llegarte de una señal de tráfico, de la frase de un periódico o de la observación imprevista de alguien. Tal vez esa persona no capte su trascendencia, pero tú lo harás.

Te ha llegado dinero milagroso durante muchos años, y en este te llegará más aún. Verás, sentirás y descubrirás la mano de lo Divino actuando en tu vida económica.

Este año te conviene gestionar tu economía. Reducir las inversiones y las oportunidades financieras. ¿Dónde las reducirás? ¿Cómo lo harás? El espíritu te guiará en ello.

Neptuno lleva ya en tu casa del dinero muchos años. Has sido muy generoso con tus donaciones. Y este proceder es admirable. Pero la mayoría de las veces fuiste demasiado generoso. Ahora que Saturno se aloja en tu casa del dinero, tus donaciones serán más proporcionadas y organizadas. La proporción correcta es la esencia de la belleza y la salud, y en la economía también debería estar presente. Como he señalado, la práctica de dar un diez por ciento de tus ingresos será excelente para ti en los próximos años. Es una buena práctica en sí, pero sobre todo en los años venideros.

Previsiones mes a mes

Enero

Mejores días en general: 3, 4, 12, 13, 21, 22, 30, 31
Días menos favorables en general: 6, 7, 18, 19, 25, 26
Mejores días para el amor: 2, 3, 10, 11, 12, 13, 20, 21, 22, 25, 26, 30, 31
Mejores días para el dinero: 7, 8, 14, 15, 16, 23, 24
Mejores días para la profesión: 2, 6, 7, 11, 19, 20, 29

Te espera un mes feliz y saludable. Disfrútalo. Enero arranca en medio de una etapa espiritual intensa para ti. La espiritualidad lleva siendo importante en tu vida muchos años, y este mes lo será más aún. Estás progresando en esta faceta de tu vida y tienes revelaciones. La luna nueva del 11 en tu duodécima casa de la espiritualidad potenciará más aún esta esfera de tu vida. Será una jornada excelente para la sanación espiritual y las técnicas espirituales de sanación. También será un buen día en tu vida amorosa y social. Las cuestiones espirituales se aclararán con el paso de las semanas, hasta la próxima luna nueva. El cosmos responderá a muchas de tus preguntas. Te mostrará lo que necesitas saber.

Tu salud también será excelente este mes. Solo un planeta lento forma una alineación desfavorable en tu carta astral. El resto, salvo la Luna —y solo ocasionalmente—, forman aspectos armoniosos o no te crean ningún problema. Dispones pues de mucha energía para alcanzar lo que te propongas. Al fin y al cabo, la salud es otro tipo de riqueza.

Tu vida amorosa será feliz. Tu planeta del amor se alojará en tu duodécima casa de la espiritualidad hasta el 20. Si no tienes pareja, podrías conocer a alguien en ambientes espirituales como estudios de yoga, charlas o seminarios espirituales y clases de meditación. El amor será idealista, muy puro, en esta temporada. Cuando el Sol, tu planeta del amor, ingrese en tu signo el 20, te surgirán oportunidades amorosas sin buscarlas, aparecerán sin más. El amor te perseguirá a ti. El 4 y 5 te traerán oportunidades amorosas. Al igual que del 17 al 19, aunque estos días tendrán más que ver con tu profesión, o quizá conozcas a alguien en tu entorno laboral.

El 20 empezará una de tus temporadas más placenteras del año. Tu aspecto es ahora estupendo y desprendes un gran encanto social. Venus en tu signo del 3 al 27 lo realza más aún. Disfrutarás de los placeres del cuerpo y de los cinco sentidos. Ahora te toca mimarte y ponerte en forma tal como deseas. Tu economía va bien, pero el próximo mes prosperará mucho más.

Febrero

Mejores días en general: 1, 9, 10, 18, 19, 27, 28
Días menos favorables en general: 4, 5, 6, 12, 13, 24, 25
Mejores días para el amor: 1, 2, 3, 4, 5, 6, 9, 10, 12, 13, 20, 22
Mejores días para el dinero: 3, 4, 5, 13, 14, 15, 20, 21, 22, 23
Mejores días para la profesión: 8, 12, 13, 17, 25

Todos los planetas son directos. Es la fase creciente del ciclo solar universal. El día de tu cumpleaños tu ciclo solar personal también será creciente. La energía es ahora magnífica para iniciar proyectos nuevos o montar empresas a partir del día de tu cumpleaños. Del 20 al 28 te espera una temporada estupenda al ser la fase de la luna creciente. El próximo mes también será excelente para iniciar proyectos nuevos. Tienes mucha energía cósmica apoyándote.

Te espera un mes feliz, saludable y próspero. Saturno todavía afecta a algunos Acuario, sobre todo a los nacidos en los últimos días del signo; es decir, del 17 al 19 de febrero. Pero los otros planetas forman aspectos armoniosos en tu carta astral o no te crean ningún problema. Solo la Luna en ocasiones —aunque por breve tiempo— formará aspectos desfavorables. Tu salud es excelente.

Te encuentras en una de tus temporadas más placenteras del año y durará hasta el 18. Mímate y agradece a tu cuerpo todo el servicio desinteresado que te presta.

Tu vida amorosa será feliz. El amor te perseguirá hasta el 18. Si mantienes una relación, tu cónyuge, pareja o amante actual está ahora entregado a ti, deseoso de complacerte. Te apoyará económicamente a partir del 19. Por lo visto, participa en tus metas financieras.

A partir del 18, empezará una de tus mejores temporadas económicas del año. Tus ingresos serán abundantes. Tu intuición financiera siempre es buena, pero en estos días lo será más aún. Los contactos sociales desempeñarán un papel importante en tu trabajo. Contarás con el gran apoyo de tu familia, y tú también apoyarás a los tuyos. Este apoyo familiar será especialmente intenso del 14 al 16. Como la luna nueva del 20 en tu casa del dinero afectará a Saturno, tu planeta de la espiritualidad, tu intuición financiera será excepcional en esta jornada. La luna nueva propiciará las finanzas y esclarecerá las cuestiones económicas con el paso de las semanas, hasta la próxima luna nueva. El cosmos responderá a tus preguntas y tus dudas se resolverán.

Júpiter lleva en tu tercera casa desde principios de año. Venus se unirá a este planeta el 21. Así que los estudiantes rendirán en los estudios. El aprendizaje les resultará más fácil. Sus facultades mentales serán mayores de lo habitual.

Marzo

Mejores días en general: 8, 9, 10, 17, 18, 26, 27
Días menos favorables en general: 4, 5, 11, 12, 24, 25, 31
Mejores días para el amor: 1, 2, 4, 5, 11, 12, 20, 21, 24, 25, 31
Mejores días para el dinero: 2, 4, 5, 12, 13, 14, 19, 20, 21, 22, 29, 30, 31
Mejores días para la profesión: 7, 11, 12, 16, 25, 26

El ingreso de Saturno en tu casa del dinero el 8 aumentará más tu gran intuición financiera. También mejorará tu salud y energía. El aspecto desfavorable que Saturno ha formado en tu carta astral los dos últimos años y medio ya ha desaparecido. Tu salud será mejor de lo que lo ha sido en los últimos dos años y medio.

El ingreso de Saturno en tu casa del dinero puede venir acompañado de más responsabilidades financieras. Y también crear la sensación de que te «falta» algo, pero solo será una sensación y no la realidad. Te convendrá reorganizar tu economía. Hacer ajustes en esta parcela de tu vida. De este modo, tendrás todos los recursos que necesitas.

El ingreso de Plutón en tu signo el 24 de marzo no será más que un flirteo, ya que lo abandonará el 12 de junio. Solo lo notarán los nacidos en los primeros días del signo; es decir, del 20 al 21 de enero. El resto de Acuario no acusará sus efectos. Pero este tránsito anunciará la larga transformación de tu imagen física y tu personalidad. La empezarás a experimentar de lleno en 2025.

Te encuentras en una de tus mejores temporadas económicas del año, empezó el 18 de febrero y durará hasta el 20 marzo. Tus ganancias serán abundantes. Confía en tu intuición. Es el atajo a la riqueza.

Venus viajará con Júpiter el 1 y 2. Este aspecto favorece que las mujeres en edad de concebir sean más fértiles de lo habitual. También puede deparar un viaje al extranjero. Un progenitor o figura parental gozará de prosperidad.

El 20 tu tercera casa será incluso más poderosa de lo que lo ha sido. Lleva siendo poderosa todo el año. Por lo que los estudiantes y los trabajadores intelectuales brillarán en su labor.

Tu vida amorosa será feliz. Te surgirán oportunidades amorosas hasta el 20 mientras intentas alcanzar tus objetivos económicos y quizá con gente implicada en tus finanzas. A partir del 21, te atraerán las personas intelectuales. La mente te atraerá tanto como el cuerpo en una relación. Serás alguien que se enamora a primera vista en esta temporada. Iniciarás relaciones amorosas enseguida, tal vez con excesiva rapidez.

Abril

Mejores días en general: 5, 6, 14, 15, 22, 23, 24
Días menos favorables en general: 1, 7, 8, 20, 21, 27, 28, 29
Mejores días para el amor: 1, 3, 4, 10, 14, 22, 23, 27, 28, 29, 30
Mejores días para el dinero: 1, 8, 10, 16, 17, 19, 26, 28, 29
Mejores días para la profesión: 4, 5, 7, 8, 13, 14, 21, 22

Como tu planeta del amor seguirá en Aries hasta el 20, la lección espiritual de este aspecto es que te conviene ser valiente en el amor. Lo importante no es si una relación funciona o no, sino haber vencido tus miedos. Te surgirán oportunidades amorosas en gimnasios, librerías, bibliotecas, universidades, conferencias o seminarios.

El eclipse solar del 20 en el límite de tu tercera y cuarta casas, las afectará a ambas. Todos los Acuario notarán los efectos del eclipse hasta cierto punto, pero sobre todo los nacidos en los primeros días del signo; es decir, del 19 al 21 de enero. Tómatelo todo con calma y reduce tus actividades en este periodo.

Los efectos del eclipse sobre tu tercera casa indican que los planes de estudios cambiarán, e incluso es posible que los estudiantes cambien de centro de estudios. Surgirán trastornos en la universidad. Tus hermanos o figuras fraternas, y tus vecinos, vivirán situaciones adversas. Habrá problemas en tu vecindario.

Los efectos del eclipse sobre tu cuarta casa indican problemas en el hogar y en la vida de los miembros de tu familia, en especial en la de un progenitor o figura parental. En algunos casos, será necesario hacer reparaciones en el hogar. Este tipo de eclipse sacará a la luz los fallos ocultos domésticos que no habías advertido. Lo más probable es que tu vida onírica sea hiperactiva, pero no le des importancia. No son más que los restos psíquicos de los efectos del eclipse.

Este eclipse le impactará de lleno a Plutón, tu planeta de la profesión. Habrá cambios y problemas en tu profesión. Quizá se den cambios en la jerarquía de tu empresa o en tu sector. El gobierno podría modificar las normativas de tu ramo. Las reglas del juego cambian. En algunas ocasiones, incluso puedes llegar a cambiar de oficio.

Los eclipses solares pondrán a prueba tu relación amorosa y este no es una excepción. Normalmente, los experimentas dos veces al año y a estas alturas ya sabes manejarlos. Por lo general, salen a la luz los trapos sucios —los resentimientos reales o imaginados reprimidos— de la relación para que los afrontes. Las buenas relaciones amorosas superarán este bache, pero las no tan buenas quizá se rompan.

Mayo

Mejores días en general: 2, 3, 11, 12, 20, 21, 30, 31
Días menos favorables en general: 5, 6, 17, 18, 19, 25, 26

Mejores días para el amor: 1, 2, 3, 9, 10, 17, 18, 19, 25, 26, 27, 28
Mejores días para el dinero: 6, 8, 13, 14, 16, 17, 23, 24, 25
Mejores días para la profesión: 1, 2, 10, 11, 19, 20, 29

Habrá otro eclipse el 5 que afectará con contundencia a los Acuario. Tómatelo todo con calma y reduce tus actividades en este periodo. El cosmos te indicará cuándo empezar a hacerlo. Ocurrirá algún suceso extraño y sabrás que ha comenzado el periodo del eclipse. Reduce pues tus actividades este mes hasta el 21, sobre todo durante la etapa del eclipse.

Será un eclipse lunar y acaecerá en tu décima casa de la profesión. Te enfrentarás a más cambios y problemas profesionales. Tus jefes, y tus padres o figuras parentales, lidiarán con más adversidades, quizá se trate de problemas de salud importantes. La reestructuración de la jerarquía de tu empresa continuará. Habrá cambios en tu sector. Tu cónyuge, pareja o amante actual vivirá contratiempos familiares. Tus hermanos o figuras fraternas quizá pasen por el quirófano o tengan experiencias cercanas a la muerte; es decir, encuentros con la muerte.

Como la Luna es tu planeta de la salud, no solo eres muy sensible a los eclipses, sino también a los fenómenos lunares. De modo que tal vez te lleves algún que otro susto relacionado con la salud. Estás sano, pero como este mes no es demasiado bueno en este sentido, podrías sufrir algún achaque pasajero. Aunque lo más probable es que no vaya a más. En los próximos meses realizarás cambios importantes en tu programa de salud. También es probable que se produzcan cambios laborales. Podrían ocurrir en tu empresa actual si te destinan a otro puesto, o en otra nueva. Surgirán problemas en tu lugar de trabajo. Si te ocupas de las contrataciones en tu empresa, quizá haya despidos de personal y adversidades en la vida de los empleados.

Este eclipse afectará indirectamente a Urano, el regente de tu horóscopo, un planeta muy importante en tu carta astral. Desearás redefinirte y cambiar la imagen que tienes de ti. En los próximos meses harás cambios importantes en tu forma de vestir y en tus accesorios. Modificarás la imagen que proyectas en el mundo.

Tu salud mejorará a partir del 22. Mientras tanto, fortalece tu salud descansando más y con las propuestas planteadas en las previsiones de este año.

Junio

Mejores días en general: 7, 8, 16, 17, 26, 27
Días menos favorables en general: 1, 2, 14, 15, 21, 22, 28, 29
Mejores días para el amor: 2, 7, 8, 11, 17, 18, 21, 22, 28
Mejores días para el dinero: 5, 6, 9, 10, 14, 15, 23, 24, 25
Mejores días para la profesión: 1, 2, 6, 7, 15, 25, 28, 29

Ahora que la agitación de los eclipses ha desaparecido, te encuentras en una etapa feliz y amena. El 21 de mayo empezó una de tus temporadas más placenteras del año y durará hasta el 21 de junio. Es el momento de divertirte y disfrutar. De explorar el lado delicioso de la vida.

Tu salud ha mejorado mucho este mes. Hay dos planetas lentos formando un aspecto desfavorable en tu carta astral, pero los planetas rápidos forman aspectos armoniosos o no te crean ningún problema. Plutón abandonará tu signo el 12, otro aspecto positivo para la salud.

El mes anterior Júpiter ingresó en tu cuarta casa el 17. La ocupará el resto del año. De modo que quizá cambies de domicilio o renueves tu hogar. Las mujeres en edad de concebir serán inusualmente fértiles en esta temporada. En tu hogar reinará una gran dicha.

Tu vida amorosa será feliz este mes, sentirás una alegría despreocupada. Desearás divertirte en el amor, pasártelo bien, en lugar de tomarte las relaciones en serio. Si no tienes pareja, te atraerá la gente que te haga disfrutar de la vida. Esta actitud no propicia las relaciones serias, sino más bien las aventuras amorosas. Cuando tu planeta del amor ingrese en tu sexta casa a partir del 22, te tomarás más en serio el amor y la vida en general. Socializarás más en tu hogar y con la familia. Sentirás la necesidad de vincularte emocionalmente con los tuyos y compartir momentos con ellos. Si no tienes pareja, te atraerán tus compañeros de trabajo o los profesionales de la salud.

Estarás más pendiente de tu salud a partir del 22, sobre todo de tu salud emocional.

La luna nueva del 18 en tu quinta casa propiciará una jornada alegre y festiva. Será un buen día para conocer a alguien, pero no se tratará de una relación seria. Las cuestiones relacionadas con tu creatividad, y con los hijos o las figuras filiales, se aclararán en las próximas semanas.

Verifica más tu intuición financiera a partir del 17. Tus ingresos serán buenos a partir del 22. Como tu planeta de la economía será retrógrado el 30 y se mantendrá así muchos meses más, cierra las adquisiciones o las inversiones importantes antes de esta fecha.

Julio

Mejores días en general: 5, 6, 13, 14, 15, 23, 24
Días menos favorables en general: 11, 12, 18, 19, 20, 26, 27
Mejores días para el amor: 2, 7, 8, 10, 17, 18, 19, 20, 26, 29
Mejores días para el dinero: 3, 4, 7, 8, 11, 12, 17, 21, 22, 27, 30, 31
Mejores días para la profesión: 4, 12, 22, 26, 27, 31

Al estar pendiente de la salud hasta el 23, te mantendrás en forma más adelante. Las «reservas saludables» que has acumulado evitarán que tu salud se resienta más tarde. Descansa lo suficiente y relájate más a partir del 24. Fortalece tu salud con las propuestas planteadas en las previsiones de este año. No será más que una situación pasajera causada por los aspectos de los planetas rápidos. No te espera nada serio, pero cuando la energía flojea uno es más vulnerable a los problemas de salud.

El principal titular este mes es el amor. Tu séptima casa del amor está repleta de planetas. Y cuando el Sol ingrese en esta casa el 23, empezará una de tus mejores temporadas amorosas y sociales del año. Si no tienes pareja, te surgirán muchas oportunidades amorosas con una variedad de personas. El problema será este mes que quizá sean demasiadas, por más delicioso que te resulte. Tu encanto social será mayor que de costumbre, ya que al alojarse tu planeta del amor en su propio signo y casa, ahora es muy poderoso. Si mantienes una relación, socializarás más; es decir, asistirás a fiestas y reuniones, y quizá a bodas.

Tu vida doméstica y familiar será feliz, pero habrá más estrés en este ámbito de tu vida. Las situaciones dichosas pueden estresarnos tanto como las problemáticas. Pero será un estrés agradable. Venus, tu planeta de la familia, será retrógrado el 23 (al ocurrir solo una vez cada dos años, es inusual). Estudia más a fondo las cuestiones familiares. No existen soluciones rápidas, solo el tiempo lo resolverá todo.

Como Saturno y Neptuno, los dos planetas relacionados con tu economía, serán retrógrados en julio y durante muchos meses más, los ingresos te entrarán, pero más despacio que de costumbre y con retrasos y contratiempos. Minimiza los retrasos, aunque no los elimines del todo, manejando los detalles de tus finanzas a la perfección. Asegúrate de rellenar y fechar bien los cheques que extiendes. Comprueba que los envías a la dirección correcta y otros detalles parecidos. Tus ingresos serán más abundantes antes del 23 que después de esta fecha.

La luna nueva del 17 en tu sexta casa de la salud será una jornada social y amorosa excelente, y un buen día para afrontar los temas de salud. Las cuestiones relacionadas con la salud y el trabajo se despejarán con el paso de las semanas, hasta la próxima luna nueva.

Agosto

Mejores días en general: 1, 2, 10, 11, 19, 20, 21, 29
Días menos favorables en general: 7, 8, 14, 15, 16, 22, 23
Mejores días para el amor: 5, 6, 14, 15, 16, 24, 25, 26
Mejores días para el dinero: 3, 4, 7, 8, 13, 17, 18, 23, 26, 27, 30, 31
Mejores días para la profesión: 8, 18, 22, 23, 27, 28

La actividad retrógrada aumentará gradualmente este mes. A partir del 29, el sesenta por ciento de los planetas serán retrógrados, un porcentaje enorme, el máximo del año. De modo que sé paciente. Es bueno entender lo que ocurre y no crear problemas allí donde no los hay. No será una racha de mala suerte, sino simplemente el clima cósmico. No significa que seas una mala persona que ha nacido con mala estrella.

Te encuentras en una de tus mejores temporadas amorosas y sociales del año y durará hasta el 23. Socializarás más en tu hogar y con los tuyos. Al parecer tu familia está implicada en tu vida amorosa, al igual que tus contactos familiares. Tu vida amorosa es todavía muy intensa, pero menos frenética que el mes pasado. La luna nueva del 16 en tu séptima casa aclarará las cuestiones amorosas y sociales con el paso de las semanas, hasta la próxima luna nueva. El 16 será una jornada magnífica en tu vida amorosa y social. El 14 y 15 te traerán discrepancias con la persona amada, pero las cosas se suavizarán el 16.

Tu octava casa se volverá poderosa el 23. En el amor te atraerá el magnetismo sexual más que cualquier otro factor. El buen sexo ayuda a que muchos problemas sean más llevaderos, pero no basta para que la relación dure. Si no tienes pareja, te conviene profundizar más en ello. El poder de tu octava casa le traerá prosperidad a tu cónyuge, pareja o amante actual, pero surgirán retrasos. Mercurio, su planeta de la economía, será retrógrado el 23.

Una octava casa poderosa tiende a los acontecimientos borrascosos. La finalidad cósmica de esta agitación emocional es la transformación personal. Se da por este motivo. La transformación raras veces ocurre cuando estamos en la playa tomando piñas coladas. Son necesarias medidas más duras para activarla. El cosmos hace aflorar los patrones ocultos y profundos que te impedían progresar para que los cambies. Las crisis bien administradas son lo mejor para la transformación personal.

Una octava casa poderosa suele traer encuentros psicológicos con la muerte. El cosmos te obliga a afrontarla con las situaciones que crea para que la entiendas con más profundidad. No lo hace para castigarte, sino para que madures con la vivencia.

Septiembre

Mejores días en general: 6, 7, 16, 17, 25, 26
Días menos favorables en general: 4, 5, 11, 12, 18, 19
Mejores días para el amor: 2, 3, 4, 5, 11, 12, 13, 14, 21, 22, 25, 30
Mejores días para el dinero: 1, 4, 5, 9, 10, 14, 15, 19, 23, 24, 27, 28
Mejores días para la profesión: 5, 15, 18, 19, 24

Como la actividad retrógrada alcanzará su punto máximo del año hasta el 16, ten presente las previsiones del mes anterior. Incluso a partir del 17, el cincuenta por ciento de los planetas serán retrógrados, un número elevado. Afloja pues el ritmo y avanza sistemáticamente hacia tus objetivos. Solo el tiempo y nada más lo normalizará todo. No intentes apresurar las cosas. Practica el «arte de lo posible».

Al ser tu octava casa poderosa hasta el 23, dedícate a renovarte, a engendrar a la persona que deseas ser. No ocurrirá en un mes, pero progresarás en ello. La luna nueva del 15 en tu octava casa propiciará una buena jornada amorosa y erótica. Y lo más importante es que aclarará en las próximas semanas los asuntos relacionados con las ganancia de tu pareja, los intereses, los impuestos, los seguros, y los temas de bienes raíces. También esclarecerá tus intentos por transformarte interiormente.

Es una buena temporada para las dietas adelgazantes y depurativas, y para despejar tu vida de lo superfluo; es decir, de los objetos y los patrones mentales y emocionales que ya no te sirven.

Tu salud y energía son buenas, pero lo serán más aún a partir del 24. Marte se alojará en tu novena casa el mes entero y el Sol la ocupará el 23. Será una buena temporada para los estudiantes universitarios, y también para los de primaria o secundaria. Se centrarán en los estudios y esta actitud lleva al éxito. Te surgirán oportunidades para viajar, pero como hay todavía muchos planetas retrógrados, es mejor planear solo el viaje en estas fechas. Será una etapa magnífica para los estudios religiosos y teológicos. Tendrás toda clase de revelaciones interiores.

Te espera una vida amorosa feliz este mes. El magnetismo sexual será el *summum* para ti en una relación hasta el 23. Pero después de esta fecha buscarás la compatibilidad filosófica, una «visión del mundo» compatible. Si no tienes pareja, te atraerán las personas extranjeras o sumamente cultivadas, como profesores y líderes religiosos. Te gustará la gente de la que puedes aprender, como los tutores.

Octubre

Mejores días en general: 3, 4, 22, 23
Días menos favorables en general: 1, 2, 8, 9, 15, 16, 17, 28, 29
Mejores días para el amor: 3, 4, 9, 10, 11, 20, 21, 24, 28, 29
Mejores días para el dinero: 1, 2, 7, 11, 12, 17, 20, 21, 24, 25, 28, 29
Mejores días para la profesión: 2, 12, 15, 16, 17, 21, 29

Te espera un mes movido, lleno de cambios y emoción, ya que habrá dos eclipses en octubre.

El primero será el eclipse solar del 14, y el segundo el eclipse lunar del 28. Este último será el más potente de los dos. Pero si el eclipse solar afectara a algún punto sensible de tu carta astral, trazada según la fecha, hora y lugar exactos de tu nacimiento, podría ser potente. Tómatelo todo con calma y reduce tus actividades en estos periodos.

El eclipse solar del 14 tendrá lugar en tu novena casa y afectará a los estudiantes universitarios. También repercutirá en los estudiantes de posgrado. Es posible que cambien los planes de estudios y que haya trastornos —agitación— en la universidad. En ocasiones, los estudiantes cambiarán de facultad. Surgirán problemas y trastornos en tu lugar de culto, y en la vida de los fieles y de los líderes espirituales. Y lo más importante es que durante varios meses tus creencias religiosas y teológicas serán puestas a prueba, y esta vivencia tendrá efectos duraderos. Abandonarás algunas creencias, y rectificarás o afinarás otras. Estos cambios repercutirán en tu forma de vivir.

Los eclipses solares ponen a prueba tus relaciones. Tienen lugar dos veces al año y a estas alturas ya sabes manejarlos. En algunas ocasiones, salen a la luz los resentimientos reprimidos en la relación para que los afrontes. A menudo ni sabías que existieran. En otras, los problemas en la vida de tu pareja pueden hacer peligrar la relación. Al vivir una crisis profunda de identidad, la persona amada necesitará redefinirse. Se vestirá de forma diferente en los próximos meses y cambiará de imagen.

El eclipse lunar del 28 en tu cuarta casa del hogar y de la familia agitará el círculo familiar, pero la experiencia será positiva. Los buenos acontecimientos, como mudanzas, nacimientos… pueden ser tan estresantes como los sucesos negativos. Es posible que haya cambios en tu programa de salud y en tu trabajo. Si te ocupas de las contrataciones en tu empresa, quizá haya cambios de personal en estos días y en los próximos meses.

Noviembre

Mejores días en general: 1, 9, 10, 11, 18, 19, 27, 28
Días menos favorables en general: 4, 5, 6, 12, 13, 25, 26
Mejores días para el amor: 2, 3, 4, 5, 6, 8, 9, 12, 13, 18, 19, 23, 27, 28
Mejores días para el dinero: 3, 7, 13, 16, 21, 22, 25, 30
Mejores días para la profesión: 8, 12, 13, 17, 26

La salud y la profesión son los principales titulares este mes. Tu salud parece delicada, y ello en parte se debe a las exigencias de tu profesión. Descansa lo suficiente, es muy importante para ti. Como este mes será próspero, programar más masajes o tratamientos de salud que de costumbre es una idea excelente. Fortalece tu salud con las propuestas planteadas en las previsiones de este año. Tu salud y energía mejorarán a partir del 23, cuando los planetas rápidos formen aspectos armoniosos en tu carta astral.

El mes pasado empezó una de tus mejores temporadas profesionales del año, y durará hasta el 22. Ahora te encuentras en una etapa próspera. El hemisferio diurno de tu carta astral, aunque no predomine, ha alcanzado el momento más poderoso del año. Tu reto será compaginar el hogar y los deberes familiares con las obligaciones profesionales. No hay reglas para manejar esta situación, cada uno la afronta a su propia manera. Pero teniendo en cuenta tu carta astral, probablemente hagas malabarismos pasando de una esfera a otra de tu vida para conciliarlas. La luna nueva del 12 en tu décima casa propiciará una jornada profesional más poderosa incluso de lo habitual. Te traerá éxito. También será un gran día para el amor y la búsqueda de trabajo.

El Sol, tu planeta del amor, se alojará en tu décima casa hasta el 22. Este aspecto se puede interpretar de varias formas. Muestra que el amor y las relaciones amorosas son ahora una prioridad para ti. Y en ciertos casos se puede interpretar como que serán tu verdadera profesión, tu misión real en este mes. Si ya estás casado o mantienes una relación, tu misión será apoyar a tu pareja y a tus amigos. Y si no tienes pareja, tu misión será encontrar a tu alma gemela. Otra forma de interpretar este aspecto es que gran parte de tu socialización tendrá que ver con tu profesión y que promocionarás tu carrera a través de los medios sociales; es decir, asistiendo a las fiestas o reuniones adecuadas, u organizando este tipo de eventos. Si no tienes pareja, te atraerán las personas poderosas y prestigiosas —cuyo estatus es superior al tuyo—, y las que pueden apoyarte profesionalmente. Te surgirán este tipo de oportunidades amorosas.

Cobra consciencia del momento presente en el plano físico el 10 y 11, y adopta una conducción más defensiva. Ten más paciencia con tus hermanos o figuras fraternas en estos días.

Cuando tu undécima casa sea poderosa el 22, entrarás en una etapa feliz. El cosmos te empujará a dedicarte a lo que más te gusta: a hacer contactos en línea, salir con los amigos y participar en grupos y actividades grupales.

Diciembre

Mejores días en general: 7, 8, 16, 17, 24, 25
Días menos favorables en general: 2, 3, 9, 10, 22, 23, 29, 30
Mejores días para el amor: 2, 3, 9, 11, 12, 18, 19, 21, 22, 28, 29, 30
Mejores días para el dinero: 4, 10, 14, 18, 19, 22, 28, 31
Mejores días para la profesión: 5, 6, 9, 10, 15, 23

Te espera un mes feliz. El poder planetario se encuentra todavía en tu undécima casa de los amigos, tu favorita. Ahora expresas tus cualidades y talentos naturales: sales con los amigos, participas en grupos y actividades grupales, y te implicas con organizaciones comerciales y profesionales. También estás profundizando tus conocimientos en ciencia, tecnología, astronomía y astrología. Como la undécima casa es benéfica, progresarás en todas estas actividades. La luna nueva del 12 en esta casa propiciará una jornada excelente para estas actividades. También será un gran día amoroso. Las cuestiones relacionadas con la ciencia, los amigos, la tecnología puntera, la astronomía y la astrología se aclararán en las próximas semanas. El cosmos responderá a tus preguntas y tus dudas se resolverán de forma natural y normal.

Tu salud será buena este mes. La luna nueva del 12 también es beneficiosa para la salud y te traerá oportunidades laborales. Tendrás más energía para llevar una dieta sana y un estilo de vida saludable del 12 al 27, en la fase de la luna creciente. Del 1 al 12, y a partir del 27, será una buena temporada para las dietas depurativas; es decir, para desprenderte de lo ajeno a tu cuerpo.

Tu vida amorosa será dichosa. Como tu planeta del amor se alojará en tu undécima casa hasta el 22, podrías conocer a alguien mientras sales con los amigos o participas con grupos y organizaciones. A veces, una de tus amistades desea tener algo más contigo, o los amigos hacen de Cupido. Cuando tu planeta del amor ingrese en tu duodécima casa de la espiritualidad el 22, el amor se volverá más espiritual e idealista. Muchos Acuario están buscando el «amor perfecto» e ideal. Cualquier otra cosa que no esté a la altura de esta expectativa no les llena. Te surgirán oportunidades amorosas en entornos espirituales a partir del 23, como en estudios de yoga, charlas o seminarios espirituales, sesiones de rezo o actos benéficos. Tu planeta del amor alojado en tu duodécima casa indica que si estás lleno de amor, tendrás un mayor contacto con lo Divino.

Tu situación económica se empieza a enderezar. Los dos planetas relacionados con tus finanzas serán directos. Saturno comenzó a serlo el 4 de noviembre, y Neptuno, tu planeta real de la economía, lo será el 6 diciembre. Los negocios o los proyectos estancados se desbloquearán. El único problema será que tu planeta de la economía recibirá aspectos desfavorables hasta el 22. Por lo que tus ingresos te costarán más de ganar, surgirán más dificultades. Pero a partir del 23 todo volverá a la normalidad. Los ingresos te llegarán más fácilmente.

Piscis

♓

Los Peces

Nacidos entre el 19 de febrero y el 20 de marzo

Rasgos generales

PISCIS DE UN VISTAZO

Elemento: Agua

Planeta regente: Neptuno
Planeta de la profesión: Júpiter
Planeta del amor: Mercurio
Planeta del dinero: Marte
Planeta del hogar y la vida familiar: Mercurio

Colores: Verde mar, azul verdoso
Colores que favorecen el amor, el romance y la armonía social: Tonos ocres, amarillo, amarillo anaranjado
Colores que favorecen la capacidad de ganar dinero: Rojo, escarlata

Piedra: Diamante blanco

Metal: Estaño

Aroma: Loto

Modo: Mutable (= flexibilidad)

Cualidad más necesaria para el equilibrio: Estructura y capacidad para manejar la forma

Virtudes más fuertes: Poder psíquico, sensibilidad, abnegación, altruismo

Necesidades más profundas: Iluminación espiritual, liberación

Lo que hay que evitar: Escapismo, permanecer con malas compañías, estados de ánimo negativos

Signos globalmente más compatibles: Cáncer, Escorpio

Signos globalmente más incompatibles: Géminis, Virgo, Sagitario

Signo que ofrece más apoyo laboral: Sagitario

Signo que ofrece más apoyo emocional: Géminis

Signo que ofrece más apoyo económico: Aries

Mejor signo para el matrimonio y/o las asociaciones: Virgo

Signo que más apoya en proyectos creativos: Cáncer

Mejor signo para pasárselo bien: Cáncer

Signos que más apoyan espiritualmente: Escorpio, Acuario

Mejor día de la semana: Jueves

La personalidad Piscis

Si los nativos de Piscis tienen una cualidad sobresaliente, esta es su creencia en el lado invisible, espiritual y psíquico de las cosas. Este aspecto de las cosas es tan real para ellos como la dura tierra que pisan, tan real, en efecto, que muchas veces van a pasar por alto los aspectos visibles y tangibles de la realidad para centrarse en los invisibles y supuestamente intangibles.

De todos los signos del zodiaco, Piscis es el que tiene más desarrolladas las cualidades intuitivas y emocionales. Están entregados a vivir mediante su intuición, y a veces eso puede enfurecer a otras personas, sobre todo a las que tienen una orientación material, científica o técnica. Si piensas que el dinero, la posición social o el éxito mundano son los únicos objetivos en la vida, jamás comprenderás a los Piscis.

Los nativos de Piscis son como los peces en un océano infinito de pensamiento y sentimiento. Este océano tiene muchas profundidades, corrientes y subcorrientes. Piscis anhela las aguas más puras, donde sus habitantes son buenos, leales y hermosos, pero a veces se ve empujado hacia profundidades más turbias y malas. Los Piscis saben que ellos no generan pensamientos sino que sólo sintonizan con pensamientos ya existentes; por eso buscan las aguas más puras. Esta capacidad para sintonizar con pensamientos más elevados los inspira artística y musicalmente.

Dado que están tan orientados hacia el espíritu, aunque es posible que muchos de los que forman parte del mundo empresarial lo oculten, vamos a tratar este aspecto con más detalle, porque de otra manera va a ser difícil entender la verdadera personalidad Piscis.

Hay cuatro actitudes básicas del espíritu. Una es el franco escepticismo, que es la actitud de los humanistas seculares. La segunda es una creencia intelectual o emocional por la cual se venera a una figura de Dios muy lejana; esta es la actitud de la mayoría de las personas que van a la iglesia actualmente. La tercera no solamente es una creencia, sino una experiencia espiritual personal; esta es la actitud de algunas personas religiosas que han «vuelto a nacer». La cuarta es una unión real con la divinidad, una participación en el mundo espiritual; esta es la actitud del yoga. Esta cuarta actitud es el deseo más profundo de Piscis, y justamente este signo está especialmente cualificado para hacerlo.

Consciente o inconscientemente, los Piscis buscan esta unión con el mundo espiritual. Su creencia en una realidad superior los hace muy tolerantes y comprensivos con los demás, tal vez demasiado. Hay circunstancias en su vida en que deberían decir «basta, hasta aquí hemos llegado», y estar dispuestos a defender su posición y presentar batalla. Sin embargo, debido a su carácter, cuesta muchísimo que tomen esa actitud.

Básicamente los Piscis desean y aspiran a ser «santos». Lo hacen a su manera y según sus propias reglas. Nadie habrá de tratar de imponer a una persona Piscis su concepto de santidad, porque esta siempre intentará descubrirlo por sí misma.

Situación económica

El dinero generalmente no es muy importante para los Piscis. Desde luego lo necesitan tanto como cualquiera, y muchos consiguen amasar una gran fortuna. Pero el dinero no suele ser su objetivo principal. Hacer las cosas bien, sentirse bien consigo mismos, tener paz mental, aliviar el dolor y el sufrimiento, todo eso es lo que más les importa.

Ganan dinero intuitiva e instintivamente. Siguen sus corazonadas más que su lógica. Tienden a ser generosos y tal vez excesivamente caritativos. Cualquier tipo de desgracia va a mover a un Piscis a dar. Aunque esa es una de sus mayores virtudes, deberían prestar más atención a sus asuntos económicos, y tratar de ser más selectivos con las personas a las que prestan dinero, para que no se aprovechen de ellos. Si dan dinero a instituciones de beneficencia, deberían preocuparse de comprobar que se haga un buen uso de su contribución. Incluso cuando no son ricos gastan dinero en ayudar a los demás. En ese caso habrán de tener cuidado: deben aprender a decir que no a veces y ayudarse a sí mismos primero.

Tal vez el mayor obstáculo para los Piscis en materia económica es su actitud pasiva, de dejar hacer. En general les gusta seguir la corriente de los acontecimientos. En relación a los asuntos económicos, sobre todo, necesitan más agresividad. Es necesario que hagan que las cosas sucedan, que creen su propia riqueza. Una actitud pasiva sólo causa pérdidas de dinero y de oportunidades. Preocuparse por la seguridad económica no genera esa seguridad. Es necesario que los Piscis vayan con tenacidad tras lo que desean.

Profesión e imagen pública

A los nativos de Piscis les gusta que se los considere personas de riqueza espiritual o material, generosas y filántropas, porque ellos admiran lo mismo en los demás. También admiran a las personas dedicadas a empresas a gran escala y les gustaría llegar a dirigir ellos mismos esas grandes empresas. En resumen, les gusta estar conectados con potentes organizaciones que hacen las cosas a lo grande.

Si desean convertir en realidad todo su potencial profesional, tendrán que viajar más, formarse más y aprender más sobre el mundo real. En otras palabras, para llegar a la cima necesitan algo del incansable optimismo de Sagitario.

Debido a su generosidad y su dedicación a los demás, suelen elegir profesiones que les permitan ayudar e influir en la vida de otras personas. Por eso muchos Piscis se hacen médicos, enfermeros, asistentes sociales o educadores. A veces tardan un tiempo en saber lo que realmente desean hacer en su vida profesional, pero una vez que encuentran una profesión que les permite manifestar sus intereses y cualidades, sobresalen en ella.

Amor y relaciones

No es de extrañar que una persona tan espiritual como Piscis desee tener una pareja práctica y terrenal. Los nativos de Piscis prefieren una pareja que sea excelente con los detalles de la vida, porque a ellos esos detalles les disgustan. Buscan esta cualidad tanto en su pareja como en sus colaboradores. Más que nada esto les da la sensación de tener los pies en la tierra.

Como es de suponer, este tipo de relaciones, si bien necesarias, ciertamente van a tener muchos altibajos. Va a haber malentendidos, ya que las dos actitudes son como polos opuestos. Si estás enamorado o enamorada de una persona Piscis, vas a experimentar esas oscilaciones y necesitarás mucha paciencia para ver las cosas estabilizadas. Los Piscis son de humor variable y difíciles de entender. Sólo con el tiempo y la actitud apropiada se podrán conocer sus más íntimos secretos. Sin embargo, descubrirás que vale la pena cabalgar sobre esas olas, porque los Piscis son personas buenas y sensibles que necesitan y les gusta dar afecto y amor.

Cuando están enamorados, les encanta fantasear. Para ellos, la fantasía es el 90 por ciento de la diversión en la relación. Tienden a idealizar a su pareja, lo cual puede ser bueno y malo al mismo tiempo. Es malo en el sentido de que para cualquiera que esté enamorado de una persona Piscis será difícil estar a la altura de sus elevados ideales.

Hogar y vida familiar

En su familia y su vida doméstica, los nativos de Piscis han de resistir la tendencia a relacionarse únicamente movidos por sus sentimientos o estados de ánimo. No es realista esperar que la pareja o los demás familiares sean igualmente intuitivos. Es necesario que haya más comunicación verbal entre Piscis y su familia. Un intercambio de ideas y opiniones tranquilo y sin dejarse llevar por las emociones va a beneficiar a todos.

A algunos Piscis suele gustarles la movilidad y el cambio. Un exceso de estabilidad les parece una limitación de su libertad. Detestan estar encerrados en un mismo lugar para siempre.

El signo de Géminis está en la cuarta casa solar de Piscis, la del hogar y la familia. Esto indica que los Piscis desean y necesitan un ambiente hogareño que favorezca sus intereses intelectuales y mentales. Tienden a tratar a sus vecinos como a su propia familia, o como a parientes. Es posible que algunos tengan una actitud doble hacia el hogar y la familia; por una parte desean contar con el apoyo emocional de su familia, pero por otra, no les gustan las obligaciones, restricciones y deberes que esto supone. Para los Piscis, encontrar el equilibrio es la clave de una vida familiar feliz.

Horóscopo para el año 2023*

Principales tendencias

Acaecerán un montón de cambios este año, los planetas lentos están cambiando de posiciones. Las piezas del tablero de ajedrez cósmico cambiarán de casillas y jugarás una partida nueva.

El cambio más importante es el ingreso de Saturno (se da cada dos años y medio) en Piscis, tu propio signo, tras abandonar Acuario. Lo ocupará otros dos años y medio. Ocurrirá el 8 de marzo. Este tránsito afectará tu salud y energía. No serán tan excelentes como de costumbre. Te convendrá descansar y relajarte más. Volveremos sobre este tema más adelante.

El ingreso de Saturno en tu signo también tiene otras implicaciones. Muestra una actitud más seria ante la vida. Te verás obligado a asumir más responsabilidades. Muchos Piscis se sentirán mayores de la edad que tienen, incluso los jóvenes pensarán en la vejez. Este aspecto planetario puede inducir al pesimismo, hacerte proclive a la depresión. Lo verás todo negro, aunque no sea así. Si bien este tránsito es excelente para gestionar todos los detalles de la vida cotidiana, no es demasiado bueno para el amor. Volveremos sobre este tema más adelante.

A pesar de lo que acabo de señalar, será un año muy próspero. El tránsito de Júpiter por tu casa del dinero hasta el 17 de mayo incrementará tus ingresos y ensanchará tus horizontes financieros. Júpiter ingresará en tu tercera casa de los intereses intelectuales y

* Las previsiones de este libro se basan en el Horóscopo Solar y en todos los signos derivados del mismo: tu signo solar se convierte en el Ascendente, y las casas se numeran a partir de él. Tu horóscopo personal, el trazado concretamente para ti (según la fecha, hora y lugar exactos de tu nacimiento) podría modificar lo que se indica aquí. Joseph Polansky.

la comunicación el 17 de mayo. Las facultades mentales estarán muy realzadas y los estudiantes rendirán en los estudios. Es una buena temporada para hacer cursos de temas que te interesen y, en ciertos casos, también para impartirlos.

Plutón, el regente de tu novena casa, tu planeta de la religión, está empezando a cambiar de signo. Será un proceso de dos años. Este año y el próximo planeará entre Capricornio y Acuario, energizando estas dos áreas. En 2025, ingresará en Acuario y lo ocupará largo tiempo, cerca de veinte años. Este aspecto renovará toda tu vida espiritual y tus actitudes.

Venus se alojará durante mucho más tiempo del habitual —más de cuatro meses— en el signo de Leo, tu sexta casa, este año, del 5 de junio al 9 de octubre. Estarás por lo tanto pendiente de tu salud, un aspecto de tu vida que te preocupará. Quizá te aconsejen que te sometas a una intervención quirúrgica. Volveremos sobre este tema más adelante.

Tus intereses más destacados este año serán los amigos, los grupos y las actividades grupales (del 1 de enero al 24 de marzo, y del 12 de junio hasta terminar el año). La espiritualidad (del 1 de enero al 8 de marzo). El cuerpo, la imagen, el aspecto personal y la economía (del 1 de enero al 17 de mayo). Los intereses intelectuales y la comunicación. Y la salud y el trabajo (del 5 de junio al 9 de octubre).

Este año lo que más te gratificará será la economía (del 1 de enero al 17 de mayo, y del 18 de julio hasta terminar el año). Y los intereses intelectuales y la comunicación.

Salud

(Ten en cuenta que se trata de una perspectiva astrológica de la salud, no de una perspectiva médica. En el pasado, no había ninguna diferencia, ambas eran idénticas, pero en la actualidad podrían diferir mucho. Para obtener un punto de vista médico, consulta a tu médico de cabecera o a un profesional de la salud).

Presta más atención a tu salud este año, sobre todo si has nacido en los primeros días del signo de Piscis, del 19 al 27 de febrero. Todos los Piscis notarán el ingreso de Saturno en su signo, sobre todo los nacidos en estos días.

Saturno por sí solo no basta para causar problemas serios, pero cuando los planetas rápidos se unan a él formando aspectos desfavorables en tu carta astral, la situación se podría complicar. Tu vulnerabilidad aumentará. En las previsiones mes a mes hablaré de este tema con más detalle.

Cuando Saturno se aloja en tu signo es como si subieras una cuesta. Gastas más energía que si recorrieras la misma distancia andando por un lugar plano. No te alarmes si no puedes hacer tantas flexiones de brazos, o recorrer tantos kilómetros andando o haciendo jogging como antes. Es natural. Respeta los límites del cuerpo y escucha sus mensajes.

Hay muchas cosas que puedes hacer para fortalecer tu salud y aumentar tu energía. Presta más atención a las siguientes zonas vulnerables de tu carta astral, serán las que más problemas te pueden dar. Mantenerlas saludables y en forma es una medicina preventiva excelente.

Los pies. Estos son siempre importantes para los Piscis, ya que este signo rige esta parte del cuerpo. Incluye en tu programa de salud los masajes regulares en los pies. No solo fortalecen esta zona, sino además el cuerpo entero. Aumentan tu nivel de energía.

El corazón. Este órgano siempre es importante para los Piscis. Y este año, a partir del 8 de marzo, lo será más aún. Te sentará bien trabajar los puntos reflejos del corazón. Como nuestros lectores saben, lo primordial es evitar las preocupaciones y la ansiedad, la sensación de cargar con los problemas del mundo entero. Cultiva la fe. La meditación te irá de maravilla para ello.

El cuello, la garganta, los riñones y las caderas. Estas zonas solo serán importantes del 5 de junio al 9 de octubre, cuando Venus acampe en tu sexta casa. Te sentará bien trabajar los puntos reflejos de estas partes del cuerpo. Los masajes regulares en el cuello y las caderas son beneficiosos para ti, pues eliminan la tensión acumulada en el cuello. Y los masajes en las caderas no solo refuerzan los riñones y las caderas, sino también las lumbares.

El Sol, tu planeta de la salud, avanza raudamente por el firmamento. A lo largo del año transitará por toda tu carta astral. De ahí que se den muchas tendencias pasajeras relacionadas con la salud que dependerán de dónde se encuentre el Sol y de los aspectos que reciba. En las previsiones mes a mes hablaré de estas tendencias con más detalle.

Hogar y vida familiar

Tu cuarta casa del hogar y de la familia no destacará este año, no será una casa poderosa. Está prácticamente vacía. Solo los planetas rápidos la transitarán y sus efectos serán pasajeros. Tu vida doméstica y familiar será como el año pasado. Estás satisfecho con la situación y no necesitas hacer cambios importantes en esta esfera de tu vida. Pero el año próximo será muy distinto. Júpiter ingresará en tu cuarta casa y te traerá mudanzas, reformas del hogar y quizá la adquisición de otra vivienda. Y el otro año también. Este año será sobre todo un tiempo de preparación. Preparará el terreno para el año que viene.

Mercurio es tu planeta del amor y tu planeta de la familia al mismo tiempo. Realiza una doble tarea en tu carta astral. Por eso te gusta vivir en una casa bella que sea artística, y socializar en tu hogar y con los miembros de tu familia.

Mercurio, como nuestros lectores saben, es un planeta muy raudo. Este año transitará por toda tu carta astral. De modo que se generarán muchas tendencias pasajeras relacionadas con el hogar y la familia que dependerán de dónde se encuentre Mercurio y de los aspectos que reciba. En las previsiones mes a mes hablaré de estas tendencias con más detalle.

Mercurio es retrógrado tres veces al año. Pero en 2023 lo será cuatro, más tiempo de lo habitual: del 1 al 17 de enero, del 21 de abril al 14 de mayo, del 23 de agosto al 14 de septiembre, y del 13 al 31 de diciembre. Evita tomar decisiones importantes relacionadas con el hogar o la familia en estas fechas. Son momentos para recopilar información y aclararte. Las soluciones rápidas de nada te servirán, solo el tiempo resolverá los asuntos familiares.

Si piensas renovar tu hogar o hacer reformas de envergadura, del 1 de enero al 26 de marzo es un buen momento. Si planeas decorar de nuevo tu casa o comprar objetos atractivos para embellecerla, del 11 de abril al 7 de mayo son buenas fechas. Del 21 de mayo al 21 de junio son días excelentes para convertir tu hogar en un lugar más saludable y dedicarte a la sanación emocional.

Un progenitor o figura parental quizá cambió de domicilio el año pasado. Si no es así, podría mudarse el próximo año. Por lo visto, es feliz. La vida económica de un progenitor o figura parental es muy activa y beneficiosa. Tus hermanos o figuras fraternas prosperarán este año, y el próximo también, pero no es probable que se muden a otro lugar, aunque no hay nada malo en ello. La vida amorosa de tus hijos o figuras filiales ha sido tormentosa muchos años, pero su situación doméstica y familiar seguirá igual. La situación doméstica y familiar de tus nietos, en el caso de que los tengas, será la misma este año. La buena noticia es que se sentirán más optimistas y menos deprimidos a partir del 8 de marzo.

Profesión y situación económica

El año pasado fue magnífico para tu profesión, y en este cosecharás los frutos de tu éxito; es decir, la prosperidad económica. El tránsito de Júpiter por tu casa del dinero la aumenta y expande. No solo te trae ganancias adicionales —dinero caído del cielo y golpes de suerte—, sino además oportunidades financieras lucrativas, venturosas y expansivas. Tus horizontes económicos se ensancharán. Se abrirán ante ti vistas y posibilidades nuevas. Tus bienes se revalorizarán. Como he señalado, un progenitor o figura parental es muy solidario y activo en tu vida económica. Tus jefes y tus superiores ven tus planes financieros con muy buenos ojos. Quizá goces de un aumento salarial. Si tienes algún problema con la administración pública ahora es el momento de resolverlo, al parecer tiene una buena disposición hacia ti.

Los Piscis son famosos por sus habilidades directivas. Son por naturaleza personas intuitivas. Pero cuando Saturno se aloje en tu primera casa el 8 de marzo, tus habilidades directivas serán extraordinarias, mayores de lo habitual. Es un buen aspecto para los negocios.

Venus, como he señalado, se alojará mucho tiempo, más de cuatro meses, en tu sexta casa del trabajo. Esta coyuntura sugiere una oportunidad laboral venturosa para ti.

Júpiter ingresará en tu tercera casa el 17 de mayo. Este tránsito indica la adquisición de un coche nuevo, o quizá de otro adicional, y de un equipo de comunicación.

Marte, tu planeta de la economía, es relativamente raudo. Este año transitará por siete signos y casas de tu carta astral. De modo que se generarán muchas tendencias pasajeras relacionadas con las finanzas. En las previsiones mes a mes hablaré de estas tendencias con más detalle.

Marte estará «fuera de límites» más de cuatro meses, más tiempo del acostumbrado. Ocurrirá del 1 de enero al 4 de mayo. Y después de nuevo del 22 de diciembre hasta finales de año. Este año te conviene moverte fuera de tu órbita habitual en los negocios y las finanzas. No encontrarás las respuestas en tu entorno, y te convendrá buscarlas fuera. Abordarás las finanzas desde una óptica «fuera de lo común» en esta temporada.

El año pasado fue muy poderoso para tu profesión. Ahora que gozas de estatus y prestigio, deseas dinero. El dinero es ahora lo que refleja tu éxito profesional, en lugar del estatus y el prestigio. Cuánto más dinero ganas, más exitoso eres. Quizá renuncies a una empresa o a un cargo prestigiosos para desempeñar otro trabajo de menor prestigio pero mejor remunerado. Júpiter, tu planeta de la profesión, ingresará en tu tercera casa el 17. Este tránsito indica que una buena comunicación, así como la publicidad adecuada y unas buenas aptitudes comerciales, promoverán tu carrera. Tus conocimientos tanto generales como sobre tu sector son muy útiles. Tus colegas admiran tu inteligencia.

Profesionalmente, será un gran año para los profesores, los escritores y los vendedores.

Amor y vida social

Este año no será poderoso en cuanto al amor. En primer lugar, tu séptima casa no destacará. Está prácticamente vacía. Solo la transitarán los planetas rápidos y sus efectos serán pasajeros. En segundo lugar, tu primera casa del yo es poderosísima, y además todos los planetas lentos se encuentran en la mitad oriental de tu carta astral, la del yo. El amor no es ahora importante en tu vida. Este año te «centrarás en ti». Y en tercer lugar, al alojarse Saturno en tu signo, puede hacer que los demás te vean como una persona fría y distante, aunque no seas así. Pero das esta impresión sin advertirlo. Es como si hubieras tomado una droga —la droga de Saturno— y transmitieras esas vibraciones sin darte cuenta. Afortunadamente, si te propones enviarle a la gente amor y calidez, cambiarás la impresión que se llevan de ti. Descubrirás que para ser un buen director o encargado no es necesario ser frío. Y, además, así tu vida amorosa mejorará.

Si no tienes pareja, irás a citas y tendrás relaciones amorosas, pero el matrimonio no es aconsejable.

Mercurio, tu planeta del amor, no solo es sumamente raudo, sino que además transita cada año por toda tu carta astral, pero con un movimiento errático. En algunas ocasiones, avanza vertiginosamente por el firmamento, y en otras se mueve más despacio. A veces, se detiene, y otras (cuatro veces este año), retrocede. Tu vida sentimental y tus sentimientos amorosos también serán así. Pero no te ocurre nada malo. Simplemente eres mercurial por naturaleza. Se darán, por lo tanto, tendencias pasajeras relacionadas con el amor que dependerán de dónde se encuentre Mercurio y de los aspectos que reciba. En las previsiones mes a mes hablaré de estas tendencias con más detalle.

Este año Mercurio será retrógrado cuatro veces (normalmente lo es tres). Es posible que en tu vida amorosa haya más contrariedades, interrupciones y confusión que de costumbre. La retrogradación se dará del 1 al 17 de enero, del 21 de abril al 14 de mayo, del 23 de agosto al 14 de setiembre, y del 13 de diciembre hasta terminar el año. Evita tomar decisiones amorosas importantes en un sentido o en el otro, y procura aclararte sentimentalmente en estas fechas. Obtén la información necesaria. Averigua qué puedes mejorar. Y cuando Mercurio sea directo, emprende las acciones adecuadas.

Aunque este año no te vuelques en las relaciones amorosas, la parcela de las amistades —las relaciones platónicas— será feliz y activa. Saturno, tu planeta de los amigos, ingresará en tu signo el 8 de marzo. Este tránsito indica que tus amigos te adorarán. No necesitarás hacer nada especial para atraer amigos, aparecerán en tu vida sin más si te dedicas simplemente a tus actividades cotidianas. Algunos amigos quizá sean demasiado controladores, pero no lo harán con mala intención.

Progreso personal

Como Saturno se alojará en tu signo a partir del 8 de marzo, mantendrás una relación de dos años y medio con un tenaz instructor cósmico. Es estricto y parece duro por fuera, pero es un amor. Su objetivo —depende de tu edad— será ponerte en forma para tu labor en esta vida. Y será un instructor durísimo. Te echará cada vez más responsabilidades encima, pero no más de las que puedas manejar. Te llevará al límite, pero no te obligará a traspasarlo. Te revelará tus limitaciones físicas. Someterá tu imagen y tu personalidad a una «prueba de carretera». Y todo esto te ayudará a poner en forma tu cuerpo tal como deseas. Es bueno conocer nuestros límites físicos. Así, no nos fijaremos objetivos poco realistas.

Mientras tanto, tenderás al pesimismo. Lo verás todo negro. Pero hay luz al final del túnel. La meditación te vendrá de maravilla para superar los sentimientos depresivos. Siempre es útil, pero en especial ahora. Descubrirás que esos sentimientos son solo sentimientos y no la realidad. En tu alma hay un lugar inalterable más allá de esos sentimientos, más allá del mundo material. Es el lugar donde refugiarte. Saldrás de este lugar sintiéndote más optimista, renovado y listo para bregar con la vida.

Es positivo, como he señalado, emprender el proyecto espiritual de transmitir amor y calidez a los demás. El pesimismo, el distanciamiento y la frialdad de nada sirven en el amor ni en la vida social. Tenderás a sentirte aislado y solo. Pero este proyecto meditativo te permitirá superar esta sensación y mejorar tu relación con tu cónyuge, pareja o amante actual, y con tus amigos en general.

Recibirás otra lección importante en los próximos dos años y medio. Aprenderás a aceptar los retos, las responsabilidades y las pruebas que la vida te depare, y a disfrutar de ello. Al final, descubrirás que no hay razón alguna para afrontar los retos rechinando los dientes de rabia. ¿Acaso esta actitud te ayuda a manejarlos mejor? No. Es preferible hacerles frente con fe, confianza y la actitud de «puedo hacerlo». ¿Por qué no alegrarte de superarlos? Y lo harás.

Si manejas bien este tránsito, saldrás de él con una mejor forma física y un aspecto mejor del que lucías al principio. Es una etapa magnífica para perder peso y regular tu apetito. Y también para las rutinas de ejercicio, aunque ejecutadas con moderación.

Previsiones mes a mes

Enero

Mejores días en general: 6, 7, 14, 15, 23, 24
Días menos favorables en general: 1, 2, 8, 9, 21, 22, 28, 29
Mejores días para el amor: 1, 2, 3, 10, 11, 12, 13, 18, 19, 21, 22, 28, 29
Mejores días para el dinero: 3, 4, 8, 12, 13, 16, 17, 21, 22, 23, 30, 31
Mejores días para la profesión: 8, 9, 16, 23

Empiezas el año con un poder planetario arrollador en tu undécima casa, que es benéfica. Te espera un mes feliz. Tu salud es buena. Solo Marte forma una alineación desfavorable en tu carta astral. La Luna también formará una alineación desfavorable, pero solo en algunas ocasiones por breve tiempo. Los otros planetas forman aspectos armoniosos o no te crean ningún problema. Puedes fortalecer más tu salud con masajes en la espalda y la columna hasta el 20, y con masajes en los tobillos y las pantorrillas a partir del 21.

Empiezas el año con un poder planetario arrollador en tu undécima casa, que es benéfica. Te espera un mes feliz. Tu salud es buena. Solo Marte forma una alineación desfavorable en tu carta astral. La Luna también formará una alineación desfavorable, pero solo en algunas ocasiones por breve tiempo. Los otros planetas forman aspectos armoniosos o no te crean ningún problema. Puedes fortalecer más tu salud con masajes en la espalda y la columna hasta el 20, y con masajes en los tobillos y las pantorrillas a partir del 21.

Como Marte, tu planeta de la economía, será retrógrado hasta el 12, evita las adquisiciones o las inversiones importantes hasta esta fecha. Marte se alojará en tu cuarta casa el mes entero. Indica que ahora gastas más en el hogar y la familia, pero también recibirás ingresos de este entorno. Tu familia y tus contactos familiares son importantes en tu economía.

Marte estará «fuera de límites» este mes. Y el siguiente incluso lo estará más aún. De modo que ahora en tu vida económica te mueves fuera de tu esfera habitual y te alejarás incluso más todavía de ella. Te verás obligado a explorar territorios desconocidos al no encontrar las respuestas en tu órbita normal. Hay épocas en que debemos pensar de un modo «fuera de lo común», y esta es una de ellas.

Tu vida amorosa será complicada este mes, ya que Mercurio, tu planeta del amor, será retrógrado hasta el 17. Tu encanto social no es pues tan intenso como de costumbre. Evita juzgar tu vida amorosa y tomar decisiones importantes relacionadas con el amor. Espera hasta el 18. Aunque tus relaciones amorosas sean complicadas, tu vida social es por lo visto activa y feliz. Pero estas relaciones sociales son más bien platónicas. Giran en torno a los amigos, los grupos y las actividades grupales. Estas actividades podrían llevarte a conocer a alguien, pero sería a partir del 19.

La luna nueva del 11 en tu undécima casa potenciará la naturaleza social de esta temporada. Será una jornada amena y un buen día para compartir el amor y la vida social con tus hijos o figuras filiales. Las cuestiones relacionadas con los amigos, las organizaciones, la astrología y la astronomía se aclararán en las próximas semanas.

Febrero

Mejores días en general: 2, 3, 12, 13, 20, 21
Días menos favorables en general: 1, 7, 8, 14, 15, 27, 28
Mejores días para el amor: 2, 3, 7, 8, 11, 12, 13, 18, 19, 22, 27, 28
Mejores días para el dinero: 1, 4, 5, 9, 10, 14, 15, 18, 19, 22, 23, 27, 28
Mejores días para la profesión: 4, 5, 14, 15, 22, 23

El Sol ingresó en tu duodécima casa de la espiritualidad el 20 de enero, y la ocupará hasta el 18 de febrero. La sanación espiritual siempre es poderosa para ti, pero estos días lo será más aún. Tanto si el papel que juegas es de paciente o de sanador, ahora los resultados que cosechas son interesantes. El poder sanador del espíritu es infinito e ilimitado. Vivirás una temporada más espiritual este mes, sobre todo hasta el 18. Ahora estás más sintonizado con el cosmos que de costumbre. Tu vida onírica es activa y reveladora. Vivirás todo tipo de experiencias sobrenaturales.

Tu salud es buena este mes y será mejor todavía a partir del 18. Cuando el Sol ingrese en tu signo el 18, empezará una de tus temporadas más placenteras del año. Ahora te toca disfrutar de los placeres del cuerpo y de los cinco sentidos, mimarte. También es un buen momento para ponerte en forma tal como deseas. Surgirá una oportunidad laboral venturosa a partir del 19. Si eres profesional autónomo, te encargarán un buen trabajo. Tu aspecto es espectacular. Desprendes magnetismo y carisma. Venus lleva ya en tu signo desde el 27 de enero y lo ocupará hasta el 21 de febrero. Tu imagen irradia belleza, glamur y atractivo sexual, sobre todo del 14 al 16.

Marte se alojará en tu cuarta casa el mes entero y aún estará más «fuera de límites» que el mes pasado. Gastarás en el hogar y en la familia en esta temporada, y este entorno también será una fuente de ingresos para ti. Es un buen momento para hacer reformas y arreglos en tu vivienda. Quizá estás montando, o ampliando, tu oficina doméstica. Ahora tu casa es un hogar y un lugar de trabajo al mismo tiempo.

Tu vida amorosa mejoró el mes anterior. Mercurio es directo y tu confianza social es buena. Serás conservador en los asuntos amorosos, precavido, hasta el 11. A partir del 12, serás más experimentador en esta parcela de tu vida. Como tu planeta del amor se alojará en Acuario a partir del 11, tu magnetismo social y tu confianza serán extraordinarios en estas fechas. Mercurio se encontrará en su posición más exaltada y poderosa en esta temporada. Tu encanto social será inusualmente potente. A partir del 12, la compatibilidad espiritual será importante para ti en una relación. Surgirán oportunidades amorosas en los ambientes espirituales.

La luna nueva del 20 en tu signo propiciará una jornada feliz. Gozarás de más placeres. Tu salud, que ya es buena, será mejor aún. Tu fuerza sanadora también aumentará. Esta luna nueva alineada con Saturno, tu planeta de las amistades, propiciará además un buen día social. Tus hijos o figuras filiales disfrutarán de oportunidades amorosas, depende de la edad que tengan. Las cuestiones relacionadas con el aspecto y la imagen se aclararán con el paso de las semanas, hasta la próxima luna nueva.

Marzo

Mejores días en general: 1, 2, 11, 12, 19, 20, 28, 29, 30
Días menos favorables en general: 6, 7, 13, 14, 26, 27
Mejores días para el amor: 4, 5, 6, 7, 11, 12, 21, 31, 24, 25
Mejores días para el dinero: 24, 5, 9, 10, 13, 14, 17, 18, 21, 22, 28, 31
Mejores días para la profesión: 4, 5, 13, 14, 21, 22, 31

Te espera un mes movido, Piscis. Cuando Saturno ingrese en tu signo el 8, te traerá más responsabilidades y una actitud más seria ante la vida. Este tránsito también afectará a tu salud, de modo que te convendrá prestarle más atención los dos próximos años y medio. Todos los Piscis lo notarán hasta cierto punto, pero sobre todo los nacidos en los primeros días del signo, del 18 al 21 de febrero. Uno de los problemas que tendrás será un exceso de acontecimientos positivos. Es bueno asumir más responsabilidades y tomarte la vida más en serio, pero tenderás a excederte en ello. Podrías ser demasiado pesimista y ver siempre el lado malo de todo. Sentirte mayor de la edad que tienes. Incluso los niños piensan en la vejez cuando se da este tránsito en su carta astral. Y además afectará a tu vida amorosa. Podrías dar la impresión de ser una persona fría, reservada y distante. Alégrate un poco. Transmite amor y calidez a los demás.

Te encuentras en una de tus temporadas más placenteras del año y durará hasta el 20. Saturno en tu signo la modera un poco, pero aun así será deliciosa. Es una buena temporada (este mes y los próximos dos años y medio) para las rutinas disciplinadas de ejercicio y las dietas adelgazantes. Saturno en tu signo favorece la pérdida de peso.

Las mujeres en edad de concebir serán menos fértiles. Pueden llegar a quedarse embarazadas, pero será más complicado en estos días.

Cuando el Sol ingrese en tu casa del dinero el 20, empezará una de tus mejores temporadas económicas del año. Tal vez sea la mejor de tu vida, depende de la edad que tengas, ya que Júpiter, el planeta de la abundancia, se aloja en tu casa del dinero desde principios de año. Y ahora está más energizado aún por otros planetas. Te espera un mes sumamente próspero. Algunos Piscis heredarán dinero, otros figurarán en un testamento o adquirirán un coche nuevo o un equipo de comunicación. O tal vez seas afortunado en la especulación. El cosmos tiene muchas formas de hacerte prosperar en la vida. La luna nueva del 21 en tu casa del dinero te traerá mayores ingresos, una jornada económica magnífica. Te dará además buena suerte en la especulación. Será un día ameno. Te surgirán oportunidades laborales. Las cuestiones relacionadas con las finanzas se aclararán en las próximas semanas. El cosmos responderá a tus preguntas y tus dudas se resolverán.

Tu vida amorosa será feliz este mes. Tu planeta del amor ingresará en tu signo el 3, y lo ocupará hasta el 18. El amor te perseguirá en esta temporada. Solo tendrás que estar receptivo. Si mantienes una relación, tu cónyuge, pareja o amante actual se desvivirá por complacerte. Cuando tu planeta del amor ingrese en tu casa del dinero el 19, podrías conocer a alguien relacionado con tus finanzas o mientras intentas alcanzar tus metas económicas. Pero ten cuidado, no inicies una relación con excesiva rapidez.

Abril

Mejores días en general: 7, 8, 16, 17, 25, 26
Días menos favorables en general: 2, 3, 4, 9, 10, 22, 23, 24, 30
Mejores días para el amor: 1, 2, 3, 4, 12, 13, 14, 21, 22, 23, 30
Mejores días para el dinero: 1, 7, 8, 10, 16, 17, 18, 19, 25, 26, 28, 29
Mejores días para la profesión: 1, 9, 10, 19, 28, 29

Como te encuentras en medio de una tus peores temporadas económicas del año —durará hasta el 20—, es lógico que te convenga corregir el rumbo de tus finanzas. Cuando el eclipse solar del 20 ocurra en el límite —la cúspide— de tu segunda y tercera casas, las afectará a ambas.

Será un eclipse suave. Pero si afectara a algún punto sensible de tu carta astral, trazada según la fecha, hora y lugar exactos de tu nacimiento, podría ser potente. Tómatelo todo con calma y reduce tus actividades en este periodo.

El impacto del eclipse sobre tu segunda casa indica la necesidad de cambiar tus suposiciones y estrategias financieras. Los acontecimientos del eclipse te mostrarán dónde han fallado tus conjeturas. Así podrás corregirlas. El impacto del eclipse sobre tu tercera casa afectará a tus hermanos o figuras fraternas, y a los vecinos. Se enfrentarán a situaciones adversas. Habrá modificaciones en los planes de estudios o quizá los estudiantes cambien de centro de enseñanza. Surgirán trastornos y problemas en la universidad. En ocasiones, los coches y los equipos de comunicación pueden fallar. Y a menudo será necesario repararlos o reemplazarlos. Te conviene conducir con más precaución en este periodo.

Plutón, el regente de tu novena casa, recibirá de lleno el impacto del eclipse. Surgirán trastornos y problemas en tu lugar de culto. Habrá trastornos en la vida de los líderes religiosos. Tus creencias religiosas y teológicas serán puestas a prueba en los próximos meses. Abandonarás algunas creencias, y rectificarás o afinarás otras. Esta experiencia será muy importante para ti, cambiará tu forma de vivir.

Los eclipses solares afectan al trabajo y la salud porque el Sol, el planeta eclipsado, rige estos ámbitos. Es posible que se den cambios laborales en tu empresa o en otra. Quizá haya trastornos en tu lugar de trabajo y cambien las condiciones laborales. Si te ocupas de las contrataciones en tu empresa, podría haber cambios de personal este mes y en los próximos. Habrá cambios importantes en tu programa de salud (son muy necesarios ahora que Saturno se aloja en tu signo).

Mayo

Mejores días en general: 13, 14, 22, 23
Días menos favorables en general: 1, 5, 6, 7, 8, 20, 21, 27, 28
Mejores días para el amor: 1, 2, 3, 9, 10, 17, 18, 19, 27, 28, 30, 31
Mejores días para el dinero: 8, 14, 15, 16, 17, 24, 25
Mejores días para la profesión: 7, 8, 16, 17, 24, 25

Este mes habrá otro eclipse. Será un eclipse lunar y tendrá lugar el 5. Será leve, pero ten en cuenta las observaciones del mes anterior. Si afectara a algún punto sensible de tu carta astral podría ser poderoso. Tómatelo todo con calma y reduce tus actividades en este periodo.

El eclipse ocurrirá en tu novena casa y repercutirá en los estudiantes, sobre todo en los universitarios. Y también en los que soliciten matricularse en una facultad. Los estudiantes se enfrentarán a modificaciones en los planes de estudios y quizá cambie el rector de la facultad. En ocasiones, pueden llegar a cambiar de universidad. A veces, la facultad elegida rechaza la solicitud y otra mejor la acepta. Es un giro inesperado positivo, aunque al principio sea desagradable. Surgirán trastornos en tu lugar de culto y contratiempos en la vida de los líderes religiosos. Tus creencias religiosas y teológicas serán puestas a prueba, y también tu visión del mundo. Ambos eclipses afectarán esta esfera de tu vida. Evidentemente hay una fuerte necesidad cósmica de vivir estos cambios.

Los eclipses lunares afectan a tus hijos o figuras filiales. Les conviene mantenerse fuera de peligro en este periodo, y evitar las actividades estresantes o de alto riesgo. Muchos Piscis se dedican a las artes creativas, y este aspecto muestra cambios importantes en su vida creativa y en su modo de abordar la creatividad.

Un progenitor o figura parental hará cambios económicos importantes. Es posible que experimente algún sobresalto relacionado con su salud, y en los próximos meses cambiará su programa de salud.

El eclipse rozará a Urano, tu planeta de la espiritualidad. Por suerte, no le dará de lleno. Ocurrirán por lo tanto cambios espirituales, aunque no serán demasiado drásticos. Surgirán trastornos en las organizaciones espirituales o de beneficencia en las que participas. Cambiarás o modificarás tu práctica espiritual y las enseñanzas. Tus figuras de gurús lidiarán con adversidades diversas.

Esta clase de eclipses favorecen una vida onírica hiperactiva. Y también perturbadora. Pero no le des importancia, no son más que los restos psíquicos de los efectos del eclipse.

Junio

Mejores días en general: 1, 2, 9, 10, 18, 19, 20, 28, 29
Días menos favorables en general: 3, 4, 16, 17, 23, 24, 25

Mejores días para el amor: 2, 6, 11, 16, 17, 21, 22, 23, 24, 25, 26, 27
Mejores días para el dinero: 3, 4, 5, 6, 11, 12, 14, 15, 21, 22, 23, 24
Mejores días para la profesión: 3, 4, 5, 6, 14, 15, 23, 24

Presta mayor atención a tu salud este mes (desde el 21 de mayo te conviene hacerlo). Descansa lo suficiente. Fortalece tu salud con las propuestas planteadas en las previsiones de este año. Como tu planeta de la salud se encontrará en tu cuarta casa hasta el 21, una buena salud emocional es muy importante para ti. Presta atención a tus estados de ánimo. Procura que sean constructivos. Un terapeuta espiritual puede serte de gran ayuda. Tu salud mejorará a partir del 22, pero tu salud emocional será aún importante. La dieta también será relevante a partir de esta fecha.

Como tu cuarta casa será poderosa este mes, céntrate en el hogar, la familia y el bienestar emocional. Deja los asuntos profesionales en un segundo plano. Es el momento para crear y reforzar la infraestructura psicológica en la que se asienta una profesión exitosa. Así tu vida doméstica y tu armonía emocional te permitirán gozar de un mayor éxito más adelante. La luna nueva del 18 en tu cuarta casa será una jornada especialmente buena para la sanación emocional y la diversión en general. Las cuestiones relacionadas con el hogar y la familia se despejarán con el paso de las semanas, hasta la próxima luna nueva.

Cuando el Sol ingrese en tu quinta casa el 21, empezará una de tus temporadas más placenteras del año. Es hora de olvidarte de tus preocupaciones y disfrutar de la vida. De hacer lo que te gusta. Descubrirás que muchos problemas se resuelven desconectando. Déjalos a un lado y diviértete. Y cuando los retomes las soluciones te llegarán por sí solas. También verás que este tiempo de relajación es una buena terapia de salud. La alegría es una fuerza sanadora poderosa, en especial este mes.

Júpiter ingresó en tu tercera casa el 17 de mayo y la ocupará el resto del año. Por lo que muchos Piscis adquirirán coches nuevos o equipos de comunicación. Tus habilidades de comunicación estarán muy realzadas. Unas buenas habilidades comunicativas son vitales para tu profesión.

Marte, tu planeta de la economía, se alojará en tu sexta casa todo el mes. Ganarás el dinero a la antigua usanza; es decir, por medio del trabajo y de los servicios productivos. Marte en Leo te hará ser más temerario y especulador en las finanzas. Ten cuidado con esta tendencia.

El amor será variado este mes. La parte positiva es que Mercurio al ser un planeta raudo, indica confianza y alguien que cubre un gran territorio social. Tus necesidades amorosas también cambiarán, lo cual puede ser un problema en una relación. Si no tienes pareja, te surgirán oportunidades amorosas en el vecindario y en los ambientes docentes hasta el 11. Las habilidades comunicativas e intelectuales serán lo que te atraerá de una persona en esta temporada. A partir del 12, estas cualidades serán importantes para ti. Pero también desearás vincularte emocionalmente, gozar de intimidad emocional con la persona amada. A partir del 27 y hasta terminar el mes, la intimidad emocional será importante para ti, pero te gustará alguien que te haga disfrutar de la vida. El amor será una diversión. Pero cuando lleguen los momentos difíciles, tu pareja o tú desearéis terminar la relación.

Julio

Mejores días en general: 7, 8, 16, 17, 26, 27
Días menos favorables en general: 1, 2, 13, 14, 15, 21, 22, 28, 29
Mejores días para el amor: 2, 8, 10, 18, 19, 20, 21, 22, 29, 30
Mejores días para el dinero: 2, 3, 4, 9, 10, 11, 12, 21, 22, 30, 31
Mejores días para la profesión: 1, 2, 3, 4, 11, 12, 21, 22, 28, 29, 30, 31

Si bien Saturno se encuentra todavía en tu signo, tu salud será buena este mes. Si has nacido del 24 al 27 de febrero, notarás con más intensidad la influencia de Saturno, pero los planetas rápidos te ayudarán en tu carta astral. Fortalece tu salud por medio de una dieta adecuada, armonía emocional y diversión hasta el 23. A partir del 24, préstale más atención al corazón. Los masajes torácicos también te sentarán bien. La sanación espiritual siempre es excelente para ti, pero sobre todo el 8 y 9.

Mercurio, tu planeta del amor, salió «fuera de límites» el 25 de junio y seguirá así hasta el 6 de julio. De modo que ahora te mueves fuera de tu órbita normal en tu vida amorosa y en el sexo. También te atraen las personas ajenas a tu ambiente.

El amor será sobre todo un entretenimiento —una diversión— para ti hasta el 11, no te lo tomarás en serio. A partir del 12, desearás divertirte en esta parcela de tu vida, pero también te gustará la gente que te apoya y te es útil para tus intereses. Será un amor romántico. Te atraerá alguien que sepa repararte el ordenador o el coche. Cuando Mercurio ingrese en tu séptima casa a partir del 30, te tomarás más en serio el amor. Pero Mercurio en Virgo puede hacerte ser demasiado quisquilloso y crítico en el amor (a la persona que te atrae también podría pasarle lo mismo). Evita esta tendencia.

Te encuentras en una de tus temporadas más placenteras del año y durará hasta el 23. La diversión será lo que predominará en estos días. También te relacionarás más con tus hijos o figuras filiales. La luna nueva del 17 en tu quinta casa potenciará la diversión, será una jornada muy amena. Tus hijos o figuras filiales están ahora dedicados a ti. Las cuestiones relacionadas con los hijos y tu creatividad se aclararán con el paso de las semanas, hasta la próxima luna nueva.

Como Marte se alojará en tu sexta casa hasta el 11, obtendrás el dinero del trabajo y de los servicios productivos. Tu trabajo creará tu buena suerte. Cuando Marte ingrese en tu séptima casa del amor el 11 y la ocupe el mes entero, tus contactos jugarán un papel importante en tu economía. Invertirás en tu vida social, pero este ámbito será también una fuente de ingresos. La mayor parte de tu socialización estará relacionada con los negocios. Es posible que surja una oportunidad para montar una empresa con socios o crear una empresa conjunta. La ventaja de tu planeta de la economía en Virgo es que serás más analítico en las finanzas. Tendrás en cuenta todos los detalles. Serás más conservador, menos especulador, que el mes pasado.

Cuando el Sol ingrese en tu sexta casa el 23 y la ocupe el resto del mes, te apetecerá trabajar. Si estás desempleado, te esperan muchas oportunidades laborales en esta temporada. Y aunque ya tengas trabajo, te surgirán oportunidades para hacer horas extras o dedicarte al pluriempleo.

Agosto

Mejores días en general: 3, 4, 12, 13, 22, 23, 30, 31
Días menos favorables en general: 10, 11, 17, 18, 24, 25
Mejores días para el amor: 5, 6, 7, 8, 14, 15, 17, 18, 24, 25, 26, 27
Mejores días para el dinero: 5, 6, 7, 8, 17, 18, 26, 27, 28
Mejores días para la profesión: 7, 8, 17, 18, 24, 25, 26, 27

La actividad retrógrada aumentará gradualmente este mes hasta llegar al punto culminante del año el 29. El sesenta por ciento de los planetas serán retrógrados en esta fecha. Te convendrá ser paciente en agosto. Por más que corras, no conseguirás que la vida transcurra más deprisa. Solo el tiempo lo normalizará todo.

El Sol, tu planeta de la salud, nunca es retrógrado, y se alojará en tu sexta casa de la salud hasta el 23. Céntrate pues en tu salud. Así, cuando las cosas se compliquen más adelante, te mantendrás saludable. Es un buen aspecto si buscas trabajo o si te ocupas de las contrataciones en tu empresa. Habrá oportunidades laborales excelentes y buenos solicitantes para los puestos de trabajo. La luna nueva del 16 en tu sexta casa propiciará una jornada más venturosa para los que buscan trabajo o se ocupan de las contrataciones en su empresa. Será también un día ameno. Tus hijos o figuras filiales gozarán de un buen día de pago. Las cuestiones relacionadas con la salud y el trabajo se aclararán con el paso de las semanas, hasta la próxima luna nueva.

Cuando el Sol ingrese en tu séptima casa el 23, empezará una de tus mejores temporadas amorosas y sociales del año. Normalmente, es un buen aspecto para el amor, pero ahora tu vida amorosa será mucho más complicada. Mercurio, tu planeta del amor, será retrógrado el 23. Los dos planetas que tienen que ver contigo —con tu imagen y tus deseos—, son ambos retrógrados. De modo que se te presentarán oportunidades amorosas, pero no sabrás lo que quieres. Además, te atraerán las personas que tampoco saben lo que quieren. Irás a la deriva en esta esfera de tu vida. Hay además otro factor a tener en cuenta. Si bien la mitad occidental de tu carta astral se encuentra en su momento más poderoso del año, dista mucho de ser la predominante. La mitad oriental, la del yo, es más poderosa que la mitad occidental. Aunque intentes socializar, estarás centrado sobre todo en ti y en tus objetivos. Y esta actitud no favorece las relaciones amorosas.

Presta atención a tu salud a partir del 24. Descansa y relájate más, sobre todo si has nacido del 22 al 24 de febrero. Escucha los mensajes de tu cuerpo. Si estás cansado, descansa. Si al hacer ejercicio sientes dolor o molestias, haz una pausa. Procura no traspasar los límites de tu cuerpo. Fortalece tu salud con las propuestas planteadas en las previsiones de este año. A partir del 24, los masajes abdominales te sentarán bien.

Si bien hay muchos planetas retrógrados este mes, Marte, tu planeta de la economía, es directo. Por lo que esta coyuntura no repercutirá en tus finanzas. Al alojarse Marte en tu séptima casa del amor hasta el 28, como el mes pasado, gran parte de tu socialización tendrá que ver con los negocios. Tu gran encanto social te ayudará a obtener mejores resultados. La simpatía es ahora más importante que tus habilidades o que la calidad del producto con el que comercias. Te gustará hacer negocios con amigos y socializar —entablar amistad— con quienes negocias en esta temporada. Cuando Marte ingrese en tu octava casa el 28, este tránsito propiciará la planificación tributaria, los planes de seguros y, si tienes la edad adecuada, la planificación patrimonial.

Septiembre

Mejores días en general: 8, 9, 10, 18, 19, 27, 28
Días menos favorables en general: 6, 7, 13, 14, 15, 21, 22
Mejores días para el amor: 2, 3, 4, 5, 11, 12, 13, 14, 15, 21, 22, 23, 24, 30
Mejores días para el dinero: 2, 3, 4, 5, 13, 14, 15, 23, 24, 29, 30
Mejores días para la profesión: 4, 5, 14, 15, 21, 22, 23, 24

Si bien te encuentras en una de tus mejores temporadas amorosas y sociales del año, tu vida amorosa es aún complicada. Repasa las previsiones de agosto. Pero cuando Mercurio, tu planeta del amor, sea directo el 15, la situación mejorará hasta cierto punto. Lo verás todo con mayor claridad. Tu confianza y tu criterio social mejorarán. Mercurio se encuentra en tu séptima casa desde el 29 de julio, y la ocupará el mes entero. Este aspecto indica que socializarás más en tu hogar y con los tuyos. Tu familia y los contactos familiares están ahora implicados en tu vida amorosa. La luna nueva del 15 en tu séptima casa te traerá más claridad en el amor. Será también una jornada social especialmente venturosa. Las cuestiones vinculadas con el amor y las relaciones se esclarecerán con el paso de las semanas, hasta la próxima luna nueva. El cosmos responderá a tus preguntas y tus dudas se disiparán.

Marte, tu planeta de la economía, empezó su solsticio el 27 de agosto y lo finalizará el 2 de septiembre. De modo que se dará un parón en tu vida económica —será positivo—, y luego un cambio de rumbo. No te alarmes por esta pausa.

Marte alojado este mes en tu octava casa puede interpretarse de muchas formas. Ahora participas en la prosperidad de tu cónyuge, pareja o amante actual. En realidad, colaboras en la prosperidad de los demás. En un sentido eres, a tu propia manera, como un gestor de fondos de inversión que solo prospera en la medida que prosperan sus clientes. Mientras te dedicas a hacerlos prosperar, prosperas de manera natural. Saldar deudas con el dinero sobrante es una buena idea, pero también es un buen momento para pedir un préstamo si lo necesitas. Este mes es excelente para hacer negocios con inversores del extranjero si tienes buenas ideas. En un sentido más profundo, también es un buen momento para eliminar de tu economía y tus objetos personales todo lo superfluo que sea ajeno a estas esferas de tu vida. Despréndete de los objetos que ya no necesites o uses. Despeja tu hogar o tus unidades de almacenamiento. Elimina tus derroches económicos (no lo que necesites); es decir, las cuentas bancarias innecesarias, o las suscripciones o los planes de telefonía que no uses.

Presta atención a tu salud, aunque mejorará notablemente a partir del 24. Mientras tanto, fortalécela descansando más y con masajes abdominales. También te sentará bien trabajar los puntos reflejos del intestino delgado. A partir del 24, los masajes en las caderas y la estimulación de los puntos reflejos del riñón serán beneficiosos para ti. El sexo seguro y la moderación sexual serán importantes para tu salud después del 23.

Como tu planeta de la salud se encontrará en tu octava casa a partir del 24, cabe la eventualidad de que tengas que someterte a una intervención quirúrgica. Quizá lo hagas como una solución rápida a un problema de salud o puede que te lo recomienden. Pero antes de optar por una intervención quirúrgica, plantéate seguir una dieta depurativa, suele producir los mismos resultados.

Octubre

Mejores días en general: 6, 7, 15, 16, 17, 24, 25
Días menos favorables en general: 3, 4, 11, 12, 18, 19
Mejores días para el amor: 1, 2, 9, 10, 11, 12, 20, 21, 24, 28, 29
Mejores días para el dinero: 1, 2, 3, 4, 11, 12, 15, 20, 21, 24, 25, 26, 27, 28, 29
Mejores días para la profesión: 1, 2, 11, 12, 18, 19, 20, 21, 28, 29

La actividad retrógrada descenderá este mes, pero aún será considerable, el cuarenta por ciento de los planetas serán retrógrados a partir del 11.

Los dos eclipses de este mes te garantizan un octubre movido, lleno de cambios. Aunque estos eclipses no te impacten de lleno, no te hará ningún mal tomártelo todo con calma y reducir tus actividades. Pero si afectaran a algún punto sensible de tu carta astral, trazada según la fecha, hora y lugar exactos de tu nacimiento, podrían ser potentes.

El eclipse solar tendrá lugar el 14, y el eclipse lunar el 28. El eclipse solar del 14 ocurrirá en tu octava casa y afectará la economía de tu cónyuge, pareja o amante actual. Le convendrá hacer cambios importantes. Este eclipse puede fomentar los encuentros psicológicos con la muerte —en ocasiones, son experiencias cercanas a la muerte—, vivencias en las que te salvarás de milagro. El Ángel de los Mil Ojos te está alertando de su presencia. No será un castigo, sino más bien una experiencia instructiva para que entiendas con más profundidad la muerte y le pierdas el miedo. En algunos casos, se trata de una carta de amor celestial, te recuerda que la vida es breve y puede acabar en cualquier instante. Te empuja a dejar de ser frívolo y a descubrir qué has venido a hacer a este mundo.

Los eclipses solares afectan a tu trabajo y tu programa de salud. De modo que habrá cambios importantes en dicho programa en los próximos meses. También se producirán cambios laborales. Podrían surgir en tu empresa actual o en otra nueva. Probablemente habrá trastornos en tu lugar de trabajo.

El eclipse lunar del 28 en tu tercera casa afectará a tus hermanos o figuras fraternas, y a los vecinos. Lidiarán con situaciones adversas y les convendrá reducir sus actividades en este periodo. Los estudiantes de primaria o secundaria también acusarán los efectos del eclipse. Quizá los planes de estudio sufran modificaciones y en ocasiones pueden cambiar de escuela. Habrá trastornos en el centro docente. Los coches y los equipos de comunicación pueden fallar, y a menudo será necesario repararlos o reemplazarlos. Es un buen año para comprarte un coche. Conducir con más precaución en esta temporada es una buena idea.

Los eclipses lunares afectan a tus hijos o figuras filiales y este no es una excepción. Les conviene reducir sus actividades y evitar experiencias temerarias en este periodo.

Noviembre

Mejores días en general: 2, 3, 12, 13, 21, 22, 29, 30
Días menos favorables en general: 1, 7, 8, 14, 15, 27, 28
Mejores días para el amor: 2, 3, 7, 8, 9, 18, 19, 23, 24, 27, 28
Mejores días para el dinero: 2, 3, 7, 12, 13, 16, 22, 23, 24, 25
Mejores días para la profesión: 7, 14, 15, 16, 25

La actividad retrógrada descenderá más aún este mes. A finales de noviembre solo el treinta por ciento de los planetas serán retrógrados. Todo empezará a avanzar. Los negocios o proyectos atascados se desbloquearán.

Tu salud ha mejorado desde el 23 de octubre. Saturno sigue alojado en tu signo y este aspecto debe siempre tenerse en cuenta, pero los planetas rápidos forman aspectos armoniosos en tu carta astral. Presta atención a tu salud a partir del 23. Fortalece tu salud descansando más, como siempre. Los masajes en los muslos y la estimulación de los puntos reflejos del hígado serán beneficiosos para ti a partir del 23.

Tu novena casa —que es benéfica—, se volvió poderosa el 23 de octubre y lo será hasta el 22 de noviembre. De modo que los estudiantes universitarios rendirán en los estudios. Si estás implicado en el ámbito jurídico o involucrado en un litigio, los resultados serán favorables. Las facultades que requiere este sector son ahora muy potentes. También harás descubrimientos religiosos y teológicos en esta temporada. Algunos Piscis viajarán al extranjero o se les presentará esta oportunidad.

Cuando tu décima casa de la profesión se vuelva poderosa el 22, te centrarás en tu carrera. Harás grandes progresos en esta faceta de tu vida. Como tu planeta de la profesión es aún retrógrado, quizá progreses más despacio, pero lo harás. Te surgirán oportunidades profesionales, aunque te conviene estudiarlas más a fondo. No las aceptes precipitadamente. Estás trabajando con dureza en tu profesión. Tu ocupación es muy exigente. Quizá tienes que defenderte de los competidores, delimitar tu territorio. Pero tu buena ética laboral te será de gran ayuda.

Tu economía prosperará este mes. Marte en tu novena casa hasta el 24 aumentará tus ingresos y te traerá buena suerte. Es el momento propicio para limpiar tu vida financiera y tus objetos personales de lo superfluo, a fin de hacer espacio para que lleguen cosas mejores a tu vida. Marte cruzará tu medio cielo el 24 e ingresará en tu décima casa. Este aspecto también es venturoso para las finanzas. Muestra que ahora son tu prioridad, lo más importante en tu agenda. Tu planeta de la economía en Sagitario también propicia ingresos mayores. Tus jefes, y tus padres o figuras parentales, ven con buenos ojos tus objetivos financieros. Es posible que goces de subidas salariales. Tu vida amorosa será feliz. Pero ahora el problema eres tú. No estás seguro de lo que quieres. Mercurio en tu novena casa hasta el 10 indica que tendrás oportunidades amorosas en centros docentes o en celebraciones religiosas. También podrías tener un idilio con una persona extranjera o conocer a alguien en el extranjero. Cuando Mercurio ingrese en tu décima casa de la profesión a partir del 11, intentarás alcanzar tus metas profesionales a través de los medios sociales. Tu simpatía será más importante que tus habilidades profesionales en esta temporada. Buena parte de tu socialización estará relacionada con tu profesión.

Diciembre

Mejores días en general: 9, 10, 18, 19, 27, 28
Días menos favorables en general: 4, 5, 6, 11, 12, 24, 25, 31
Mejores días para el amor: 4, 5, 6, 9, 14, 18, 19, 22, 28, 30, 31
Mejores días para el dinero: 2, 3, 4, 11, 12, 14, 20, 21, 22, 29, 30, 31
Mejores días para la profesión: 4, 11, 12, 14, 22, 31

Te espera un mes exitoso, te encuentras en una de tus mejores temporadas profesionales del año, pero presta mayor atención a tu salud. No solo Saturno forma ahora un aspecto desfavorable en tu carta astral, sino que muchos planetas rápidos se han unido a la fiesta. Descansa y relájate más. Evita asumir más responsabilidades profesionales o de naturaleza personal. Céntrate en lo primordial de tu vida y olvídate de lo secundario por un tiempo. Como dice el refrán, no te ahogues en un vaso de agua. La situación mejorará hasta cierto punto a partir del 23. Mientras tanto, los masajes en los muslos y la estimulación de los puntos reflejos del hígado te vendrán de maravilla hasta el 22. A partir del 23, los masajes en la espalda y las rodillas serán beneficiosos para ti. Es un buen momento para programar más masajes o tratamientos de salud. Si es posible, pasa más tiempo en un balneario.

Tu vida amorosa será complicada este mes. Tus necesidades amorosas cambiarán. Además, tu planeta del amor será retrógrado el 13 y se mantendrá así el resto del mes. Mercurio se alojará en tu décima casa un día, después ingresará en tu undécima casa el 2, y volverá a visitar de nuevo tu décima casa el 24 al volverse retrógrado. Como Mercurio es un planeta errático, tú también oscilarás entre el deseo de mantener la amistad con la persona amada y el deseo de prestigio y poder. No estarás seguro de lo que quieres.

La luna nueva del 12 en tu décima casa de la profesión potenciará tu éxito personal, pero también hará que tu salud y energía no sean tan excelentes como de costumbre. Será también una jornada magnífica para tus hijos o figuras filiales. Te divertirás más mientras intentas alcanzar tus objetivos profesionales en esta temporada. La ventaja de este aspecto planetario es que las cuestiones relacionadas con la profesión se aclararán en las próximas semanas. El cosmos responderá a tus preguntas y tus dudas se resolverán de una forma muy normal y natural.

Tu buena reputación profesional es importante en tus finanzas. Te proporcionará buenas referencias y, quizá, subidas salariales. Cuentas aún con los favores económicos de tus jefes, tus padres o figuras parentales, y tus superiores. Y lo más importante es que como tu planeta de la economía se encuentra en la cúspide de tu carta astral, esta parcela de tu vida es ahora tu mayor aspiración. Muestra que estás volcado en tus finanzas.

Marte estará muchos meses «fuera de límites» este año. Y el 22 de este mes volverá a estarlo. De modo que te moverás fuera de tu esfera habitual en tu economía. Saldrás de tu territorio para explorar nuevos horizontes en este sentido.